सदन संवाद

सदन संवाद

झारखण्ड के 23 वर्षों की संसदीय-गाथा

सम्पादक

विधायी शोध सन्दर्भ
एवं
प्रशिक्षण कोषांग
झारखण्ड विधानसभा

वाणी
प्रकाशन

प्रकाशन के उत्कृष्टतम 61 वर्ष

vaniprakashan.com

प्रथम संस्करण : 2023
द्वितीय संस्करण : 2024

वाणी प्रकाशन
4695, 21-ए, दरियागंज, नयी दिल्ली-110 002
फ़ोन : +91 11 23273167, 23275710
शाखाएँ
अशोक राजपथ, पटना-800 004, बिहार
कॉफ़ी हाउस कैम्पस, महात्मा गांधी मार्ग, प्रयागराज-211 001, उत्तर प्रदेश
महात्मा गांधी अन्तरराष्ट्रीय हिन्दी विश्वविद्यालय, वर्धा-442 001, महाराष्ट्र
36/ए, शेक्सपियर सरणी, रानी बिरला गर्ल्स कॉलेज के पास, कोलकाता-700 017, प. बंगाल
sales@vaniprakashan.in
vaniprakashan@gmail.com

Sadan Samvad
by Vidhayee Shodh Sandarbh and Prashikshan Koshang
Jharkhand Vidhansabha

ISBN : 978-93-5775-868-0
Speech

मूल्य : ₹ 950

आर. टेक ऑफ़सेट प्रिंटर्स, दिल्ली-110 032 में मुद्रित

वाणी प्रकाशन का लोगो मक़बूल फ़िदा हुसेन की कूची से

प्राक्कथन

संसदीय लोकतंत्र में अध्यक्ष की भूमिका अत्यंत महत्त्वपूर्ण है। यद्यपि वह एक राजनेता होता है और किसी भी राजनैतिक दल से संबद्ध होता है, तथापि सभा की कार्यवाही में उसे तटस्थ रहना पड़ता है। West minster व्यवस्था पर आधारित होने पर भी हमारे संसदीय व्यवस्था कई मायनों में उससे भिन्न है। लोकसभा के प्रथम अध्यक्ष मावलंकर जी ने अध्यक्ष की निष्पक्षता और तटस्थता के विषय पर जो व्यवस्था दी थी, वह आज भी उतना ही समीचीन है। उन्होंने सदन को भरोसा दिलाया था कि सदन के संचालन में वे पूरी निष्पक्षता और तटस्थता बरतेंगे, परंतु भारतीय लोकतांत्रिक व्यवस्था के ब्रिटिश लोकतांत्रिक व्यवस्था से भिन्न होने के कारण अध्यक्ष का एक राजनैतिक व्यक्ति में व्यवहार न करना संभव नहीं है। मावलंकर जी ने कहा है—"अध्यक्षीय व्यवस्था का ब्रिटेन के समरूप होना संभव इसलिए नहीं है कि वहाँ यह सिद्धांत स्थापित है कि एक बार अध्यक्ष चुने जाने पर अध्यक्ष का विरोध किसी भी दल द्वारा उसके विधानसभा क्षेत्र अथवा सदन में तब तक नहीं किया जा सकता, जब तक वह सदन का अध्यक्ष बना रहना चाहता है। बिना ऐसी व्यवस्था स्थापित किये अध्यक्ष का राजनीति से बिल्कुल अलग होना विरोधाभाषी है। मेरे दृष्टिकोण में मैं उस महान संस्था भारतीय राष्ट्रीय कांग्रेस जिसमें अलग-अलग हैसियत में कार्य करने का सुअवसर मुझे पिछले 40 वर्षों में प्राप्त हुआ है, मैं उससे अपना संबंध विच्छेद नहीं कर सकता, यद्यपि नैं एक कांग्रेसी हूँ, परन्तु सदन में अपने कर्तव्यों के निर्वहन में और माननीय सदस्यों के प्रति अपने व्यवहार में मैं पूरी न्याय और बराबरी रखूँगा और अपने कर्तव्यों के निर्वहन में अपने राजनैतिक जीवन से हटकर बिल्कुल निष्पक्ष रहूँगा।"

15 नवम्बर, 2000 को अपने गठन से अब तक झारखण्ड विधानसभा के 7 अध्यक्ष रहे हैं, उन सभी अध्यक्षों ने संसदीय लोकतंत्र के विकास में अपनी महत्त्वपूर्ण भूमिका निभाई है। झारखण्ड एक लंबे और अहिंसक आंदोलन की उपज है। शायद

यह देश का सबसे लम्बा चलने वाला राज्य गठन आंदोलन था और तब भी यह लगभग पूर्ण रूप से अहिंसक रहा। यह तथ्य इस बात का प्रमाण है कि हमारे लोगों की लोकतंत्र में गहरी आस्था है, लोकतंत्र के बारे में बाबा साहब डॉ. भीम राव अम्बेडकर कहते हैं कि, "यह एक ऐसी व्यवस्था है जिसके माध्यम से लोगों के सामाजिक और आर्थिक जीवन में आंदोलनकारी बदलाव बिना खून-खराबे के किया जाना संभव है, अगर लोकतंत्र के संचालक समाज में ऐसे बदलाव बिना किसी खून-खराबे और अशांति के लाने में सफल हों तो यह लोकतंत्र की सबसे बड़ी सफलता है और यह लोकतंत्र की सफलता की सबसे बड़ी परख है।"

संविधान सभा में दिये गये अपने कालजयी वक्तव्य में बाबासाहब ने कहा था कि, "26 जनवरी, 1950 को हमारा जीवन दो विरोधाभाषों में बँट जायेगा। राजनीतिक जीवन में एक व्यक्ति एक वोट एवं एक वोट एक मूल्य की भावना को हम आत्मसात् करेंगे, परन्तु अपने सामाजिक और आर्थिक जीवन में अपने सामाजिक और आर्थिक संरचनाओं के कारण हम एक व्यक्ति, एक मूल्य के सिद्धांतों को नकारते रहेंगे। हम अपने सामाजिक और आर्थिक जीवन में समानता को कब तक अस्वीकार करेंगे, अगर हम ऐसा लम्बे समय तक करेंगे तो हम अपने राजनैतिक लोकतंत्र को खतरे में डालकर ऐसा करेंगे। हमें ज्यादा से ज्यादा इन विरोधाभाषों को खत्म करना होगा अन्यथा जो लोग इस गैर-बराबरी से प्रभावित हो रहे हैं, वे इस राजनैतिक लोकतंत्र को खत्म कर देंगे, जिन्हें हमने बड़ी मेहनत से बनाया है।" बाबासाहब स्वयं संसदीय लोकतंत्र के बड़े पैरोकार थे। संविधान सभा में तमाम विरोधों के बावजूद उन्होंने इसका पुरजोर समर्थन किया। उनका मानना था कि संसदीय लोकतंत्र की कुछ सीमाएँ हैं जिनके कारण कुछ देशों में यह सफल नहीं हुआ। संसदीय लोकतंत्र में विधायिका के कार्यपालिका पर दबाव के कारण कार्यपालिका अपनी नीतियों को लागू करने में कई बार सफल नहीं हो पाती है। जब विधायिका के दबाव से समाधान हो जाता है तो कई बार न्यायपालिका के परीक्षण का सामना नीतियों और कानूनों को करना पड़ता है, जिससे संसदीय लोकतंत्र में कार्यपालिका आसानी से अपनी इच्छित नीतियों को लागू नहीं कर पाती है और इसी कारण बहुत-से देशों में संसदीय लोकतंत्र की राख पर तानाशाही का उदय हुआ। बाबासाहेब का मानना था कि ऐसा उन संसदीय लोकतंत्र में व्याप्त असंतोष के कारण हुआ क्योंकि सरकारें लोगों को स्वतंत्रता और समता का अधिकार दिलाने में नाकाम रही। वे इसका एक बहुत बड़ा कारण यह भी मानते हैं कि ऐसी व्यवस्थाओं में संविदा की स्वतंत्रता को इस बात को जाने बिना लागू कर दिया गया कि संविदा करने वाले दोनों लोग गैर-बराबर थे।

बाबासाहेब की विचारधारा हमारे राज्य झारखण्ड में अक्षरश: लागू होती है। झारखण्ड आंदोलन का मूल कारण एकीकृत बिहार में झारखण्ड वासियों का शोषण और विषमता था। झारखण्ड आंदोलन के एक समर्पित सिपाही के रूप में मैं जानता हूँ कि यहाँ लोगों के लिए अपनी स्वयं के विधानसभा का क्या महत्त्व है।

संसद और विधानसभाएँ जनआकांक्षाओं की अभिव्यक्ति की सबसे सशक्त माध्यम हैं। चुने हुए जनप्रतिनिधियों के रूप में हमारी सबसे बड़ी प्राथमिकता राज्य के लोगों के प्रति है। जिन्होंने इस सदन में चुनकर हमें भेजा है। 5 Vowel के माध्यम से प्रभावी विधायिका के कार्यों को समझाया जा सकता है

A से Accessible (सुलभ) विधायिका को आम लोगों के लिए सुलभ होना होगा।

E से Efficient (कुशल) विधायिका को अपने मूल कार्य-कानूनों के निर्माण में कुशलता हासिल करनी होगी।

I से Inclusive (समावेशी) विधायिका को समाज के सभी वर्गों के लिए समावेशी होना होगा।

O से Open (अनावृत) विधायिका को अपने कार्यों में स्वतंत्र, निष्पक्ष और पारदर्शी होना होगा और

U से United (संगठित) विधायिका को राष्ट्र कल्याण के लिए संगठित होना होगा।

राज्य गठन के इन पिछले 23 वर्षों में कुल 7 अध्यक्षों ने अपनी भूमिका का निर्वहन किया और सबने राज्य की जनता के प्रति अपनी जिम्मेवारी को समझते हुए अपने कार्य किये। इन 23 वर्षों में 5 विधानसभाओं के दौरान अध्यक्षीय पीठ से दिये गये भाषणों को इस पुस्तक के माध्यम से संकलित करने का प्रयास किया गया है। यह पुस्तक झारखण्ड के राजनैतिक अतीत पर तो प्रकाश डालेगी ही, भविष्य के लिए भी एक पथ-प्रदर्शक का कार्य करेगी, ऐसा मेरा मानना है। हमारे संसदीय लोकतंत्र का भविष्य इस बात पर निर्भर करता है कि हम अपनी सभा का संचालन किस प्रकार करते हैं और इस सभा के संचालन में अपने लोगों की भावनाओं और इच्छाओं को कितनी मजबूती प्रदान कर पाते हैं। इसकी सफलता इस बात पर भी निर्भर करती है कि विधायिका में उठाये गये विषयों के प्रति कार्यपालिका कितनी संवेदनशील रहती है। लोकतंत्र में अंतिम सम्प्रभुता जनता में निवास करती है। सदन और जन के बीच संवाद को बढ़ाकर हम जागरूक जनसमुदाय का निर्माण कर सकते हैं जो सफल एवं स्वतंत्र लोकतंत्र के निर्माण में अहम भूमिका निभा सकता है।

मुझे आशा है कि यह पुस्तक पाठकों एवं आम लोगों को पसंद आयेगी। वाणी प्रकाशन समूह को मैं सहृदय धन्यवाद देता हूँ कि बिना किसी आर्थिक लाभ के उन्होंने इस पुस्तक के प्रकाशन की जिम्मेवारी ली। सभा-सचिवालय के कर्मी विशेषकर विधायी शोध संदर्भ एवं प्रशिक्षण कोषांग के कर्मियों ने जी-तोड़ मेहनत कर इस पुस्तक का प्रकाशन संभव बनाया। मैं अपने विशेष कार्य पदाधिकारी श्री अतुल कुमार को भी उनके निरंतर प्रयासों के लिए बधाई देता हूँ।

धन्यवाद!

रबीन्द्र नाथ महतो

सी.पी. राधाकृष्णन

सत्यमेव जयते

राज्यपाल, झारखंड

राज भवन
रांची–८३४००१
झारखंड

संदेश

अपार हर्ष का विषय है कि झारखण्ड विधान सभा द्वारा विधान सभा के गठन से लेकर अब तक के सत्रों में अध्यक्ष, माननीय विधान सभा के द्वारा सदन में दिये गये प्रारम्भिक एवं समापन भाषण संकलित कर पुस्तक के रूप में प्रकाशित किया जा रहा है।

लोकतंत्र में विधायिका लोगों की आंकाक्षाओं का प्रतिनिधित्व करता है। विधायिका से जनमानस को अत्यन्त अपेक्षायें रहती हैं। विगत 23 वर्षों में झारखंड विधान सभा ने अपने प्रतिनिधियों के माध्यम से जनहित के मुद्दों को उठाया है। संसदीय लोकतंत्र में विधान सभा अध्यक्ष की अहम भूमिका होती है।

'सदन संवाद' नामक पुस्तक में राज्य के गठन के पश्चात से झारखंड विधान सभा के सात वक्ताओं के सदन के भाषण समाहित हैं। आशा है कि यह पुस्तक संसदीय लोकतंत्र में सार्थक होगा।

(सी०पी० राधाकृष्णन)

हेमन्त सोरेन

मुख्यमंत्री

<u>संदेश</u>

यह हर्ष का विषय है कि विधान सभा सचिवालय, झारखण्ड विधान सभा के जन्मकाल सन् 2000 से लेकर अब तक की कार्यवाहियों पर आधारित पुस्तक का प्रकाशन करने जा रहा है।

इस पुस्तक में सदन के शुरूआती अध्यक्षीय भाषण से लेकर वर्तमान तक के भाषणों का समावेश एक ऐतिहासिक कथ्य के रूप में हमारे सामने होगा। यह पुस्तक झारखण्ड गठन से लेकर अब तक की राजनीतिक यात्रा का भी भान कराएगी। उम्मीद करता हूँ कि राजनीतिक विश्लेषकों, शोधकर्ताओं को भी इस पुस्तक से तथ्य मिलेंगे।

उपयोगी प्रयास करने के लिए इस पुस्तक के प्रकाशन से जुड़े सभी लोगों को बधाई और शुभकामनाएँ।

जोहार !

(हेमन्त सोरेन)

अमर कुमार बाउरी
नेता प्रतिपक्ष
झारखण्ड विधान सभा, राँची।

सत्यमेव जयते

आवास :
चन्दनकियारी, ब्लॉक रोड,
बोकारो (झारखण्ड)
मोबाईल : 7759907386
ई–मेल : akbauri@gmail.com

पत्रांक : स0वि0स0-37 दिनांक : 31.10.2023

संदेश

झारखण्ड एक युवा राज्य है। यद्‌यपि लोकतंत्र की जड़ें इस राज्य में अत्यंत गहरी हैं। पिछले 23 वर्षों में झारखण्ड विधान सभा ने संसदीय लोकतंत्र के क्षेत्र में, लोकतंत्र के विकास में, नयी-नयी ऊँचाईयों को हासिल किया है। सभा में दिये गये अध्यक्षीय भाषण संसदीय राजनीति के हमारे राज्य में उत्तरोत्तर विकास की गाथा कहती है। सभा सचिवालय इन सभी भाषणों को पुस्तक के रूप में संकलित कर प्रकाशित कर रही है, यह बड़े खुशी की बात है। हमें आशा है कि यह पुस्तक पाठकों को पसंद आयेगी। मैं माननीय अध्यक्ष महोदय को इस पुस्तक के प्रकाशन के लिए बधाई देता हूँ।

अनंत शुभकामनाओं के साथ ।

(अमर कुमार बाउरी)

अनुक्रम

माननीय इन्दर सिंह नामधारी
अध्यक्ष, झारखण्ड विधानसभा
विधानसभा क्षेत्र संख्या–76, डालटनगंज

कार्यकाल
22-11-2000 से 29-03-2004
04-06-2004 से 11-08-2004
13-03-2005 से 14-09-2006

जन्म तिथि–10 सितम्बर 1942
जन्म स्थान–नौशेरा (अब पाकिस्तान में)
पिता का नाम–स्व. योध सिंह नामधारी
माता का नाम–स्व. द्रौपदी देवी
शैक्षणिक योग्यता–बी.आई.टी., सिन्दरी से इलेक्ट्रोनिक्स इंजीनियरिंग में डिग्री
सांसद/विधायक के रूप में निर्वाचन–1980,1990,1995, 2000,2005,2007 (उपचुनाव), 2009 (सांसद)
वर्ष 2008 में उत्कृष्ट विधायक सम्मान से सम्मानित

प्रथम झारखण्ड विधानसभा, अध्यक्ष महोदय का प्रारम्भिक वक्तव्य और समापन भाषण

21 नवम्बर, 2000

माननीय सामयिक अध्यक्ष महोदय का सम्बोधन

सामयिक अध्यक्ष–माननीय सदस्यगण,

नवगठित झारखण्ड विधानसभा के प्रथम सत्र के ऐतिहासिक अवसर पर मैं आप सबों का हार्दिक स्वागत करता हूँ। भगवान बिरसा मुण्डा एवं सिद्धू-कान्हू जैसे महावीरों के अविस्मरणीय संघर्ष और अपनी अलग सामाजिक-सांस्कृतिक पहचान को अक्षुण्ण रखने के लिए अनगिनत योद्धाओं, जन-नायकों के बलिदान के बाद सफलता का सूरज झारखण्ड राज्य के रूप में उदित हुआ है। आज की घड़ी वह घड़ी है जिसे इतिहास के पन्नों पर सुनहरे अक्षरों में अंकित किया जायेगा। विधानसभा के इस प्रथम सत्र की शुरुआत के साथ ही झारखण्ड राज्य सम्पूर्ण रूप से साकार हो उठा है। इस राष्ट्र के निर्माण के लिए आप लोगों ने भी कम महत्त्वपूर्ण भूमिका नहीं निभायी है। आने वाला इतिहास कल के बलिदानियों की तरह आपके योगदान को भी हमेशा याद रखेगा।

माननीय सदस्यों, आज की इस ऐतिहासिक घड़ी में आप सबको शुभकामना देते हुए आप लोगों को एक सीख भी देना चाहता हूँ। झारखण्ड राज्य इस क्षेत्र के करोड़ों दलितों, शोषितों, उत्पीड़ितों सहित यहाँ के सामान्य जनमानस का एक सपना था। यह सपना विकास के रास्तों की ओर ले जाने का सपना रहा है। हम-आप सभी जानते हैं कि विकास के मामले में असन्तुलन से यहाँ के बहुसंख्यक लोगों को आदिम समाज की पीड़ादायी जिन्दगी जीनी पड़ रही है। झारखण्ड राज्य के उदय के साथ हमारे ऊपर जिम्मेदारी आ पड़ी है कि हम उन पीड़ितों की पीड़ा हर लें। आँखों से आँसुओं को पोछ दें तथा ऐसा अवसर पैदा करें कि हर चेहरे पर खुशी दिखायी दे।

हर घर खुशहाल दिखायी दे। सपनों को सच्चाई में बदलना होगा तभी राज्य निर्माण का लक्ष्य प्राप्त हो सकेगा। अतएव आइए, हम सब मिलकर एक सुन्दर, समुन्नत झारखण्ड राज्य के निर्माण का संकल्प लें।

24 नवम्बर, 2000

माननीय अध्यक्ष का समापन भाषण

अध्यक्ष–माननीय सदस्यगण,

यह चार दिन का संक्षिप्त झारखण्ड विधानसभा का सत्र कई मायनों में ऐतिहासिक माना जायेगा। इसकी शुरुआत बहुत अच्छे वातावरण में हुई है और जो इन्तजामात थे, उनमें बहुत कमी थी। प्रेस वालों को बैठने के लिए समुचित जगह नहीं थी। दर्शक दीर्घा की कमी थी। कर्मचारियों का अभाव था, साधन की कमी थी लेकिन फिर भी इच्छाशक्ति के बल पर इन चार दिनों में जिस सुन्दर ढंग से सदन का काम चला है, उन तमाम लोगों को, विधानसभा के कर्मचारियों को बहुत-बहुत धन्यवाद देना चाहता हूँ कि दिन-रात काम करके उन्होंने इस सत्र को सफल बनाने में इतनी सहायता की और मैं इस बात के लिए उनकी भूरी-भूरी प्रशंसा करता हूँ। प्रशासन का चूँकि अभी बँटवारा हुआ ही है, बिहार से आये हुए, जो पहले पूरे बिहार के चीफ सेक्रेटरी थे, उनको पूरे झारखण्ड प्रान्त के मुख्य सचिव के रूप में नियुक्त किया गया है। उन्होंने और उनके साथियों ने, पदाधिकारियों ने जिस तन्मयता और मेहनत के साथ काम किया है, कहना नहीं चाहिए लेकिन मैंने देखा है कि मुख्य सचिव खिड़की के पास बैठकर भी काम करते रहे हैं और किसी तरह से कोई कमी नहीं रहे, इसके लिए उन्होंने बहुत मेहनत की है। इसके लिए मेरे पास शब्द नहीं है कि किस तरह से मुख्य सचिव और उनके साथियों की बड़ाई करूँ। मुझे विश्वास है कि आने वाले दिनों में जो परिदृश्य होगा उसमें पूरी सरकार और माननीय सदस्यों ने जो कहा है, उनकी भावनाओं को ये पदाधिकारी भी अपने मन में बसायेंगे, ईमानदारी और मेहनत से भरी हुई भावना से सरकार का काम करने की कोशिश करेंगे। इसलिए तमाम पदाधिकारियों को बहुत-बहुत धन्यवाद देना चाहता हूँ। पत्रकार बन्धुओं ने बड़ी दिक्कत के बावजूद, दूर से देखते हैं। लगता है कैदखाने में बैठे हुए हैं। जहाँ उनको एयर कंडीशन कमरों में बैठने की आदत थी बिहार विधानसभा में, यहाँ ऐसे बैठना पड़ा। जो सुविधा पत्रकारों को बिहार में थी यहाँ नहीं है, फिर भी उन्होंने यहाँ अपने कर्तव्यों का निर्वहन जिस तरह से किया है, इसके लिए तमाम पत्रकारों के प्रति मैं धन्यवाद ज्ञापित करता हूँ और जब भाषण पूर्ण होगा तब मैं आभार व्यक्त

करूँगा जिन्होंने इस सदन में बोलने में सहयोग प्रदान किया है और नयी परम्पराओं को स्थापित करने का काम किया है, इस बात की नींव पड़ गयी है। जो नींव पड़ गयी है, उस पर इमारत जरूर खड़ी होगी, उस इमारत को कोई रोक नहीं सकता है। मैंने अपने प्रारम्भिक भाषण में जो बातें कहीं थीं, ऐसी विधानसभा जिसमें हम एक दूसरे को सुनने के लिए व्याकुल हों, तर्क का जवाब तर्क से दिया जाये, जहाँ पर मार-पीट, अश्लील दृश्य की कोई गुंजाइश नहीं हों, इस प्रकार के सुन्दर वातावरण में विधानसभा चले उसकी शुरुआत हुई है और आने वाला जो आगामी सत्र होगा उसमें यह चीज देखने को मिलेगी। इसमें कोई शक नहीं है, इसलिए तमाम साथियों, विधायकों के प्रति बहुत-बहुत आभार व्यक्त करता हूँ और जो अभी छोटे-से रूप में सरकार बनी है, मुख्यमन्त्री बने हैं और उन्होंने अपनी प्रतिबद्धता इस झारखण्ड की जनता के प्रति प्रदर्शित की है, मुझे पूरा विश्वास है कि वह पल्लवित और पुष्पित होगी और जब यह वादा और घोषणा धरती पर उतरेगी तो जनता कितनी गद्‌गद होगी इसका अनुमान नहीं लगाया जा सकता है, इसलिए सरकार के प्रति बहुत आभार प्रकट करता हूँ। पुलिस बल के लोगों ने भी दिन-रात बिना किसी इन्तजाम के, बिना किसी व्यवस्था के खुले आसमान के नीचे अपनी ड्यूटी का पालन किया है, वे भी धन्यवाद के पात्र हैं। साथ ही मैं खुद ही इतना अभिभूत हूँ कि शीघ्र ही फिर हम लोग इकट्ठे होंगे इस सुविचार के साथ। इस लघु सत्र की समाप्ति की घोषणा मैं करता हूँ। अब सभा की बैठक अनिश्चितकाल तक के लिए स्थगित की जाती है।

27 फरवरी, 2001

माननीय अध्यक्ष का प्रारम्भिक वक्तव्य

अध्यक्ष–15 नवम्बर, सन् 2000 को गठित झारखण्ड ने अपने सौ दिन के सफर को पूरा कर लिया है। पिछले 21 नवम्बर, 2000 को विधायी कार्यवाही साथ शुरू हुई झारखण्ड की विधानसभा भी अपने विधायी कार्यकाल के सौ दिन पूरा करने की ओर अग्रसर है। इस बीच 4 दिनों का हमारा पिछला सत्र उपलब्धियों से भरा रहा है। इस सत्र में अपने-अपने आचरण, कार्य और व्यवहार के द्वारा संसदीय परम्परा को बुलन्दियों तक पहुँचाया है। हमें यह कहने में आज गर्व की अनुभूति हो रही है कि संसदीय क्षेत्र में आपके उत्कृष्ट प्रदर्शन से झारखण्ड विधानसभा को न केवल पूरे देश वरन् पूरी दुनिया में सम्मान की दृष्टि से देखा गया है। इस सदन के सदस्यों के सम्भाषण की शैली, अभिव्यक्ति का ढंग, विरोध और समर्थन के तरीके संसदीय परम्परा की दृष्टि से काफी शालीन और प्रशंसनीय रहे हैं। मैं आशा करता हूँ कि इस

सत्र में भी आपका प्रदर्शन इतना उत्कृष्ट रहेगा कि झारखण्ड विधानसभा सर्वोच्चता के शिखर पर प्रतिष्ठापित होगी।

शिशिर के अवसान और बसन्तागमन की संधि-बेला में शुरुआत हुई है इस सत्र की। बसन्त का मौसम फूलों का मौसम है, बहारों का मौसम है और मौसम है मुहब्बत के इजहार का। पिछले सत्र की तरह यह सत्र भी इस मायने में ऐतिहासिक होने जा रहा है कि इस बार राज्य सरकार अपना बजट आपके सामने प्रस्तुत करेगी।

सरकार इस राज्य के भविष्य की रूपरेखा आपके सामने रखने जा रही है। जैसा कि हमने पिछले सत्र में भी आपको कहा था, हमें खाण्डवप्रस्थ मिला है। आपस में मिल-जुलकर इस खाण्डवप्रस्थ को इन्द्रप्रस्थ बनाने की कठिन जिम्मेवारी का हमें निर्वाह करना है। स्वस्थ लोकतन्त्र में विपक्ष को भी सरकार का अभिन्न अंग माना गया है।

अकेले सरकार, किसी भी मायने में सम्पूर्ण नहीं होती, ऐसी हमारी मान्यता है। आकलन और सम्भावनाओं की तलाश अकेले सरकार ही करेगी, इन मान्यताओं से ऊपर उठकर सोचना है इस सदन को। इस दिशा में आपकी भूमिका अहम होगी। हम अभी निर्माण की शुरुआत में हैं। निर्माण के इस महान कर्म में पक्ष और विपक्ष रूपी दोनों हाथों को मजबूती से जुटना होगा। अतएव, मैं आपसे इस सदन के अध्यक्ष होने के नाते उम्मीद करूँगा कि आप सरकार द्वारा पेश किये जोने वाले बजट का सम्यक् और समालोचनात्मक अध्ययन करेंगे। जहाँ आपको कमी दिखायी दे, उसे सुधारने के लिए आप प्रस्ताव दें। इसके लिए आने वाले विपक्ष के कटौती प्रस्तावों का, उनके तर्कों का मैं स्वागत करूँगा और सरकार से भी यह अपेक्षा करूँगा कि कटौती प्रस्तावों को वह नकारात्मक रूप में न ले, इसके सकारात्मक सोच को स्वीकार करें। लोकतन्त्र नियमों से ज्यादा परम्पराओं से चलता है। कटौती प्रस्तावों में निहित अच्छी बातों को स्वीकार करने की अच्छी परम्परा अगर इस विधानसभा में विकसित हुई तो सच मानिए लोकतन्त्र को एक नया क्षितिज मिलेगा।

मैंने अभी अपने भाषण में बसन्तागमन की चर्चा की है। विपक्ष के भी माननीय सदस्यों से मैं यह उम्मीद करूँगा कि वे सरकार पर नि:संकोच होकर वार करें, लेकिन वार का तरीका नायाब हो। हम जिस जगह के हैं, वहाँ की संस्कृति महान है। इसलिए मैं चाहूँगा कि आपका वार तो हो, लेकिन पत्थर को फूल बनाकर। रंग और गुलाल को हथियार बनाकर, आँखों के इशारों को अपना औजार बनाकर आप सरकार पर प्रहार करेंगे, तो न सिर्फ हमें खुशी होगी, वरन् हमारी जनता के बीच भी

यह सन्देश जायेगा कि इस खाण्डवप्रस्थ को इन्द्रप्रस्थ बनाने में सरकार और विपक्ष समवेत हैं, एकजुट हैं। हमारी एकता इस इलाके की मिट्टी में पाये जाने वाले फौलाद की तरह सुदृढ़ और मजबूत है, यह सन्देश जनता के बीच जायेगा।

साथ ही दुनिया को यह जानकारी भी मिलेगी कि यहाँ की मिट्टी में रची-बसी खुशबू यहाँ की विधानसभा में भी मौजूद है।

इस अवसर पर हम नमन करते हैं उन महान विभूतियों को जिन्होंने देश की आजादी के संघर्ष में अपने प्राणों की आहूति दी।

साथ ही हम नमन करते हैं झारखण्ड के उन महान सपूतों को जिन्होंने उक्त संघर्ष में अपना बलिदान दिया है, जिनकी आँखों में झारखण्ड के निर्माण के खूबसूरत सपने थे। उन अमर सेनानियों को, स्वप्नद्रष्टाओं की यादों को तस्वीरों के रूप में हमने इस सदन में स्थापित करके न केवल उनके प्रति श्रद्धा-समर्पित करने का काम किया है वरन् इस कार्य के माध्यम से यह प्रयास भी किया है कि उनके सत्कर्मों, उनकी आहूतियों से हम प्रेरणा लें। इस क्रम में सदन को जिन महान राष्ट्रीय आत्माओं की स्मृतियों से जोड़ने का छोटा-सा प्रयास हमने किया है। आपकी नजरों के सामने हैं। वे यथा–राष्ट्रपिता महात्मा गांधी, सुभाष चन्द्र बोस, बाबासाहब डॉक्टर भीमराव अम्बेडकर एवं महान राष्ट्रीय सन्त सन्त गाड़गे।

झारखण्ड की रत्नगर्भा धरती से उपजे भगवान बिरसा मुण्डा, गणपत राय, सिद्धू-कान्हू, अलबर्ट एक्का, स्व. जयपाल सिंह मुंडा, ताना भगत, शेख भिखारी, विश्वनाथ शाहदेव एवं मेदिनी राय की स्मृतियों से भी इन तस्वीरों के माध्यम से हमने इस सदन को जोड़ने का प्रयास किया है, जिन्होंने या तो स्वतन्त्रता हासिल करते हुए यज्ञ में अपनी आहुति दी है या स्वतन्त्रता प्राप्ति के बाद संकट के क्षणों में राष्ट्ररक्षा के लिए अपना सर्वस्व बलिदान कर दिया है, या फिर झारखण्ड के निर्माण के लिए अपने प्राणों को न्यौछावर किया है। आज का अवसर इन बलिदानियों, इन सेनानियों के जीवन से प्रेरणा लेने का है। हम इनकी कुर्बानियों से प्रेरणा लें। साथ ही यह संकल्प भी लें कि इनके सपनों को हम साकार करेंगे, इनके सपनों के अनुरूप झारखण्ड के निर्माण में अपना हर सम्भव योगदान देंगे। हमें दुःख है कि इस क्षेत्र के महान सेनानी नीलाम्बर-पिताम्बर की तस्वीर हमें नहीं मिली, हम उनके प्रति भी नतमस्तक हैं। हमें गर्व है कि शहादत की इस श्रृंखला में अधिकांश आदिवासी हैं। आदिवासी जिनकी चरित्र इसी मिट्टी की खुशबू की तरह है।

आज थोड़ी देर बाद महामहिम राज्यपाल जी आपको सम्बोधित करने वाले हैं। उनके सम्बोधन के समय हम अपनी संस्कृति के अनुरूप अपने आचरण की शालीनता का प्रदर्शन करेंगे, उनके विचारों को आत्मसात् करेंगे और यह देखेंगे कि सरकार किस प्रकार के भविष्य का ताना-बाना बुनने जा रही है।

अध्यक्ष को सम्बोधित राज्यपाल से प्राप्त सन्देश

माननीय सदस्यगण,

झारखण्ड के राज्यपाल महोदय का निम्न सन्देश प्राप्त हुआ है–

सन्देश

"भारत के संविधान के अनुच्छेद 176 के खण्ड (1) द्वारा प्रदत्त शक्तियों का प्रयोग करते हुए मैं प्रभात कुमार, झारखण्ड का राज्यपाल, इसके द्वारा झारखण्ड विधानसभा को दिनांक–27 फरवरी, 2001 को 11:30 बजे पूर्वाह्न में सम्बोधित करना चाहता हूँ और इस हेतु लेनिन हॉल, एच.ई.सी., राँची स्थित झारखण्ड विधानसभा सदन में सदस्यों की उपस्थिति चाहता हूँ।"

राँची — ह./–प्रभात कुमार

दिनांक–15 फरवरी, 2001 — झारखण्ड के राज्यपाल

अब आप लोगों की अनुमति से मैं कुछ देर के लिए राज्यपाल महोदय का स्वागत करने और उन्हें लाने के लिए बाहर जाता हूँ। इस बीच आप लोग कृपया अपने-अपने स्थान पर बैठे रहेंगे। धन्यवाद!

31 मार्च, 2001

माननीय अध्यक्ष का समापन भाषण

अध्यक्ष–माननीय सदस्यगण,

पिछले 27 फरवरी से आरम्भ हुआ झारखण्ड विधानसभा का पहला बजट-सत्र अपनी इक्कीस बैठकों के बाद आज अपने अवसान के करीब पहुँच गया है। पिछले सत्र की तरह इस सत्र की उपलब्धियाँ भी ऐतिहासिक दस्तावेज के रूप में समय के शिलाखण्ड पर लम्बे अर्से तक अंकित रहेंगी। साधन सम्पन्न संस्थाएँ यदि उपलब्धियाँ हासिल करती हैं, तो उनके दो मायने नहीं होते, जो साधनों की कमी के बावजूद प्राप्त की गयी होती हैं। हमारी उपलब्धियों के मायने हैं, यह कहने में मुझे हिचक नहीं है क्योंकि हमने अल्प संसाधनों के बल पर उपलब्धियाँ हासिल की हैं। कमियों में कामयाबियों के कुसुम झारखण्ड विधानसभा में खिले हैं, यह हमारे लिए,

आपके लिए गर्व की बात है। ढाँचागत संरचना के सम्पूर्ण विकास के अभाव में भी सरकार का शत-प्रतिशत सकारात्मक रहा है, इस महत्त्वपूर्ण सत्र के सफलतापूर्ण संचालन में पूर्ववर्त्ती बिहार से संसाधनों, संचिकाओं, अभिलेखों, अधिकारियों और कर्मचारियों के पूर्ण विभाजन के बिना सरकारी काम-काज को निपटा पाना कितना कठिन होता होगा, इसकी कल्पना सहज ही की जा सकती है, इसके बावजूद लगभग नब्बे प्रतिशत से भी अधिक प्रश्नों के लिखित या मौखिक उत्तर इस सरकार ने नियत तिथि को सदन में उपलब्ध कराये हैं। मैं सरकार के इस सहयोग के लिए बधाई देता हूँ और सरकार के उन तमाम पदाधिकारियों, कर्मचारियों को भी धन्यवाद देता हूँ, जिन्होंने इस दायित्व के निर्वहन में निष्ठापूर्वक योगदान दिया है। इस सदन के कई माननीय सदस्य लम्बे अर्से से संसदीय विधायी संस्थाओं से जुड़े रहे हैं, उन्हें यह अनुभव होगा कि सरकारें किस तरह प्रश्नों के उत्तर देने से कतराती हैं। मेरा भी व्यक्तिगत अनुभव रहा है कि एक सत्र में मुश्किल से दस से पन्द्रह प्रतिशत प्रश्नों के उत्तर होते थे। लोकतन्त्र के सुखद और सफल संचालन के लिए यह प्रवृत्ति न केवल नकारात्मक थी, वरन् घातक भी। अतएव, इस सत्र के प्रथम दिन ही मैंने आसन से यह नियमन दिया था कि प्रश्नों के उत्तर उसी दिन आने चाहिए, जिस दिन सदन में उनका उत्तर होना है। मुझे खुशी है कि मेरे इस नियमन का पालन हुआ है और इस प्रकार झारखण्ड विधानसभा में लोकतन्त्र में एक नयी और बेहद खूबसूरत मंजिल हासिल कर ली गयी है।

आप सब जानते हैं कि विधानसभा का यह सत्र बजट-सत्र था। झारखण्ड की सरकार ने पहली बार अपनी स्थापना के बाद, नयी विधानसभा में अपना पहला बजट प्रस्तुत किया है। सरकार के पहले बजट की शुरुआत मुनाफे से हुई है। मैं कामना करता हूँ कि भविष्य में भी झारखण्ड की धरती धन-धान्य से इतनी परिपूर्ण रहे, सरकार के पास इतने संसाधन मौजूद रहें कि विकास के कार्यों में हाथ खोलकर, दिल खोल कर खर्च करने के बावजूद इसका बजट हमेशा मुनाफे का बजट हो। इस अवसर पर मैं इस प्रदेश के पहले वित्तमन्त्री श्री मृगेन्द्र प्रताप सिंह को बधाई देना चाहता हूँ कि चार माह के अल्प समय में उन्होंने अपने संसाधनों, अपने कोष को वैज्ञानिक तरीके से उपयोग करने के तरीकों का लेखा-जोखा देते हुए बजट बनाने के दुरूह कार्य का निर्वाह किया है। वित्त विभाग के आयुक्त एवं वाणिज्यकर आयुक्त एवं समस्त पदाधिकारीगण, कर्मचारीगण भी इसके लिए बधाई के पात्र हैं। आज की घड़ी में मैं उन तमाम विधायकों को भी धन्यवाद देना चाहता हूँ जिन्होंने सरकार को अनुदान माँगों पर, कटौती प्रस्तावों पर चर्चा के क्रम में सदन में कई

लोक कल्याणकारी, जनपयोगी सुझाव दिये। इस सत्र के आरम्भ में अपने प्रारम्भिक वक्तव्य के दौरान मैंने आप लोगों को सम्बोधित करते हुए कहा था कि कटौती प्रस्तावों को हमेशा नकारात्मक सन्दर्भ में नहीं लिया जाना चाहिए। मैंने अपेक्षा की थी कि सरकार इसके सकारात्मक पहलुओं पर भी ध्यान दे और जहाँ तक गुंजाइश हो, ऐसे सुधारों को स्वीकार करके इन्हें साकार करने का प्रयास करे। मुझे खुशी है, बजट प्रस्तावों पर चर्चा के दौरान माननीय सदस्यों द्वारा सुझाये गये बहुमूल्य सुझावों को सरकार ने सदन में मान लेने का वचन दिया है। मेरी अपनी मान्यता है कि लोकतन्त्र में पक्ष और विपक्ष के बीच कोई मजबूत सीमा रेखा खींचना लोकतन्त्र के स्वास्थ्य के लिए घातक है। सदस्यगण, चाहे पक्ष के हों या विपक्ष के, उन्हें उनके क्षेत्र की जनता ने क्षेत्र के विकास के लिए, प्रदेश की उन्नति के लिए चुनकर विधानसभा में भेजा है। अतएव, यदि हम पक्ष और विपक्ष में बुरी तरह बँट जायें तो फिर न तो क्षेत्र का कल्याण हो सकता है न ही प्रदेश का। अतएव लोक कल्याण और राज्य के विकास के मुद्दे पर पक्ष और विपक्ष की अलग-अलग आवाज के बजाय पूरे विधानसभा में समवेत आवाज उठे। इसका प्रत्यक्ष उदाहरण हमें डी.वी.सी. पर चर्चा के दौरान मिला कि जब पक्ष एवं विपक्ष ने एक होकर झारखण्ड के विकास को ही आगे रखा। मैं समझता हूँ, ऐसा करके ही हम झारखण्ड को समुन्नत और सुदृढ़ झारखण्ड बना सकेंगे, अपने सपनों का झारखण्ड बना सकेंगे।

माननीय सदस्यगण, विधायी संस्थाओं में बजट पारित करने की प्रक्रिया में एक त्रुटि हमेशा मेरे मस्तिष्क में खटकती रही है। सदन में सार्थक बहस हुए बिना सरकार के अधिसंख्य विभागों की अनुदानें गिलोटीन के माध्यम से पारित हुआ करती हैं। मेरी समझ से यह पद्धति लोकतन्त्र की जीवन्तता के खयाल से अच्छी नहीं है। इसलिए मैंने बजट प्रस्ताव, जो शुरू में आठ भागों में बाँटे गये थे, सर्वप्रथम उसे बारह भागों में बँटवाकर इस पर बहस के लिए आठ अतिरिक्त घंटे आप लोगों को उपलब्ध कराये। इतना ही नहीं, जहाँ वित्तीय कार्य द्वितीय पाली में लिये जाने की परम्परा थी, उससे आगे बढ़कर जब-जब मुझे समय मिला, मैंने प्रथम पाली में कई दिन इसे साढ़े बारह बजे लिया। जिन विभागों के अनुदान बिना बहस के पारित होने थे, उनके प्रसंग में भी सदन में वाद-विवाद कराये गये हैं तथा सम्बन्धित मन्त्रियों को जवाब देने के अवसर उपलब्ध कराये गये हैं। माननीय सदस्यों ने भी इसमें सकारात्मक भूमिका निभायी है, इसके लिए मैं उन्हें हार्दिक धन्यवाद देता हूँ।

इक्कीस दिनों तक चले इस सत्र में सदन में अनगिनत महत्त्वपूर्ण विषयों पर चर्चा हुई है। तपकरा, डोरंडा गोलीकाण्ड और डी.वी.सी. से प्राप्त होने वाली बिजली, पानी पर सदन में विशेष वाद-विवाद भी इस दौरान हुए। इसके अतिरिक्त प्रश्नों, ध्यानाकर्षण प्रस्तावों पर चर्चा के क्रम में जब-जब कोई महत्त्वपूर्ण मुद्दा उठा, आप लोगों की माँग पर सदन में सार्थक बहस हुई। परिवहन महकमा हो या राज्य का पुलिस महकमा, इनमें व्याप्त कुरीतियों को दूर करने हेतु सदन में व्यापक चर्चा हुई है। मुझे खुशी है कि सरकार के वरिष्ठ मन्त्रियों ने भी परम्पराओं से ऊपर उठकर इन खामियों को स्वीकार किया है और उसे दूर करने के लिए अपनी वचनबद्धता प्रकट की है।

राज्य में प्रोजेक्ट स्कूलों की समस्या, नव अंगीकृत कॉलेज कर्मियों की समस्या, प्रशिक्षित शिक्षकों की नियुक्ति की समस्या, राज्य के गठन से काफी पूर्व की है किन्तु ज्वलन्त समस्याएँ हैं, इन पर भी आप सबों ने भेदभाव भुलाकर सदन में चर्चा की है। इससे राज्य की जनता में निश्चित तौर पर यह सन्देश गया है कि हमारे प्रतिनिधिगण हमारी समस्याओं के प्रति गम्भीर हैं। आप लोगों की गम्भीरता को देखते हुए मैंने न केवल शिक्षा विषयक विशेष समिति के गठन की घोषणा की हैं, वरन् स्कूलों की समस्याओं के समाधान हेतु भी विशेष समिति बनाने का निर्णय लिया है। इस सत्र के एक महत्त्वपूर्ण पहलू का जिक्र किये बिना शायद ये समारोह भाषण सम्पूर्ण न होगा, और वह है विधानसभा द्वारा पंचायती राज विधेयक संख्या-2001 का पारित होना। झारखण्ड के विकास का पहला सोपान होगा गाँवों में रहने वाली जनता को अधिकार देना। इस विधेयक को पारित कराने की जो इच्छाशक्ति मुख्यमन्त्री, श्री बाबू लाल मराण्डी एवं उनके मन्त्रिमण्डल ने दिखायी है, वह इतिहास के पन्नों में स्वर्णाक्षरों में लिखी जायेगी। इसके साथ ही अन्य सात राजकीय विधेयक इस सत्र के दौरान सदन द्वारा पारित किये गये।

माननीय सदस्यगण, लोकतन्त्र में विधायी संस्थाओं को पवित्र स्थल के रूप में मान्यता दी गयी है। इसके और इससे जुड़े हुए लोगों के सम्मान और गरिमा की रक्षा का भार अध्यक्ष के जिम्मे है। मैंने इसकी प्रतिष्ठा की रक्षा का विधि सम्मत तरीके से हर सम्भव उपाय किया है। एक स्थानीय समाचारपत्र द्वारा जब इसकी गरिमा पर चोट करने का प्रयास किया गया तो मामले को संज्ञान में आते ही इसे विशेषाधिकार समिति को सौंप कर इसकी अनुशंसाओं से सदन को अवगत कराया गया तथा चलते सत्र में अनुशंसाओं को कार्यान्वित भी कराया गया। इसी प्रकार माननीय सदस्य श्री महेन्द्र प्रसाद सिंह के साथ हुए दुर्व्यवहार के मामले की जाँच का जिम्मा भी सदन

की विशेष समिति को इस सत्र में सौंपा गया है। मैं समझता हूँ कि सारी समस्याओं का समाधान सार्थक बातचीत से हो सकता है और लोकतन्त्र में विधायी संस्थाएँ ही सार्थक बातचीत का उचित मंच है। इस मंच पर सार्थक गतिविधियाँ कायम रहें, लोकतन्त्र के इस पावन मन्दिर की पवित्रता कायम रहे, मैं यही कामना करता हूँ।

आपको ज्ञात होगा कि प्रथम सत्र के कार्यकलापों पर आधारित झारखण्ड विधानसभा की पहली पुस्तक 'पहली उड़ान' का माननीय मुख्यमन्त्री के हाथों लोकार्पण कराकर हमने प्रकाशन के क्षेत्र में भी दस्तक दी है। 'पहली उड़ान' को हम नियमित उड़ान में बदलने जा रहे हैं। इसमें द्वितीय सत्र के कार्यकलापों की संक्षिप्त विवरणी के साथ-साथ माननीय सदस्यों, मन्त्रियों के संसदीय संस्मरण, लेख, कविताएँ, कहानियाँ भी हम प्रकाशित करेंगे। आप सबों से आग्रह है कि वांछित सामग्रियाँ सभा-सचिवालय को उपलब्ध करायेंगे। इसी प्रकार प्रथम झारखण्ड विधानसभा के सदस्यों के संक्षिप्त जीवन-परिचय के प्रकाशन का निर्णय भी हमने लिया है। आप लोगों को इसके लिए चिट्ठियाँ भेजी जा चुकी हैं, वांछित सूचनाएँ, मैं आशा करता हूँ कि सदस्यगण समय-सीमा के भीतर उपलब्ध करा देंगे ताकि इसका सामयिक प्रकाशन सम्भव हो सके। मैं इस पवित्र सदन में एक नयी परम्परा को जोड़ना चाहता हूँ और वह है संसद की तर्ज पर प्रत्येक वर्ष वैसे विधायक को सम्मानित करना जिसने वर्ष भर में अपने विधायी कार्यों को सर्वोत्कृष्ट तरीके से निर्वहन किया हो। इसके लिए एक निष्पक्ष एवं जानकार समिति का गठन किया जायेगा जो अपनी अनुशंसा इस कार्य के लिए प्रदान करेगी।

अन्त में, मैं सभी माननीय सदस्यों के प्रति अपना आभार व्यक्त करता हूँ, जिन्होंने इस सत्र के सफलतापूर्वक संचालन में सहयोग दिया है। राज्य सरकार के समस्त पदाधिकारीगण-कर्मचारीगण, जो सत्र सम्बन्धी कार्यों से जुड़े थे, उनकी कर्तव्यनिष्ठा की मैं सराहना करता हूँ, देर रात तक मेहनत करके उन लोगों ने माननीय सदस्यों के प्रश्नोत्तर बनाये, सरकार के वक्तव्य तैयार किये। इसके लिए वे सभी बधाई के पात्र हैं। राज्य सरकार के लिए विशेष रूप से उल्लेख करना चाहता हूँ जिन्होंने बजट-सत्र को एक चुनौती के रूप में लिया तथा सहयोगी वरिष्ठ पदाधिकारियों, सचिव, श्री विजय शंकर दूबे को, जिन्होंने इस बजट-सत्र को सरकारी उत्तर देने के मामले में ऐतिहासिक बनाया। डी.जी.पी. तथा उनके पुलिस अधिकारियों के प्रति भी आभार प्रकट करता हूँ कि जिन्होंने विधि-व्यवस्था को ठीक रखने में अपना सार्थक सहयोग दिया है। विधानसभा परिसर में तैनात पुलिसकर्मी भी अपने कार्यों के लिए श्लाघा के पात्र हैं। पत्रकार बन्धु और पत्रकारिता से जुड़े समस्त दृश्य-

श्रव्य माध्यमों के लोगों को मैं बधाई देता हूँ जिन्होंने सदन के कार्य-कलापों को जनता तक पहुँचाया है। मैं विधानसभा सचिवालय के अपने पदाधिकारियों, कर्मचारियों को भी बधाई देता हूँ, जिन्होंने कड़ी मेहनत करके अपने दायित्वों का निर्वाह किया है, माननीय सदस्यों को सहयोग दिया है और इससे भी आगे बढ़कर मैं कहना चाहता हूँ कि अपने अध्यक्ष को कर्तव्यों का निष्पादन करने में सहायता की है।

सत्र की शुरुआत बसन्त की बेला में हुई थी। होली, ईद-उल-जुहा से लेकर प्रकृति पूजा के उत्सव सरहुल तक के त्योहार इस अवधि में आये तथा हमारे सत्र की समाप्ति राम नवमी के शुभ अवसर पर हो रही है, जो झारखण्ड को राम राज्य की ओर ले जाने की प्रेरणा देगी। सत्र के दौरान कई बार तनाव के क्षण भी आये तथा कुछ हद तक हमारा चेहरा भी विद्रूप हुआ है लेकिन मुझे आशा है कि हमारा विवेक जगेगा तथा हम इस सदन की गरिमा के लिए पुन: कृतसंकल्प हो जायेंगे। फिर भी सत्र के बोझिल क्षणों में उल्लास और उमंग की घड़ियाँ हमारी जिन्दगी में आयी हैं। मैं कामना करता हूँ कि उल्लास, उत्साह और उमंग के ये क्षण हमारी आपकी और झारखण्ड की जनता की जिन्दगी में कायम रहें। आप सबों को कोटि-कोटि शुभ कामनाएँ। इसके साथ ही मैं विधानसभा के इस सत्र की कार्यवाही अनिश्चितकाल के लिए स्थगित करता हूँ।

17 अगस्त, 2001

माननीय अध्यक्ष महोदय का प्रारम्भिक वक्तव्य

अध्यक्ष–माननीय सदस्यगण,

पिछले 31 मार्च, 2001 को समाप्त हुआ हमारा बजट-सत्र उपलब्धियों से भरा सत्र रहा है। उस सत्र में हमने विभिन्न विभागों की अनुदान माँगों पर सार्थक चर्चा की है। डी.जी.पी. के कार्यकलाप और तपकरा-डोरंडा की घटनाओं पर पक्ष-विपक्ष की भावना से ऊपर उठकर हमने निर्णय लिये हैं, वह हमारे लिए गौरव की बात है। साढ़े चार माह के अन्तराल के बाद विधानसभा के पावन सत्र में हम फिर इकट्ठे हुए हैं। झारखण्ड विधानसभा अपनी स्थापना के समय से ही इतिहास कायम करने की ओर अग्रसर रही है। इस सत्र में हम इतिहास कायम करेंगे, इसकी आशा मुझे है।

आपको स्मरण होगा कि पिछले सत्र में आपने झारखण्ड विधानसभा की प्रक्रिया तथा कार्य-संचालन नियमावली बनाने के लिए सभाध्यक्ष को प्रस्ताव पारित कर अधिकृत किया था। अनेक विधानसभाओं सहित लोकसभा के नियमों का

अध्ययन कर हम इसे बनाने में कामयाब हुए हैं। इस सत्र में उस नियमावली पर आपको चर्चा के अवसर प्राप्त होंगे। मैं समझता हूँ कि आपके सार्थक सुझावों से नियमावली को और अच्छा बनाने में हमें कामयाबी मिलेगी। पिछले लम्बे अर्से से विभिन्न मंचों पर यह बात उठती रही है कि सदन के सुव्यवस्थित कार्य-संचालन में बार-बार व्यवधान के कारण विधायी संस्थाएँ अपने संवैधानिक दायित्वों के निर्वाह में कठिनाइयों के दौर से गुजर रही है। इसका परिणाम यह हुआ है कि हमारी हैसियत में ह्रास हुआ है। न्यायपालिका के ऊपर काम का दबाव बढ़ा है और नौकरशाही निरंकुश हुई है। संसदीय व्यवस्था में कार्यपालिका पर विधायिका के नियन्त्रण का सिद्धान्त गौण होता जा रहा है और यह बहुमत की बदौलत कार्यपालिका की नीतियों को औपचारिक स्वीकृति देने वाली संस्था का स्वरूप ग्रहण करती जा रही है। यह न केवल हमारे संविधान निर्माताओं की भावना के विपरीत है, वरन् उस जनता के उम्मीदों के भी यह प्रतिकूल है, जिनके वोटों की बदौलत हम चुनकर आते हैं। विधायी संस्थाओं की गरिमा में गिरावट के कौन से कारण हैं, तथा इस गिरावट को रोकने के कौन से उपाय हो सकते हैं, इस मुद्दे पर भी व्यापक चर्चा के अवसर आपको इस सत्र में उपलब्ध होने जा रहे हैं। हम यह विचार करने जा रहे हैं कि संसदीय जीवन में हमारे आचरण के कौन से प्रतिमान होने चाहिए। इनके अतिरिक्त सरकार के इस वित्तीय वर्ष के लिए अनुपूरक अनुदान की माँगों पर भी हम चर्चा कर सकेंगे।

समय की दृष्टि से हमारा यह सत्र छोटा है, किन्तु अपनी उपलब्धियों से हम इसे ऐतिहासिक बनायेंगे, यह उम्मीद मुझे है। यह सही है कि आम आदमी की जिन्दगी में बढ़ रही समस्याओं पर पूरी तरह चर्चा छोटे सत्र में नहीं हो सकती। इसके लिए विधायिका के बड़े सत्र की आवश्यकता होती है। झारखण्ड नया राज्य है। नये राज्य में लोगों की अपेक्षाएँ आशा की तुलना में ज्यादा बड़ी हैं। मैंने इस छोटे सत्र की बाबत सरकार के मुख्यमन्त्री और संसदीय कार्य मन्त्री से पत्राचार किये थे। उन्होंने वायदे किये हैं कि आने वाले दिनों में विधानसभा के सत्र लम्बे और बड़े होंगे।

पिछले साढ़े चार माह तक यद्यपि विधानसभा सत्र में नहीं रही है, तथापि इसकी गतिविधियाँ कायम रही हैं। राज्य के शिक्षा जगत से जुड़ी समस्याओं के अध्ययन तथा इनके एकमुश्त समाधान के उपाय सुझाने के निमित्त सदन की विशेष समिति का गठन सभा के बजट-सत्र में राज्य सरकार के वित्तमन्त्री माननीय श्री मृगेन्द्र प्रताप सिंह के सभापतित्व में किया गया था। इसने अपना प्रतिवेदन दिनांक–18 जुलाई, 2001

को सभाध्यक्ष के समक्ष समर्पित किया है। समिति की अनुशंसाओं से शिक्षा जगत से जुड़े लोगों में नयी आशा का संचार हुआ है। समय के इसी अन्तराल में झारखण्ड विधानसभा ने विधायी कार्यवाहियों के प्रसारण विषयक 12 राज्यों की विधानसभाओं के अध्यक्षों के समिति की बैठक का सफल आयोजन विगत 12 जून 2001 को किया है। बैठक में उपस्थित माननीय अध्यक्षों ने इस सम्मेलन की सफलता पर यह टिप्पणी की है कि, "झारखण्ड की नयी विधानसभा बहुत-सी पुरानी विधानसभाओं से भी आगे है।" थोड़े ही दिनों में यह ज्यादा-से-ज्यादा उपलब्धियाँ दर्ज कर भारत की समस्त विधानसभाओं के बीच आदर्श विधानसभा के रूप में उभरेगी। दूसरे राज्यों के माननीय सभाध्यक्षों के ये उद्गार हमारे लिए गौरव की बात है। विगत 27 जून, 2001 से 1 जुलाई, 2001 तक विधायी संस्थाओं के पीठासीन अधिकारियों के चंडीगढ़ में आयोजित 64वें सम्मेलन में झारखण्ड विधानसभा ने कामयाबियों के परचम लहराये हैं। सम्मेलन में विचारणीय विषयों पर झारखण्ड विधानसभा का सबल और स्वस्थ दृष्टिकोण रहा है, जिसके लिए इसने पूरे देश से प्रशंसा प्राप्त की है, यह भी हमारे लिए कम गौरव की बात नहीं। यह और प्रसन्नता की बात है कि चंडीगढ़ में सम्पादित सम्मेलन के पश्चात् उक्त सम्मेलन की स्थायी समिति की सदस्यता लोकसभा के माननीय अध्यक्ष श्री जी.एम.सी. बालयोगी द्वारा झारखण्ड विधानसभा के अध्यक्ष को दी गयी है। विधानसभा के अस्तित्व में आये अभी साल भी नहीं गुजरा, फिर भी सबकी सम्मिलित कोशिशों ने इसे बुलन्दियों तक पहुँचाया है। यह न केवल हमारी विधानसभा के लिए वरन् पूरे प्रदेश के लिए प्रशंसनीय उपलब्धि है। इसी अवधि में झारखण्ड विधानसभा को राष्ट्रमण्डल संसदीय संघ की सदस्यता भी प्राप्त हुई है।

झारखण्ड विधानसभा शनैः-शनैः किन्तु ठोस उपलब्धियों की ओर अग्रसर है। इस विधानसभा की कार्यशीलता यदि इसी प्रकार जारी रही तो इसमें और गति आयेगी।

पावस के रिमझिम के इस मौसम में हम इकट्ठे हैं कामयाबियों का कीर्तिमान बनाने के लिए। इस सत्र में अनेक मुद्दों पर चर्चा होगी। चर्चा के क्रम में असहमति के क्षण भी आयेंगे। किन्तु असहमतियों को सार्थक बातचीत के माध्यम से सुलझाकर हम उचित निर्णय तक पहुँच सकेंगे, ऐसी मुझे उम्मीद है। हमारा यह सत्र झारखण्ड की जनता के लिए अच्छे निर्णय लेने वाला सत्र सिद्ध हो, हम जनाकांक्षाओं पर खरे उतरें, इन्हीं शुभकामनाओं के साथ।

24 अगस्त, 2001

माननीय अध्यक्ष महोदय का समापन भाषण

अध्यक्ष–माननीय सदस्यगण,

मैं इस विचार का हूँ, मेरे लिए एक शब्द कहने में कोई दिक्कत नहीं हो सकती है। सत्र की समाप्ति की घोषणा करता हूँ। यह मैं एक सेकेंड में कह सकता हूँ। लेकिन मैं जिन परंपराओं को आगे बढ़ाना चाहता हूँ, उनमें चाहता हूँ पक्ष और विपक्ष मिलकर आगे बढ़ें। इस प्रान्त की मंजिल बहुत आगे है और जब तक मिलकर नहीं करेंगे, तब तक हम लोग मंजिले मकसूद तक नहीं जा सकते हैं। मैंने अपने चेम्बर में भी बुलाकर सबसे आग्रह किया लेकिन मौन के साथ इनको कितना प्यार हो गया है, इसका आभास मुझको पहले नहीं था।

सभा की कार्यवाही अनिश्चितकाल के लिए स्थगित की जाती है।

12 दिसम्बर, 2001

माननीय अध्यक्ष महोदय का प्रारम्भिक वक्तव्य

अध्यक्ष–माननीय सदस्यगण,

लगभग चार माह के अन्तराल के बाद झारखण्ड विधानसभा के इस चौथे सत्र में मैं आप सभी का स्वागत करता हूँ। इस चार माह के कालखण्ड में दुनिया के राजनीतिक रंगमंच पर आशातीत परिवर्तन आये हैं तथा आतंकवादियों द्वारा न्यूयॉर्क के ट्विन टावर्स एवं पेंटागन पर आत्मघाती हमलों तथा उसके बाद की घटनाओं ने विश्व के राजनीतिक परिदृश्य को ही बदल के रख दिया है। इस घटनाचक्र से एक बात जो उभर के सामने आयी है, वह प्रजातन्त्र की सेहत के लिए सुखद है, क्योंकि इस घटनाचक्र से यह स्पष्ट हो गया है कि इन हमलों में वैसे देश ही संलिप्त है जहाँ लोकतन्त्र की गाड़ी पटरी से उतरी हुई है। अब इसलिए भी आवश्यक हो गया है कि हम दुनिया के विशालतम प्रजातन्त्र भारत में इस व्यवस्था को अक्षुण्ण रखने के लिए और अधिक प्रयत्नशील हो जायें। स्थापित झारखण्ड भी उसी भारत के लोकतन्त्र का अठाइसवाँ राज्य है जिसकी पहली वर्षगाँठ हमने अभी-अभी पिछले महीने बड़ी धूमधाम से मनाई है। पिछले एक वर्ष की हमारी गतिविधियाँ निश्चित रूप से उल्लेखनीय मानी जानी चाहिए, क्योंकि इस एक वर्ष में झारखण्ड विधानसभा ने न केवल अपनी मौलिक आवश्यकताओं को पूरा किया है वरन् उत्कृष्ट संसदीय

परम्पराओं की दिशा में भी क्रान्तिकारी कदम उठाये हैं। आज हमारे पास झारखण्ड विधानसभा के संचालन के लिए अपने नियम हैं जो पहली सितम्बर, 2001 से प्रभावी हैं। इस प्रक्रिया एवं कार्य-संचालन नियमावली में कई विशिष्टताएँ हैं जो भविष्य में संसदीय व्यवस्था को सुदृढ़ करने में सहायक होंगी। उदाहरणस्वरूप विधानसभा के सत्र में न रहने पर भी प्रदेश की जनता से प्राप्त याचिकाएँ न केवल विचार के लिए स्वीकार हुई हैं वरन् उनमें वर्णित समस्याओं के निदान के लिए कारगर कदम उठाये गये हैं। इस व्यवस्था से हमने विधायी संस्थाओं को जनता की इच्छा की सर्वोच्च अभिव्यक्ति के रूप में ढालने का प्रयास किया है।

झारखण्ड विधानसभा विश्व के संसदीय लोकतन्त्र में एक मील का पत्थर बनकर उभरेगी, यदि हमारी नियमावली में किये गये दूसरे महत्त्वपूर्ण प्रावधान कृत-कार्य प्रतिवेदन (ए.टी.आर.) प्रस्तुत करने की व्यवस्था को सरकार द्वारा सदिच्छा से कार्यान्वित किया गया। सदन में सरकार द्वारा दिये गये आश्वासनों के क्रियान्वयन की दिशा में यह एक ऐतिहासिक कदम साबित होगा, बशर्ते कि सरकार इसको एक चुनौती के रूप में ले तथा इसे लीपापोती की औपचारिकता में सीमित न करे। इस प्रावधान के मुताबिक पिछले सत्र में दिये गये आश्वासनों का कृत-कार्य प्रतिवेदन सरकार को आगामी सत्र के पहले दिन ही सदन के पटल पर उपस्थापित करने की बाध्यता है। इस व्यवस्था के सफल होने पर इसकी महक दूर-दूर तक जायेगी तथा दूसरे राज्यों एवं देशों के लिए भी यह व्यवस्था अनुकरणीय साबित होगी।

हम सबों की यह कामना है कि झारखण्ड विधानसभा में जनसामान्य की मौलिक समस्याओं पर माननीय सदस्यों को अधिक-से-अधिक बोलने का समय दिया जाए, यह तभी सम्भव होगा, यदि सदन को हम ऊँची संसदीय परम्पराओं के अनुरूप चलाने की व्यवस्था करें। इसी कड़ी के रूप में सत्रावधि में प्रत्येक सोमवार को प्रश्नोत्तरकाल के बाद आधा घंटा के लिए मुख्यमन्त्री प्रश्नोत्तर काल रखा गया है जिसमें माननीय सदस्य मुख्यमन्त्री से नीति-विषयक सवाल सीधे बिना किसी पूर्व सूचना के पूछ सकेंगे। हमने अपनी नियमावली में यह भी सुनिश्चित करने का प्रयास किया है कि माननीय सदस्यों द्वारा शून्यकाल में माँगी गयी सूचनाओं में से 15 सूचनाओं को शलाका के द्वारा क्रमबद्ध करके पढ़ने का अवसर दिया जाये तथा बाकी की सूचनाओं को सभा-सचिवालय द्वारा सरकार को भेज दिया जाये तथा 15 दिनों के अन्दर माननीय सदस्यों को सरकारी जवाब से अवगत करा दिया जाये।

इसके साथ ही संसद की तर्ज पर हमने उत्कृष्ट विधायक को सम्मानित करने की परम्परा को प्रारम्भ कर दिया है तथा विगत 23 नवम्बर को महामहिम राज्यपाल

द्वारा एक समारोह में यह सम्मान श्री विशेश्वर खाँ जी को प्रदान किया जा चुका है। उत्कृष्ट विधायक को सम्मानित करने की यह पद्धति निश्चित रूप से सदन में आचार संहिता को कारगर ढंग से लागू करने में प्रेरक होगी, क्योंकि आज सारा देश सदनों में पायी जा रही अव्यवस्था से चिन्तित है तथा इसके उपचार के लिए 25 नवम्बर, 2001 को संसद भवन दिल्ली के केन्द्रीय कक्ष में उप-राष्ट्रपति एवं प्रधानमन्त्री जी की उपस्थिति में देश के तमाम स्पीकरों, मुख्यमन्त्रियों तथा सभी दलों के नेताओं एवं मुख्य सचेतकों की आम राय से एक आचार संहिता बनायी गयी है, जिसकी प्रतियाँ माननीय सदस्यों को वितरित कर दी गयी हैं। आशा है, झारखण्ड के माननीय सदस्य उस आचार संहिता को मूर्तरूप देंगे। वर्तमान सत्र यद्यपि काफी छोटा है तथापि इसमें कई महत्त्वपूर्ण अधिनियमों पर संशोधन आने वाले हैं, मुझे विश्वास है कि माननीय सदस्य सदन के एक-एक क्षण का सदुपयोग करके झारखण्ड राज्य के विकास में अपना पूर्ण योगदान देंगे।

21 दिसम्बर 2001

माननीय अध्यक्ष का समापन भाषण

अध्यक्ष–माननीय सदस्यगण,

प्रथम झारखण्ड विधानसभा का चौथा सात दिवसीय सत्र आज अपने समापन के मुकाम पर है। हमने पिछले सत्रों में कई उपलब्धियाँ दर्ज की थीं। चौथे सत्र में भी हमने उपलब्धियों की कड़ी का विस्तार किया है। पिछले 1 सितम्बर से प्रक्रिया तथा कार्य-संचालन के हमारे के नियम अस्तित्व में आये। इसमें एक प्रावधान यह था कि सरकार पिछले सत्र में किये गये आश्वासनों का कृत-कार्य प्रतिवेदन (Action Taken Report) सभा-पटल पर रखेगी। राज्य सरकार ने तीसरे सत्र में दिये गये आश्वासनों पर अपना पहला प्रतिवेदन सभा-पटल पर सत्र के पहले ही दिन उपस्थापित करके इस विधानसभा की गरिमा को बुलन्दियों तक पहुँचाया है। लोकतन्त्र में एक नयी परम्परा की शुरुआत है यह। सरकार के इस पहले प्रयास में हो सकता है, कुछ त्रुटियाँ रह गयी हों, किन्तु जिस अल्प समय की सीमा में इस काम को अंजाम तक पहुँचाया गया है, वह नि:सन्देह प्रशंसनीय है।

पिछले तीन सत्रों की तरह इस सत्र में भी सरकार ने लगभग सभी प्रश्नों के लिखित या मौखिक उत्तर सदस्यों को उपलब्ध कराये हैं। न केवल इतना ही वरन् चर्चा के लिए स्वीकृत सभी ध्यानाकर्षण प्रस्तावों के भी उत्तर सदन में हुए विशेष समिति (शिक्षा) के प्रतिवेदन पर सभा में सार्थक चर्चा हुई। सदस्यों ने पक्ष-विपक्ष की

सीमाओं से आगे आकर राज्य की शिक्षा-व्यवस्था में व्याप्त समस्याओं पर संजीदगी से चर्चा की और इनके समाधान के रास्ते तय करने के प्रयास किये। आज जहाँ अनेक विधायी संस्थाएँ आचरण के छिन्न-भिन्न हो रहे सिद्धान्तों को लेकर आज चिंतित हैं, वहीं झारखण्ड विधानसभा के सदस्यों ने आचरण के जो प्रतिमान प्रस्तुत किये हैं, उनकी जितनी प्रशंसा की जाये, कम है। मैं समझता हूँ कि यहाँ के सदस्यों के आचार-व्यवहार संसदीय जीवन में आने वाले दिनों में नजीर की तरह पेश किये जायेंगे। इस सत्र के समापन के अवसर पर हमें यह सोचकर प्रसन्नता का अनुभव होता है कि झारखण्ड प्रदेश की इस सर्वोच्च प्रतिनिधि सभा ने अपने एक-एक पल का उपयोग झारखण्ड की जनता की आकांक्षाओं की पूर्ति की दिशा में किया है। मैं इसके लिए आप तमाम माननीय सदस्यों के प्रति सरकार के मन्त्रियों के प्रति आभार व्यक्त करना चाहता हूँ। सात दिनों के इस छोटे-से सत्र को राज्य सरकार के अधिकारियों ने उपलब्धियों से परिपूर्ण सत्र के रूप में ढालने का जो सार्थक प्रयास किया है, इसके लिए वे बधाई के पात्र हैं। आश्वासनों के कृत-कार्य प्रतिवेदन को समय पर सभा-पटल पर उपस्थापित करने में जिस दिलेरी का प्रदर्शन सरकार के मुख्य सचिव श्री विजय शंकर दुबे ने किया है, उसकी मैं खासकर प्रशंसा करता हूँ। पुलिस बल और इसके शीर्ष अधिकारियों को भी मैं धन्यवाद देता हूँ, जिन्होंने कड़ी मेहनत करके विधि-व्यवस्था को बहाल रखने में अपनी महत्त्वपूर्ण भूमिका निभायी है। झारखण्ड के सरकारी प्रेस के अधिकारी, कर्मचारीगण सत्र सम्बन्धी महत्त्वपूर्ण कागजात को ससमय मुद्रण कर विधानसभा को उपलब्ध कराने के लिए भी प्रशंसा के योग्य हैं। श्री संजीव कुमार के नेतृत्व में कार्यरत वहाँ की टीम को भी मैं बधाई देता हूँ।

विधानसभा के अधिकारियों, कर्मचारियों को भी मैं इस अवसर पर बधाई देता हूँ, जिन्होंने सत्र के सफल संचालन के लिए कड़ी मेहनत की है। पत्रकारिता से जुड़े बन्धु भी श्लाघा के पात्र हैं, जिन्होंने विधानसभा के कार्यकलापों को प्रदेश की जनता तक पहुँचाया है।

विधानसभा का यह सत्र आपसी भाईचारे के त्योहार ईद के मिठास की अनुभूतियों से गुजरा है। तुरन्त ही क्रिसमस का त्योहार हमारे सामने है। मानवता के महादूत ईसा मसीह की स्मृतियों से जुड़ा यह पर्व हमारी जिन्दगी में खुशियों का पैगाम लेकर आयेगा। इसी आकांक्षा के साथ, आने वाले नये साल की हार्दिक बधाइयाँ भी आप सभी को निवेदित करना चाहता हूँ। मैं कामना करता हूँ कि–

नववर्ष सभी का मंगलमय हो, सफल, सरस, सुन्दर, सुखमय हो। इसी के साथ विधानसभा की बैठक को मैं अनिश्चितकाल के लिए स्थगित करता हूँ।

15 फरवरी, 2002

माननीय अध्यक्ष का प्रारम्भिक वक्तव्य

अध्यक्ष–माननीय सदस्यगण,

सबसे पहले मैं आपको नये वर्ष 2002 के लिए हार्दिक शुभकामनाएँ देता हूँ। इसी वर्ष हमारे देश के संसदीय लोकतन्त्र ने 1952 में हुए चुनाव के बाद से पचास वर्ष पूरे कर लिए हैं। इन पचास वर्षों में हम जनता की उम्मीदों की कसौटी पर कितना खरे उतरे हैं। इसका मूल्यांकन तो भारत की जनता करेगी लेकिन झारखण्ड राज्य भी अपने अस्तित्व के दूसरे वर्ष में प्रवेश कर गया है तथा वर्तमान सरकार इस सत्र में अपना दूसरा बजट पेश करेगी। 'पूरे देश एवं इस प्रदेश में जन आकांक्षाओं की पूर्ति' के लिए आज आत्म-मंथन करने की आवश्यकता है। ऐसा कहा जाता है कि संसदीय लोकतन्त्र की चक्की धीरे तो चलती है लेकिन बारीक पीसती है। लेकिन इस नये राज्य झारखण्ड के सर्वांगीण विकास के लिए हमें भागीरथ प्रयास करना होगा ताकि यहाँ लोकतन्त्र की चक्की तेज भी चले और बारीक भी पीसे क्योंकि झारखण्ड की धरती की कोख में तो अमीरी है लेकिन गोद में गरीबी। इस कार्य में हमारा सम्मिलित एवं समेकित प्रयास होना चाहिए ताकि संविधान का यह स्तम्भ यानी विधायिका इस कार्य में अपनी अहम भूमिका अदा कर सके। इसी भूमिका को कारगर बनाने के लिए ही पिछले सत्र से हमने अपनी नियमावली में कृत-कार्य कार्य प्रतिवेदन (ए.टी. आर.) सरकार द्वारा सत्र के पहले दिन ही विधानसभा में प्रस्तुत करने की परम्परा कायम की है। हमारी मान्यता है कि यदि इस व्यवस्था को हमने सफल बना दिया तो यह संसदीय लोकतन्त्र के जगत में एक नया करिश्मा होगा। मुझे पूरा विश्वास है कि सरकार तथा नौकरशाही इस व्यवस्था की सफलता के लिए कोई कोर-कसर नहीं छोड़ेगी। इस सत्र में हम एक और नयी परम्परा शुरू करने वाले हैं और वह होगा 'मुख्यमन्त्री प्रश्नकाल'। ये भी संसदीय लोकतन्त्र में एक अभिनव प्रयास है तथा माननीय सदस्यों से मेरा आग्रह है कि इसकी सार्थकता सिद्ध करना आपके सामने एक चुनौती है। लेकिन मुझे पूरा विश्वास है कि सदन इसे भी सफलता के अंजाम तक पहुँचायेगा। वर्तमान सत्र बजट-सत्र है। इस सत्र में सरकार आने वाले वित्तीय वर्ष के आय-व्यय की विस्तृत रूपरेखा आपके सामने प्रस्तुत करेगी। पिछले वर्ष के बजट को हमने पारित किया था, हमारा वह बजट किस हद तक सफल रहा,

आकलन हमें इस सत्र में करना होगा। यदि कुछ त्रुटियाँ दिखायी दे गयीं तो उन्हें उजागर कर हम उनके निराकरण के उपाय भी ढूँढ़ेंगे ताकि जो योजनाएँ हम तय करते हैं, उनका अधिक-से-अधिक लाभ सूबे के आम आवाम को मिल सके, लेकिन हमें याद रखना होगा कि प्रजातन्त्र आपसी सामंजस्य एवं सहमति से चलने वाला शासन है। मेरी मान्यता है कि उत्तम शासन के किसी अंग की हठधर्मिता की गुंजाइश नहीं है। कार्यपालिका की यदि सीमाएँ हैं तो हमारी भी। हम अपनी-अपनी सीमाओं का खयाल रखकर ही संविधान की मान्यताओं को मूर्त रूप दे सकेंगे। हमें संविधान की सर्वोपरिता के सिद्धान्त में विश्वास रखना होगा। इन्हीं बिन्दुओं पर चलकर ही हम अपने संसदीय लोकतन्त्र को और मजबूत कर सकते हैं। मेरा माननीय सदस्यों से आग्रह होगा कि उत्तेजना के क्षणों में भी संसदीय लक्ष्मण रेखा का उल्लंघन नहीं करेंगे क्योंकि झारखण्ड की तीन करोड़ जनता हमारे कृत्यों को बड़ी पैनी नजरों से देख रही है। बजट-सत्र में विभागीय अनुदान की माँगों पर आपको चर्चा के पर्याप्त अवसर उपलब्ध होंगे, जिनसे सरकार के कार्यकलापों की समीक्षा आपके द्वारा हो सकेगी। स्वस्थ संसदीय परम्पराओं का निर्वाह करते हुए इस सत्र को हम सफल बना सकेंगे, ऐसा मेरा पूरा विश्वास है।

अध्यक्ष को सम्बोधित राज्यपाल से प्राप्त सन्देश

अध्यक्ष–माननीय सदस्यगण,

झारखण्ड के राज्यपाल महोदय का निम्न सन्देश प्राप्त हुआ है–

सन्देश

भारत के संविधान के अनुच्छेद 176 के खण्ड (1) द्वारा प्रदत्त शक्तियों का प्रयोग करते हुए मैं, विनोदचन्द्र पाण्डेय, झारखण्ड का राज्यपाल इसके द्वारा झारखण्ड विधानसभा को दिनांक–15 फरवरी, 2002 को 11.30 बजे पूर्वाह्न में सम्बोधित करना चाहता हूँ और इस हेतु लेनिन हॉल, एच.ई.सी., राँची स्थित झारखण्ड विधानसभा सदन में सदस्यों की उपस्थिति चाहता हूँ।

राँची

ह./–विनोदचन्द्र पाण्डेय,
झारखण्ड के राज्यपाल

अभी थोड़ी देर बाद महामहिम राज्यपाल जी आपको सम्बोधित करेंगे। राज्यपाल का पद संवैधानिक महत्त्व का पद है। उनके अभिभाषण को हम शालीनता से सुनेंगे।

अब मैं महामहिम राज्यपाल की अगवानी कर उन्हें आपके बीच लाने जा रहा हूँ। इस अन्तराल में तथा उनके विदा करने के समय तक आप व्यवस्थापूर्वक सभा में बैठे रहेंगे, मैं ये उम्मीद आपसे करता हूँ।

27 मार्च 2002

माननीय अध्यक्ष का समापन भाषण

अध्यक्ष–माननीय सदस्यगण,

हमारा पच्चीस दिवसीय सत्र आज अपने समापन के मुकाम पर है। इस अवधि में हमने झारखण्ड के वर्ष 2002-2003 के बजट को न केवल पारित किया, वरन् इस पर चर्चा के क्रम में पिछले वित्तीय वर्ष की बजट योजनाओं की समीक्षा भी की है। समीक्षा के क्रम में जो खामियाँ पिछले बजट में दिखायी दे सकी हैं, उनकी सम्यक् समालोचना करके झारखण्ड की विधानसभा ने आने वाले दिनों में और बेहतर बजट प्रबन्धन के लिए राज्य सरकार का मार्गदर्शन भी किया है। यह हमारे लिए गौरव की बात है।

अपने स्थापना काल से ही हमारी विधानसभा कीर्तिमानों की स्थापना की दिशा में अग्रसर है। इस सत्र में मुख्यमन्त्री प्रश्नकाल की शुरुआत झारखण्ड विधानसभा की उल्लेखनीय उपलब्धि है। माननीय सदस्यगण, संसदीय लोकतन्त्र तकनीकी दृष्टिकोण से बहुमत के शासनवाली व्यवस्था का नाम है, लेकिन जब हम इसके निहितार्थ में जाते हैं, तो यह बहुमत की जगह सर्वसहमति की शासन व्यवस्था के रूप में उभरता है। यह हमारे लिए गौरव की बात है कि झारखण्ड की विधानसभा 'सर्व सहमति' की स्थापना की दिशा में भी निरन्तर प्रयत्नशील है। आज इसी का नतीजा है कि बजट पर चर्चा के दौरान न केवल 15 विभागों के अनुदान माँगे बिना किसी मतदान को सभा द्वारा पारित किया गया, वरन् 21 गैर-सरकारी संकल्पों, कई कार्यस्थगन प्रस्तावों तथा विधेयकों पर कोई मतदान सभा में नहीं हुआ। मैं यहाँ यह स्पष्ट करना चाहता हूँ कि इन मुद्दों पर पक्ष और विपक्ष की सीमाओं से ऊपर उठकर सभा ने यह संकल्प व्यक्त किया कि झारखण्ड के विकास के मुद्दे पर झारखण्ड की विधानसभा एकमत है। अध्यक्ष पद के लिए निर्वाचित होने के बाद अपने प्रारम्भिक भाषण में मैंने 'महाभारत'

के उस प्रसंग की चर्चा की थी जिसमें पाण्डवों ने कहा था कि हमारी आपसी लड़ाई हो सकती है, लेकिन इससे ऊपर उठकर जब हमें बाह्य ताकतों से मुकाबला करना होगा, तो एक पक्ष में पाँच और एक में सौ, अलग-अलग दिखायी नहीं देंगे। उस वक्त हमारी आवाज समवेत होगी और हमारा सिद्धान्त 'वयन पंचाधिकम् शतम्' के रूप में अभिव्यक्त होगा। मुझे खुशी है कि आज यही नीति-वाक्य झारखण्ड की विधानसभा में मुखरित हुआ है। आज के अवसर पर मैं यह अहसास आप तमाम लोगों को कराना चाहता हूँ कि उत्पत्ति और निर्माण दोनों शब्दों के अलग-अलग अर्थ हैं। 15 नवम्बर, 2000 को झारखण्ड की उत्पत्ति हुई थी। उत्पत्ति के बाद से इसके निर्माण की प्रक्रिया की शुरुआत हुई। निर्माण की यह प्रक्रिया निरन्तर चलने वाली प्रक्रिया है, इसमें विराम नहीं लगने वाला। लोकतन्त्र में सरकारों का आना-जाना लगा रहता है, लेकिन निर्माण की प्रक्रिया अनवरत गतिमान रहेगी। इस सत्र में पक्ष-विपक्ष सबों के सम्मिलित प्रयास से हुई इस प्रक्रिया को गति देने का प्रयास किया गया है, यह सोचकर मैं प्रसन्नता का अनुभव करता हूँ। आज केन्द्र के स्तर पर हो या अनेक राज्यों के स्तर पर, हमारा लोकतन्त्र, जिस पड़ाव पर खड़ा है, उसे संविद सरकार के रूप में जाना जाता है। भारत की राजनीति में सर्वप्रथम संविद सरकारों को मान्यता 1967 में मिली थी। आज जहाँ बहुदलीय सरकारें काम कर रही हैं, वहीं बहुदलीय विपक्ष की अवधारणा भी विकसित हुई है। कई विचारधाराओं, सिद्धान्तों को संयुक्त करके सरकार चलाने के कठिन कार्य को अंजाम तक पहुँचाया जा रहा है। लोकतन्त्र में पक्ष-विपक्ष के अपने-अपने अभिष्ट हैं, अपने-अपने उद्‌देश्य हैं, इन अभिष्टों और उद्‌देश्यों को लेकर यदा-कदा शर्मनाक टकराव अनेक विधानसभाओं में हुए हैं। यह कहते हुए आज मेरे मानस-पटल पर 'रश्मिरथी' के रचयिता दिनकर की पंक्तियाँ उभरती हैं, जो उन्होंने कृष्ण-कर्ण संवाद के क्रम में कही हैं–'छुपा था राज वह सब खुल रहा है/हलाहल के हलाहल चुल रहा है।' झारखण्ड की विधानसभा इतने लम्बे सत्र में भी इस प्रकार की दृश्यावलियों से वंचित रही है, इस बात की मुझे बेहद ही खुशी है। मैं आश्वस्त हूँ कि इसका सन्देश कल होकर न केवल पूरे देश में जायेगा, वरन् राष्ट्रकुल के 54 देशों की 170 विधायी संस्थाएँ भी हमारी इस उपलब्धि को जगह देंगी। मैं चर्चा कर रहा था 'संविद सरकारों' की। हम अभी राज्य के निर्माण की प्रक्रिया से गुजर रहे हैं, यह प्रक्रिया सम्मिलित प्रयासों से और ज्यादा गति प्राप्त करेगी। ऐसे में हमें 'संविद सरकार' की जगह 'संविदा-सरकार' की अवधारणा और इसके निहितार्थों में विश्वास करना होगा। आज की बहुदलीय सरकारों को उद्धृत करते

हुए मैंने संसद की आचार संहिता प्रारूप समिति के सदस्य की हैसियत से दिल्ली की बैठक में कहा था कि कोलिशन गवर्नमेंट की जगह यदि कोलिशन गवर्नमेंट के आदर्श को अपनाया जाये तो विधायी संस्थाओं में टकराव कम होंगे। पारस्परिक सौहार्द और सहमति की अवधारणा यदि विकसित हो सकी, तो देश का काफी कल्याण होगा।

सर्वानुमति के अनेक उदाहरण अपनी विधानसभा में दिखायी दे गये हैं। न केवल बजट पारित करने के क्रम में, वरन् डी.वी.सी. के मुद्दे पर चर्चा के दौरान भी समूचे सदन ने इस प्रकार यहाँ की सरकार को एक 'ट्रस्ट' सौंपा है, जिसकी हिफाजत करना यहाँ की सरकार का दायित्व है। सभा का अविभाजित आदेश विभाजित आदेश की तुलना में व्यापक अर्थवत्ता रखता है। इस व्यापक अर्थवत्ता को ग्रहण करने की जिम्मेवारी सरकार को निभानी है।

माननीय सदस्यगण, इस सत्र के दौरान हमने ईद-उल-जुहा की मिठास का अनुभव किया है, तो इन्साफ की स्थापना के लिए बलिदान का पर्व मुहर्रम भी हमारे सामने से गुजरा है। फागुन के मौसम में 'होली की बरजोरी' वाली घटनाएँ भी विधानसभा में हुई हैं। इस त्योहार में शालीनता से की गयी बरजोरी को मान्यता मिली हुई है। कुछ खट्टे, कुछ मीठे अनुभव हम सबको हुए हैं। जहाँ सभा ने सरकार को सहमति दी है, वहीं सरकार ने भी सकारात्मकता का प्रदर्शन किया है। सूखा पीड़ित क्षेत्रों में योजनाओं के चयन में जनप्रतिनिधियों की भूमिका माननीय मुख्यमन्त्री द्वारा स्वीकार की गयी है। दूसरी ओर रोजगार सृजन के उद्देश्य से उत्पादक कार्यों के लिए विधायक निधि को 50 लाख रुपये तक बढ़ाया जाना, एक अच्छी पहल मानी जायेगी।

विधानसभा सत्र के सफल संचालन में तमाम माननीय सदस्यों, सरकार के उच्चाधिकारियों, मीडियाकर्मियों, पुलिस प्रशासन से जुड़े लोगों, विधानसभा के पदाधिकारियों, कर्मचारियों, सरकारी प्रेस के लोगों का अमूल्य सहयोग रहा है, मैं इन तमाम लोगों को अपनी ओर से बधाई देता हूँ और अन्त में कामना करता हूँ कि रंग-गुलाल का पर्व होली आप सबों के लिए, झारखण्ड की तमाम जनता के लिए हर्ष और उल्लास लेकर आये, सभी का जीवन रंगीलियों से सराबोर हो जाये।

इसी के साथ विधानसभा के इस सत्र को मैं अनिश्चितकाल के लिए स्थगित करने की घोषणा करता हूँ। धन्यवाद!

सभा की कार्रवाई अनिश्चितकाल के लिए स्थगित की जाती है।

20 अगस्त, 2002

माननीय अध्यक्ष का प्रारम्भिक वक्तव्य

अध्यक्ष–माननीय सदस्यगण,

प्रथम झारखण्ड विधानसभा के छठे सत्र के शुभ अवसर पर मैं आप सबका हार्दिक अभिनन्दन करता हूँ। आज से शुरू होने जा रहा मानसून सत्र आकार की दृष्टि से भले ही बहुत छोटा है लेकिन इसकी भी उपयोगिता सिद्ध की जा सकती है यदि हम उपलब्ध एकएक क्षण का सदुपयोग करें, क्योंकि मनुष्य का जीवन इसके द्वारा व्यतीत किये गये उम्र के वर्षों की गिनती से नहीं अपितु उनके द्वारा किये किरदार से आँका जाता है। हम यदि चाहें तो इस छोटे सत्र को भी एक यादगार सत्र बना सकते हैं। मुझे विश्वास है कि माननीय सदस्यगण जनसमस्याओं के निदान के लिए इसका भरपूर सदुपयोग करेंगे।

विगत एवं वर्तमान सत्र के बीच लगभग पाँच महीनों के अन्तराल में राष्ट्रीय-अन्तर्राष्ट्रीय एवं राज्य स्तर पर कई महत्त्वपूर्ण घटनाएँ घटी हैं जिन पर प्रतिनिधियों का ध्यान जाना स्वाभाविक है। हमें गर्व है कि राष्ट्रमण्डलीय खेलों में जहाँ पूरे भारत ने उत्तम प्रदर्शन किया गया है, वहीं झारखण्ड की तीन बालाओं सोमराई टेटे, मसुरा सुरीन और कांति बा ने नवोदित झारखण्ड को भी गौरव प्रदान किया है। हम उनका अभिनन्दन करते हैं तथा यह भी कामना करते हैं कि झारखण्ड की उर्वरा धरती से और अच्छे खिलाड़ी रंगमंच पर आयेंगे तथा सरकार उनकी प्रतिभा को निखारने के लिए हर सम्भव सहायता करेगी। विगत सत्र के बीच के कालखण्ड में भारत की पाकिस्तान से लगी सीमाओं पर युद्ध के बादल केवल मँडरा ही नहीं रहे थे, अपितु बरसने ही वाले थे कि कुछ मित्र देशों के हस्तक्षेप से वे बादल फिलहाल छँट तो गये हैं लेकिन देश की सम्प्रभुता की रक्षा के लिए आज भी हमारी सेनाएँ सीमा पर चौकस हैं और हमें अपनी सेनाओं का मनोबल बढ़ा के रखना हैं। इसके लिए आवश्यक है कि देश में आपसी सद्भाव एवं शान्ति बरकरार रहे। गुजरात में गोधरा से लेकर दंगों तक की घटनाएँ वास्तव में बड़ी ही दुर्भाग्यपूर्ण थीं जिनकी पुनरावृत्ति को हमे हर हालत में रोकना होगा ताकि देश में सौहार्दपूर्ण वातावरण बना रहे।

इस सन्दर्भ में झारखण्ड में पिछले जुलाई माह में घटित घटनाओं से उत्पन्न हुए तनाव से भी हमें चिन्तित होना होगा, क्योंकि तनाव इस नवगठित झारखण्ड राज्य की सेहत के लिए माकूल नहीं है तथा इससे झारखण्ड का सर्वांगीण विकास भी प्रभावित होगा। मुझे पूरा विश्वास है कि प्रदेश की पौने तीन करोड़ जनता द्वारा निर्वाचित इस गरिमामयी सर्वोच्च विधायी पंचायत में हम सब मिल-बैठकर तथा सार्थक चर्चा कर के हर समस्या का हल निकालने में सफल होंगे। इसके साथ ही मैं एक बार पुनः आप सब का अभिनन्दन करता हूँ।

26 अगस्त, 2002

माननीय अध्यक्ष का समापन भाषण

अध्यक्ष–माननीय सदस्यगण,

हमारी विधानसभा का पाँच दिवसीय छठा सत्र आज अपनी पूर्णता के मुकाम पर है। इस छोटे-से किन्तु महत्त्वपूर्ण सत्र में हमने कई बड़ी समस्याओं पर विस्तृत चर्चा करके उनके समाधान के उपाय ढूँढ़े हैं। राज्य में पिछले दिनों अनावृष्टि के कारण पैदा हुई अकाल की स्थिति पर सभा में गहराई से विचार-मंथन हुए। समय की व्यापकता का आकलन किया गया और सरकार ने इस स्थिति से मुकाबला करने के लिए अब तक किये गये प्रयासों तथा भविष्य-योजनाओं की जानकारी दी है। विगत जुलाई में एक सप्ताह से कुछ ज्यादा समय तक राज्य में तनाव का वातावरण रहा। हिंसा की घटनाएँ जिनसे जान-माल की क्षति हुई है। एक नवोदित राज्य, जिसे विकास की अनगिनत मंजिलों को तय करना है, की सेहत के लिए यह अच्छी बात नहीं थी। माननीय सदस्यों ने इसको लेकर चिन्ता व्यक्त की थी। इस मुद्दे पर भी सभा में विस्तृत चर्चा हुई है। हमें अगर विकास के रास्ते पर आगे बढ़ना है, तो तनाव की प्रवृत्तियों का परित्याग करना होगा। तनाव के दिनों में मैंने झारखण्ड की जनता के नाम अपील करते सन्देश किया था कि–

लम्हों ने खता की थी
सदियों ने सजा पायी।

अपने हितों को लेकर यदि हम उलझ गये तो हमारे विकास अवरुद्ध हो जायेंगे। झारखण्ड के सृजन के पीछे इस क्षेत्र के विकास के जो हमारे पूर्वजों के सपने थे, वे अधूरे रह जायेंगे। हमें खुशी है कि माननीय सदस्यों ने सभा में इस विषय पर

गम्भीरता से विचार किया है। हम उम्मीद करते हैं कि इस राज्य के लिए आने वाले दिन सुनहरे होंगे, सुनहरे ख्वाबों को हकीकत में बदलने के दिन होंगे।

इन दो ज्वलन्त मुद्दों पर चर्चा के साथ-साथ राज्य सरकार के अनुपूरक बजट पर भी विस्तृत रूप से विचार-विमर्श सभा में हुए हैं। सरकार की अब तक की योजनाओं की समीक्षा हुई है तथा आने वाले दिनों के लिए सकारात्मक सुझाव माननीय सदस्यों द्वारा दिये गये। सरकार ने आने वाले वित्तीय वर्ष में उन सुझावों को अमलीजामा पहनाया यह उम्मीद मुझे है, क्योंकि लोकतन्त्र में विधायी संस्थाएँ न केवल सरकारों का नियन्त्रित करने वाली एजेंसी हैं, वरन् उन्हें सरकारों के मार्गदर्शन के दायित्व भी संविधान-निर्माताओं ने सौंपे हैं।

विधानसभा के लिए पहले उपाध्यक्ष का चुनाव इस सत्र की सबसे बड़ी उपलब्धि है। श्री बागुन सुम्ब्रई ने देश की आजादी के पूर्व अपने राजनीतिक कैरियर की शुरुआत की थी। झारखण्ड निर्माण के आन्दोलनकर्ताओं की पुरानी पीढ़ी से भी वे जुड़े रहे हैं। इस सभा के बहुत से सदस्यों की जितनी उम्र होगी, उससे भी कहीं ज्यादा लम्बा बागुन जी का राजनीतिक कैरियर होगा। संसदीय राजनीति के ऐसे सुदीर्घ अनुभव वाले सदस्य के इस पद कि लिए चयन से झारखण्ड विधानसभा आने वाले दिनों में लाभान्वित होगी, ऐसी आशा मुझे है।

इस सत्र में पिछले दो सत्रों की तरह न केवल सभी प्रश्न के लिखित उत्तर उपलब्ध कराये गये, वरन् आश्वासनों का कृत-कार्य प्रतिवेदन भी सभा-पटल पर उपस्थापित किया गया है। राज्य सरकारों के वर्तमान मुख्य सचिव सहित सभी उच्चाधिकारियों और संसदीय कार्य मंत्री ने भी इसके लिए काफी मेहनत की है। आज के अवसर पर मैं उन्हें इस कार्य के लिए सभा की ओर से धन्यवाद देता हूँ तथा अपेक्षा करता हूँ कि कृत-कार्य प्रतिवेदन को और कारगर बनाने के प्रयास जारी रहेंगे। राज्य सरकार के अवकाश प्राप्त मुख्य सचिव, श्री विजय शंकर दूबे ने भी कृत-कार्य प्रतिवेदन को सफल बनाने में काफी रुचि ली तथा नये मुख्य सचिव, श्री जी. कृष्णन के प्रयास भी इस कार्य के सिलसिले में सराहनीय रहे हैं। वे दोनों ही विशेष रूप से बधाई के पात्र हैं।

सत्र के अवसर पर विधि-व्यवस्था में संलग्न पदाधिकारियों, पुलिसकर्मियों, विधानसभा सचिवालय कर्मियों को भी मैं धन्यवाद देता हूँ जिन्होंने मुस्तैदी से अपने दायित्व का निर्वाह किया है। मीडिया के लोग, पत्रकार बन्धु, इन सभी लोगों को भी मैं सभा की ओर से धन्यवाद देता हूँ, जिन्होंने सभा की कार्यवाहियों से प्रदेश की जनता को समुचित करके और सही-सही अवगत कराया है।

हमारा यह सत्र छोटा था। इसके आकार को लेकर ये अटकलें लगायी जा रही थीं कि इतने छोटे सत्र में कौन सा काम हो सकेगा। मुझे सन्तोष है कि जितने दायित्वों के निर्वाह का आकलन हमसे किया गया था, उससे कहीं ज्यादा दायित्वों का निर्वाह इस छोटे-से सत्र में हमारी विधानसभा ने किया है। अपने प्रारम्भिक भाषण में मैंने आपसे कहा है कि आदमी की जिन्दगी की गणना उसके द्वारा लिये गये वर्षों से नहीं, उसके किरदार से की जाती है। यह कहते हुए मुझे गर्व हो रहा है कि इस सभा के एक-एक सदस्य ने अपनी किरदारी को बखूबी निभाया है। अपने दोहों के लिए प्रसिद्ध बिहारी की एक उक्ति के साथ ही परिप्रेक्ष्य में मैं अपने भाषण का समापन करना चाहता हूँ–

सतसैया के दोहरे ज्यों नावक के तीर
देखन में छोटन लगे, घाव करै गम्भीर।

आपके लिए इस प्रदेश की एक-एक जनता के लिए कोटि-कोटि शुभकामनाओं के साथ मैं सभा की कार्यवाही को अनिश्चितकाल तक के लिए स्थगित करने की घोषणा करता हूँ।

23 दिसम्बर, 2002

माननीय अध्यक्ष का प्रारम्भिक वक्तव्य

अध्यक्ष–माननीय सदस्यगण, झारखण्ड विधानसभा के शीतकालीन सत्र में आपका अभिनन्दन।

मानसून-सत्र के लगभग चार माह के अन्तराल के बाद हम मिल रहे हैं। संयोग से यह सत्र समय के ऐसे मुकाम पर आहूत किया गया है जहाँ वर्ष 2002 विदा हो रहा है तथा नूतन वर्ष 2003 आगमन की दस्तक दे रहा है। हम जाने वाले वर्ष को अलविदा कहते हैं तथा आने वाले वर्ष का स्वागत करते हैं। आसन्न क्रिसमस के लिए हम अपने ईसाई भाइयों को मुबारकबाद भी देते हैं। इस कालखंड में झारखण्ड विधानसभा ने अपने दो वर्षों का सफर भी पूरा कर लिया है तथा विगत 22 नवम्बर, 2002 को विधानसभा के दूसरे स्थापना दिवस को काफी गर्मजोशी के साथ मनाया भी गया। विधायी जीवन में उत्कृष्टता के उच्च मानदण्डों की स्थापना की दिशा में सतत प्रयत्नशील इस विधानसभा के माननीय सदस्य श्री हेमलाल मुर्मू को इस वर्ष के बिरसा मुंडा उत्कृष्ट विधायक सम्मान से विभूषित किया गया है तथा चार विधानसभा

कर्मी भी उत्कृष्ट कार्यों के लिए सम्मानित किये गये हैं। उसी चार माह के अन्तराल में राष्ट्रमण्डलीय संसदीय संघ के नामीबिया सम्मेलन में भी झारखण्ड विधानसभा ने सार्थक शिरकत की है जहाँ अन्तर्राष्ट्रीय आतंकवाद की रोकथाम में संसदीय संस्थाओं की भूमिका पर आपके प्रतिनिधि के विचारों को काफी गम्भीरता से सुना गया है। निस्सन्देह विधानसभा को दो वर्षों का यह कार्यकाल काफी सन्तोषजनक रहा है, जिससे आप भी सहमत होंगे, लेकिन मैं यह भी कहना चाहता हूँ कि अभी अपनी क्षमताओं का भरपूर उपयोग करने की काफी गुंजाइश भी मौजूद है। हम यदि अपनी क्षमता का शत्-प्रतिशत उपयोग करें तो झारखण्ड का कायाकल्प असम्भव नहीं है। बैठकों की दृष्टि से विधानसभा का यह सप्तम् सत्र शायद झारखण्ड के निर्माण के बाद का लघुतम सत्र होगा, लेकिन इसको हम महत्तम भी बना सकते हैं यदि हमने उपलब्ध समय का भरपूर सदुपयोग किया।

लोकसभा के अभी-अभी समाप्त हुए शीतकालीन सत्र को 1952 से लेकर आज तक के सफरनामे में सबसे ज्यादा कार्य सम्पादित करने का गौरव मिला है क्योंकि अब यह मान्यता जोर पकड़ने लगी है कि देश या प्रदेश का कल्याण विधायी संस्थाओं में हंगामों से नहीं होगा, अपितु सार्थक चर्चा द्वारा ही सम्भव है। इसका एहसास लोकसभा को भी हुआ तथा सद्यः समाप्त हुए सत्र में रेकॉर्ड तोड़ संख्या में विधेयक पारित किये गये। इस अनुभव का लाभ हम झारखण्ड विधानसभा को भी दिला सकते हैं, यदि उपलब्ध अवधि का हम पूरा सदुपयोग करें। अभी-अभी पश्चिम सिंहभूम की उग्रवादी हिंसा ने पूरे प्रदेश की जनता को झकझोर के रख दिया है। वास्तव में यह पक्ष और विपक्ष का मसला नहीं है, अपितु सभी पक्षों को बैठकर इसके निदान के उपाय निकालने चाहिए तथा इसके लिए विधानसभा से ज्यादा उपयुक्त प्लेटफार्म कौन दूसरा हो सकता है? अतएव आरोपों-प्रत्यारोपों में समय नष्ट न करके हम इसके समाधान के लिए इस महत्त्वपूर्ण मंच का उपयोग करें तो यह ज्यादा अच्छा होगा। इसी तरह सभी प्राकृतिक संसाधनों से परिपूर्ण इस प्रदेश के सर्वांगीण विकास के लिए पक्ष एवं विपक्ष बैठकर एक सहमति के आधार पर विकास की गति को बढ़ा सकते हैं। इन बिन्दुओं पर सार्थक वाद-विवाद का मंच ही है, यह पवित्र विधानसभा। मुझे पूरा विश्वास है कि लोकसभा के समान ही हम भी इस सत्र में उपलब्ध समय का उचित सदुपयोग करेंगे।

हमें इस बात की भी प्रसन्नता है कि इसी अन्तराल में देश के दो सर्वाधिक उपद्रवग्रस्त राज्यों जम्मू-कश्मीर एवं गुजरात में शान्तिपूर्ण ढंग से चुनाव सम्पन्न हो गये जिसने भारतीय लोकतन्त्र की प्रौढ़ता को विश्व के रंगमंच पर स्थापित किया है। गुजरात में सम्पन्न चुनावों के साथ ही झारखण्ड के गोड्डा में हुए उपचुनाव में विजयश्री हासिल करने वाले हमारी विधानसभा के ही एक सदस्य श्री प्रदीप यादव को बधाई देता हूँ।

वास्तव में लोकतन्त्र में राजनीतिक चुनावों को भी खेलों की भावना से देखा जाना चाहिए, जिसको स्पोर्ट्र्समैन स्पीरिट कहा जाता है। चुनाव के दिनों के तनाव को शिथिल करते हुए अब इस सत्र में हमें मिलकर एवं सार्थक चर्चा करके राज्य के सर्वांगीण विकास की व्यूह-रचना करनी है। आइए, हम अपने दायित्व का निर्वहन करते हुए इस लघुतम सत्र को महत्तम बनाने में जुट जायें।

28 दिसम्बर, 2002

माननीय अध्यक्ष का समापन भाषण

अध्यक्ष–माननीय सदस्यगण,

प्रथम झारखण्ड विधानसभा का चतुर्दिवसीय सातवाँ सत्र आज समाप्त हो रहा है। इन चार दिनों की छोटी-सी अवधि में हमने इस विधानसभा में अनेक महत्त्वपूर्ण समस्याओं पर विचार किया है, उनके समाधान के उपाय ढूँढ़े हैं। तृतीय और चतुर्थ श्रेणी की सरकारी नौकरियों में स्थानीय लोगों को अवसर मिले, इस मुद्दे को लेकर पिछली जुलाई में पूरा राज्य उद्वेलित हो उठा था। हिंसा की घटनाएँ हुई थीं। मामला माननीय उच्च न्यायालय तक गया था और उच्च न्यायालय ने सरकार को यह जिम्मा सौंपा था कि वह स्थानीयता को परिभाषित करे। यह मामला विधानसभा के इस सत्र में भी उठा। इस पर सभा में थोड़ी ही देर सही किन्तु सार्थक चर्चा हुई और अन्ततः सर्वदलीय बैठक कर इसे सुलझाने हेतु सहमति बनी। माननीय मुख्यमन्त्री की अध्यक्षता में यह बैठक हो चुकी है, मैं उम्मीद करता हूँ कि इस संवेदनशील मुद्दे को सुलझा लेने में सरकार को सहूलियत होगी। पूरे राज्य में इससे पारस्परिक सहयोग का अच्छा वातावरण बनेगा।

हमारा राज्य आज उग्रवाद के भयानक चपेट में है, राज्य निर्माण के बाद अब तक विभिन्न उग्रवादी घटनाओं में जान-माल की अपार हानि हो चुकी है। लगभग डेढ़ सौ पुलिसकर्मी इन घटनाओं में शहीद हुए हैं। जिन हथियारों से लैस कर

उन्हें हमने नागरिकों की सुरक्षा की दुश्चिन्ता से मुक्ति पायी थी, उनका बहुत बड़ा हिस्सा उग्रवादियों को प्राप्त हो गया है। विकास कार्यों में लगी धनराशि से लेवी वसूल कर वे साधन-सम्पन्न भी रहे हैं। मेरी मान्यता है कि हिंसा, उग्रवाद और आतंक के वातावरण में किसी भी राज्य का विकास नहीं हो सकता, सभा की आज बैठक में इस समस्या पर भी गम्भीर चर्चा हुई। सदस्यों के सार्थक सुझाव इनके समाधान के निमित्त आये हैं। मैं समझता हूँ कि इन सुझावों पर अमल करके सरकार झारखण्ड में तनावमुक्त और हिंसामुक्त वातावरण के सृजन में सफलता प्राप्त करेगी।

हमारा यह सत्र छोटा था। मैंने अपने प्रारम्भिक वक्तव्य में शुरू के दिन कहा था कि लघुता में भी महानता का अनुसन्धान होना चाहिए। इस छोटे सत्र में तनाव के वातावरण भी पैदा हुए। तनाव के उन क्षणों ने हमें आत्म-मंथन के अवसर दिये हैं ताकि हम अपना मूल्यांकन कर इस संसदीय लोकतन्त्र को मजबूती प्रदान करने में सफल सिद्ध हो सकें।

इस सत्र में 95 प्रतिशत प्रश्नों, ध्यानाकर्षण प्रस्तावों के उत्तर उपलब्ध कराने के साथ-साथ सरकार ने पिछले सत्र में दिये गये आश्वासनों का कृत-कार्य प्रतिवेदन भी उपलब्ध कराया है। इसके लिए संसदीय कार्य मन्त्री सहित सरकार के मुख्य सचिव और समस्त विभागाध्यक्षगण प्रशंसा के पात्र हैं। सत्र-काल में सुरक्षा व्यवस्था से मुस्तैदी के लिए पुलिस प्रशासन के पदाधिकारियों और पुलिसकर्मियों को भी मैं बधाई देता हूँ। समितियों के तमाम सभापतिगण को भी मैं धन्यवाद ज्ञापित करता हूँ जिन्होंने अपनी-अपनी समितियों के सारगर्भित प्रतिवेदन सभा-पटल पर रखे हैं। मीडिया से जुड़े तमाम पत्रकार बन्धुओं, सभा-सचिवालय कर्मियों को भी मैं धन्यवाद देता हूँ जिन्होंने संचालन की गतिविधियों में या तो हिस्सा लिया या राज्य जनता तक इसकी सूचनाएँ प्रसारित कीं।

नववर्ष अपने आगमन की दस्तक दे रहा है। आइए, हम इसका स्वागत करें और कामना करें कि आने वाला वर्ष झारखण्ड के लिए शान्ति, सुख और समृद्धियाँ लेकर आये। इसी के साथ मैं सभा की कार्यवाही अनिश्चितकाल तक के लिए स्थगित करता हूँ।

27 फरवरी, 2003

माननीय अध्यक्ष का प्रारम्भिक वक्तव्य

अध्यक्ष–माननीय सदस्यगण,

दिसम्बर, 2002 के शीतकालीन सत्र के बाद वर्ष 2003 के बजट-सत्र में आप सबों का हार्दिक अभिनन्दन। उपरोक्त अन्तराल की इस छोटी-सी अवधि में हमारे संसदीय जीवन में कतिपय महत्त्वपूर्ण घटनाएँ घटी हैं। भारतीय संसद ने अपनी स्थापना के पचास वर्ष पूरे करके पिछले दिनों स्वर्ण जयन्ती समारोह का भव्य आयोजन किया, जिसमें 85 देशें के 170 प्रतिनिधियों ने हिस्सा लिया है। अखिल भारतीय विधायी संस्थाओं के पीठासीन अधिकारियों का 66वाँ सम्मेलन विगत 3 फरवरी से 8 फरवरी तक महाराष्ट्र की राजधानी मुम्बई में आयोजित हुआ, जिसमें झारखण्ड विधानसभा के प्रतिनिधियों ने भी शिरकत की। उक्त सम्मेलन में 'शून्य-काल की बदलती अवधारणाएँ तथा इसे कारगर बनाने के उपाय' 'विधायी सदनों के विशेषाधिकार तथा कार्यवाही का प्रकाशन' एवं 'सुशासन तथा विकास के विशेषाधिकार तथा कार्यवाही का प्रकाशन' एवं 'सुशासन तथा विकास प्रतिनिधियों और प्रसार माध्यमों की भूमिका' पर सार्थक चर्चा हुई है। जहाँ अधिकांश वक्ताओं ने शून्यकाल में सदस्यों द्वारा दी गयी सूचना की गुणवत्ता को बढ़ाने पर उक्त सम्मेलन में जोर दिया है, वहीं इस बात की भी आवश्यकता महसूस की गयी है कि इन सूचनाओं को सरकार न सिर्फ संज्ञान में ले, वरन् इस माध्यम से उठने वाली समस्याओं के निराकरण में भी तत्परता का प्रदर्शन करे। इसी तरह सुशासन और विकास के सन्दर्भ में विधायकों, सांसदों के साथ-साथ प्रसार माध्यमों को भी जिम्मेवारीपूर्वक दायित्वों के निर्वहन का सन्देश दिया गया है। झारखण्ड विधानसभा के सदस्यों और यहाँ के प्रसार माध्यमों का जहाँ तक सवाल है, मैं समझता हूँ कि संसदीय प्रजातन्त्र के इन दोनों ही प्रमुख स्तम्भों ने अपनी भूमिका अब तक सन्तोषजनक ढंग से निभायी है तथापि मैं यह भी कहना चाहूँगा कि 'सुशासन और विकास' के अन्तिम लक्ष्य को हम प्राप्त नहीं कर सके हैं। यह लक्ष्य तब प्राप्त हुआ माना गया जब झारखण्ड के हर निवासी के चेहरे पर मुस्कान होगी, विकास के लाभ किसी को मिलेंगे तथा भोजन, वस्त्र, आवास की मूलभूत आवश्यकताओं के साथ-साथ शिक्षा, स्वास्थ्य सेवा एवं आगे के सभी को पर्याप्त और समान अवसर प्राप्त होंगे। राज्य गठन के सवा दो वर्षों की अवधि में नि:सन्देह विकास की गाड़ी आगे बढ़ी तथापि इसे और ज्यादा गतिशील किये जाने की आवश्यकता है। मैं आशा करता हूँ कि इस जरूरत को हम सब समझेंगे तथा

इसी के अनुरूप आगे बढ़ने की कोशिश करेंगे। हमें प्रसन्नता होगी, यदि ये उदात्त भाव हमारी विधायी गतिविधियों में भी परिलक्षित होंगे।

राज्य सरकार इस सत्र में अपना तीसरा बजट सभा-पटल पर स्थापित करेगी। मैं झारखण्ड की सरकार की सराहना करना चाहता हूँ कि लगातार तीसरी बार 31 मार्च के वित्तीय वर्ष के अन्दर ही पूरा बजट पारित कराने की चेष्टा की जा रही है, क्योंकि अनेक विधानसभाओं में कतिपय महीनों का लेखानुदान 31 मार्च के पूर्व ले लिया जाता है तथा पूरा बजट बाद में मानसून-सत्र में पारित किया गया है। 31 मार्च के पूर्व ही संपूर्ण बजट पारित कर लेने से वित्तीय अनुशासन को बल मिलता है तथा पूरा आय-व्यय दर्पण की तरह सामने आ जाता है। इस सत्र में आपको इसके लिए अवसर मिलेंगे कि आप सरकार के वित्तीय प्रबन्धन की समीक्षा करें तथा जिन क्षेत्रों में विकास की ज्यादा जरूरत है, उन क्षेत्रों में सरकार को ज्यादा राशि के निवेश के लिए परामर्श देंगे। संसदीय लोकतन्त्र की मौलिक अवधारणा है कि इस व्यवस्था में कार्यपालिका विधायिका के प्रति उत्तरदायी होती है। इस उत्तरदायित्व के सिद्धान्त को मूर्त रूप देने के निमित्त हमारे संविधान में अनेक उपबन्ध किये गये हैं। विधायी सदनों द्वारा बजट पारित करने की प्रक्रिया इसी का एक पहलू है। 'लोकधन पर विधायिका नियन्त्रण' को ज्यादा कारगर बनाने की आवश्यकता को पूरी दुनिया में तेजी से महसूस किया जा रहा है। इस सन्दर्भ में विधायी संस्थाओं से वित्तीय समितियों के लखनऊ सम्मेलन में विस्तार से चर्चा हुई, जिसमें इस राज्य सरकार के वित मन्त्री श्री मृगेन्द्र प्रताप सिंह ने बिहार विधानसभा की सरकारी उपक्रमों सम्बन्धी समिति के सभापति की हैसियत से हिस्सा लिया था। उक्त सम्मेलन का निष्कर्ष था कि 'बजट प्रबन्धन' में भी विधायी प्रतिनिधियों को भागीदार बनाया जाये। संसद से 'विभाग आधारित स्थायी समितियाँ' इसी उद्‌देश्य को पूरा करती हैं। हमारे यहाँ इस प्रकार की समितियाँ तो नहीं हैं, किन्तु बजट प्रस्ताव अनुदान की माँगों और कटौती प्रस्ताव पर चर्चा के दौरान सदस्यों के जो उपयोगी और सार्थक सुझाव आते हैं, उन्हें आने वाले वित्तीय वर्षों व बजट या चालू वित्तीय वर्ष के ही अनुपूरक बजटों में समाहित कर 'बजटीय प्रबन्धन' में विधायकों की भूमिका को सुनिश्चित किया जा सकता है। मैं माननीय सदस्यों से आज के अवसर पर अपील करूँगा कि वे जब बजट प्रस्तावों और कटौती प्रस्तावों पर अपनी बातें रखें, तो जनहित के उन मुद्‌दों को सदन-पटल पर अवश्य रखें, जिनको पूरा करने के लिए वित्तीय आवंटन की आवश्यकता है, वहीं मैं सरकार से भी अपील करूँगा कि इन सुझावों को वह सकारात्मक रूप में ग्रहण करके उनके अनुरूप आवश्यक कार्रवाई सुनिश्चित करने की व्यवस्था करे।

अब थोड़ी देर बाद महामहिम राज्यपाल अपने संवैधानिक दायित्व के निर्वहन के क्रम में सदन को सम्बोधित करेंगे। राष्ट्रपति और राज्यपाल का पद अपनी व्यवस्था में न केवल शासन के संवैधानिक प्रधान का पद होता है, वरन् क्रमशः संसद और विधान-मण्डलों के भी प्रधान होते हैं। ये सदन में अभिभाषण देकर न केवल शासन के प्रधान के रूप में सरकार की योजनाओं की रूपरेखा प्रस्तुत करते हैं, वरन् संविधान के प्रावधानों के अनुसरण में संसदीय दायित्वों को भी निभाते हैं। अतः हमारा कर्तव्य बनता है कि हम शालीनतापूर्वक उनकी बातों को सुनें। मैं आशा करता हूँ कि विधानसभा के सदस्यगण इस अवसर पर संसदीय आचार के उच्च मानदण्डों का पालन करेंगे।

अध्यक्ष को सम्बोधित राज्यपाल का सन्देश

अध्यक्षा–माननीय सदस्यगण,

झारखण्ड के राज्यपाल महोदय का निम्न सन्देश प्राप्त हुआ है–

सन्देश

"भारत के संविधान के अनुच्छेद 176 के खण्ड द्वारा प्रदत्त शक्तियों का प्रयोग करते हुए, मैं मंडगद्दे रामा जोयिस, झारखण्ड का राज्यपाल, इसके द्वारा झारखण्ड विधानसभा को दिनांक–27 फरवरी, 2003 को 11.30 बजे पूर्वाह्न में सम्बोधित करना चाहता हूँ और इस हेतु लेनिन हॉल एच.ई.सी., राँची स्थित झारखण्ड विधानसभा सदन में सदस्यों की उपस्थिति चाहता हूँ।

राँची — ह./–मंडगद्दे रामा जोयिस

10 फरवरी, 2003 — झारखण्ड के राज्यपाल

अब आप लोगों की अनुमति से मैं कुछ देर के लिए राज्यपाल महोदय का स्वागत करने और उन्हें यहाँ लाने के लिए बाहर जाता हूँ। इस बीच आपलोग कृपया अपने-अपने स्थान पर बैठे रहेंगे।

27 मार्च 2003

माननीय अध्यक्ष का समापन भाषण

अध्यक्ष–माननीय सदस्यगण,

आज हम प्रथम झारखण्ड विधानसभा के अष्टम् सत्र के अवसान के अवसर पर जुदाई की बेला में एकत्र हैं। इस सत्र की पूरी अवधि कई राजनैतिक घटनाक्रमों

से घिरी रही तथापि झारखण्ड के नव स्थापित मुख्यमन्त्री श्री अर्जुन मुंडा जी के नेतृत्व में गठित मन्त्रिमण्डल से हम अपेक्षा करते हैं कि वह राज्य विकास के लिए कोई भी कोर-कसर उठा के नहीं रखेगा। यह भी एक संयोग ही है कि सत्र के प्रारम्भिक क्षणों में पूर्व मुख्यमन्त्री श्री बाबूलाल मरांडी ने तुलसी कृत रामचरित मानस की यह पंक्ति कि 'होइहैं वही जो राम रचि राखा' कहकर एक दार्शनिक पहुँच का परिचय दिया था। उसी चौपाई की दूसरी पंक्ति के द्वारा मैं इस पूरे राजनैतिक घटनाक्रम का पटाक्षेप करना चाहता हूँ जिसमें कहा गया है कि 'को करि तर्क बढ़ावहिं शाखा।' इसके बावजूद प्रदेश के इतिहासकार एवं पत्रकार तर्क-वितर्क करने के लिए स्वतन्त्र हैं। मैं सुधी झारखण्डवासियों से यह भी आग्रह करूँगा कि वे रामचरितमानस की किसी अन्य पृष्ठभूमि में तुलसीदास जी द्वारा कही गयी इन पंक्तियों का भी अनुशीलन एवं विश्लेषण करेंगे कि 'करम प्रधान विश्व करि राखा, जो जस करहिं सो तस फल चाखा'। इन सबके बावजूद हमारी सच्ची राजनीति का अभीष्ट झारखण्ड का सर्वांगीण विकास ही हो, इसके लिए नीरज की निम्नांकित पंक्तियाँ हमारी प्रेरणा का स्रोत बन सकती हैं–

हर क्रीड़ा तेरी क्रीड़ा है,
हर पीड़ा तेरी पीड़ा है,
मैं कोई खेलूँ खेल,
दाँव तेरे ही साथ लगाता हूँ!
हर दर्पण तेरा दर्पण है।
हर चितवन तेरी चितवन है,
मैं किसी नयन का नीर बनूँ,
तुझको ही अर्घ्य चढ़ाता हूँ!

इन्हीं शब्दों के साथ मैं इन सब माननीय सदस्यों को शुभकामनाएँ देते हुए झारखण्ड विधानसभा को अनिश्चितकाल तक के लिए स्थगित करता हूँ।

5 सितम्बर, 2003

माननीय अध्यक्ष का प्रारम्भिक वक्तव्य

अध्यक्ष–माननीय सदस्यगण,

पाँच माह से कुछ ज्यादा समय के अन्तराल के बाद प्रथम झारखण्ड विधानसभा के नवम् और पावस-सत्र में आपका स्वागत है। कुछ ही दिनों के बाद झारखण्ड

की स्थापना के तीन वर्ष पूरे हो जायेंगे। बीती अवधि में हमने राज्य की इस सर्वोच्च लोक पंचायत के माध्यम से जनता के लिए क्या कुछ किया है, इसका मूल्यांकन हम समय-समय पर करते रहे हैं। इस सत्र में भी सरकार के अनुपूरक बजट पर चर्चा के माध्यम से इसका मूल्यांकन होगा। हमारा बीता बजट-सत्र उथल-पुथल से भरा रहा है। संसदीय पद्धति में परिवर्तन होते रहते हैं। अभी हाल ही में उत्तर प्रदेश में हुआ परिवर्तन इसी तथ्य का परिचायक है। इन परिवर्तनों को हमें सकारात्मक रूप में लेकर सृजन और विकास की ओर बढ़ते जाना चाहिए। हमारे प्रधानमन्त्री श्री अटल बिहारी वाजपेयी ने संसद की स्वर्ण जयन्ती के अवसर पर 22 जनवरी, 2003 को एक अन्तर्राष्ट्रीय संसदीय सम्मेलन को सम्बोधित करते हुए कहा भी था–"यदि बीसवीं सदी ने विश्व में लोकतन्त्र के प्रसार को देखा है, तो नयी सदी इसका और अधिक विस्तार और संवर्धन देखना चाहती है। विशेष रूप से हमें लोकतन्त्र को लोगों की आकांक्षाओं को पूरा करने तथा झगड़ों और विवादास्पद मुद्दों को हल करने के लिए एक प्रभावशाली साधन के रूप में विकसित करना चाहिए। इतिहास ने बार-बार यह बात सिद्ध की है कि स्वतन्त्र तथा लोकतान्त्रिक देश ही हैं, जो रचनात्मक कार्य करते हैं और जिनमें स्वयं में सुधार लाने और नया कुछ करने की क्षमता प्रबल होती है। नियमित रूप से चुनावों का आयोजन, व्यक्तियों और दलों की जीत और हार तथा समय-समय पर सरकारों के बदलाव के बहुत-से फायदे होते हैं, ये चुने हुए प्रतिनिधियों को जवाबदेह बनाते हैं, इनसे सत्ता की भूख बढ़ने पर शासकों पर नियन्त्रण रहता है, शासन में जड़ता नहीं आने दी जाती है तथा सामाजिक और आर्थिक हितों को निहित स्वार्थ बनने से ये बचाते हैं।" अन्तराल की अवधि में भी यह विधानसभा दूसरे तरीकों से कार्यरत रही है। समिति की बैठकें होती रही हैं। विभिन्न समितियों के प्रतिवेदनों में निहित अनुशंसाओं के कार्यान्वयन की समीक्षा के लिए श्री बाबूलाल मराण्डी, पूर्व मुख्यमन्त्री के सभापतित्व में एक कार्यान्वयन समिति भी गठित की गयी है। इसी तरह आदिम जनजातियों तथा जनजातीय भाषा के विकास को त्वरित गति देने के उद्देश्य से दो अलग-अलग समितियाँ अपने 30 प्रथम झारखण्ड विधानसभा में बैठकों का माननीय अध्यक्ष महोदय के प्रारम्भिक वक्तव्य और समापन भाषण में यहाँ बनी हैं। मैं आशा करता हूँ कि ये समितियाँ अपने दायित्वों को पूरा कर राज्य को विकास के मार्ग पर अग्रसर कराने में कामयाब

होंगी। पिछले दिनों विधायी कार्यवाहियों के प्रसारण विषयक पीठासीन अधिकारियों की समिति की बैठक सिक्किम की राजधानी गंगटोक में हुई, जिसमें झारखण्ड विधानसभा ने भी शिरकत की है। इस समिति का प्रतिवेदन पीठासीन अधिकारियों की वार्षिक बैठक में जो फरवरी, 2004 में पटना में होगी, में उपस्थापित होगा। इसके उपरान्त विधानसभा की कार्यवाहियों का सीधा प्रसारण सम्भव हो जाने की सम्भावना है। एशिया क्षेत्रीय राष्ट्रमण्डल संसदीय संघ की बैठक जो कोलम्बो में हो रही है, में इस विधानसभा का प्रतिनिधित्व श्री दिनेश उराँव, स.वि.स. कर रहे हैं। राष्ट्रमण्डल के वार्षिक अन्तर्राष्ट्रीय सम्मेलन, जो आगामी अक्टूबर ढाका में तय है, में इस विधानसभा का प्रतिनिधित्व श्री फुरकान अंसारी, स.वि.स. करेंगे। कोलम्बो बैठक में वित्त एवं संसदीय कार्य मन्त्री श्री मृगेन्द्र प्रताप सिंह को भी भाग लेना था। सड़क दुर्घटना में घायल हो जाने के कारण वे उसमें भाग नहीं ले सके, इसका अफसोस हमें है। हम उनके शीघ्र स्वास्थ्य लाभ की कामना करते हैं। श्री प्रशान्त कुमार हमारे नये सदस्य हैं, हम इनका स्वागत करें। ये इस विधानसभा सत्र में पहली बार उपस्थित हो रहे हैं, फिर भी इनका विधायी अनुभव पुराना है।

आइए, हम सब इस पावस-सत्र को एक सफल सत्र सिद्ध करने की ओर अग्रसर हों।

10 अक्टूबर, 2003

माननीय अध्यक्ष का समापन भाषण

अध्यक्ष–माननीय सदस्यगण,

प्रथम झारखण्ड विधानसभा का अष्ट दिवसीय नवम् सत्र आज अपने समापन के मुकाम पर है। इसके पाँच और तीन अलग-अलग कार्यदिवस एक माह के अन्तराल पर हुए। इसकी शुरुआत विपक्ष के माननीय सदस्यों के बहिष्कार के साथ हुई थी। संसदीय लोकतन्त्र के प्रति विपक्ष की जागरूकता का अच्छा परिचय इस सत्र ने पाया जब विधायी सदनों के बैठकों की संख्या बढ़ाये जाने की माँग के साथ विपक्ष के इस सत्र के प्रथम चार कार्यदिवसों का बहिष्कार किया था। वहीं यह सत्र इस बात का भी गवाह बना कि जागरूक विपक्ष की तरह यहाँ की सरकार में भी लोकतन्त्र की मौलिक मान्यताओं के प्रति दृढ़ सदाशयता है। झारखण्ड पंचायती राज

संशोधन विधेयक पर यह दिनांक–10 सितम्बर, 2003 को विचार का प्रस्ताव इसके प्रभारी मन्त्री श्री मधु कोड़ा द्वारा प्रस्तुत किये जाने के बाद राज्य सरकार के माननीय मुख्यमन्त्री ने चर्चा में हस्तक्षेप करते हुए कहा कि इस विधेयक पर सर्वपक्षीय चर्चा के बिना इसको पारित कराया जाना प्रासंगिक नहीं होगा, अन्तः सत्र की अवधि बढ़ाने के अपने अधिकार का प्रयोग करते हुए सभाध्यक्ष उचित निर्णय ले सकते हैं। इसी पृष्ठभूमि में सत्र की अवधि विस्तारित की गयी थी। इस विस्तारित अवधि का अच्छा उपयोग पक्ष-विपक्ष के माननीय सदस्यों द्वारा किया गया है। विपक्ष की माँग और सरकार द्वारा इसके आलोक में दिया गया उचित प्रत्युत्तर झारखण्ड में संसदीय लोकतन्त्र की सफलता के लिए शुभ संकेत दे गये हैं। पंचायती राज व्यवस्था को राष्ट्रपिता महात्मा गांधी ने लोकतन्त्र का पहला पायदान माना था। उनकी मान्यता थी कि बुनियादी लोकतन्त्र के अभाव में शिखर पर स्थापित लोकतन्त्र से भारत, जो गाँवों का देश है, का भला नहीं हो जायेगा। इसी के आलोक में अपने देश में त्रिस्तरीय लोकतन्त्र की प्रणाली को स्थापित किया गया जिसका अन्य दो स्तरों पर राज्य विधानमण्डल और केन्द्रीय संसद स्थित है। झारखण्ड गठन के साथ ही यहाँ की सरकार ने पंचायती व्यवस्था को कारगर करने का प्रयास शुरू किया, कालान्तर में इसमें संशोधन भी किये गये। आज के संशोधन विधेयक के पारित होने के बाद राज्य में पंचायत चुनावों का मार्ग प्रशस्त हुआ है। मैं आशा करता हूँ कि इस व्यवस्था के लागू हो जाने के बाद राज्य के विकास में जन-सहभागिता का विस्तार हो सकेगा।

हमारा यह सत्र एक सफल सत्र रहा है, जिसमें अधिकांश प्रश्नों के लिखित या मौखिक उत्तर माननीय सदस्यों को मिले हैं। माननीय सदस्यों ने शून्यकाल, ध्यानाकर्षण प्रस्ताव सहित वाद-विवाद के लिए निर्धारित अन्य अवसरों का भी बेहतर उपयोग किया है। सत्र संचालन में पक्ष-विपक्ष सभी के सहयोग के लिए मैं दोनों तरफ के तमाम माननीय सदस्यों को धन्यवाद देता हूँ। परम्पराओं का पालन करते हुए सरकार द्वारा पिछले सत्र में विभिन्न अवसरों पर सदन में दिये गये आश्वासनों का कृत-कार्य प्रतिवेदन उपलब्ध कराने के लिए मैं सरकार के संसदीय कार्य मंत्रालय को भी बधाई देता हूँ।

सत्र का संचालन अकेले पीठासीन अधिकारी, सरकार के मन्त्री या केवल माननीय सदस्यों से ही नहीं होता। इसे सफलता तक पहुँचाने में परोक्ष रूप से अनेक हाथ जुड़े होते हैं। प्रशासनिक अधिकारी जहाँ प्रश्नोत्तर एवं अन्य सूचनाओं के उत्तर

अनवरत मेहनत से तैयार करते हैं, वहीं विधानसभा सचिवालय भी इसमें मनोयोग से लगा होता है। पुलिस प्रशासन के अधिकारी तथा जवान विधि-व्यवस्था को कायम रखने में जुटे रहते हैं। मैं इसके लिए राज्य सरकार के मुख्य सचिव, पुलिस महानिदेशक सहित तमाम महकमों के पदाधिकारियों, कर्मियों को धन्यवाद देता हूँ।

पत्रकारों और संचार माध्यम से जुड़े अन्य कर्मियों ने इस सत्र को अच्छा कवरेज देकर जनता के बीच विधायी कार्यवाहियों को सकारात्मक सन्देश पहुँचाने का कार्य किया है, इसके लिए वे सभी बधाई के पात्र हैं।

इस सत्र के दरम्यान हमने दशहरे के पावन पर्व को मनाया है। कल शबे-बारात है और सत्र-समापन के कुछ ही दिनों के बाद रमजान के पवित्र महीने की शुरुआत होने वाली है। मैं समस्त झारखण्ड के मुस्लिम भाइयों को इसकी अग्रिम शुभकामनाएँ देता हूँ। मुझे खुशी है कि राँची धर्म महाप्रान्त के आर्चविशप तेलोस्फोर टोप्पो कार्डिनल नियुक्त किये गये हैं। उल्लेखनीय है कि यह पद नये पोप के चयन में महत्त्वपूर्ण भूमिका अदा करता है। आज के अवसर पर मैं उन्हें भी शुभकामनाएँ देता हूँ और आशा करता हूँ कि आने वाले दिनों में झारखण्ड की विधानसभा इस राज्य की जनता की अपेक्षाओं पर और ज्यादा खरी उतरेगी।

इसी के साथ मैं विधानसभा के इस सत्र की कार्यवाही अनिश्चितकाल तक के लिए स्थगित करता हूँ।

17 दिसम्बर, 2003

माननीय अध्यक्ष का प्रारम्भिक वक्तव्य

अध्यक्ष–माननीय सदस्यगण,

विगत सितम्बर से शुरू होकर विस्तार के साथ अक्टूबर माह में समाप्त होने वाले झारखण्ड विधानसभा के पावस-सत्र के बाद इस त्रिदिवसीय शीतकालीन सत्र में आप सबों का स्वागत करता हूँ। पिछले सत्र में लम्बी चर्चा के बाद 'झारखण्ड पंचायती राज संशोधन विधेयक' पर सदन ने अपनी सहमति दी थी। उक्त विधेयक ने महामहिम राज्यपाल से स्वीकृति प्राप्त कर अधिनियम का स्वरूप ग्रहण कर लिया है, तथा राज्य में पंचायत-निर्वाचन का मार्ग अब प्रशस्त हो चुका है। राष्ट्रपिता महात्मा गांधी ने बुनियादी स्तर से ही लोकतन्त्र की स्थापना की बात कही थी, मैं आशा करता हूँ कि झारखण्ड भी राष्ट्रपिता की परिकल्पना पंचायत निर्वाचनों के माध्यम से साकार करेगा।

विगत 15 नवम्बर, 2003 को राज्य ने अपनी स्थापना के तीन वर्ष पूरे कर लिए, हमारी विधानसभा ने भी 22 नवम्बर की इस अवधि को पूरा किया है। स्थापना दिवस समारोहों को हमने उत्साहपूर्वक मनाया है। संसदीयता के उच्च मानदण्डों के अनुपालन के लिए इस वर्ष का 'बिरसा मुण्डा उत्कृष्ट विधायक सम्मान' कांग्रेसी विधायक श्री राजेन्द्र प्रसाद सिंह को दिया गया है। हम भविष्य में उनसे और ज्यादा बेहतर प्रदर्शन की उम्मीद करेंगे। झारखण्ड की विधानसभा सिर्फ अपने वर्तमान से ही सन्तुष्ट नहीं रहना चाहती, इसकी योजनाएँ उज्ज्वल भविष्य की भी हैं और अपने अतीत के गौरव को याद रखने में भी इसका कोई सानी नहीं है। हमने तीसरे स्थापना दिसव पर उन जनप्रतिनिधियों को भी सम्मानित किया है, जिन्होंने देश में शासन की संसदीय व्यवस्था लागू होने के बाद 1952 में पहले चुनाव में एकीकृत बिहार की विधानसभा के लिए झारखण्ड क्षेत्र से निर्वाचित होकर हमारी भावनाओं को वहाँ अभिव्यक्ति दी थी। विधायी संस्थाओं की दुनिया में ऐसा विलक्षण कृत्य करने वाली हमारी विधानसभा शायद पहली विधानसभा होगी।

22 नवम्बर, 2003 को तृतीय स्थापना दिवस के अवसर पर झारखण्ड विधानसभा के परिसर में माननीय सदस्यों के लिए एक उत्तम वाचनालय का उद्घाटन भी माननीय मुख्यमन्त्री श्री अर्जुन मुण्डा के कर कमलों से किया गया है। हमें पूर्ण विश्वास है कि माननीय सदस्य सभी तरह की व्यस्तताओं के बावजूद कुछ समय निकालकर इस वाचनालय में भी आयेंगे तथा अध्ययन भी करेंगे, ताकि सदन में बहस का स्तर और ऊँचा हो सके।

संसदीय लोकतन्त्र में शासन के सूत्रधारों और विधि-निर्माताओं का चयन जनता द्वारा वयस्क मताधिकार के आधार पर मतदान के माध्यम से होता है। इसे लोकतन्त्र के कर्मकाण्ड का अनिवार्य, महत्त्वपूर्ण और सर्वाधिक पवित्र अनुष्ठान माना जाता है। इसी क्रम में पिछले दिनों मध्य प्रदेश, हमारे पड़ोसी राज्य छत्तीसगढ़ तथा राजस्थान, दिल्ली एवं मिजोरम विधानसभाओं के लिए चुनाव हुए। लोकतन्त्र में जीत-हार, सरकारों का आना-जाना चक्रानुक्रम से चलते रहता है। हम कामना करते हैं कि उक्त पाँच राज्यों की सरकारें जनता की उम्मीदों पर खरी उतरेंगी।

झारखण्ड विधानसभा के इस सत्र में भारत के नियन्त्रक एवं महालेखा परीक्षक के अंकेक्षण प्रतिवेदन सभा-पटल पर उपस्थापित किये जाने हैं। लोकधन के व्यय तथा योजनाओं की उपयोगिता का आकलन करने के लिए हमारे संविधान निर्माताओं ने इस स्वतन्त्र और स्वायत्त अभिकरण के गठन का प्रावधान संविधान में किया था। सदन में उपस्थापन के बाद इन प्रतिवेदनों की समीक्षा लोक-लेखा और सरकारी

उपक्रमों सम्बन्धी समितियों द्वारा की जाती है। सभा में इन प्रतिवेदनों का उपस्थापन सी.ए.जी. द्वारा उसे सौंपे गये जिम्मेदारीपूर्वक निर्वहन है। हम उम्मीद करते हैं कि जितनी जिम्मेवारी संवैधानिक दायित्व का प्रदर्शन सी.ए.जी. द्वारा इस सन्दर्भ में किया जाता है, हमारी वित्तीय समितियाँ भी उसी तरह जिम्मेवारी का निर्वहन करते हुए अपने समीक्षात्मक प्रतिवेदन सभा-पटल पर आने वाले समय में रखेंगी।

हमारा यह सत्र छोटा है, फिर भी हम इसमें उपलब्ध एक-एक पल का उपयोग झारखण्ड राज्य और इसकी जनता के हित में करेंगे, ऐसा विश्वास हमें है।

18 दिसम्बर, 2003

माननीय अध्यक्ष का समापन भाषण

अध्यक्ष–मैं पुनः सभी लोगों से आग्रह करूँगा, माननीय मुख्यमन्त्री जी की बातों में इतनी बात तथ्यात्मक है, कार्यमंत्रणा समिति की कल मैंने घोषणा की थी। प्रश्नकाल शुरू हो जाता, अगर लीडर ऑफ अपोजिशन या विधायक दलों के नेता, स्टीफेन मराण्डी जी एक चिट भेज देते कि आगे के कार्यक्रम के लिए क्या और करना है? हम लोग एक साथ बैठ जायें तो मैं समझता हूँ बहुत पोजिटिव स्टेप होता, तुरन्त बैठ जाते, मैं उपाध्यक्ष जी को चेयर पर बैठाता फिर चेम्बर में बैठकर, कल क्या करना है, किस मुद्दे पर चर्चा करनी है, मेरे दिमाग में ये था कि आज प्रश्नकाल केवल है, जो कॉलअटेंशन आज ही वर्कशिट में आया है इसलिए उसका उत्तर नहीं होगा। मैंने ये सोचा था कि प्रश्नकाल के बाद कार्यमंत्रणा समिति में बैठ जायेंगे लेकिन आज प्रश्नकाल शुरू ही नहीं होने दिया। आज अखबारों की कटिंग को देखें, 102 आश्वासनों पर ए.टी.आर. आया, उसमें अखबारों ने लिखा है 68 कार्यान्वित हुए हैं।

यानी आधे कार्यान्वित। इतना करते-करते अब उसमें कुछ अच्छाई आ रही है। ऐसा कभी होता था कि एक माह के अन्दर 102 में से 68 आश्वासन इम्पलीमेंट हो, तो आप जितनी कारगर ढंग से विधानसभा को चलायेंगे उसके पॉजिटिव रिजल्ट आपको आयेंगे। इसलिए मैं पुनः एक बार लीडर ऑफ अपोजिशन, दलों के नेता और तमाम माननीय सदस्यों से आग्रह करना चाहता हूँ कि आप अपने स्थान पर चले जायें। हम प्रश्नकाल पूरा करेंगे, उसके बाद हम बैठेंगे और आप काम का बँटवारा कर लें। जितने समय तक आप चाहेंगे तो आधी रात तक चर्चा होगी। जिस विषय पर आप चाहेंगे चर्चा होगी। मैं नहीं समझता हूँ कि सरकार इससे पीछे हटेगी। तो आप मेरे इस आग्रह को स्वीकार करके स्टीफेन जी आप सकारात्मक कदम उठाइए। आप आइए, मैं थोड़ा-सा प्रश्नकाल शुरू करके माननीय उपाध्यक्ष महोदय को चेयर

पर बैठा दूँगा और उसके बाद चेम्बर में बैठकर हम लोग कार्यवाही पर चर्चा करेंगे। अब इससे ज्यादा और क्या ऑफर कर सकता हूँ। अगर आप यही सोचकर आये हैं कि हमें यही करना है, तो मेरे पास कोई उपाय नहीं है।

देखिए, मैं केवल एक आग्रह फिर माननीय सदस्यों से करना चाहता हूँ। गिरिनाथ सिंह जी, मेरा कहना है कि इसमें कोई मूँछ की लड़ाई नहीं है। मैं तो अभी कहता हूँ कि अगर बजट-सत्र में आप मेरा बयान पढ़ते होंगे तो आपसे और मुख्यमन्त्री से भी कहता हूँ कि सत्र के लिए कोशिश करनी चाहिए कि सत्र जितने लम्बे हों, क्योंकि इससे सारी ब्यूरोक्रेसी सजग रहती है और इसके बहुत प्लस प्वाइंट हैं लम्बे सत्र के। सरकार का कहना है कि सी.ए.जी. रिपार्ट को ले करने के लिए सत्र बुलाया है क्योंकि 10 अक्तूबर को हमने सत्र समाप्त किया। शीतकालीन सत्र तो है लेकिन मेरा कहना कहना है कि ये हम लोग बजट-सत्र पर चर्चा करके लम्बा बजट-सत्र कर सकते हैं। मेरा कहना है कि इस पर चर्चा हो जाये।

यही नियम है। गिरिनाथ सिंह जी, आप नियम और परिनियम की बात करते हैं, यही नियम है। आपने जिसको जिसको सेलेक्ट किया है, इस कुर्सी पर बैठाया है, वह आपके सामने हाथ जोड़कर एक घंटा से आग्रह कर रहा है। यही नियम और परिनियम है। किन नियम और परिनियम की आप दुहाई दे रहे हैं। इतना आग्रह करने पर तो दुश्मन भी मान जाता है। मैं अभी भी ऑफर कर रहा हूँ कि प्रश्नकाल शुरू करके मैं अपने चेम्बर में चला जाऊँगा। उपाध्यक्ष महोदय सदन चलायेंगे। आप आकर चर्चा कर लीजिए।

सी.पी. सिंह जी, आप कौन सा नियम-परिनियम में कहा है, क्या करना चाहिए आपको, इसमें क्या उचित है?

सदन की कार्यवाही अनिश्चितकाल के लिए स्थगित की जाती है।

21 फरवरी, 2004

माननीय अध्यक्ष का प्रारम्भिक वक्तव्य

अध्यक्ष–माननीय सदस्यगण,

लगभग दो माह के अन्तराल के बाद झारखण्ड विधानसभा के एकादश सत्र में आप सबों का स्वागत है। यह हमारा इस वर्ष का पहला सत्र है, इस लिहाजन महामहिम राज्यपाल अपने संवैधानिक दायित्वों का निर्वहन करते हुए विधानसभा को सम्बोधित करेंगे। अपने संवैधानिक प्रधान को प्रतिष्ठा देना तथा उनकी बातों को शालीनता से सुनना संसदीय लोकतन्त्र में जनप्रतिनिधियों का परम्परागत दायित्व है। अतः हम उनके प्रति सम्मान प्रकट करते हुए उनकी बातों को सुनेंगे।

विगत सत्र से अब तक के अन्तराल में हमारी संसदीय व्यवस्था में महत्त्वपूर्ण घटनाएँ घटी हैं। तेरहवीं लोकसभा भंग हो चुकी है और कई राज्यों की विधानसभाओं को भी भंग कर लोकसभा के साथ ही चुनाव कराने की तैयारी हो रही है। विगत तेरहवीं और आने वाली चौदहवीं लोकसभा की इस संधि बेला में हमारा यह सत्र हो रहा है। एक सप्ताह तक चलने वाले इस संक्षिप्त सत्र में राज्य सरकार भी अपने संवैधानिक दायित्वों का निर्वाह करते हुए वर्ष 2004-2005 के लिए वार्षिक आय-व्यय विवरणी का उपस्थापन सभा में करेगी। हमें इस पर विचार करना है। सार्थक बहस के अवसर हमारे पास उपलब्ध हैं। महामहिम राज्यपाल के अभिभाषण पर धन्यवाद प्रस्ताव, अनुदान की माँगों पर चर्चा के समय में हम राज्य की ज्वलन्त समस्याओं को उजागर कर उनके समाधान के उपाय ढूँढ़ सकते हैं।

यह सच है कि विधायी सदन जब लम्बी अवधि तक चलते हैं तो बहुत सारी समस्याओं पर चर्चा भी हो जाती है और कई समस्याओं के समाधान भी तत्काल निकल जाते हैं। निस्सन्देह यह सत्र बहुत छोटा है। इसके कई कारण गिनाये जा सकते हैं, जिनकी गहराई में गये बगैर हम इतना कह सकते हैं कि हम अपने उपलब्ध समय का ज्यादा-से-ज्यादा तथा बेहतर उपयोग करें। मैं पूर्व में भी कई अवसरों पर आप लोगों से कह चुका हूँ कि आदमी की उम्र का आकलन उसके द्वारा बिताई गयी उम्र से नहीं अपितु उसके द्वारा किये गये किरदार से आँका जाता है, इसलिए सत्र अवधि में छोटा है या बड़ा हम इसका आकलन न करके यदि इसमें भी अपने किरदार को अच्छी तरह निभायें तो इसकी गिनती भी महत्त्वपूर्ण सत्रों में हो सकती है।

संसद के बीते सत्रों ने झारखण्ड की अस्मिता को केन्द्रीय स्तर पर नयी पहचान दी है। संविधान संशोधन विधेयक पारित करके उसने हमारे यहाँ बोली जाने वाली संथाली भाषा को संविधान की आठवीं अनुसूची में शामिल किया है। इसके लिए हम निवर्तमान तेरहवीं लोकसभा और राज्यसभा के सभी वर्तमान सदस्यों को धन्यवाद देते हैं।

विगत दिनों महामहिम राष्ट्रपति झारखण्ड प्रवास पर थे। अपने प्रवास की अवधि में उन्होंने अन्य महत्त्वपूर्ण कार्यों के साथ-साथ विधानसभा सदस्यों को भी सम्बोधित करने की इच्छा प्रकट की। उन्होंने बताया कि जो लोग समाज का नेतृत्व करते हैं, उन्हें अपनी जिम्मेवारियों को समझना होगा। उन्होंने एक शिक्षक की तरह हमें राज्य की प्रगति के गुर भी सिखाये। माननीय विधायकों को सम्बोधित करते हुए उन्होंने देश के समग्र विकास के लिए विजन–2020 प्रस्तुत किया है। हमें संकल्प

लेना है कि हम उनके इस विजन को पूरा करने के निमित्त अपने राज्य और देश के विकास के लिए प्राण-पण से प्रयास करेंगे। उनके भाषण की मुख्य बात जो हमें गाँठ में बाँधकर रखनी चाहिए कि हमारे राजनीतिक दल अलग-अलग हो सकते हैं, लेकिन राज्य के विकास के लिए देश के दक्षिण राज्यों की तरह हमें एकताबद्ध होकर कार्य करना चाहिए।

अब से थोड़ी देर बाद महामहिम राज्यपाल जी सभा को सम्बोधित करेंगे। उनके प्रति आदर प्रकट करते हुए हम उनके विचारों को सुनेंगे। मैं उनकी अगवानी के लिए थोड़ी देर सभा से बाहर रहूँगा।

अध्यक्ष को सम्बोधित राज्यपाल का सन्देश

अध्यक्ष–माननीय सदस्यगण,

झारखण्ड के राज्यपाल से निम्न सन्देश प्राप्त हुआ है :

सन्देश

"भारत के संविधान के अनुच्छेद 176 के खण्ड (1) द्वारा प्रदत्त शक्तियों का प्रयोग करते हुए, मैं वेद प्रकाश मारवाह, झारखण्ड के राज्यपाल, इसके द्वारा झारखण्ड विधानसभा को दिनांक–21 फरवरी, 2004 को 11.30 बजे पूर्वाह्न में सम्बोधित करना चाहता हूँ और इस हेतु लेनिन हॉल, एच.ई.सी. राँची स्थित झारखण्ड विधानसभा सदन में सदस्यों की उपस्थिति चाहता हूँ।"

राँची

ह./–वेद प्रकाश मारवाह
झारखण्ड के राज्यपाल

महामहिम राज्यपाल महोदय के आगमन और विदाई के समय आप शान्ति से सभा में बैठे रहेंगे, इन्हीं उम्मीदों के साथ मैं महामहिम राज्यपाल जी को सभा में लाने हेतु जा रहा हूँ। कृपया शान्ति और अनुशासन बनाये रखेंगे।

12 मार्च, 2004

माननीय अध्यक्ष का समापन भाषण

अध्यक्ष–हमारी विधानसभा का ग्यारहवाँ और वर्ष 2004-05 का बजट-सत्र आज अपने समापन के मुकाम पर है। इस छोटे किन्तु महत्त्वपूर्ण सत्र में हमने कई समस्याओं पर सार्थक चर्चा करके महत्त्वपूर्ण निर्णय लिये हैं। महामहिम राज्यपाल के अभिभाषण

पर प्रस्तुत धन्यवाद प्रस्ताव पर चर्चा का अवसर रहा हो अथवा विभागीय अनुदान की माँगों पर विचार-विमर्श का समय, हमारे माननीय सदस्यों ने कई बार संसदीय लोकतन्त्र में खींची गयी पक्ष-विपक्ष की लकीरों से आगे आकर अपने सारगर्भित विचार सदन में रखे हैं। यह हमारे राज्य के लिए सुखद सौभाग्य का विषय है कि जहाँ सत्तापक्ष के सदस्यों ने सरकारी मशीनरी और उसके काम करने के तरीकों की जटिलताओं, खामियों एवं विकारों को बेहिचक बयां किया है, वहीं प्रतिपक्ष के सदस्यों द्वारा, सरकार द्वारा किये गये विकास कार्यों की सराहना भी की गयी है। संसदीयता जिस मूल शब्द से प्रकट हुई है, उसका अंग्रेजी पर्यायवाची है पार्लियामेंट। यह पार्लियामेंट शब्द 'पार' से बना है जिसका भावार्थ है टू डिस्कस। इसका अभिप्राय यह है कि इस व्यवस्था में हमें सारी समास्याओं का समाधान विचार-विमर्श से करना है। हमारे लिए यह खुशी की बात है कि हमने अपनी सारी समस्याएँ इसी तरीके से सुलझायी हैं। यह सत्र इस दृष्टि से विशेष रूप से आने वाले समय के इतिहास में उल्लेखनीय माना जायेगा कि कभी-कभी पैदा हुए कटुता और तनाव के क्षणों को भी सदस्यों ने अपनी शालीनता से काट दिया है। चाहे वह मन्त्री पद से इस्तीफा देने के बाद माननीय सदस्य श्री समरेश सिंह द्वारा वक्तव्य देने का अवसर रहा हो। अपनी राजनीतिक प्रतिबद्धताओं के अधीन जब हम काम कर रहे होते हैं तो दूसरी विचारधारा को मानने वाले लोगों से वैचारिक टकराव होने की सम्भावना से इनकार नहीं किया जा सकता। लेकिन इन टकरावों के बावजूद हमारी शालीनता सराहनीय रही है। हमारे बहस का स्तर ऊँचा रहा है जिसकी भूरि-भूरि प्रशंसा प्रसार माध्यमों ने भी की है।

असुरक्षित स्थानों पर निर्माण रोकने से सम्बन्धित विधेयक पर चर्चा के समय सदस्यों की माँग पर इस विधानसभा में पहली बार प्रवर समिति का गठन किया गया था। इस विधेयक के विभिन्न पहलुओं पर विचार के बाद समिति ने अपना प्रतिवेदन सभा को आज ही सौंपा है जिस पर सभा ने अपनी स्वीकृति दी। वित्तरहित शिक्षा नीति के समापन तथा सम्बद्धता प्राप्त गैर-अंगीभूत शिक्षण संस्थानों को अनुदान दिये जाने के मामले पर भी इस विधानसभा की समिति ने राज्य सरकार के वित्तमन्त्री श्री मृगेन्द्र प्रताप सिंह जी के सभापतित्व में तथ्यमूलक उपयोगी प्रतिवेदन सभा को दो साल पूर्व सौंपा था। आज न केवल हमारे लिए वरन् राज्य के उन हजारों-लाखों लोगों के लिए खुशी का अवसर है कि उस समिति की अनुशंसाओं के आलोक में सम्बद्धता प्राप्त शिक्षण संस्थानों को अनुदान दिये जाने से सम्बन्धित विधेयक को इस सभा ने पारित कर दिया। इसके अधिनियम का रूप ग्रहण करने के बाद इन

संस्थानों के कर्मियों के घरों में खुशी के दीये तो जलेंगे कि हमारे राज्य की शिक्षा व्यवस्था में आमूल-चूल सुधार भी होगा।

आज हम उस मुकाम पर खड़े हैं जहाँ से थोड़े ही दिनों बाद देश की सबसे बड़ी अदालत लोकसभा के लिए आम चुनाव होने हैं। चुनावों को लोकतन्त्र के महापर्व का सर्वाधिक महत्त्वपूर्ण अनुष्ठान माना जाता है। हममें से कतिपय लोग इस महान पर्व में अपनी किस्मत आजमायेंगे, इसकी सम्भावना है। हमारा यह महान पर्व हमारे अन्य धार्मिक त्योहारों की तरह सादगी और शालीनता से गुजरे, इसकी हम कामना करते हैं। सृजन के बीज संघर्ष में ही छिपे होते हैं, लेकिन विनाश की शुरुआत भी इसी से होती है। हमें संघर्ष करना है सृजन के लिए, विकास के लिए, राष्ट्र और राज्य के जनों की पीड़ा को दूर करने के लिए। अत: हम चुनाव के मैदानों में भी जायें तो सृजन के बीज की खोज करें और संहार के मारक अस्त्रों का परित्याग करें।

इस सत्र को उल्लेखनीय बनाने में सरकार के मन्त्रियों, अधिकारियों, माननीय सदस्यों, सभी की अहम भूमिका रही है। मैं उन सारे लोगों को हृदय से धन्यवाद देता हूँ। हमारे पत्रकार बन्धुओं ने इस सत्र के कार्यकलापों को अपने माध्यमों में अच्छी कवरेज दी है, जिससे जनता के बीच विधायिका के प्रति अच्छा सन्देश गया है और उन्हें समीचीन जानकारियाँ मिली हैं। मैं उन लोगों को भी धन्यवाद देता हूँ। राष्ट्रमण्डल संसदीय संघ की आनुषंगिक इकाई राष्ट्रमण्डल पत्रकार संघ की सदस्यता दिलाये जाने की माँग हमारे संसदीय पत्रकार बन्धु काफी अर्से से करते रहे हैं। संसद सहित अन्य कई विधानसभाओं की तर्ज पर संसदीय फेलोशिप शुरू किये जाने की माँग भी उन्होंने की थी। हमें यह बताने में खुशी हो रही है कि इस सम्बन्ध में संसदीय सचिवालय से विधानसभा द्वारा पत्राचार किया गया है, नियमों की जानकारी मिलते ही इस विधानसभा में भी इसके समान सफल प्रयोग हो सकेंगे। आज के अवसर पर मैं अपने सभा-सचिवालय कर्मियों को भी धन्यवाद देता हूँ जिन्होंने बड़े लगन से अपने दायित्यों को निभाया है।

इस सत्रकाल में ही भारतीय राजनीति की दो महान विभूतियाँ हमसे रुखसत हो गयी हैं। स्व. सिकन्दर बख्त और स्व. वाई.बी. चौहान को श्रद्धांजलि अर्पित करते हुए मैं माननीय सदस्यों से अनुरोध करता हूँ कि हम दो पल मौन रहकर उनकी आत्मा की शान्ति के लिए ईश्वर से प्रार्थना करें।

अब मैं सभा की कार्यवाही अनिश्चितकाल के लिए स्थगित करता हूँ।

3 जून, 2004

कार्यकारी अध्यक्ष का प्रारम्भिक वक्तव्य

कार्यकारी अध्यक्ष–माननीय सदस्यगण,

झारखण्ड विधानसभा के द्वादश सत्र में आप सबों का हार्दिक स्वागत है। इस विधानसभा का पिछला सत्र लोकसभा चुनाव के पूर्व हुआ था और वर्तमान सत्र चौदहवीं लोकसभा के गठन के बाद शुरू हुआ है। केन्द्र में नयी सरकार ने शासन की बागडोर थाम ली है, हमारे भी आठ माननीय सदस्य लोकसभा के लिए निर्वाचित हो गये हैं। चौदहवीं लोकसभा के उन तमाम माननीय सदस्यों को हम बधाई देते हैं जो हमारे बीच से निकलकर वहाँ गये हैं। इन सभी माननीय सदस्यों के दीर्घ विधायी अनुभव को देखते हुए हम कामना करते हैं कि वे लोकसभा सदस्यों के रूप में राष्ट्र और राज्य की उल्लेखनीय सेवा करते हुए झारखण्ड का नाम रोशन करेंगे।

विधानसभा के इस सत्र को एक महत्त्वपूर्ण संवैधानिक दायित्व के निर्वहन के लिए आहूत किया गया है। दिनांक–29 मार्च, 2004 को माननीय अध्यक्ष, श्री इन्दर सिंह नामधारी तथा दिनांक–1 जून, 2004 को माननीय उपाध्यक्ष, श्री बागुन सुम्बई के त्याग-पत्र के साथ हमारे दोनों पीठासीन अधिकारियों का पद रिक्त हो गया है, अतः अध्यक्ष पद के लिए निर्वाचन का दायित्व मुझे महामहिम राज्यपाल द्वारा सौंपा गया है। इस पद के लिए निर्वाचन की तिथि 4 जून, 2004 तय की गयी है। मैं उम्मीद करता हूँ कि हम इस दायित्व को आसानी से पूरा कर सकेंगे।

अध्यक्ष-पद के लिए निर्वाचन की घोषणा

माननीय सदस्यगण,

झारखण्ड विधानसभा की प्रक्रिया तथा कार्य-संचालन के नियम 8 (1) के प्रावधानों के अधीन अध्यक्ष पद के लिए निर्वाचन दिनांक–4 जून, 2004 को होगा तथा इसके लिए नामांकन दिनांक–3 जून, 2004 के 12.00 बजे मध्याह्न के पूर्व लिये जा सकेंगे।

उपर्युक्त वर्णित नियम के उपनियम (2) के अधीन कोई भी सदस्य किसी भी प्रस्ताव को कि किसी अन्य सदस्य को सभा का अध्यक्ष चुना जाये, सचिव को सम्बोधित लिखित रूप में सूचना दे सकेगा और उस सूचना का अनुमोदन एक तीसरा सदस्य करेगा तथा उसके साथ उस सदस्य का, जिसका नाम सूचना में प्रस्थापित किया जाए, यह कथन संलग्न होगा कि निर्वाचित होने पर वह अध्यक्ष के रूप में कार्य करने को सहमत है।

परन्तु कोई सदस्य अपना स्वयं का नाम प्रस्थापित नहीं करेगा, न उसका अपना नाम प्रस्थापित करने वाले प्रस्ताव का अनुमोदन करेगा और न ही एक से अधिक प्रस्ताव प्रस्थापित या अनुमोदित करेगा।

मैं समझता हूँ कि आपने इस प्रक्रिया को समझ लिया है तथा इसी प्रक्रिया के अधीन आप कार्य करेंगे। माननीय सदस्यगण, झारखण्ड विधानसभा के माननीय सदस्य श्री मनोज कुमार, निर्वाचन क्षेत्र संख्या–78 (छतरपुर), श्री बाबूलाल मराण्डी, निर्वाचन क्षेत्र संख्या–23 (रामगढ़) एवं श्री भुवनेश्वर प्रसाद मेहता, निर्वाचन क्षेत्र संख्या–20 (बरकट्ठा) ने दिनांक–24 मई, 2004 के प्रभाव से तथा श्री फुरकान अंसारी, क्षेत्र संख्या–09 (जामताड़ा), श्री हेमलाल मुर्मू, क्षेत्र संख्या–03 (बरहेट), श्री चन्द्रशेखर दूबे, क्षेत्र संख्या–77 (विश्रामपुर), श्री टेकलाल महतो, क्षेत्र संख्या–24 (माण्डु) एवं श्री बागुन सुम्ब्रई, क्षेत्र संख्या–52 (चाईबासा) ने दिनांक–29 मई, 2004 के प्रभाव से सभा के अपने स्थान का त्याग कर दिया है और उनके त्याग-पत्र उक्त तिथि से स्वीकार कर लिये गये हैं।

04 जून, 2004

माननीय अध्यक्ष का समापन भाषण

अध्यक्ष–राजेन्द्र जी, बागुन जी हमलोगों के नेता हैं। आपने कल टी.वी. में मेरा बयान सुना होगा। अखबारों में मैंने दिया है कि हम लोग कितना उनका एहतराम करते हैं, कितना सम्मान करते हैं। कुछ लोग चाहते थे कि–मेरे मुँह से कहवाएँ। मैंने कहा–मैं उनका प्रशंसक था, प्रशंसक हूँ, प्रशंसक रहूँगा। इसलिए कोई इसको आक्षेप न मानें। उनके जैसा शालिन व्यक्ति, मैं उनसे बहुत जूनियर और वे डेढ़ साल तक मेरे डिप्टी बनकर रहे और कभी आज तक एक शब्द उन्होंने नहीं कहा। मुझे लगता है कि ऐसा व्यक्ति वह हो ही नहीं सकता। उनसे हमको सीखने की प्रेरणा होती थी। इसलिए अब इस अध्याय को समाप्त किया जाये। मैं उनके लिए परम आदर और सम्मान की बातें करता हूँ।

अब सभा की कार्यवाही अनिश्चितकाल तक के लिए स्थगित की जाती है।

02 अगस्त, 2004

माननीय अध्यक्ष का प्रारम्भिक वक्तव्य

अध्यक्ष–झारखण्ड विधानसभा के त्रयोदश सत्र में आप सबों का स्वागत है। लगभग दो माह पूर्व हुए सत्र में पूर्व के सत्रों की तुलना में एक महत्त्वपूर्ण परिवर्तन परिलक्षित

हुआ था, वह यह था कि हमारे आठ सदस्य लोकसभा के लिए निर्वाचित होकर राँची से दिल्ली चले गये थे। इस सत्र में भी वह शृंखला नहीं टूटी है और अब हम महसूस कर रहे हैं कि प्रतिपक्ष के नेता और इस सभा के अत्यन्त शालीन सदस्य श्री स्टीफन मरांडी की सेवाएँ भी लेने से हम वंचित हो गये हैं। हाल में सम्पन्न राज्यसभा के द्विवार्षिक निर्वाचन में निर्वाचित होने के फलस्वरूप श्री मराण्डी अब संसद की सेवा में लग गये हैं। विपक्ष के नेता-पद पर रहकर उन्होंने इस सदन, समाज और राज्य की उल्लेखनीय सेवा की है। सेवा का इससे बड़ा विधायी मंच उनके सामने आज उपलब्ध है। हम कामना करते हैं कि वे उस मंच से इस राज्य और समाज की और ज्यादा सेवा करके इस राज्य को प्रगति के पथ पर और आगे बढ़ाने में कामयाब हों।

पाँच दिनों के लिए निर्धारित इस सत्र में राज्य सरकार का इस वर्ष का अनुपूरक बजट प्रस्तुत होने जा रहा है। लोकधन पर विधायिका का नियन्त्रण वित्तीय अनुशासन का सर्वाधिक महत्त्वपूर्ण तरीका है। राज्य सरकार द्वारा प्रस्तुत होने वाले इस अनुपूरक बजट पर चर्चा के क्रम में सरकार की आर्थिक नीतियों की समीक्षा करने के पर्याप्त अवसर माननीय सदस्यों को मिलेंगे और इस प्रकार लोकधन पर विधायिका के नियन्त्रण के सिद्धान्त को हम कार्यरूप में परिणत होते हुए देख सकेंगे।

सरकार द्वारा लोकधन के व्यय की निगरानी की संवैधानिक संस्था के रूप में नियन्त्रक एवं महालेखा परीक्षक के पद सहित सभा की लोक लेखा समिति जैसी संस्थाएँ स्थापित हैं। लोक लेखा समिति न केवल सी.ए.जी. की अंकेक्षण आपत्तियों की समीक्षा करती है वरन् व्यय के तरीके और उपयोगिता की परीक्षा भी करती है। उल्लेखनीय है कि झारखण्ड का सृजन नवम्बर, 2000 में हुआ और वित्तीय वर्ष 2000-2001 तक की अंकेक्षण आपत्तियाँ, जो महालेखाकार द्वारा की गयी थीं, उनका निष्पादन बिहार की समिति के साथ बैठकर झारखण्ड विधानसभा की समिति को करना था। इनमें से बहुत सारी आपत्तियों का निराकरण कर विलोपित करने की अनुशंसा की गयी। इसके लिए समिति के सभी सदस्यों को भी मैं बधाई देता हूँ।

यह सत्र कार्यदिवसों की दृष्टि से छोटा है। विधानसभा भी अपने कार्यकाल को पूरा करने की ओर अग्रसर है। यदि ससमय चुनाव हुए तो आने वाले मार्च में इस राज्य को नयी विधानसभा मिलेगी। अपने अब तक के कार्यकाल में हमने अनेक समस्याओं का समाधान बखूबी किया है। इस छोटे-से सत्र के समय का भी सदुपयोग करके हम राज्य की कुछ ज्वलन्त समस्याओं के समाधान में कामयाब हुए तो यह हमारी उल्लेखनीय उपलब्धि होगी। मैं आशा करता हूँ कि हमें उपलब्ध

एक-एक पल का उपयोग करने में माननीय सदस्यगण अपनी उत्कृष्ट भूमिका का निर्वहन करेंगे। इन्हीं शब्दों के साथ एक बार पुन: आप सभी का अभिनन्दन करता हूँ।

19 अगस्त, 2004

माननीय अध्यक्ष का वक्तव्य

माननीय सदस्यगण,

उपाध्यक्ष-पद के निर्वाचन के लिए कुल छह प्रस्ताव प्राप्त हुए हैं। पहला प्रस्ताव श्री महेन्द्र प्रसाद सिंह का है, जिसका अनुमोदन श्री संजय कुमार सिंह यादव ने किया है। दूसरा प्रस्ताव श्री पशुपतिनाथ सिंह, मन्त्री का है, जिसका अनुमोदन श्री यमुना सिंह, मन्त्री ने किया है। तीसरा प्रस्ताव श्रीमती अन्नपूर्णा देवी का है, जिसका अनुमोदन श्री योगेन्द्रनाथ बैठा ने किया है। चौथा प्रस्ताव श्री गिरिनाथ सिंह का है, जिसका अनुमोदन श्री चन्द्रेश्वर प्रसाद सिंह ने किया है। पाँचवाँ प्रस्ताव श्री थियोडोर किड़ो का है, जिसका अनुमोदन श्री सावना लकड़ा ने किया है। छठा प्रस्ताव श्री हुसैन अंसारी, नेता, विरोधी दल का है, जिसका अनुमोदन श्री संजय प्रसाद यादव ने किया है।

सभी छह प्रस्तावों में श्री सबा अहमद को विधानसभा का उपाध्यक्ष निर्वाचित किये जाने का प्रस्ताव है।

'श्री महेन्द्र प्रसाद सिंह अपना प्रस्ताव प्रस्तुत करें।'

'माननीय सदस्य श्री संजय कुमार सिंह यादव प्रस्ताव का अनुमोदन करें।'

'प्रश्न है कि–

श्री सबा अहमद, स.वि.स. विधानसभा के उपाध्याक्ष निर्वाचित हों।'

प्रस्ताव स्वीकृत हुआ।

श्री सबा अहमद, स.वि.स. सर्वसम्मति से विधानसभा के उपाध्यक्ष निर्वाचित हुए।

19 अगस्त, 2004

माननीय अध्यक्ष का समापन भाषण

माननीय सदस्यगण,

एक अच्छे वातावरण में इस सत्र में अध्यक्ष और उपाध्यक्ष का निर्वाचन सम्पन्न हुआ है। दोनों पदों के लिए हुए निर्विरोध निर्वाचन से इस विधानसभा की

माननीय मृगेन्द्र प्रताप सिंह | **कार्यकाल**

अध्यक्ष, झारखण्ड विधानसभा | 18-08-2004 से 11-01-2005

विधानसभा क्षेत्र संख्या–49, जमशेदपुर (पश्चिम)

जन्म तिथि–10 अप्रैल, 1939

जन्म स्थान–चौंगाई, बक्सर, बिहार

पिता का नाम–स्व. बिहारी सिंह

माता का नाम–स्व. इन्दु सिंह

शैक्षणिक योग्यता–मैट्रिक

विधायक के रूप में निर्वाचन–1985,1995 और 2000

प्रतिष्ठा में चार चाँद लगे हैं। मैं आशा करता हूँ कि आगे भी पूरा सदन किसी मुद्दे पर अपनी एकजुटता का परिचन देगा और झारखण्ड की विधानसभा जनता से जुड़ी समस्याओं के समाधान में ज्यादा कामयाब होगी।

इसी के साथ मैं सभी की कार्यवाही अनिश्चितकाल तक के लिए स्थगित करता हूँ।

30 दिसम्बर, 2004

माननीय अध्यक्ष का प्रारम्भिक वक्तव्य

माननीय सदस्यगण,

पहली विधानसभा के चौदहवें और अन्तिम सत्र में आप सभी का हार्दिक अभिनन्दन। चार दिनों के इस सत्र में हमारे पास अवसर होगा सरकार द्वारा प्रस्तुत किये जाने वाले अनुपूरक बजट पर चर्चा का। इस क्रम में आप सरकार के कार्य-कलापों का मूल्यांकन करेंगे। यह अवसर राज्य की स्थापना के बाद से अब तक की अवधि में हम सदस्यों ने राज्य की जनता के कल्याण के लिए जो कुछ किया है, उसके मूल्यांकन का है। चूँकि यह अन्तिम सत्र है। अत: हम इस सत्र को यदि आलोचना की जगह जनभावना की अभिव्यक्ति के रूप में लें तो अच्छा होगा। जनता किसी को विधायक या सांसद चुनते समय यह नहीं सोचती कि वह अपने प्रतिनिधि को पक्ष या विपक्ष में बैठने के लिए चुनकर भेज रही है। उसे तो मात्र यह उम्मीद होती है कि वह ऐसे प्रतिनिधि का चयन कर रही है, जो उसकी समस्याओं को अच्छी तरह समझता है। अत: हम सब खुद का मूल्यांकन आज के अवसर पर करें तो ज्यादा अच्छी बात होगी।

यह सत्र हम लोगों के लिए ऐतिहासिक भी है, क्योंकि यदि कोई आकस्मिक स्थिति नहीं हुई तो इस पहली विधानसभा में हम आगे समवेत नहीं हो सकेंगे। सत्र के बाद हमें चुनाव के मैदान में जाना है जिसकी तिथियाँ पहले ही घोषित हो चुकी हैं। इसलिए इस सत्र को यादगार बनाये रखना है। पवित्र क्रिसमस का पर्व अभी तुरन्त ही गुजरा है, उसकी मिठास इस सत्र में भी बनी रहे, यह कामना मैं आप सबों से करता हूँ।

पिछले सत्र से अब तक के अन्तराल में झारखण्ड विधानसभा विभिन्न दृष्टियों से कार्यरत रही है। अखिल भारतीय विधायी सदनों के पीठासीन अधिकारियों के 67वें सम्मेलन में, जो पश्चिम बंगाल की राजधानी कोलकाता में सम्पन्न हुआ, इस विधानसभा ने विधायिका और न्यायपालिका के सम्बन्धों के साथ-साथ, विधायिका-

पत्रकारिता सम्बन्धों पर भी अपने विचार प्रस्तुत किये हैं, जिन्हें काफी सराहा गया है। इसी के आलोक में हमने निर्णय लिया है कि संसदीय लेखन को बढ़ावा देने के लिए प्रत्येक वर्ष झारखण्ड के लोकप्रिय सांसद स्व. ललित उराँव जी की स्मृति में एक उत्कृष्ट पत्रकार या लेखक को फेलोशिप दिया जायेगा। इसकी नियमावली उक्त सम्मेलन से लौटने के बाद हमने अधिसूचित कर दी है तथा चयन समिति का गठन भी किया जा चुका है। पिछले वर्षों की तरह हमने इस वर्ष भी अपने स्थापना दिवस पर एक उत्कृष्ट विधायक को सम्मानित किया है। इस वर्ष यह सम्मान लोकनाथ महतो जी ने प्राप्त किया है। सभा की ओर से मैं उन्हें आज के अवसर पर बधाई देता हूँ।

अन्त में आप सबों से पुन: आग्रह करता हूँ कि संसदीय गरिमा को कायम रखते हुए इस सत्र को एक कामयाब सत्र के रूप में बदल दें।

31 दिसम्बर, 2004
माननीय अध्यक्ष का समापन भाषण

माननीय सदस्यगण,

14वें सत्र के समापन के साथ ही प्रथम झारखण्ड विधानसभा की कार्यवाही का भी लगभग समापन होने जा रहा है। 21 नवम्बर, 2000 को शुरू हुई इस विधानसभा ने अपने कार्यकाल में अनेक उपलब्धियों को दर्ज किया है जिसके लिए आप माननीय सदस्य बधाई के पात्र हैं। इस विधानसभा में यदा-कदा तनाव के क्षण भी आये, लेकिन आपसी सामंजस्य और सौहार्द की भावना ने तमाम तनावों को समाप्त करने में कामयाबी पायी।

संसदीय इतिहास में इसने मील के पत्थर स्थापित किये हैं। यह न केवल मैं कह रहा हूँ, वरन् इसे संसदीय व्यवस्था वाले दूसरे राज्यों ने भी स्वीकार किया है। इस तथ्य को हमारी पत्रकारिता भी स्वीकार करती रही है। 4 वर्षों से कुछ ही ज्यादा के कार्य-काल में इस विधानसभा ने अपनी प्रक्रिया एवं कार्य-संचालन के नियम बनाये। यह नियम अनेक विशेषताओं से परिपूर्ण रहे हैं। मुख्यमन्त्री प्रश्नोत्तर काल, आश्वासनों का कृत-कार्य प्रतिवेदन इसके दो ऐसे प्रयोग हैं जो दुनिया के 54 संसदीय व्यवस्था वालों देशों में विलक्षण हैं और इन प्रयोगों के कारण झारखण्ड की बहुत अच्छी पहचान संसदीय व्यवस्था में बनी है। जिस शून्यकाल की अवधारणा को नियमों में निर्धारित करने की कवायद अभी संसद सहित दूसरे राज्यों की विधानसभाओं में हो रही है, उसे इस विधानसभा ने अपनी स्थापना के

पहले साल में ही नियमों में निर्धारित कर दिया था। विभिन्न समितियों ने ससमय अपने प्रतिवेदन सभा-पटल पर रखे। सदस्यों द्वारा पूछे जाने वाले 99 प्रतिशत प्रश्नों के लिखित उत्तर सभा-पटल से सदस्यों को दिये गये। यह सब ऐसी उपलब्धि है जिसे आने वाले विधानसभा में भी प्रशंसा की नजरों से देखा जायेगा। प्रत्येक वर्ष एक उत्कृष्ट विधायक को सम्मान देने की व्यवस्था तथा साथ ही 3 उत्कृष्ट कर्मियों को पुरस्कृत करने की व्यवस्था न केवल इस विधानसभा के नियमों में की गयी, बल्कि इसे धरातल पर उतारा भी गया। यह सब करने में यह विधानसभा कामयाब हुई है। इसके पीछे आप सबों का सार्थक योगदान रहा है और आपके इस सार्थक योगदान के लिए मैं अपना आभार इस सभा की कार्यवाही के समापन के अवसर पर व्यक्त कर रहा हूँ।

इस विधानसभा के कार्य-काल में राज्य की जनता के कल्याण के लिए हमने अथक प्रयास किया है। आने वाली हमारी पीढ़ियाँ इससे प्रेरणा ले सकेंगी। कुछ ही घंटों के बाद नये साल की शुरुआत हो रही है। मैं आने वाले नये साल में आपके सुखद और सफल भविष्य की कामना करता हूँ।

चुनावी संग्राम का बिगुल बज चुका है। हमारे बहुतेरे साथी दोबारा निर्वाचित होकर अगली विधानसभा की शोभा बढ़ायेंगे, कुछ छूट भी जायेंगे लेकिन छूटने वाले भी लोकसेवा से जुड़े रहेंगे, ऐसी उम्मीद मैं करता हूँ। जिस शालीनता का परिचय हमने सभा में अब तक दिया है, उसी शालीनता का परिचय चुनाव के मैदान में भी हमारे सदस्य देंगे, ऐसी उम्मीद मुझे है। चुनाव को संघर्ष की भावना से न लेकर खेल की भावना से आप लेंगे और फिर से चुनकर विधानसभा में आयेंगे।

पहले सत्र से लेकर अब तक इस विधानसभा को सुचारु रूप से चलाने में राज्य सरकार के अधिकारियों के साथ-साथ विधानसभा कर्मियों का अथक सहयोग रहा है। मैं इन तमाम लोगों के प्रति अपना आभार व्यक्त करता हूँ। अन्त में नये साल की शुभकामना फिर से देते हुए इस उम्मीद के साथ सभा की कार्यवाही अनिश्चितकाल के लिए स्थगित करता हूँ कि आने वाला समय झारखण्ड की जनता के लिए अनवरत सुख और समृद्धि का समय होगा।

(सभा की कार्यवाही अनिश्चितकाल के लिए स्थगित हुई है।)

द्वितीय झारखण्ड विधानसभा, अध्यक्ष महोदय का प्रारम्भिक वक्तव्य और समापन भाषण

11 मार्च, 2005

माननीय प्रोटेम अध्यक्ष का वक्तव्य

प्रोटेम अध्यक्ष–कुछ माननीय सदस्यों ने आज सदन में एक व्यवस्था का प्रश्न उठाया है कि प्रोटेम स्पीकर को विश्वासमत हासिल करने हेतु सदन की कार्यवाही का संचालन करने का अधिकार नहीं है। चूँकि मैं माननीय सर्वोच्च न्यायालय के आदेश दिनांक–09.03.05 के अंतर्गत विश्वासमत हेतु सदन की कार्यवाही का संचालन कर रहा हूँ, इसलिए माननीय सदस्यों द्वारा उठाये गये प्रश्न पर व्यवस्था देना आवश्यक समझता हूँ। जहाँ तक प्रोटेम स्पीकर द्वारा विश्वास प्रस्ताव पर बहस कराने का प्रश्न है, संसद सहित देश की सभी विधायिकाओं में प्रोटेम स्पीकर की अध्यक्षता में विश्वास प्रस्ताव पर बहस कराने की परम्परा नहीं रही है। इसलिए यह एक संवैधानिक प्रश्न है, जिसके बारे में मेरी राय है कि विश्वास प्रस्ताव पर बहस चुने हुए सदन के अध्यक्ष की ही अध्यक्षता में होनी चाहिए जो कि परम्पराओं और संविधान के अनुरूप है। किन्तु सर्वोच्च न्यायालय के निर्देश के आलोक में स्थिति अस्पष्ट हो गयी है। साथ ही संविधान की धारा 212 की अवधारणा अपने कार्यों के संचालन में विधायिका की सर्वोच्चता का प्रतिपादन करती है, जिसकी अनदेखी करने पर लोकतान्त्रिक एवं संसदीय प्रणाली पर आँच आ सकती है। इस परिप्रेक्ष्य में मैं वर्तमान माननीय लोकसभा अध्यक्ष के दृष्टिकोण से सहमत हूँ और महामहिम राष्ट्रपति जी से निवेदन करता हूँ कि संविधान की धारा 143 के अंतर्गत इस सम्बन्ध में सर्वोच्च न्यायालय से राय देने का आग्रह करने की कृपा करें।

अतः सर्वोच्च न्यायालय के निर्णय से जो स्थिति बनी है, उस पर विचार के लिए सदन की कार्यवाही हेतु मंगलवार, 15 मार्च, 2005 को पूर्वाह्न 11 बजे दिन तक सभा की बैठक स्थगित की जाती है।

तदुपरांत बैठक स्थगित हुई।

29 मार्च, 2005

माननीय अध्यक्ष का समापन भाषण

अध्यक्ष–माननीय सदस्यगण,

द्वितीय झारखण्ड विधानसभा का पहला महत्त्वपूर्ण सत्र आज अपने समापन के मुकाम पर है। इस सत्र की शुरुआत राजनीतिक अनिश्चितता के वातावरण में हुई थी, किन्तु इसका समापन सुनिश्चितता और सुदृढ़ता के वातावरण में हो रहा है, यह न केवल हमारे लिए वरन् पूरे प्रदेश के लिए प्रसन्नता की बात है। इस सत्र की छोटी अवधि में महामहिम राज्यपाल ने हमें सम्बोधित किया है और उनके इस सम्बोधन के लिए हमने उन्हें धन्यवाद ज्ञापित किया है। इसी सत्र में राज्य सरकार की अनुदान माँगों को सदन ने अपनी स्वीकृति देकर संविधान के अनुच्छेद 206 और 204 के प्रावधानों का अनुपालन किया है। यह सत्र इसलिए भी विशेष रूप से उल्लेखनीय है कि इसमें सदन ने अपने अध्यक्ष का चुनाव किया और वर्तमान मंत्रिपरिषद् में विश्वास व्यक्त किया। इस सत्र के संचालन में मेरे अतिरिक्त महामहिम राज्यपाल द्वारा नियुक्त दो अन्य पीठासीन अधिकारियों यथा–श्री प्रदीप कुमार बलमुचू और श्री कड़िया मुण्डा, जिनकी नियुक्ति प्रोटेम स्पीकर के रूप में की गयी थी, की महत्त्वपूर्ण भूमिका रही है, मैं सदन की ओर से उनके प्रति आभार प्रकट करता हूँ।

उल्लेखनीय है कि इस विधानसभा को पिछली विधानसभा की तुलना में 51 नये सदस्य सुशोभित कर रहे हैं, जिनमें 39 पहली बार किसी विधायी सदन के सदस्य निर्वाचित हुए हैं, सार्वजनिक जीवन में यद्यपि इन नवनिर्वाचित सदस्यों की सक्रिय भागीदारी रही है तथापि उन्हें विधायी प्रक्रियाओं को समझने में थोड़ा वक्त लगना लाजिमी है। कतिपय माननीय सदस्यों ने ऐसे सदस्यों के लिए पार्लियामेंट की तर्ज पर ट्रेनिंग कोर्स कराये जाने की आवश्यकता जतायी है। मेरी कोशिश होगी कि संसद के अनुभवी सदस्यों, वरिष्ठ अधिकारियों सहित भारत की अन्य विधायी संस्थाओं के योग्य अधिकारियों की सेवा इस दिशा में ली जाय। मैं प्रयास करूँगा कि शीघ्र ऐसे प्रबोधन कार्यक्रम का आयोजन हो सके, जिससे हम सभी लाभान्वित हो सकें।

कुछ माननीय सदस्यों ने विधायी सदनों के अल्पकालीन और छोटे सत्रों को लेकर मेरे समक्ष चिन्ता व्यक्त की थी। यद्यपि किसी भी नवनिर्वाचित विधायी सदन का पहला सत्र छोटा ही होता है तथापि मेरा प्रयास होगा कि 25 नवम्बर, 2001 को नयी दिल्ली में आयोजित पूरे भारत की विधायी संस्थाओं के पीठासीन अधिकारियों, सदन नेताओं, विरोधी दल के नेताओं और सचेतकों का सम्मेलन जो तत्कालीन प्रधानमन्त्री और उप-राष्ट्रपति जी की उपस्थिति में सम्पन्न हुआ था, में पारित संकल्प के आलोक में इस सभा का सत्र भी साल भर में कम-से-कम 50 दिनों का हो। मैं इस दिशा में सरकार से सार्थक बातचीत करूँगा, ताकि सदस्यों को अपने क्षेत्र की समस्याओं को राज्य की इस सर्वोच्च प्रतिनिधि संस्था में रखने और उनका समाधान कराने के पर्याप्त अवसर उपलब्ध हों।

मैंने पूर्व में कहा है कि हमारे बहुतेरे सदस्य विधायी कार्यों की दृष्टि से बिल्कुल नये हैं, वहीं मैं इस बात को भी दुहराना चाहता हूँ कि हमारे बहुतेरे सदस्य काफी अनुभवी हैं। इनमें से कई ऐसे हैं, जिन्होंने संसद सहित विधानसभाओं में पाँच-पाँच, छह-छह बार निर्वाचित होकर अपनी सेवाएँ दी हैं। इनके विस्तृत अनुभवों से हम सभी को सीखने के अवसर मिलेंगे, ऐसी आशा मुझे है। विधानसभा सचिवालय अपने सदस्यों को विधायी जानकारियाँ देने के निमित्त लगातार सार्थक प्रयासों में संलग्न रहता आया है। अपने प्रथम कार्यकाल में मैंने यहाँ एक त्रैमासिक पत्रिका 'उड़ान' का प्रकाशन शुरू कराया था, अब तक उसके 16 अंक प्रकाशित हो चुके हैं। ये सारे अंक पुस्तकालय में उपलब्ध हैं। इनसे भी बहुत कुछ सीखा जा सकता है। इसका 17वाँ अंक प्रकाशन की प्रक्रिया में है, आप सदस्यों से मेरा अनुरोध होगा कि संसदीय, विधायी विधाओं पर अपने आलेख इसमें देंगे, ताकि दूसरी विधानसभाओं के सदस्य भी आपकी योग्यता से रू-ब-रू हो सकें।

इस सत्र के संचालन में राज्य सरकार के आला अधिकारियों यथा मुख्य सचिव और डी.जी.पी. सहित तमाम विभागीय सचिवों, पुलिसकर्मियों और सरकार सचिवालय सहित विधानसभा सचिवालय कर्मियों की महत्त्वपूर्ण भूमिका रही है। मैं उन्हें हृदय से धन्यवाद देता हूँ। प्रिंट मीडिया और इलेक्ट्रॉनिक मीडिया ने इस सत्र को व्यापक कवरेज देकर हमें काफी अनुगृहित किया है, हम इनसे जुड़े तमाम पत्रकार बन्धुओं के प्रति भी अपना और सदन की ओर से आभार व्यक्त करते हैं तथा कामना करते हैं कि लोकतन्त्र के चारों स्तम्भों के सहयोग से हम झारखण्ड को प्रगति के रास्ते पर ले जाने में कामयाब हो सकेंगे।

अन्त में आप सभी माननीय सदस्यों को हार्दिक धन्यवाद! अब सभा की कार्यवाही अनिश्चितकाल के लिए स्थगित की जाती है।

10 जून, 2005

माननीय अध्यक्ष का प्रारम्भिक वक्तव्य

अध्यक्ष–माननीय सदस्यगण,

द्वितीय झारखण्ड विधानसभा के द्वितीय सत्र में आप सभी माननीय सदस्यों का हार्दिक अभिनन्दन करता हूँ। इस विधानसभा का हमारा प्रथम सत्र राजनैतिक गतिविधियों से इतना अधिक प्रभावित रहा कि हमें जल्दबाजी में लेखानुदान पारित कर राज्य के अपरिहार्य कार्यों को करने के लिए मजबूर होना पड़ा। हम जानते हैं कि संसदीय लोकतन्त्र में सदन ही सर्वोपरि होता है तथा बिना उसकी अनुमति के सरकार द्वारा एक पैसा भी खर्च नहीं किया जा सकता है। इस दृष्टि से हमारा यह द्वितीय सत्र अत्यन्त महत्त्वपूर्ण एवं जिम्मेदारियों से भरा हुआ है। संसदीय व्यवस्था के पंडितों का स्पष्ट मत है कि जिस सरकार ने अपने बजट को सही स्वरूप प्रदान कर दिया, उस सरकार के अहर्निश त्वरित विकास को कोई भी शक्ति रोक नहीं सकती है।

सदन के निर्वाचित माननीय सदस्यों की यह महत्त्वपूर्ण जिम्मेवारी बनती है कि बजट पारित होने के इस संसदीय उत्सव में वे पूरी तन्मयता से भाग लें। मेरा प्रयास होगा कि माननीय सदस्यों को सदन में अपनी बातों को रखने का भरपूर अवसर प्रदान किया जाये जिसमें की यह प्रबल इच्छा थी कि मानसून के इस बजट की कम-से-कम 20 बैठकें हों तथा मैंने अपने इन विचारों से सरकार को भी अवगत करा दिया था। मैं अभिभूत हूँ कि वर्तमान बजट-सत्र बीस के बदले इक्कीस दिनों का सुनिश्चित किया गया है।

आगामी कैलेंडर वर्ष में हमारा प्रयास होना चाहिए कि झारखण्ड विधानसभा की कम-से-कम पचास बैठकें आहूत की जायें ताकि हम राज्य की ज्वलन्त समस्याओं का निराकरण कर सकें। माननीय सदस्य यह महसूस करेंगे कि विधानसभा के सत्र के दौरान सारा सरकारी तंत्र चौकस रहता है तथा जनता के काम भी त्वरित गति से निष्पादित होते हैं। इसलिए सदन के सम्यक् संचालन की जिम्मेवारी पक्ष एवं विपक्ष दोनों पर समान रूप से आती है। तनाव के क्षणों में भी संसदीय मर्यादाओं का पालन करना चाहिए ताकि हम इस लोकतन्त्र को पूरी तरह सफल कर सकें। इन्हीं शब्दों के साथ पुनः आपका अभिनन्दन करते हैं।

4 जुलाई, 2005

माननीय अध्यक्ष का समापन भाषण

माननीय सदस्यगण,

द्वितीय झारखण्ड विधानसभा का 20 दिवसीय बजट-सत्र आज अपने समापन के मुकाम पर है। इस महत्त्वपूर्ण सत्र में सभा ने सरकार के बजट को पारित करने के क्रम में विभिन्न विभागों के अनुदान माँगों पर व्यापक विचार-विमर्श किया है। विचार-विमर्श के क्रम में पक्ष-विपक्ष दोनों ही ओर से माननीय सदस्यों ने अपने क्षेत्र की कई महत्त्वपूर्ण समस्याओं को उठाया है और सरकार की ओर से उनके समाधान की अपेक्षा की है। उल्लेखनीय है कि वर्तमान वर्ष का बजट नयी वित्तीय प्रक्रिया के अधीन सी.ओ.बी.टी. का सहारा लेकर तैयार किया गया है। सी.ओ.बी.टी. पद्धति में एक वर्ष की योजनाओं की रूपरेखा तैयार कर मंत्रिपरिषद् की स्वीकृति बजट पारित होने के पूर्व ही ले ली जाती है। ऐसी स्थिति में सदस्यगण जिन योजनाओं को लिये जाने की माँग सभा में करते हैं, उनका बजट में शामिल कर पाना कठिन हो जाता है। वैसी स्थिति में मैं सरकार को परामर्श देना चाहूँगा कि संसद की तर्ज पर सरकार यहाँ भी स्थायी विभागीय समितियों का गठन करे जिनके आधार पर आगामी समितियाँ नहीं बनतीं तब तक सरकार दूसरे तरीके से भी माननीय सदस्यों द्वारा अनुशंसित योजनाओं को समीक्षा के बाद बजट में शामिल करने की व्यवस्था करे।

20 दिनों तक चले इस लम्बे सत्र में हमने राज्य में सुखाड़, पेयजल समस्याओं, बिजली की समस्याओं तथा डी.वी.सी. द्वारा इस राज्य की जा रही उपेक्षा सहित विधि व्यवस्था की समस्या पर अतिरिक्त समय देते हुए विचार-विमर्श किये हैं। विचार-विमर्श के क्रम में माननीय सदस्यों ने कई महत्त्वपूर्ण सुझाव दिये हैं जिन्हें सरकार की ओर से भी गम्भीरतापूर्वक ग्रहण किया गया है। डी.वी.सी. पर हुई चर्चा का सरकार की ओर से उत्तर देते हुए माननीय मुख्यमन्त्री ने कहा था कि इस राज्य की कीमत पर दूसरे राज्यों को लाभ पहुँचाने की प्रवृत्ति को सहने का समय अब समाप्त हो गया है। पक्ष-विपक्ष दोनों को यह बात समझकर राज्यहित में समवेत प्रयास करना चाहिए।

इस सत्र में हमने 14 महत्त्वपूर्ण विधेयकों को भी पारित किया है। 14 नवम्बर, 2000 को इस राज्य का गठन हुआ और उसके बाद से अब तक के किसी भी सत्र में इतने विधेयक एक साथ सभा में न तो पुर:स्थापित हुए थे और न उन पर विचार किया गया था और न इतनी संख्या में उन्हें पारित किया गया था। इस दृष्टि से यह सत्र ऐतिहासिक सत्र कहा जायेगा। इस सत्र में हमने कई विधायी प्रक्रियाओं की

कानूनी व्याख्या भी की है, मसलन विनियोग विधेयक क्या है? और इस पर चर्चा किस विधि से की जानी चाहिए? इसी सत्र में हमने लम्बित ध्यानाकर्षण के निष्पादन के लिए 3 दिन अतिरिक्त समय देकर सत्र की बैठकें ज्यादा समय तक के लिए की हैं। यह भी हमारे लिए हर्ष की बात है।

माननीय सदस्यों को मैं यह याद दिलाना चाहूँगा कि राज्य की इस सर्वोच्च पंचायत में जनता की समस्याओं का समाधान गहराई के साथ किया जाता है। कई ऐसे अवसर भी आये जिनमें माननीय सदस्यों ने प्रश्नकाल, शून्यकाल या ध्यानाकर्षण प्रस्तावों के लिए निर्धारित समय में राज्य की ज्वलन्त समस्याओं तथा सरकारी मशीनरी में अविलम्ब सुधार के लिए सदन और सरकार का ध्यान आकृष्ट किया। इस क्रम में हमने कई विशेष समितियों का भी गठन किया है। रिम्स, जो स्वास्थ्य और चिकित्सा सेवा के क्षेत्र में इस राज्य का महत्त्वपूर्ण संस्थान है, में अव्यवस्था की ओर सदस्यों द्वारा ध्यान आकृष्ट कराये जाने पर हमने एक विशेष समिति का गठन किया जो इस चिकित्सा संस्थान की व्यवस्था का अध्ययन कर उसे और कारगर बनाये जाने के सम्बन्ध में अपना प्रतिवेदन देगी। इसी तरह विधानसभा क्षेत्रों के नये सिरे से परिसीमन और सीटों की संख्या बढ़ाने हेतु गठित विशेष समिति ने भी प्रतिवेदन दे दिया है और जल संसाधन विभाग के अधीन योजनाओं के चयन में कंसलटेंसी द्वारा कथित तौर पर धरातल पर गये बिना इसकी रूपरेखा तैयार कर अनियमित तरीके से भुगतान लेने की जाँच हेतु आज ही गठित विशेष समिति भी शीघ्र अपना प्रतिवेदन देकर वास्तविकता को प्रकाश में लायेगी। संसदीय व्यवस्था में समितियों को लघु सदन कहा जाता रहा है। अर्थात् जब सदन सत्र में नहीं होता तो समितियाँ कार्यरत होती हैं। समितियों की अनुशंसाओं को सरकार को गम्भीरता से लेना चाहिए और उन्हें स्वीकार करके वह न केवल विधायिका को महिमामंडित करती है, जिसके प्रति संसदीय लोकतन्त्र में वह उत्तरदायी है वरन् व्यापक जनाकांक्षाओं को भी पूरा कर जनता की नजरों में अपने-आप को ऊँचा उठाती है। मैं यहाँ उल्लेख करना चाहूँगा कि इस सत्र में दो समितियों यथा-प्रत्यायुक्त विधान समिति और याचिका समिति ने अपने प्रतिवेदन उपस्थापित किये हैं। उल्लेखनीय है कि इस विधानसभा के कार्यकाल में समितियों के गठन हुए कोई लम्बी अवधि नहीं हुई है। अपने मात्र दो-ढाई महीने के कार्यकाल में अगर समितियाँ अपना प्रतिवेदन दे रही हैं तो इससे यह प्रमाणित होता है कि झारखण्ड विधानसभा की समितियाँ कितनी कारगर और अपनी दायित्वों के निर्वहन के प्रति सचेष्ट हैं। मैं आज इस अवसर पर अन्य समितियों के सभापतियों और माननीय सदस्यों से अनुरोध करना चाहूँगा कि वे भी अपनी समितियों को सौंपे गये उत्तरदायित्वों के प्रति गम्भीर हों और अगले सत्र में अपने-अपने प्रतिवेदन सभा में उपस्थापित करें।

इस सत्र में 94 प्रतिशत से अधिक प्रश्नों का लिखित उत्तर माननीय सदस्यों को सरकार द्वारा उपलब्ध कराये गये हैं। इसी के साथ उसने पिछले विधानसभा के अन्तिम सत्र में दिये गये आश्वासनों का अपना कृत-कार्य प्रतिवेदन भी उपस्थापित किया है। हमारा यह सत्र पूरी तरह सफल नहीं हो पाता यदि सरकार की मशीनरी से जुड़े एक-एक लोग, अधिकारी और कर्मचारी इसमें मदद नहीं देते। मैं इसके लिए उन सबको सभा की ओर से धन्यवाद ज्ञापित करता हूँ। सत्र के सफल संचालन में विधि व्यवस्था का सुदृढ़ रहना अत्यन्त महत्त्वपूर्ण रहता है। राज्य पुलिस के आला अधिकारियों से लेकर पुलिस के जवानों ने, जो यहाँ प्रतिनियुक्त थे, पूरी मुस्तैदी से अपने उत्तरदायित्वों को पूरा किया है, इसके लिए वे बधाई के पात्र हैं। प्रिंट मीडिया, इलेक्ट्रॉनिक मीडिया से जुड़े पत्रकार बन्धु भी बधाई के पात्र हैं जिन्होंने सभा की कार्यवाही का विवरण रोचक ढंग से प्रचारित-प्रसारित करके झारखण्ड के सुदूर क्षेत्रों में जन-जन तक पहुँचाया है। निस्सन्देह इससे जनता में संसदीय व्यवस्था के प्रति विश्वास बढ़ाने में मदद मिलेगी। हमारा यह लम्बा सत्र कई अन्य दृष्टियों से भी महत्त्वपूर्ण था। सभा के अधिकांश सदस्य नये हैं, उनके लिए यह सत्र परीक्षा की घड़ी थी कि वे प्रक्रिया के नियमों के तहत अपनी बात जनसमस्याओं के सन्दर्भ में सदन में कैसे रखें। न केवल मेरे लिए वरन् पूरे झारखण्ड की जनता के लिए यह परम सन्तोष का विषय है कि इन नये सदस्यों ने भी अपनी परिपक्वता का परिचय दिया है और जिस धारदार तरीके से अपनी आवाज उठायी है, मैं आशा करता हूँ कि आने वाले दिनों में वे उसी तरह पूरी मुस्तैदी के साथ झारखण्ड के निर्माण में अपनी आवाज बुलन्द करेंगे। मुझे यह जानकर भी प्रसन्नता हुई है कि सदन ने एक स्वर से यहाँ संसद द्वारा आयोजित होने वाली संसदीय कार्यशाला को राँची में आहूत करने की इच्छा व्यक्त की है। मैं शीघ्र ही संसद से सम्पर्क करके तिथियों का निर्धारण करूँगा।

अंत में मैं सभा-सचिवालय के कर्मियों को भी बधाई देना चाहता हूँ जिन्होंने अथक परिश्रम करके इस सत्र को सफल बनाया है और इसी के साथ मैं सभा की कार्यवाही को अनिश्चितकाल के लिए स्थगित करने की घोषणा करता हूँ।

13 दिसम्बर, 2005

माननीय अध्यक्ष का प्रारम्भिक वक्तव्य

अध्यक्ष–माननीय सदस्यगण,

द्वितीय झारखण्ड विधानसभा के तीसरे सत्र में आप सबों का हार्दिक स्वागत है। सात कार्यदिवसों के लिए निर्धारित इस शीतकालीन सत्र में राज्य के ज्वलन्त

मुद्दों पर प्रश्न, ध्यानाकर्षण सहित अन्य प्रस्तावों के माध्यम से चर्चा के अवसर आपको उपलब्ध हुए हैं। इसी सत्र में राज्य सरकार वर्ष 2005-2006 के लिए अपना प्रथम अनुपूरक व्यय-विवरणी भी प्रस्तुत करेगी, जिस पर होने वाले वाद-विवाद द्वारा आप न केवल अपने क्षेत्र बल्कि राज्यव्यापी चलने वाली सरकार की योजनाओं की समीक्षा कर सकेंगे, साथ ही सरकार की वित्तीय नीतियों, बजट योजनाओं का मूल्यांकन भी कर सकेंगे। इस सत्र में सरकार ने कतिपय महत्त्वपूर्ण विधेयकों के सदन में उपस्थापन की योजना भी बना रखी है। संसदीय लोकतन्त्र में विधियों का निरूपण और निर्माण विधायी संस्थाओं की सर्वाधिक महत्त्वपूर्ण जिम्मेवारी है। एक जनप्रतिनिधि के रूप में आप ही इस विधायी संस्था के एक महत्त्वपूर्ण अवयव हैं। इस नाते विधि-निर्माण के सम्बन्ध में एक-एक जनप्रतिनिधि के कंधों पर व्यापक संवैधानिक दायित्व है। मैं आशा करता हूँ कि सरकार द्वारा सदन में लाये जाने वाले विधेयकों की बारीकियों का अध्ययन कर आप लोग इस राज्य की जनता के कल्याण के लिए ठोस विधियों को पारित करने में अपनी जवाबदेही का निर्वहन आप अच्छी तरह से करेंगे।

पिछले सत्र के समाप्त होने से आज तक के बीच पाँच माह से ज्यादा का समय गुजर चुका है। इस अवधि में देश की विधायी संस्थाएँ विभिन्न तरीकों से कार्यरत रही हैं। विगत सितम्बर माह में राष्ट्रमण्डल संसदीय संघ का अन्तर्राष्ट्रीय सम्मेलन, जो फिजी में आयोजित हुआ था, उसमें मैंने झारखण्ड के प्रतिनिधि के रूप में शिरकत की थी तथा इस सम्मेलन में मैंने राष्ट्रमण्डल द्वारा निर्धारित 'सहस्राब्दी विकास के लक्ष्यों' के अन्तर्गत पड़ने वाले 'भ्रष्टाचार के उन्मूलन में जनप्रतिनिधियों के दायित्व' एवं 'गरीबी के उन्मूलन में जनप्रतिनिधियों की भूमिका' शीर्षक विषयों पर झारखण्ड विधानसभा की ओर से अपने विचार प्रकट किये थे। अखिल भारतीय पीठासीन अधिकारियों का 70वाँ सम्मेलन भी विगत नवम्बर माह में छत्तीसगढ़ की राजधानी रायपुर में अयोजित हुआ। इसमें भी 'गरीबी के उन्मूलन में विधायी संस्थाओं और समाज की भूमिका' विषय को चर्चा के महत्त्वपूर्ण विषय के रूप में निर्धारित किया गया था। उक्त विषय पर भी मैंने अपने विचार आपकी ओर से रखे हैं। इन विषयों का उल्लेख करना आज के अवसर पर मैं इसलिए प्रासंगिक समझता हूँ क्योंकि इन विषयों को संयुक्त राष्ट्र संघ ने भी 'मिलेनियम डेवलपमेंट गोल' के रूप में स्वीकृत कर रखा है। आप सभी इस तथ्य से सहमत होंगे कि भ्रष्टाचार एक ऐसा रोग है, जिसका समय पर यदि निदान न निकाला गया तो यह समाज से न केवल नैतिकता को मिटा देगा वरन् न्याय की सम्भावनाएँ भी इसके प्रभाव से अवरुद्ध हो

जायेंगी। हम जनता द्वारा निर्वाचित जनप्रतिनिधि हैं, जब लोगों को लगेगा कि हम न्याय और नैतिकता को बचाये रखने में विफल हो गये हैं, तो लोगों की आस्था हम पर से समाप्त हो जाएगी और जिस दिन यह आस्था समाप्त हो जाएगी, वह दिन लोकतन्त्र के लिए अन्तिम दिन होगा। इसी तरह भूख आज के जमाने में किसी भी सभ्य समाज के लिए कलंक है। इस कलंक को मिटाने की महती जिम्मेवारी भी हमारे ऊपर है। इन जिम्मेवारियों के निर्वहन में सभी को पक्ष-प्रतिपक्ष की सीमाएँ लांघ कर आगे आना चाहिए। कई महत्त्वपूर्ण मुद्दों पर झारखण्ड विधानसभा के जागरूक जनप्रतिनिधियों ने पहले भी ऐसी सीमाएँ तोड़ी हैं तथा मैं आशा करता हूँ कि इन दो मुद्दों पर भी माननीय सदस्य दलीय सीमाओं को लाँघकर आगे बढ़ेंगे।

पिछले 22 नवम्बर को हमने अपनी स्थापना की पाँचवीं सालगिरह को समारोहपूर्वक मनाया है। यह एक संयोग ही है कि इसी 22 नवम्बर को अपने पूर्ववर्ती बिहार में सम्पन्न हुए दोबारा चुनावों के परिणाम भी घोषित हुए तथा सिद्ध हुआ कि भारत में लोकतन्त्र की जड़ें मजबूत है। साथ ही श्रीमती अन्नपूर्णा देवी को उक्त अवसर पर वर्ष 2005-2006 के 'उत्कृष्ट विधायक सम्मान' से नवाजा गया। विधायिका के प्रति कार्यपालिका की जवाबदेही को सुनिश्चित कराने के निमित्त इस वर्ष से एक उत्कृष्ट लोकसेवक को सम्मनित करने की प्रथा भी शुरू की गयी है। इस वर्ष इस सम्मान से झारखण्ड के कार्मिक सचिव श्री मुख्तयार सिंह को विभूषित किया गया है। मैं आज के इस शुभ अवसर पर सदन की ओर से इन दोनों को बधाई देता हूँ और आशा करता हूँ कि ये दोनों अपनी उत्कृष्टता को आने वाले दिनों में और ज्यादा निखारेंगे ताकि अन्य लोगों को भी प्रेरणा मिलती रहे। उत्कृष्टता के इस महौल में हम भारत के महान क्रिकेटर सचिन तेंदुलकर को भी बधाई देते हैं जिन्होंने 35वां शतक लगाकर विश्व में एक नया रिकार्ड बनाया है।

यद्यपि यह सत्र काफी छोटा है, तथापि हमें आशा है कि इसमें आपसी समझदारी से हम उपलब्ध एक-एक पल का सार्थक उपयोग करेंगे तथा इस सत्र को भी हम एक कामयाब सत्र सिद्ध करने में सफल होंगे।

21 दिसम्बर, 2005

माननीय अध्यक्ष का समापन भाषण

अध्यक्ष–माननीय सदस्यगण,

दिनांक–13 दिसम्बर 2005 से शुरू हुआ द्वितीय झारखण्ड विधानसभा का तीसरा सत्र अब अपने समापन के मुकाम पर है। सात कार्यदिवसों के इस सत्र में

हमने राज्य सरकार के वर्ष 2005-06 के लिए प्रथम अनुपूरक बजट को पारित किया है। यद्यपि यह सत्र छोटा था तथापि राज्यव्यापी सुखाड़ की समस्या और बिजली संकट, उग्रवाद की नृशंसता के पसरते दायरे तथा इससे जान-माल की हो रही हानि से त्रस्त मानवता की समस्या और इसके बुरे प्रभाव से विकास कार्यों में आ रहे अवरोध के साथ-साथ टाटा लीज नवीकरण के महत्त्वपूर्ण मुद्दों पर सार्थक चर्चा सदस्यों ने की है। इन चर्चाओं के माध्यम से समस्याओं के समाधान के निमित्त सदस्यों ने पक्ष-विपक्ष के बीच खींची गयी लकीरों से आगे आकर सार्थक सुझाव सरकार के सामने रखे हैं, हम आशा करते हैं कि सरकार इन सुझावों पर अमल करके राज्य के विकास की रफ्तार को तेज करने में कामयाब होगी।

इस सत्र में मूल्यवर्धित कर प्रणाली, नगर निकायों के निर्वाचन प्रबंधों में संशोधन, पुरातत्व स्थल तथा कलानिधि संरक्षण तथा गृह रक्षा वाहिनी संगठन को कारगर करने के निमित्त पुरःस्थापित महत्त्वपूर्ण विधेयकों के साथ-साथ विनियोग एवं कुछ अन्य विधेयकों को भी सभा ने पारित किया है। मैं समझता हूँ कि इन पारित विधेयकों को अधिनियम का स्वरूप ग्रहण करने के बाद न केवल शासन में जन सहभागिता को बढ़ावा मिलेगा, वरन् राज्य के राजस्व कोष में भी वृद्धि होगी, जिससे लोक-कल्याण के कार्य पहले की तुलना में इस राज्य में ज्यादा किये जा सकेंगे।

सत्र-समापन के आज के अवसर पर मैं पुनः एक बार आपको आगाह करना चाहूँगा कि जिस भ्रष्टाचार के उन्मूलन को संयुक्त राष्ट्र संघ में सहस्राब्दी विकास के लक्ष्य के रूप में चिन्हित किया गया है, उसके लिए हमें लंबा संघर्ष करना होगा। भ्रष्टाचार के उन्मूलन के संघर्ष में जहाँ चुने हुए जनप्रतिनिधियों से ज्यादा अपेक्षा की जाती है, वहीं कुछ सांसदों के भ्रष्टाचार में लिप्त होकर विधायी सदनों में प्रश्न पूछने के विभिन्न समाचार माध्यमों द्वारा उद्‌घाटित प्रकरण से राजनीति के चेहरे पर कलंक का टीका लगा है। हमारी संसदीय व्यवस्था इतनी मजबूत है कि वह हर प्रकार के हमलों का माकूल जवाब देती आयी है। इसका इतिहास गौरवशाली है, हम आशा करते हैं कि भ्रष्टाचार के इस हमले को भी वह पहले की तरह मुँहतोड़ जवाब देगी। मैं आप सबों से भी अपेक्षा करता हूँ कि भ्रष्टाचार के विरुद्ध लड़ाई में आप आगे रहेंगे।

यह सत्र यद्यपि कम समय की सूचना पर आहूत किया गया था तथापि सदस्यों द्वारा पूछे गये प्रश्नों के लगभग शत-प्रतिशत उत्तर सरकार के द्वारा उपलब्ध कराये गये है। इसके लिए मैं सरकार के कर्मियों और अधिकारियों को धन्यवाद देता हूँ। मैं

धन्यवाद देता हूँ कि पुलिस प्रशासन से जुड़े अधिकारियों और जवानों को जिन्होंने बड़ी मेहनत करके विधि व्यवस्था को बनाये रखा। आज के अवसर पर मैं इलेक्ट्रॉनिक एवं प्रिंट मीडिया से जुड़े पत्रकार बन्धुओं को भी धन्यवाद देता हूँ। जिन्होंने सदन की कार्यवाही की सही रिपोर्टिंग करके राज्य के कोने-कोने में बसे लोगों को यह बताया कि विधायी सदन कैसे उनके लिए कार्य करते हैं।

माननीय सदस्यगण, क्रिसमस का त्योहार हमारे सामने है, इसी के साथ नया साल भी हमारी देहरी पर दस्तक दे रहा है। मैं क्रिसमस और नये वर्ष की शुभकामनाएँ आपको और इस राज्य की पौने तीन करोड़ जनता को देते हुए यह कामना करता हूँ कि आने वाला वर्ष आप सबों के लिए मंगलकारी हो तथा हमारा राज्य विकास की बुलन्दियों तक पहुँचे।

अन्त में आप सभी के प्रति मैं आभार व्यक्त करता हूँ कि आपने सदन की कार्यवाही के संचालन में पूरा सहयोग देकर पीठासीन अधिकारी के रूप में मुझे मेरे कर्तव्यों के निर्वहन में सहायता की।

मैं माननीय सदस्यों को एक सूचना देना चाहता हूँ कि माननीय मुख्यमन्त्री जी के इच्छा के अनुसार आज संध्या 7.00 बजे स्वास्थ्य विभाग की तरफ से एक प्रस्तुतीकरण का कार्यक्रम रखा गया है, विधायक क्लब में और उसके बाद माननीय मुख्यमन्त्री जी की तरफ से सभी माननीय सदस्यों को, पत्रकारों को, सभी को उन्होंने निमन्त्रण दिया है उसमें आप शामिल होंगे। और अभी गढ़वा जिले के बहुत ही प्रतिष्ठित पूर्व विधानसभा के सदस्य श्री लक्ष्मी प्रसाद केसरी जी के चित्र का अनावरण होगा लौबी में, हम प्रयास कर रहे हैं वैसी विभूतियाँ, जो यहाँ की समस्याओं के साथ संघर्ष करती रही हैं, उनकी तस्वीर को लगाकर हम उनसे प्रेरणा लेते रहें। इसलिए यहाँ से तत्काल उठकर आप वहाँ जायेंगे, चन्द मिनट का यह कार्यक्रम है, फोटो का अनावरण होगा और इसके साथ ही मैं सभा की कार्यवाही अनिश्चितकाल तक के लिए स्थगित करता हूँ।

28 फरवरी, 2006

माननीय अध्यक्ष का प्रारम्भिक वक्तव्य

अध्यक्ष–माननीय सदस्यगण,

द्वितीय झारखण्ड विधानसभा के चौथे और वर्ष 2006-2007 के बजट-सत्र में आप सबों का हार्दिक स्वागत करता हूँ। हमारी विधानसभा का पिछला सत्र दिनांक–21

दिसम्बर, 2005 को समाप्त हुआ था, तब से लेकर आज तक संसदीय राजनीति के रंगमंच पर अनेक महत्त्वपूर्ण घटनाएँ घटित हो चुकी हैं। केन्द्रीय मंत्रिपरिषद् का विस्तार और उसमें झारखण्ड की सहभागिता में वृद्धि तथा कर्नाटक में सत्ता-परिवर्तन भी इन्हीं घटनाओं के ही अंग हैं। किन्तु सबसे बड़ी घटना, जिसने पूरी संसदीय व्यवस्था को उद्वेलित किया, वह थी पैसे लेकर प्रश्न पूछने के आरोप में 11 सांसदों की सदस्यता समाप्त करने की। लोक-सेवा में शुचिता लोकतान्त्रिक शासन-व्यवस्था की सर्वाधिक महत्त्वपूर्ण आवश्यकता है। ऐसे में न केवल जनता ही अपने प्रतिनिधियों से ईमानदारी, नैतिकता और कर्तव्यनिष्ठा की अपेक्षा करती है, वरन् हमारी लोकतान्त्रिक संस्थाओं ने भी इनके लिए आचरण के मानक तय कर रखे हैं। यद्यपि देश भर की विधायी संस्थाओं के सदस्यों के लिए व्यापक आचार-संहिता को 25 नवम्बर, 2001 को संसद के केन्द्रीय कक्ष में आयोजित एक सम्मेलन में तत्कालीन प्रधानमन्त्री, उप-राष्ट्रपति, सभी विधायी संस्थाओं के पीठासीन अधिकारियों, राज्यों के मुख्यमन्त्रियों, विरोधी दलों के नेताओं सहित सभी दलों के नेताओं एवं सचेतकों की उपस्थिति में सर्वसम्मति से स्वीकार किया गया था और आचार-संहिता के उल्लंघन के दोषी सदस्यों को निष्कासन तक का दण्ड देना भी उस सम्मेलन ने स्वीकार किया था तथापि संसदीय आचार के उल्लंघन के आरोप में इस व्यापक आचार-संहिता के अभाव में भी हमारे देश की अंतरिम संसद ने 1951 में एक सदस्य श्री मुद्गल की सदस्यता समाप्त कर दी थी। बाद के वर्षों में मध्य प्रदेश सहित दूसरी विधानसभाओं ने भी सदस्यों के घोर असंसदीय आचरण के लिए निष्कासन के दण्ड दिये और देश की न्यायपालिका ने ऐसे निष्कासित सदस्यों को कभी कोई राहत नहीं दी।

माननीय सदस्यगण मैं आज के अवसर पर आपसे विचार-विनिमय के क्रम में यह भी स्पष्ट कर देना चाहता हूँ कि न केवल हमारी संसद और अन्य विधायी संस्थाओं ने संसदीय मर्यादा के मानदण्डों को तोड़ने के आरोप में सदस्यों को निष्कासन का दण्ड दिया है, वरन् इंग्लैंड के हाउस ऑफ कामन्स तथा संयुक्त राज्य अमेरिका की प्रतिनिधि सभा ने भी अपने सदस्यों को ऐसे दोष सिद्ध आरोपों में इसी तरह के दण्ड से दंडित किया है और इन दोनों देशों की न्यायपालिका ने भी विधायी सदनों के फैसलों को सदा सम्मान की दृष्टि से देखा है। किन्तु अपने यहाँ उक्त 11 सांसदों के निष्कासन के बाद, इन निष्कासित सांसदों द्वारा दिल्ली उच्च न्यायालय सहित सर्वोच्च न्यायालय में जो याचिकाएँ दायर की गयीं, उनके आधार पर न्यायालयों द्वारा संसद के संवैधानिक अधिकारों का खयाल किये बिना, न्यायालयों द्वारा राज्यसभा के सभापति और लोकसभा के सहित दोनों विधायी

सदनों के महासचिवों को नोटिस जारी कर दिये गये जिससे संसदीय शासन व्यवस्था में संविधान द्वारा स्थापित किये गये सन्तुलन को आघात पहुँचा है। आप इस तथ्य से पूरी तरह अवगत होंगे कि जहाँ विधायी सदनों में न्यायिक दिन कार्यवाही की चर्चा पर संविधान ने प्रतिबन्ध लगा रखे हैं, वहीं विधायी सदनों की कार्यवाही को प्रश्नगत करने और उस पर सुनवाई करने पर न्यायपालिका पर भी प्रतिबन्ध उसी संविधान ने लगा रखा है। संविधान की इस भावना का खयाल रखे बिना इस मामले में शुरू की गयी न्यायिक कार्यवाही के आलोक में 4 फरवरी, 2006 को संसदीय संघ, नयी दिल्ली में लोकसभा के माननीय अध्यक्ष, श्री सोमनाथ चटर्जी द्वारा देश के सभी पीठासीन पदाधिकारियों का आपात सम्मेलन आहूत किया गया जिसमें सभी वक्ताओं ने न्यायपालिका द्वारा जारी किये गये नोटिस को संविधान की भावना के प्रतिकूल बताया। सम्मेलन के दरम्यान चर्चा के अन्त में मेरे अर्थात् झारखण्ड विधानसभा के अध्यक्ष द्वारा रखे गये इस प्रस्ताव को सर्वसम्मति से स्वीकार कर लिया गया कि दोनों वर्णित सदनों के क्रमशः सभापति और अध्यक्ष को न तो न्यायालय की नोटिस स्वीकार करनी चाहिए और न इस मामले में पक्षकार ही बनना चाहिए। मेरी दृष्टि में हमारे संविधान ने न केवल देश के विभिन्न भागों में रहने वाले लोगों को सह-अस्तित्व की भावना को अपनाने का सन्देश दिया है, वरन् शासन के तीनों अंगों को भी सहअस्तित्व के साथ काम करने के दायित्व सौंपे हैं। विधायी सदनों ने आरम्भ से ही सह-अस्तित्व की भावना को लेकर काम किया है, अब बारी न्यायपालिका की है कि वह सह-अस्तित्व की भावना को प्रदर्शित करते हुए विधायी सदनों की मर्यादा और अधिकार क्षेत्र का सम्मान करे। मुझे यह कहते हुए वेदना होती है कि जाने-अनजाने आज विधायिका की गरिमा को गहरा आघात लग रहा है। एक तो विधायिका स्वयं में ही चुनावों में बरती जा रही जातीयता, धार्मिकता, पैसा एवं बाहुबल के कारण प्रदूषित हो गयी है, वहीं दूसरी ओर कार्यपालिका एवं न्यायपालिका दोनों विधायिका के कार्य क्षेत्र में लगातार अतिक्रमण करती जा रही हैं। ये अब माननीय सदस्यों एवं जनता को सोचना है कि विधायिका की गरिमा संविधान की भावनाओं के अनुकूल कैसे अक्षुण्ण रखी जाये।

मैं आप सबों को यह जानकारी भी आज के अवसर पर देना चाहता हूँ कि विधायी संस्थाओं के पीठासीन अधिकारियों का 70वाँ सम्मेलन विगत नवम्बर, 2005 में छत्तीसगढ़ विधानसभा के तत्त्वावधान में रायपुर में आयोजित हुआ था, जिसमें अन्य विषयों के साथ-साथ विधायिका के प्रति कार्यपालिका के उत्तरदायित्व को

सुनिश्चित करने के लिए समिति-प्रथा को सुदृढ़ करने पर भी व्यापक विचार-विमर्श हुए थे। दिल्ली के आपात सम्मेलन के बाद बिहार विधानसभा के नवनिर्वाचित सदस्यों का प्रबोधन कार्यक्रम जो 6 एवं 7 फरवरी, 2006 को पटना में सम्पन्न हुआ, में भी इस विषय पर जोर-शोर से चर्चा हुई है। चर्चा के क्रम में लोकसभा के महासचिव श्री पी.डी.टी. आचारी ने जानकारी दी कि संसद में यह परम्परा सुस्थापित हो चुकी है कि समितियों का प्रतिवेदन आने के बाद उनमें निहित अनुशंसाओं पर कृत-कार्य प्रतिवेदन कुछ दिनों के बाद सम्बन्धित विभागों द्वारा सदन में विभागीय अथवा संसदीय कार्य मन्त्री द्वारा उपस्थापित किये जाते हैं। इस व्यवस्था का विस्तृत अध्ययन करने के बाद मेरी मंशा है कि इसे अपनी विधानसभा में भी उसी तरह लागू करूँ जैसे सरकारी आश्वासनों के सन्दर्भ में अपने यहाँ यह व्यवस्था पूर्व से लागू है ताकि कार्यपालिका को विधायका के प्रति उत्तरदायी बनाया जा सके। जैसा कि मैंने आरम्भ में भी स्पष्ट किया है, यह सत्र इस वर्ष का बजट-सत्र है जिसमें सरकार आने वाले वित्तीय वर्ष के आय-व्ययक का उपस्थापन कर अपनी योजनाएँ आपके सामन रखेगी। आपको अवसर मिलेगा, सरकार के अब तक के कार्यकलापों की समीक्षा का तथा आनेवाली योजनाओं के मूल्यांकन का। मैं आशा करता हूँ कि आप इस अवसर का सार्थक उपयोग करते हुए झारखण्ड के विकास के लिए नीति-निर्धारण में सहभागी बनेंगे।

माननीय सदस्यगण, आज थोड़ी देर बाद महामहिम राज्यपाल आपको सम्बोधित करेंगे। ऐसा करते हुए वे न केवल सरकार के व्यापक कार्यक्रमों की रूपरेखा ही प्रस्तुत करेंगे, वरन् संविधान द्वारा विधानसभा के प्रति उन्हें सौंपे गये महती दायित्व का भी वे निर्वहन करेंगे। अत: मैं आपसे अपेक्षा करता हूँ कि आप महामहिम राज्यपाल के अभिभाषण के अवसर पर मर्यादा का पालन करेंगे तथा शालीनता का प्रदर्शन करेंगे।

अब मैं महामहिम राज्यपाल जी की अगवानी के निमित्त थोड़े समय के लिए आपके बीच से जा रहा हूँ। मेरी अनुपस्थिति में तथा महामहिम राज्यपाल जी के आने तक आप सदन में व्यवस्था बनाये रखेंगे। धन्यवाद!

माननीय सदस्यगण, झारखण्ड के राज्यपाल महोदय का निम्न सन्देश सदन को प्राप्त हुआ है। मैं सन्देश को पढ़कर सुनाता हूँ।

भारत के संविधान के अनुच्छेद 176 के खण्ड 1 के द्वारा प्रदत्त शक्तियों का प्रयोग करते हुए मैं सैयद सिब्ते रजी, झारखण्ड का राज्यपाल इसके द्वारा झारखण्ड

विधानसभा को दिनांक–28 फरवरी, 2006 को 11.30 बजे पूर्वाह्न में सबोधित करना चाहता हूँ और इस हेतु लेनिन हॉल स्थित राँची झारखण्ड विधानसभा सदन में सदस्यों की उपस्थिति चाहता हूँ।

राँची — ह./–सैयद सिब्ते रजी

दिनांक–30 जनवरी, 2006 — झारखण्ड के राज्यपाल

आप सबों की अनुमति से मैं कुछ देर के लिए राज्यपाल महोदय का स्वागत करने और उन्हें यहाँ लाने के लिए बाहर जा रहा हूँ, इस बीच आपलोग कृपया अपने-अपने स्थान पर बैठे रहेंगे।

धन्यवाद!

17 अगस्त, 2006

माननीय अध्यक्ष का प्रारम्भिक वक्तव्य

अध्यक्ष–माननीय सदस्यगण,

द्वितीय झारखण्ड विधानसभा के पाँचवें सत्र में आप सभी का हार्दिक अभिनन्दन।

राष्ट्रीय स्वाधीनता की साठवीं सालगिरह मनाने के बाद हम विधानसभा के मानसून-सत्र में एकत्रित हुए हैं। अपनी आजादी के 59 वर्षों के सफर को यद्यपि हमने सफलतापूर्वक पूरा कर लिया है तथापि आज का अवसर इस बात के मूल्यांकन का भी है कि स्वतन्त्रता सेनानियों के जो सपने थे, वे सपने किस हद तक हमने पूरे किये हैं। नि:सन्देह बीते हुए वर्णित कालखण्ड में अनेक क्षेत्रों में हमने उल्लेखनीय उन्नति दर्ज की है तथापि आज भी देश के तमाम लोगों को दो वक्त की रोटी, तन ढकने को कपड़े, सभी के सर पर छत के साये हम उपलब्ध कराने में पूरी तरह कामयाब नहीं हो सके हैं। एक पृथक् राज्य के रूप में झारखण्ड भी तीन माह के बाद अपनी स्थापना के छह वर्ष पूरे करेगा। इस राज्य के निर्माण के पीछे भी जो सपने थे, उन सपनों की पूर्ति किस अनुपात में हुई है, उसका मूल्यांकन भी आज करने की आवश्यकता है लेकिन ये सर्वविदित है कि दु:ख-दैन्य और अभावों की जिन्दगी जी रहे हमारे आदिम जनजातीय समाज के लोगों को अच्छी शिक्षा और बेहतर स्वास्थ्य सुविधा उपलब्ध होने की बात तो दूर रही, उन्हें पौष्टिक आहार तक हम ठीक ढंग से नहीं उपलब्ध करा पाये हैं। यद्यपि सरकार ने संविधान में वर्णित नागरिकों के समानता के अधिकार से भी ऊपर जाकर उन्हें समाज की मुख्यधारा तक लाने के लिए एकीकृत बिहार के समय से ही पर्याप्त बजटीय आवंटन किये तथापि

उनके निमित्त निर्धारित राशि का समुचित लाभ उन्हें प्राप्त नहीं हो सका। हमें इस तथ्य को गम्भीरता से स्वीकार कर उनके विकास के लिए प्राण-पण से जुटना होगा। स्वतन्त्रता दिवस के शुभ अवसर पर समाज के अन्य वंचित समुदायों के उत्थान के संकल्प को भी हमें दुहराना होगा।

आज जब हम अपनी आजादी के बाद के लम्बे कालखण्ड की चर्चा कर रहे हैं तो हमें इस बात का भी मूल्यांकन करना होगा कि हमारे संविधान निर्माताओं ने हमें शासन का जो स्वरूप सौंपा था, क्या उस स्वरूप को हम अक्षुण्ण रख पाये हैं। संविधान निर्माताओं ने संविधान की सर्वोच्चता को स्थापित करते हुए शासन के तीनों अंगों यथा–कार्यपालिका, विधायिका और न्यायपालिका के अधिकारों और दायित्वों का स्पष्ट विभाजन भी कर दिया था। संविधान में इस बात के सुस्पष्ट प्रावधान भी मौजूद हैं कि कार्यपालिका विधायिका के प्रति उत्तरदायी होगी तथा विधायिका न तो न्यायपालिका के कार्यों में हस्तक्षेप करेगी और न ही न्यायपालिका को विधायिका के अधिकार क्षेत्र में दखलअंदाजी की कोई छूट होगी। हमें यह कहने में जरा भी हिचकिचाहट नहीं है कि कार्यपालिका के विधायिका के प्रति उत्तरदायी होने की परम्परा एवं भावना में उल्लेखनीय गिरावट आयी है और न्यायपालिका के अति सक्रिय होने का यह भी एक प्रमुख कारण है। यद्यपि विधायिका और न्यायपालिका की सीमाएँ संविधान ने तय कर दी हैं तथा संविधान में वर्णित ऐसे प्रावधानों का अवलोकन अनुच्छेद 211 तथा 212 में भी किया जा सकता है। विगत लगभग 6 वर्षों की कार्यवाही के दौरान झारखण्ड विधानसभा ने न्यायालय के किसी भी न्यायिक कृत्य के सम्बन्ध में न तो कोई टिप्पणी की और न ही इसके क्षेत्राधिकार में हस्तक्षेप ही किया है। झारखण्ड विधानसभा ने अपनी सीमाओं को समझते हुए संविधान की भावनाओं का हमेशा से सम्मान किया है, किन्तु झारखण्ड की न्यायपालिका ने झारखण्ड विधानसभा की इस प्रतिबद्धता तथा उदारता को इसकी कमजोरी समझकर सभा की संवैधानिक स्वायत्ता का बार-बार अतिक्रमण किया है। राजेन्द्र आयुर्विज्ञान संस्थान के सन्दर्भ में गठित सभा की विशेष समिति रही हो या बिरसा कृषि विश्वविद्यालय में विभिन्न पदों पर हुई नियुक्तियों में राज्य सरकार द्वारा निर्धारित आरक्षण प्रावधान का अनुपालन न किये जाने और विभिन्न सामग्रियों के क्रय में की गयी वित्तीय अनियमितताओं की जाँच के लिए गठित सभा की विशेष समिति हो, दोनों ही के औचित्य पर पिछले दिनों जनहित याचिकाओं की सुनवाई के क्रम में न्यायपालिका द्वारा तल्ख टिप्पणियाँ झारखण्ड विधानसभा के अधिकार

क्षेत्र के सन्दर्भ में की गयीं। मेरी मान्यता है कि लोकतन्त्र के स्वास्थ्य कार्यक्रम के लिए शासन के विभिन्न अंगों को अपनी प्रतिष्ठा का खयाल रखते हुए दूसरों की मर्यादा और गरिमा का भी ध्यान रखना चाहिए। मैं समझता हूँ कि आने वाले दिनों में शासन के विभिन्न अंगों द्वारा इस पर ध्यान दिया जायेगा, ताकि लोकतन्त्र की गाड़ी अबाध गति से अपनी पटरी पर चलती रहे।

माननीय सदस्यगण, लोकतन्त्र आपसी सहमति और पारस्परिक सहयोग से चलने वाली शासन प्रणाली है। इसमें विचारों के टकराव भी सहमति तक पहुँचने के उद्देश्य से होते हैं। अत: वैचारिक मतभेदों को शालीनता से स्वीकार करते हुए हमें एक-दूसरे की भावनाओं का सम्मान करना होगा। आज जब केन्द्रीय शासन से लेकर हमारा राज्यस्तरीय शासन तक गठबन्धन की राजनीति के अधीन चल रहा है, वैसी स्थिति में इस तथ्य की और भी व्यापक महत्ता है। जहाँ गठबन्धन सरकारों की सफलता के लिए कॉमन मिनिमम प्रोग्राम बनाने पर जोर दिया जाता है, वहीं मेरी व्यक्तिगत मान्यता है कि राजनीति के ऐसे मुकाम पर हम मैक्सिमम अण्डरस्टैंडिंग के सिद्धान्त को भी अपनायें। यदि हम इस सिद्धान्त पर अमल करने के लिए तैयार हो जाते हैं, तो सरकार के किसी भी कार्यक्रम से किसी का विरोध नहीं होगा। सारी योजनाएँ सर्वसम्मत योजनाओं में तब्दील हुई दिखायी देंगी। इसके लिए प्रयास सत्ता और विपक्ष दोनों को ही न केवल झारखण्ड वरन् पूरे राष्ट्र के स्तर पर करना होगा, क्योंकि गठबन्धन की राजनीति ही आज देश के अधिकांश हिस्से का वर्तमान है, और आज का जो राजनीतिक परिदृश्य है, उसके आलोक में आने वाले कुछ वर्षों के लिए यही भविष्य भी।

मैं आप सबों को यह सुखद सूचना देना चाहता हूँ कि झारखण्ड विधानसभा में एक नया प्रयोग करते हुए हमने सभा के प्रश्नकाल की कार्यवाही का टीवी चैनलों के माध्यम से सीधा प्रसारण करवाने की व्यवस्था इस सत्र से की है। संसदीय लोकतन्त्र में प्रतिनिधिगण जनता के प्रति उत्तरदायी होकर उनकी समस्याओं को उठाते हैं। प्रश्नकाल विधायी सदनों का ऐसा समय होता है, जब जनता की समस्याएँ प्रमुखता से प्रतिनिधियों द्वारा मुखरित होती हैं। हमारे इस प्रयास से झारखण्ड की तीन करोड़ जनता को यह जानने में सुगमता होगी कि उनके प्रतिनिधि उनके प्रति किस हद तक जिम्मेवार हैं। चूँकि कार्यवाही के सीधे प्रसारण से देश भर के लोग आपकी गतिविधियों को देखेंगे, अत: मैं आपसे अनुरोध करना चाहता हूँ कि आप सदन में जो कुछ कहेंगे, या करेंगे, वह प्रक्रिया तथा कार्य-संचालन के नियमों और संसदीय

आचार-संहिता के सिद्धान्तों को ध्यान में रखकर।

इस मानसून-सत्र में सरकार द्वारा अनुपूरक बजट के साथ-साथ कुछ विधेयकों का भी उपस्थापन किया जाने वाला है। मैं आशा करता हूँ कि इन पर वाद-विवाद के क्रम में आप अपने सार्थक विचार सदन में रखेंगे। धन्यवाद!

20 अक्टूबर, 2006

माननीय अध्यक्ष का समापन भाषण

अध्यक्ष–सभी माननीय सदस्यों को एकबार पुनः धन्यवाद! मैं आगामी प्रकाश पर्व दीपावली सहित अन्य त्योहारों यथा–छठ, ईद, सोहराय एवं चित्रगुप्त पूजा के अवसर पर सभी विधायकों सहित राज्य की तमाम जनता को शुभकामनाएँ देता हूँ और यह कामना करता हूँ कि आने वाले त्योहार उनके जीवन में खुशियों की सौगात लेकर आयें। अब सभा की कार्यवाही अनिश्चितकाल तक के लिए स्थगित की जाती है

18 दिसम्बर, 2006

माननीय अध्यक्ष का प्रारम्भिक वक्तव्य

माननीय अध्यक्ष–माननीय सदस्यगण,

द्वितीय झारखण्ड विधानसभा के छठे सत्र में आप सभी का हार्दिक अभिनन्दन।

हमारा पिछला सत्र राज्य में राजनीतिक परिवर्तन का साक्षी रहा है। संयुक्त प्रगतिशील गठबन्धन की सरकार पिछले सत्र के दरम्यान ही सत्ता में आयी है। राज्य निर्माण के बाद से अब तक की अवधि में अल्प समय को छोड़ सरकार में रहे एन.डी.ए. गठबन्धन को विपक्ष में बैठने का अवसर मिला है। संसदीय राजनीति में राजनीतिक सरकारों का परिवर्तन समय-समय पर होना एक स्वाभाविक प्रक्रिया है जिसे लोग सहजता से स्वीकार करते आये हैं, लेकिन नयी सरकार का मतलब पुरानी सरकार की सभी योजनाओं को नकारना नहीं होता। नयी सरकार का भी यह दायित्व होता है कि वह पिछली सरकार की लोक कल्याणकारी नीतियों को आगे बढ़ाते हुए राज्य के विकास को गति प्रदान करे तथा योजनाओं का लाभ समाज की पिछली पंक्ति में बैठे हुए अन्तिम व्यक्ति तक पहुँचाना सुनिश्चित करे। मैं समझता हूँ कि वर्तमान सरकार ने अपने कार्यकाल के अभी मात्र तीन माह ही पूरे किये हैं। इतनी छोटी अवधि में इसके कार्यों का सही मूल्यांकन कर पाना सम्भव नहीं है, फिर भी आने वाले समय में इसका मूल्यांकन अवश्य ही होगा। मैं समझता हूँ कि वर्तमान सरकार जनता की उम्मीदों पर खरी उतरेगी।

माननीय आलमगीर आलम — **कार्यकाल**

अध्यक्ष, झारखण्ड विधानसभा — 20-10-2006 से 26-12-2009

क्षेत्र संख्या–05, पाकुड़

जन्म तिथि–8 जनवरी, 1950

जन्म स्थान–इस्लामपुर, साहेबगंज

पिता का नाम–स्व. सनाउल हक

माता का नाम–स्व. अमीना खातून

शैक्षणिक योग्यता–बी.एस.सी.

विधायक के रूप में निर्वाचन–2000,2005,2014 एवं 2019

हमारे पिछले सत्र के समापन के बाद झारखण्ड ने अपनी स्थापना के छह वर्ष पूरे कर लिये। हमारी विधानसभा ने भी उस उम्र को पूरा कर सातवें वर्ष में प्रवेश किया है। पिछले 22 नवम्बर को हमने अपने स्थापना दिवस के अवसर पर विधानसभा के उत्कृष्ट विधायक श्री राधा कृष्ण किशोर को 'बिरसा मुण्डा उत्कृष्ट विधायक सम्मान' से सम्मानित किया है। इस अवसर पर हमने उत्कृष्ट लोक सेवक का सम्मान राज्य सरकार के गृहसचिव जे.बी. तुबिद को दिया है। आज के अवसर पर मैं इन दोनों को एक बार पुनः सदन की ओर से सदन में बधाई देता हूँ और यह उम्मीद करता हूँ कि आने वाले वर्षों में हमारे माननीय विधायक और लोक-सेवक उत्कृष्टता की नयी मिसालें पेश करके देश भर में झारखण्ड का नाम रोशन करेंगे।

मैं आज के अवसर पर बधाई देता हूँ लोकसभा के तमाम सदस्यों को जिन्होंने दिनांक–15 दिसम्बर, 2006 को अनुसूचित जनजाति और अन्य परम्परागत वन निवासी (वन अधिकारों की मान्यता) विधेयक को पारित कर झारखण्ड सहित देश के अन्य राज्यों में पीढ़ी-दर-पीढ़ी से निवास करने वाले आदिवासी समुदाय के लोगों को वन भूमि पर निवास और जीविकोपार्जन के अधिकारों की मान्यता देने की दिशा में पहल की है। इस विधेयक के अधिनियमित हो जाने के बाद मैं समझता हूँ कि झारखण्ड के वनों में निवास करने वाली जनजातियों के जीवन स्तर में उल्लेखनीय बदलाव आएगा तथा उनकी आर्थिक स्थिति में सुधार परिलक्षित होने लगेंगे। वस्तुतः यह विधेयक जल, जंगल और जमीन पर आदिवासियों का हक सुनिश्चित करने की दिशा में पहला किन्तु ठोस कदम सिद्ध होगा।

15 दिसम्बर, 2006 को दोहा में एशियाई खेल सम्पन्न हो गये। इस प्रतिष्ठित खेल समारोह में देश के खिलाड़ियों ने अपनी योग्यता और प्रतिभा का उत्कृष्ट प्रदर्शन करते हुए दस स्वर्ण, 18 रजत और 26 कांस्य पदक प्राप्त किये। पदक प्राप्त करने वाले देश की इन महान प्रतिभाओं का आज के अवसर पर सदन में उल्लेख करते हुए मैं झारखण्ड से जुड़े तीन खिलाड़ियों यथा–चित्रा सोमेन, सिनीमोल पाउलोज तथा जयन्त तालुकदार को सदन की ओर से शुभकामनाएँ देता हूँ और उम्मीद करता हूँ कि भविष्य में होने वाली खेल प्रतियोगिताओं में और ज्यादा बेहतर प्रदर्शन करते हुए ये झारखण्ड का नाम नयी बुलन्दियों की ओर ले जायेंगे। मैं आज के अवसर पर झारखण्ड विधानसभा के तमाम सदस्यों की ओर से सानिया मिर्जा और महेश भूपति की जोड़ी को भी बधाई देता हूँ जिन्होंने टेनिस की खेल प्रतियोगिता में भारत के लिए एक स्वर्ण और एक रजत पदक जीते, साथ ही मैं विशेष रूप से उल्लेख

करना चाहता हूँ जसपाल राणा का भी, जिन्होंने देश के लिए दोहा एशियाड में तीन स्वर्ण पदक जीते हैं।

अमेरिका के अन्तरिक्ष अनुसन्धान कार्यक्रम 'नासा' के माध्यम से अन्तरिक्ष यात्रा के साहसिक अभियान पर जाने वाली भारतीय महिला सुनीता विलियम्स को भी मैं बधाई देता हूँ। अन्तरिक्ष में पहुँचने वाली हमारे देश की वे दूसरी महिला यात्री हैं। अन्तरिक्ष की सफल उड़ान के माध्यम से उन्होंने कल्पना चावला की उस कल्पना को साकार किया है, जो उनके जीवनकाल में पूरा नहीं हो सका। सुनीता विलियम्स को अभी छह महीने तक अन्तरिक्ष स्टेशन में ही रहना है। मैं वहाँ उनके सफल प्रवास की कामना करते हुए, उनकी सकुशल वापसी की कामना भी सदन की ओर से करता हूँ।

मैं आज के अवसर पर भारतीय मूल की दूसरी महिला सविता सिंह को भी शुभकामनाएँ देता हूँ, जिन्होंने अमेरिका के प्रतिष्ठित फेडरल कोर्ट में जज के रूप में चयनित होने में सफलता पायी है। संयुक्त राज्य अमेरिका में इस पद पर नियुक्त होने वाली वे प्रथम भारतीय महिला हैं।

कार्यदिवसों की दृष्टि से पाँच दिनों तक चलने वाले इस सत्र में सरकार अपना अनुपूरक बजट पेश करेगी। उस पर वाद-विवाद के अवसर आपको उपलब्ध होंगे। इसका उपयोग आप अपने क्षेत्र की समस्याओं को उजागर करने के साथ-साथ राज्यहित के व्यापक मुद्दों को उठाने और सरकार से उनका समाधान कराने के निमित्त करेंगे तो यह छोटा सत्र भी विधायी दृष्टि से महत्त्वपूर्ण और सफल सिद्ध होगा। भविष्य में मेरा प्रयास होगा कि 25 नवम्बर, 2000 को संसद के सेंट्रल हॉल में आयोजित सम्मेलन में पारित प्रस्ताव के आलोक में हमारी विधानसभा का सत्र वर्ष में कम-से-कम 50 दिनों का अवश्य ही हो ताकि सदस्यों को विधायी गतिविधियों से जुड़े रहने के अधिक-से-अधिक अवसर प्राप्त हो सकें।

धन्यवाद!

22 दिसम्बर, 2006

माननीय अध्यक्ष का समापन भाषण

अध्यक्ष—माननीय सदस्यगण,

द्वितीय झारखण्ड विधानसभा का छठा सत्र अब अपने समापन के मुकाम पर है। अल्पकालीन सूचना पर बुलाये गये इस सत्र में भी प्रश्नों, ध्यानाकर्षण प्रस्तावों, संकल्पों आदि पर महत्त्वपूर्ण चर्चा करके हमने इसे सार्थक बनाने का हर सम्भव

प्रयास किया है। लगभग तीन माह पूर्व गठित सरकार ने इस सत्र में अपना पहला अनुपूरक बजट पेश किया, यद्यपि कतिपय अवरोधों के कारण इस पर समुचित वाद-विवाद नहीं हो सका, फिर भी कार्यमंत्रणा समिति की सिफारिश पर सदन द्वारा पारित प्रस्ताव के आलोक में राज्य में सिंचाई सुविधा के पर्याप्त न रहने के कारण कृषि व्यवस्था पर पड़ रहे खराब असर तथा राज्य में राष्ट्रीय ग्रामीण रोजगार गारंटी कानून के कार्यान्वयन की स्थिति पर गम्भीर चर्चा हुई है। हमारे लिए यह खुशी की बात है कि राज्य सरकार ने सिंचाई सुविधा में सम्यक् विस्तार का आश्वासन देकर न केवल किसानों की आर्थिक स्थिति में सुधार के लिए अपने दृढ़ संकल्प को दुहराया है बल्कि नरेगा के सफल कार्यान्वयन के लिए पंचायत से लेकर मुख्यालय स्तर तक एक मजबूत संरचना का निर्माण 15 दिनों के भीतर करने का संकल्प व्यक्त करके इस बात का भी भरोसा दिलाया है कि अब झारखण्ड से रोजगार की तलाश में मजदूरों के दूसरे राज्यों में होने वाले पलायन को रोका जायेगा तथा ग्रामीण योजनाओं का समयबद्ध कार्यान्वयन सुनिश्चित करके ग्रामीण अर्थ-व्यवस्था को मजबूत बनाया जायेगा।

अल्पकालीन सूचना पर बुलाये गये इस सत्र में सदस्यों के तारांकित प्रश्न नहीं लिये जा सके थे। आसन की ओर से लचीला रुख अपनाते हुए सदस्यों के अधिक-से-अधिक प्रश्न ऐसी स्थिति में अल्पसूचित रूप में स्वीकार किये गये। यह हमारे लिए खुशी की बात है कि सरकार की ओर से कम समय में भी अधिकतर प्रश्नों के उत्तर निर्धारित तिथि तक सभा-सचिवालय को उपलब्ध करा दिये गये। इसके लिए मैं राज्य सरकार के सभी माननीय मन्त्रियों को धन्यवाद देता हूँ। साथ ही सरकार एवं विधानसभा के उन सभी पदाधिकारियों एवं कर्मचारियों को भी धन्यवाद देता हूँ, जिन्होंने इस काम को पूरा करने में दिन-रात मेहनत करके हमारे इस सत्र को सफल बनाया है।

इसके साथ ही मैं एक नयी व्यवस्था की शुरुआत करने जा रहा हूँ। इसकी जानकारी भी माननीय सदस्यों को देना चाहता हूँ। जिन प्रश्नों के लिखित उत्तर निर्धारित तिथि तक हमें प्राप्त नहीं हुए उनके सम्बन्ध में मैं अपनी ओर से सम्बन्धित मन्त्रियों और विभागीय प्रमुखों से पत्राचार कर आगामी सत्र से प्रश्नोत्तरों की उपलब्धता सुनिश्चित करने की दिशा में पहल करने जा रहा हूँ। इसी के साथ मैं सरकार द्वारा समय-समय पर सदन में दिये जाने वाले आश्वासनों के कृत कार्रवाई

प्रतिवेदन की गुणवत्ता सुनिश्चित करने की दिशा में भी संसदीय कार्य मन्त्री के साथ बैठकर उचित पहल करूँगा।

इस सत्र में विनियोग विधेयक सहित कुल चार सरकारी विधेयक सदन में विचार के लिए आये। सभा ने सार्थक चर्चा करके इन पर अपनी स्वीकृति की मुहर लगायी है। मैं आशा करता हूँ कि राँची नगर निगम (संशोधन) विधेयक और झारखण्ड नगरपालिका (संशोधन) विधेयक, जिन्हें आज सभा की स्वीकृति प्राप्त हुई, पर महामहिम राज्यपाल की अनुमति के बाद झारखण्ड में नगर निकायों के निर्वाचन का मार्ग प्रशस्त होगा और इससे जनता को स्थानीय स्वशासन में सहभागिता के पर्याप्त अवसर उपलब्ध हो सकेंगे। इन विधेयकों का उल्लेख करते हुए मैं इनसे जुड़े प्रवर समिति के सदस्यों को धन्यवाद देना चाहता हूँ जिन्होंने दोनों विधयकों के प्रावधानों पर गहन चर्चा करके इन्हें जनता की आर्थिक स्थिति के अनुरूप बनाया है। इस सत्र में माननीय सदस्य श्री सरयू राय द्वारा दिया गया मालिकाना अधिकार विधेयक भी कार्य-सूची पर अंकित था। यद्यपि इस विधेयक को सभा ने अस्वीकार कर दिया है तथापि हमारे लिए यह खुशी की बात है कि झारखण्ड विधानसभा में गैर-सरकारी विधेयक के आने की शुरुआत तो हुई। मैं उम्मीद करता हूँ कि आने वाले समय में हमारे माननीय सदस्यगण विधायी कार्यों में और ज्यादा अभिरुचि का प्रदर्शन करते हुए जनोपयोगी और लोक कल्याणकारी विधेयक सभा में लायेंगे। इस सत्र में स्वीकृत निवेदन की संख्या 31 और याचिकाओं की संख्या तीन है।

एक बात मैं बड़ी शालीनतापूर्वक कहना चाहूँगा कि यद्यपि देखने में पक्ष और प्रतिपक्ष की भूमिका अलग-अलग दिखाई पड़ती है किन्तु दोनों की मंजिलें एक होती हैं और वह है अपनी रचनात्मक भूमिका से जम्हूरियत के पाये को मजबूती प्रदान करना। रचनात्मक दिशा की ओर बढ़ने के लिए यह आवश्यक है कि एक दूसरे की भावना को समझा जाये, किन्तु जिस वक्त कोई एक भी पक्ष आक्रामक मुद्रा में आ जाता है तो दूसरे पक्ष की भावना आहत हो जाती है।

फ्रांस के एक मशहूर राजनीतिक विचारक वालटेयर ने एक स्थान पर कहा था कि, "आप जो भी कह रहे हैं, मैं आपकी किसी भी बात से सहमत नहीं, तब भी मैं आपकी प्रत्येक बात को गौर से सुन रहा हूँ ताकि आपके बोलने के अधिकार की रक्षा हो सके।" मेरी ऐसी कामना है कि आने वाले दिनों में इस सदन के भीतर एक ऐसी ही सोच विकसित हो और झारखण्ड विधानसभा राष्ट्रीय एवं अन्तर्राष्ट्रीय मंच पर एक सशक्त विधायी मंच के रूप में अपनी पहचान बनाये

आज जब हमारे इस सत्र का समापन हो रहा है तो मैं शुक्रिया अदा करना चाहता हूँ, पक्ष-विपक्ष के तमाम माननीय सदस्यों का जिन्होंने इसके संचालन में आसन का भरपूर सहयोग किया है। मैं शुक्रगुजार हूँ इलेक्ट्रॉनिक और प्रिंट मीडिया के तमाम साथियों का जिन्होंने विधानसभा की कार्यवाही का अच्छी तरह से प्रकाशन, प्रसारण करके हमारे प्रयासों से जन-जन को अवगत कराया है। मैं शुक्रिया अदा करता हूँ तमाम उन पुलिस एवं प्रशासनिक कर्मियों का भी जिन्होंने सत्र के दौरान विधि-व्यवस्था बनाये रखने के चुनौतीपूर्ण कार्य को सहजता से अंजाम दिया है।

वर्ष 2006 का अध्याय अब समाप्त होने वाला है। देश और दुनिया में हुए अनेक परिवर्तनों का यह साक्षी रहा। अब यह वर्ष अलविदा कहने वाला है। वहीं वर्ष 2007 का नवप्रभात आशा और विश्वास की एक नयी मुस्कान के साथ समय के नये रंगमंच पर अनेक नयी सम्भावनाओं के साथ आने वाला है। नया वर्ष झारखण्ड के लिए शान्ति, समृद्धि और वैभव का वर्ष बने, ऐसी हमारी कामना है। इसके साथ ही मैं आने वाले क्रिसमस, बकरीद एवं नववर्ष के लिए तमाम माननीय सदस्यों सहित झारखण्ड की समस्त जनता को अग्रिम शुभकामना देता हूँ। धन्यवाद!

इसी के साथ मैं सभा की कार्यवाही अनिश्चितकाल के लिए स्थगित करता हूँ।

2 मार्च, 2007

माननीय अध्यक्ष का प्रारम्भिक वक्तव्य

अध्यक्ष—माननीय सदस्यगण,

द्वितीय झारखण्ड विधानसभा के सातवें और वर्ष 2007 के बजट-सत्र में आप सभी का हार्दिक अभिनन्दन।

कुल 21 दिनों तक चलने वाले इस सत्र में महामहिम राज्यपाल, भारत के संविधान के अनुच्छेद 176 में वर्णित प्रावधानों के अधीन सभा को सम्बोधित करेंगे। महामहिम राज्यपाल द्वारा सभा को सम्बोधित किये जाने के अवसर को भारत के संसदीय लोकतन्त्र में अत्यन्त पवित्रता, गरिमा और मर्यादा का अवसर माना जाता है। इस अवसर की गरिमा को कायम रखने के निमित्त झारखण्ड सहित देश के सभी विधायी संस्थाओं के प्रक्रिया तथा कार्य-संचालन के नियमों में विशिष्ट उपबन्ध करते हुए सदस्यों से ये अपेक्षा की गयी है कि वे इस अवसर पर सर्वाधिक अनुशासित रहकर तथा शालीनता का प्रदर्शन करते हुए महामहिम राज्यपाल के अभिभाषण को सुनेंगे तथा उनके प्रति अपना आदर प्रदर्शित करेंगे।

लोगों की यह आम धारणा है कि महामहिम राज्यपाल सभा में अपना जो अभिभाषण देते हैं, वह सरकार द्वारा तैयार किया गया होता है और इस प्रकार उनके

द्वारा सरकार के दृष्टिकोण को सदन में रखा जा रहा होता है। लोगों की इस धारणा में निःसन्देह शत-प्रतिशत सच्चाई है, वहीं यह भी उतना ही सही है कि राज्यपाल जब तक किसी वर्ष के आरम्भ में सभा को सम्बोधित न करें, तब तक सभा की कार्यवाही विधि सम्मत नहीं कही जा सकती। इस प्रकार सभा में अपना अभिभाषण देकर वे सभी कार्यों की शुरुआत भी करते हैं। इस तथ्य को हमारे देश की न्यायपालिका द्वारा भी स्वीकार किया गया है। हबीबुल्ला बनाम पश्चिम बंगाल विधानसभा मामले में कोलकाता उच्च न्यायालय ने 1966 में कहा था कि यदि कोई विधानमण्डल अनुच्छेद 176 की अपेक्षा के अनुसार राज्यपाल के अभिभाषण के बिना अपनी बैठक करता है और विधायी कार्य करता है तो इसकी कार्यवाही अविधिमान्य होती है और उसे न्यायालय में चुनौती दी जा सकती है। केवल पिछले वर्ष के विस्तारित सत्र, जब नये वर्ष में हो रहे होते हैं, उस स्थिति में ही राज्यपाल का अभिभाषण आरम्भ में आवश्यक नहीं माना जाता।

इस प्रकार मैंने आपके समक्ष उन तथ्यों को विस्तार के साथ रखा है, ताकि आप महामहिम राज्यपाल के अभिभाषण के अवसर की गरिमा को बरकरार रखेंगे।

इस सत्र के दरम्यान वर्तमान सरकार पहली बार राज्य के लिए अपना वार्षिक बजट सभा में उपस्थापित करेगी। बजट पर सामान्य चर्चा सहित अनुदान माँगों पर चर्चा के दौरान आपके पास इस बात के अवसर होंगे कि आप सरकार की आर्थिक नीतियों, इसके कार्यकलापों की गहन समीक्षा कर, वैसे दिशा-निर्देश सरकार के लिए जारी कर सकें, जिसका अनुपालन करते हुए यह सरकार झारखण्ड की 3 करोड़ जनता के कल्याण और राज्य के विकास के लिए सही योजनाओं का निरूपण और कार्यान्वयन कर सके और समाज के अन्तिम पंक्ति में खड़े नागरिकों की दयनीय स्थिति में सुधार करके उन्हें विकास की मुख्यधारा में शामिल कर सके। महामहिम राज्यपाल के अभिभाषण पर प्रस्तुत किये जाने वाले धन्यवाद प्रस्ताव पर चर्चा के क्रम में भी आपको इस हेतु पर्याप्त अवसर उपलब्ध होंगे।

मुझे इस बात की खुशी है कि हाल ही में असम में सम्पन्न राष्ट्रीय खेलों में झारखण्ड के खिलाड़ियों ने उत्कृष्ट प्रदर्शन करते हुए न केवल अपनी प्रतिभा का परिचय देश के सामने दिया है, वरन् झारखण्ड के नाम को भी बुलन्दियों तक पहुँचाया है। मैं ऐसे तमाम खिलाड़ियों को सदन की ओर से शुभकामनाएँ देता हूँ और उनसे भविष्य में और भी बेहतर प्रदर्शन की उम्मीद रखता हूँ। आगामी राष्ट्रीय

खेलों का आयोजन झारखण्ड में होना है। मैं इसकी सफल तैयारी की उम्मीद भी राज्य सरकार से करता हूँ।

इस सत्र का आयोजन वसंत की बेला में हो रहा है। रंग और गुलाल का त्योहार होली हमारे सामने है। मैं इस पर्व की अग्रिम बधाई भी आप सभी को देता हूँ और आशा करता हूँ कि हमारे आपसी भाईचारे को मजबूत करने में हर्ष और उल्लास का यह त्योहार सफल सिद्ध होगा।

विधानसभा के सातवें सत्र की शुरुआत पर आपको सम्बोधित करते हुए मैं आपको याद दिलाना चाहता हूँ कि वर्ष 2007 सत्याग्रह के सफल प्रयोग का शताब्दी वर्ष है। वर्ष 1906 में राष्ट्रपिता महात्मा गांधी ने दक्षिण अफ्रीका प्रवास के दौरान सत्याग्रह का पहला प्रयोग वहाँ के तत्कालीन सरकार की नस्लभेदी नीतियों के विरुद्ध किया था। इसकी सफलता से अभिभूत बापू ने इसे भारत की गुलामी के दिनों में अंग्रेजी हुकूमत के विरुद्ध भी आजमाया और उन्हें जो सफलता मिली, वह जगजाहिर है, क्योंकि उनके इसी सत्याग्रह ने भारत की आजादी की लड़ाई को हिंसा की जगह नैतिकता के युद्ध में बदल दिया था। आज के अवसर पर हम उन तमाम सत्याग्रहियों के प्रति अपनी श्रद्धा निवेदित करते हैं।

अन्त में, महामहिम राज्यपाल से प्राप्त सन्देश से मैं आपको संसूचित कर देना चाहता हूँ जो इस प्रकार है :

अध्यक्ष को सम्बोधित राज्यपाल का सन्देश

अध्यक्ष–भारत के संविधान के अनुच्छेद-176 के खण्ड (1) के द्वारा प्रदत्त शक्तियों का प्रयोग करते हुए, मैं सैयद सिब्ते रज़ी, झारखण्ड का राज्यपाल, इसके द्वारा झारखण्ड विधानसभा को दिनांक–2 मार्च, 2007 को 11:30 बजे पूर्वाह्न में सम्बोधित करना चाहता हूँ और इस हेतु लेनिन हॉल, एच.ई.सी., राँची स्थित झारखण्ड विधानसभा सदन में सदस्यों की उपस्थिति चाहता हूँ।

अब मैं सदन की अनुमति से महामहिम राज्यपाल महोदय की अगवानी करने तथा उन्हें सदन में लाने हेतु जा रहा हूँ। उन्हें यहाँ आने तथा अभिभाषण के बाद उन्हें विदा करने तक की अवधि में आप सभी अनुशासन बनाये रखने की कृपा करेंगे।

5 अप्रैल, 2007

माननीय अध्यक्ष का समापन भाषण

द्वितीय झारखण्ड विधानसभा का सप्तम् सत्र अब अपने समापन की ओर अग्रसर है। कुल 17 कार्यदिवसों वाले इस सत्र में लोक कल्याण से जुड़े अनेक मुद्दों पर सदन में प्रश्न, ध्यानाकर्षण के अतिरिक्त अन्य माध्यमों से भी व्यापक चर्चा हुई है, जिस पर पक्ष एवं प्रतिपक्ष की भावना से ऊपर उठते हुए माननीय सदस्यों ने लोकहित और राज्यहित में एकजुटता का परिचय दिया है तथा इस प्रकार समस्याओं के समाधान के प्रयास किये हैं। राज्य में कृषि एवं सिंचाई की स्थिति, बिजली की समस्या और सर्व शिक्षा अभियान के संचालन में झारखण्ड की हालत सहित उच्च शिक्षा के क्षेत्र में हमारे शिक्षण संस्थानों की जो समस्याएँ हैं तथा जिनके कारण बड़ी संख्या में या तो हमारे छात्रों को इससे वंचित अथवा दूसरे राज्यों में पलायन करने के लिए मजबूर होना पड़ रहा है, पर इस सत्र में विस्तार से चर्चा हुई है तथा सदस्यों द्वारा बताई गयी समस्याओं के निराकरण के लिए जिस उत्साह के साथ सरकार द्वारा सदस्यों और सदन को आश्वस्त किया गया है, मैं समझता हूँ, उसके सार्थक परिणाम जल्द ही हमारे सामने आयेंगे, और इस राज्य की वंचित तथा शोषित अधिसंख्य आबादी को उसका लाभ मिलेगा। सदन में विभिन्न माननीय सदस्यों द्वारा शिक्षा के क्षेत्र की समस्याओं के सन्दर्भ में कई अन्य मामले भी उठाये गये, जिनमें प्राथमिक स्कूलों और हाई स्कूलों में शिक्षकों की कमी, हेड मास्टरों की कमी प्रभुख थे।

सरकार ने इन मामलों को भी गम्भीरता के साथ लेते हुए जहाँ एक ओर शिक्षकों के रिक्त पदों को भरने के लिए लोक सेवा आयोग को अनुशंसा करने तथा की गयी अनुशंसा की मॉनिटरिंग करने का संकेत सदन में दिया है, वहीं उसने यह भी कहा है कि जिला शिक्षा समितियों की बैठकें शीघ्र आयोजित करा कर प्रधानाध्यापकों के रिक्त पदों को भरने की दिशा में भी वह तेजी से कार्रवाई करेगी। जब हम शिक्षा व्यवस्था के सन्दर्भ में सदन द्वारा किये गये प्रयासों की चर्चा कर रहे हैं, तो हम उल्लेख करना चाहते हैं–झारखण्ड राज्य विश्वविद्यालय (संशोधन) विधेयक, 2007 का भी, जिसे सदन द्वारा सत्र के दौरान पारित किया गया है। महामहिम राज्यपाल की स्वीकृति प्राप्त करने के बाद यह विधेयक अधिनियमित होगा और इसके बाद कोल्हान क्षेत्र में विश्वविद्यालय की स्थापना का मार्ग प्रशस्त होगा। मैं समझता हूँ कि कोल्हान विश्वविद्यालय की स्थापना से राज्य के एक बड़े क्षेत्र में रहने वाली

आबादी को उच्च शिक्षा के बेहतर अवसर प्राप्त हो सकेंगे। उल्लेखनीय है कि निकट भविष्य में इस राज्य में उद्योगों की तेजी से स्थापना होने की सम्भावना है। नये लगने वाले उद्योगों में तकनीकी रूप से सुशिक्षित और जानकार लोगों की आवश्यकता होगी। मैं आशा करता हूँ कि नये स्थापित होने वाले इस विश्वविद्यालय के अधीन तकनीकी शिक्षा के केन्द्र भी खुलेंगे, जहाँ हमारे छात्रों को इस क्षेत्र में ज्ञान अर्जित करने के बेहतर अवसर उपलब्ध होंगे तथा इस प्रकार शिक्षित होकर हमारे छात्र न केवल राज्य की औद्योगिक जरूरतों को पूरा करेंगे वरन् दुनिया के अन्य देशों में भी अपनी सेवा देकर झारखण्ड का नाम रोशन करेंगे।

माननीय सदस्यगण, कुशल वित्तीय प्रबन्धन तथा वित्तीय आवंटन के सही संचालन के बिना किसी भी राज्य के सही विकास की उम्मीद नहीं की जा सकती। इसकी आवश्यकता को लम्बे अर्से से केन्द्र सहित राज्य सरकारों द्वारा महसूस किया जाता रहा था। मुझे खुशी है कि पक्ष-प्रतिपक्ष दोनों के सार्थक सहयोग से विधानसभा के इस सत्र में बजट प्रबन्धन एवं उत्तरदायित्व विधेयक को भी पारित किया गया है दो विनियोग विधेयकों सहित इस सत्र में एक अन्य विधेयक झारखण्ड राज्य कृषि उपज बाजार (संशोधन) विधेयक भी सदन-पटल पर सरकार द्वारा उपस्थापित किया गया। उल्लेखनीय है कि जहाँ सदस्यों की आम सहमति से विनियोग विधेयकों को सदन ने अपनी मंजूरी दी, वहीं उसने कृषि उपज बाजार (संशोधन) विधेयक पर सदस्यों की आम राय हुई। इसके अनुरूप राज्य सरकार की सहमति से सभा की प्रवर समिति को सौंपने का निर्णय लिया गया। मैं उम्मीद करता हूँ कि वर्णित विधेयक पर गठित होने वाली प्रवर समिति गम्भीरता से इसके प्रावधानों पर विचार करेगी तथा इसे जनहित के और ज्यादा अनुरूप बनाते हुए सदन में प्रस्तुत करने का काम करेगी।

माननीय सदस्यगण, इस सत्र के प्रारम्भ में महामहिम राज्यपाल ने सभा को सम्बोधित किया था। उनके द्वारा संवैधानिक दायित्वों के निर्वहन के क्रम में दिये गये अभिभाषण के लिए आपने अपनी कृतज्ञता एक प्रस्ताव पारित कर ज्ञापित की है। मैं इसके लिए आप सबों के प्रति अपना आभार व्यक्त करता हूँ। इस सत्र में सरकार ने वित्तीय वर्ष 2007-08 के लिए अपना बजट प्रस्तुत किया जिसे सभा ने अपनी स्वीकृति दे दी। इसके साथ ही उपलब्ध समय में विभिन्न विभागों के कार्यकलापों पर सदन में विशेष वाद-विवाद के अवसर कार्य-मंत्रणा समिति और सदन की सहमति से आपको उपलब्ध कराये गये। इन अवसरों पर आपके द्वारा दिये गये सुझावों पर मैं सरकार से संजीदगी से विचार करने तथा उन पर अमल करने की उम्मीद करूँगा।

अब तक चले इस सत्र में सदस्यों द्वारा पूछे गये अधिकांश प्रश्नों के उत्तर सरकार द्वारा ससमय उपलब्ध कराने के प्रयास किये गये, फिर भी कुछ विभागों से प्रश्नों के उत्तर देर से प्राप्त हुए हैं, जिसके कारण उन्हें सदस्यों को उपलब्ध कराने में सभा-सचिवालय को कठिनाई हुई है। मैंने इस सत्र के पूर्व आयोजित एक बैठक में विभागों के वरीय पदाधिकारियों को इस निमित्त सचेत रहने का निदेश दिया था फिर भी जो थोड़ी शिकायतें मेरे सामने आयी हैं, उनके सम्बन्ध में मैं इस सत्र के बाद पहले तो सम्बन्धित मन्त्रियों और विभागीय प्रमुखों से पत्राचार करूँगा तत्पश्चात् एक बैठक करके मैं यह सुनिश्चित कराने की कोशिश करूँगा कि इस तरह की शिकायतें फिर सामने न आयें तथा सदस्यों द्वारा जनहित से सम्बन्धित मामले लाई गई किसी भी सूचना पर सरकार द्वारा ली गयी कार्रवाई की जानकारी उन्हें तुरन्त दी जा सके।

इस सत्र में सदस्यों द्वारा मेरे संज्ञान में यह बात भी लाई गयी है, शून्यकाल में दी गयी सूचनाओं पर सरकार के जवाब उन्हें नहीं मिलते। उन्होंने मेरा ध्यान विधानसभा की प्रक्रिया तथा कार्य-संचालन के नियमों में वर्णित उस प्रावधान की ओर भी आकृष्ट किया है जिसमें कहा गया है कि एक सत्र में शून्यकाल में उठायी गयी सूचनाओं पर सरकार के उत्तर मुद्रित करा कर अनुवर्ती सत्र में सदन-पटल पर रखे जायेंगे। माननीय सदस्यों को स्मरण दिला देना चाहता हूँ कि इस निमित्त सभा की शून्यकाल विषयक समिति अपने यहाँ कार्यरत है, फिर भी सदस्यों की भावना को देखते हुए मुद्रित उत्तरों के परिचालन का प्रबन्ध सुनिश्चित करने का प्रयास सभा-सचिवालय द्वारा किया जायेगा। मैं इस सन्दर्भ में सरकार के मन्त्रियों और विभागीय प्रमुखों के सार्थक सहयोग की अपेक्षा करता हूँ।

इस सत्र के सफल संचालन के लिए सबसे पहले मैं सदन के तमाम माननीय सदस्यों के प्रति अपना आभार व्यक्त करता हूँ तथा सरकार के मन्त्रियों सहित माननीय मुख्यमन्त्री तथा नेता प्रतिपक्ष को धन्यवाद देता हूँ। मैं संचार माध्यमों से जुड़े तमाम पत्रकार बन्धुओं एवं उनके सहयोगियों को धन्यवाद देता हूँ, जिन्होंने मनोयोग से सदन की कार्यवाही के सम्बन्ध में अपनी रिपोर्ट को राज्य के कोने-कोने में रह रहे एक-एक व्यक्ति तक पहुँचाया है। मैं राज्य सरकार के तमाम पदाधिकारियों, कर्मचारियों को धन्यवाद देता हूँ, जिन्होंने सदन में उठने वाले प्रश्नों, प्रस्तावों आदि का उत्तर तैयार कर सभा-सचिवालय को उपलब्ध कराने के लिए कड़ी मेहनत की है। मैं राज्य पुलिस बल के उन जवानों को भी धन्यवाद देता हूँ, जिन्होंने कठिन मेहनत करके विधि-व्यवस्था को बनाए रखने में मद्द की है।

अन्त में मैं सभा-सचिवालय कर्मियों को भी धन्यवाद देता हूँ जिनके परिश्रम के बगैर इस सत्र का सुगम संचालन सम्भव नहीं था।

इसी के साथ मैं सभा की कार्यवाही अनिश्चितकाल तक के लिए स्थगित करने की घोषणा करता हूँ।

17 अगस्त, 2007

माननीय अध्यक्ष का प्रारम्भिक वक्तव्य

अध्यक्ष–माननीय सदस्यगण,

द्वितीय झारखण्ड विधानसभा के आठवें सत्र में आप सभी का हार्दिक अभिनन्दन है। इस सत्र में सभा में सम्पन्न होने वाले कार्यों की संक्षिप्त रूपरेखा मैं प्रस्तुत करूँ, इसके पूर्व मैं आपको यह बता देना चाहता हूँ कि बीते 15 अगस्त को हमारे देश ने आजादी के छह दशकों के सफर को पूरा कर लिया है। इस अवधि में अनेक क्षेत्रों में हमने प्रगति के कई मुकाम हासिल किये हैं और आज हमारी गिनती दुनिया के सशक्त राष्ट्रों में होने लगी है। भारत को आजादी दिलाने से लेकर विकास के इस मुकाम तक पहुँचाने में हमारे राष्ट्रनायकों ने महत्त्वपूर्ण भूमिका निभायी है, हम आज के अवसर पर इसके प्रति कृतज्ञता प्रकट करते हैं और श्रद्धा से उनके आगे सिर झुकाते हैं।

बीते सत्र से अब तक की अवधि में राष्ट्रीय राजनीति के क्षितिज पर कुछेक महत्त्वपूर्ण परिवर्तन हुए हैं। राष्ट्रपति के रूप में अपने पाँच वर्षों के कार्यकाल को सफलतापूर्वक पूरा कर डॉ. ए.पी.जे. अब्दुल कलाम सेवानिवृत्त हो गये हैं। उनकी जगह पहली बार श्रीमती प्रतिभा पाटिल के रूप में महिला राष्ट्रपति पदासीन हैं। श्रीमती पाटिल का सार्वजनिक और राजनीतिक जीवन अनेक महत्त्वपूर्ण उपलब्धियों से युक्त रहा है। महाराष्ट्र विधानसभा की सदस्यता से अपना करियर शुरू करके उन्होंने राष्ट्र के शिखर पद को प्राप्त करने में जो सफलता अर्जित की है, उसके लिए हम झारखण्ड विधानसभा की ओर से उन्हें बधाई देते हैं और उम्मीद करते हैं कि उनके कुशल दिशा-निर्देशन में भारतीय गणतंत्र विकास के पद-चिह्न पर तेजी से आगे बढ़ते हुए उन्नति के अन्य कई मुकामों को हासिल करेगा। श्रीमती पाटिल के निर्वाचन से भारत द्वारा महिला सशक्तिकरण की दिशा में किये गये प्रयासों को और ज्यादा मजबूती मिलेगी।

भारतीय संसद के उच्च सदन राज्यसभा के सभापति और भारत के उप-राष्ट्रपति पद के लिए हुए निर्वाचन में श्री हामिद अंसारी जी ने सफलता प्राप्त की है।

आप सभी इस तथ्य से विदित होंगे कि भारत के सभी राज्यों के विधान-मण्डल भारतीय संसद द्वारा निर्धारित लीक तथा इसके द्वारा तय किये मानकों के हिसाब से चलते हैं। जब कभी हमारे विधायी सदनों में प्रक्रिया तथा कार्य-संचालन का जटिल प्रश्न पैदा होता है, तब हमें लोकसभा और राज्यसभा का दिशा-निर्देश इनके समाधान के निमित्त प्राप्त होता है। महामहिम उप-राष्ट्रपति श्री अंसारी का एकेडमिक कैरियर उल्लेखनीय उपलब्धियों वाला रहा है। मैं उम्मीद करता हूँ कि राज्यसभा के कुशल कार्य-संचालन के साथ-साथ जरूरत की घड़ी में हमें भी यथोचित दिशा-निर्देश देकर हमें अनुगृहीत करेंगे। मैं झारखण्ड विधानसभा की ओर से उन्हें भी इस निर्वाचन में निर्वाचित होने के लिए बधाई देता हूँ। आज से शुरू हुआ इस वर्ष का यह पावस-सत्र 24 अगस्त 2007 तक चलेगा। इस सत्र में आज की बैठक सहित कुल छह बैठकें निर्धारित हैं। इस अवधि में राज्य सरकार वर्ष 2007-08 का प्रथम अनुपूरक बजट सदन में प्रस्तुत करेगी। इसके अतिरिक्त कुछ राजकीय विधेयकों को भी विचार के लिए सदन में रखे जाने की सम्भावना है। अनुपूरक बजट तथा राजकीय विधेयकों पर चर्चा के माध्यम से आपको सरकार के कामकाज की समीक्षा के महत्त्वपूर्ण अवसर उपलब्ध होंगे। इनके अतिरिक्त प्रश्नों, ध्यानाकर्षण सूचनाओं गैर-सरकारी संकल्पों के माध्यम से भी आपको राज्य में व्याप्त जन-समस्याओं को सरकार के संज्ञान में लाने के अवसर प्राप्त होंगे। मैं उम्मीद करता हूँ कि उपलब्ध समय के एक-एक पल का सार्थक उपयोग करके हम झारखण्ड की इस सर्वोच्च लोक पंचायत से झारखण्ड के विकास को एक नयी दिशा देंगे।

मैं आपको सूचित कर देना चाहता हूँ कि इस विधानसभा से अपने स्थान का त्याग करने के बाद रिक्त हुए डाल्टेनगंज निर्वाचन क्षेत्र से पुनः निर्वाचित होने में श्री इन्दर सिंह नामधारी जी ने सफलता प्राप्त की है। निर्वाचित होकर पुनः झारखण्ड विधानसभा का सदस्य बनने के लिए मैं श्री नामधारी जी को बधाई देता हूँ और उम्मीद करता हूँ कि अपने लंबे राजनीतिक जीवन के विधायी अनुभव का लाभ वे हमें भी पहुँचाते रहेंगे।

14 दिसम्बर, 2007

माननीय अध्यक्ष का प्रारम्भिक वक्तव्य

अध्यक्ष–माननीय सदस्यगण,

द्वितीय झारखण्ड विधानसभा के नवम् और वर्ष 2007 के शीतकालीन सत्र में आप सबों का हार्दिक अभिनन्दन।

हमारे विगत सत्र से अब तक की अवधि में भारत के कई लोगों ने विश्व संसदीय लोकतन्त्र के मंच पर महत्त्वपूर्ण उपलब्धियाँ दर्ज की हैं। इनमें से दो लोगों की उपलब्धियों की चर्चा मैं इस सदन में करना चाहता हूँ। राष्ट्रमण्डल संसदीय संघ, जिसकी सदस्यता केन्द्रीय संसद सहित झारखण्ड विधानसभा ने भी ग्रहण कर रखी है, के संघ सचिवालय के महासचिव पद पर निर्णायक मतों से जीत हासिल करने में भारत के प्रख्यात राजनयिक श्री कमलेश शर्मा ने उल्लेखनीय सफलता प्राप्त की है। एक राजनयिक के रूप में अपने कैरियर की शुरुआत करने वाले श्री शर्मा ने दुनिया के कई देशों में भारत की विदेश नीति का लोहा मनवाया था। उनके सद्प्रयासों की बदौलत कई राष्ट्रों से भारत के मधुर सम्बन्ध स्थापित हुए। राष्ट्रमण्डल संगठन के महासचिव पद तक निर्वाचित होकर पहुँचने वाले वे प्रथम भारतीय हैं। हम उनकी इस सफलता के लिए इस सदन की ओर से हार्दिक बधाई देते हैं। इसी के साथ हम बधाई देना चाहते हैं भारतीय मूल के बॉबी जिंदल को भी, जिन्होंने संयुक्त राज्य अमेरिका के लुसियाना प्रान्त के गवर्नर के रूप में निर्वाचित होने में सफलता प्राप्त की है। अपनी इस सफलता से श्री जिंदल ने दुनिया को भारत के लोगों की नेतृत्व क्षमता का अहसास करा दिया है। हम इस सदन की ओर से कामना करते हैं कि गवर्नर के रूप में वे अपना कार्यकाल सफलतापूर्वक पूरा करेंगे ही, आने वाले दिनों में इससे भी ज्यादा महत्त्वपूर्ण पद को प्राप्त करने में वे सफल हो सकेंगे।

राष्ट्रमण्डल संसदीय संघ का इस वर्ष का अन्तर्राष्ट्रीय सम्मेलन भारतीय संसद के तत्त्वावधान में भारत की राजधानी नयी दिल्ली के विज्ञान भवन में आयोजित हुआ, जिसमें 52 देशों के प्रतिनिधियों ने हिस्सा लिया। इस सम्मेलन में अन्तर्राष्ट्रीय महत्त्व के कई ऐसे ज्वलन्त विषयों पर सार्थक चर्चा हुई है जिनमें वैश्विक उष्णता और जलवायु परिवर्तन के दुष्परिणाम, संसदीय लोकतन्त्र में बेहतर उत्तरदायित्व को सुनिश्चित करने हेतु प्रतिनिधियों को वापस बुलाने का अधिकार तथा लोकतन्त्र के कार्यक्रम में विपक्ष की भूमिका और उत्तरदायित्व जैसे विषय अत्यन्त महत्त्वपूर्ण थे। झारखण्ड विधानसभा के प्रतिनिधि की हैसियत से उक्त सम्मेलन में मैंने आपकी ओर से अपने विचार व्यक्त किये हैं। मैं समझता हूँ कि इस सम्मेलन के माध्यम से विभिन्न विषयों पर प्रतिनिधियों के बीच जिन कार्य योजनाओं पर आम सहमति बनी है, उनके अच्छे परिणाम निकट भविष्य में सामने आयेंगे तथा इनका लाभ राष्ट्रमण्डल के अन्य सदस्य देशों के साथ-साथ भारत को भी प्राप्त हो सकेगा।

अखिल भारतीय विधायी संस्थाओं के पीठासीन अधिकारियों का इस वर्ष का सम्मेलन केरल की राजधानी तिरुवनन्तपुरम में आयोजित हुआ। इस सम्मेलन में भी

विधायी सदनों के समक्ष आने वाली कई कठिनाइयों के साथ-साथ विधायिका और न्यायपालिका के बीच पारस्परिक सम्बन्ध, सार्वजनिक जीवन में सदाचार और जनप्रतिनिधियों से आम आदमी की अपेक्षाएँ और विधायी सदनों में व्यवधान : कारण और निदान जैसे विषयों पर तीन दिनों तक गम्भीर चर्चा हुई है। सम्मेलन ने टकराव की घटनाओं को टालने के उद्देश्य से दो संकल्प भी सर्वसम्मति से पारित किये हैं। मैं समझता हूँ कि इन पारित संकल्पों के आलोक में हमारी संसद के स्तर से भारत में संसदीय लोकतन्त्र के कार्यक्रम के लिए संविधान द्वारा स्थापित विभिन्न स्तम्भों के बीच बेहतर तालमेल की स्थापना के निमित्त जरूरी दिशा-निर्देश जल्द ही जारी किये जायेंगे।

पिछले 21 एवं 22 नवम्बर, 2007 को झारखण्ड विधानसभा का सातवाँ स्थापना दिवस समारोह अत्यन्त धूमधाम से मनाया गया है। विधायी उत्कृष्टता पुरस्कार चयन समिति की सर्वसम्मत अनुशंसा के आलोक में इस वर्ष का उत्कृष्ट विधायक का सम्मान इस सदन के वरिष्ठ सदस्य माननीय श्री पशुपतिनाथ सिंह को दिया गया है। उनकी इस उपलब्धि के लिए मैं आज के अवसर पर सदन की ओर से उन्हें बधाई देता हूँ। इस पुरस्कार योजना के तहत अब तक भारतीय प्रशासनिक सेवा के एक अधिकारी को सम्मानित किये जाने का प्रावधान था। मैंने महसूस किया कि राज्य के शासन में भारतीय पुलिस सेवा के अधिकारी भी महत्त्वपूर्ण योगदान देते हैं। विधायी सदन और इसकी समितियों के कार्यकलापों में भी इनके सहयोग की उल्लेखनीय भूमिका होती है। अत: निर्णय लिया कि इस वर्ष से भारतीय पुलिस सेवा के एक अधिकारी को भी सम्मानित किया जाये।

इस चार दिवसीय शीतकालीन सत्र में राज्य सरकार इस वर्ष का अपना दूसरा अनुपूरक बजट सदन में प्रस्तुत करेगी। उल्लेखनीय है कि इस वर्ष के बजट-सत्र के दौरान सभा द्वारा वित्तीय उत्तरदायित्व और बजट प्रबन्धन विधेयक को पारित किया गया था, जिसने महामहिम राज्यपाल की अनुमति से अधिनियम का रूप ग्रहण कर लिया है। इस अधिनियम के द्वारा यह प्रावधान किया गया है कि राज्य सरकार प्रत्येक वर्ष अपना मध्यावधि वित्तीय समीक्षा प्रतिवेदन सदन में प्रस्तुत करेगी। उक्त प्रावधान के आलोक में राज्य सरकार द्वारा उक्त प्रतिवेदन को सदन में चलते सत्र में उपस्थापित किया जायेगा। झारखण्ड में यह अपनी तरह का पहला प्रयोग है। प्रारम्भिक दौर से इसमें कुछ कमियाँ हो सकती हैं, इससे मैं इनकार नहीं करता, किन्तु मैं यह उम्मीद भी करता हूँ कि आने वाले वर्षों में इसका स्वरूप ज्यादा परिमार्जित होगा। इस नयी व्यवस्था लोकधन पर विधायिका का नियन्त्रण ज्यादा कारगर तरीके से स्थापित हो सकेगा, यह उम्मीद भी मुझे है।

यह सत्र छोटा है। छोटे समय का भी हम यदि अच्छी तरह उपयोग करें तो समय की सार्थकता सिद्ध हो सकेगी। इसी सोच के तहत मैंने इस विधानसभा में एक नया प्रयोग शुरू करते हुए सत्र की पूर्व संख्या पर दिनांक–13 दिसम्बर, 2007 को विधायक दल के माननीय नेताओं की एक बैठक का आयोजन अपने कार्यालय कक्ष में किया था। मैं इस प्रयोग को आगे भी ले जाने की इच्छा रखता हूँ ताकि विवाद के प्रत्येक विषय पर पारस्परिक संवाद के माध्यम से सर्वमान्य समाधान तक पहुँचा जा सके।

मैं उम्मीद करता हूँ, इस सत्र के सफल संचालन में आप तमाम माननीय सदस्यों का सहयोग मुझे प्राप्त होगा।

18 दिसम्बर, 2007

माननीय अध्यक्ष महोदय का समापन भाषण

अध्यक्ष–माननीय सदस्यगण,

द्वितीय झारखण्ड विधानसभा का नवम् सत्र अब अपने समापन के मुकाम पर है। चार दिनों तक चले विधानसभा के इस सत्र में लोकहित के अनेक महत्त्वपूर्ण प्रश्नों पर माननीय सदस्यों ने गम्भीर चर्चा की है तथा जनहित से जुड़ी समस्याओं के समाधान तक पहुँचने के उल्लेखनीय प्रयास किये हैं, इसके लिए मैं प्रत्येक माननीय सदस्य के प्रति अपना आभार व्यक्त करना चाहता हूँ। इस अवधि में सदन में सरकार द्वारा प्रस्तुत इस वर्ष के दूसरे अनुपूरक बजट के साथ-साथ राज्य में व्याप्त बिजली संकट, बाढ़ और सुखाड़ की समस्या पर पक्ष-प्रतिपक्ष के सदस्यों ने दलीय सीमाओं से ऊपर उठकर गम्भीर चर्चा की है तथा सरकार की ओर से भी दीर्घकालिक कार्य योजना के कार्यान्वयन का आश्वासन सदन में दिया गया है। मैं समझता हूँ कि आने वाले दिनों में सरकार के दृढ़ संकल्प से पैदा होने वाले सार्थक परिणामों का लाभ झारखण्ड की जनता को मिलेगा। चार दिनों तक चले इस सत्र में सभा ने व्यापक विचार-विमर्श के बाद झारखण्ड विनियोग (संख्या-4) विधेयक, 2007 के साथ-साथ दस महत्त्वपूर्ण विधेयकों को पारित किया है। इनमें यद्यपि सभी महत्त्वपूर्ण हैं तथापि इनमें से तीन की चर्चा मैं विशेष रूप से करना चाहूँगा। जहाँ झारखण्ड खनिज क्षेत्र विकास प्राधिकारी (संशोधन) विधेयक, 2007 के पारित होने से खनिज सम्पदाओं की बहुतायत वाले क्षेत्रों में विकास कार्यों को एक नयी दिशा और तीव्रता प्राप्त होगी, वहीं झारखण्ड राज्य मूल्य वर्धित कर (संशोधन) विधेयक के प्रावधानों के लागू होने से यहाँ के उपभोक्ताओं को व्यापक आर्थिक लाभ प्राप्त होगा, साथ ही व्यापार-वाणिज्य के उत्तरोत्तर विकास

की असीम सम्भावनाओं के द्वार भी झारखण्ड में खुलेंगे। हमारे विधानसभा ने इस चार दिवसीय सत्र में वित्तरहित शैक्षणिक संस्थान अनुदान विधेयक को पारित कर राज्य में न केवल शैक्षिक क्रांति लाने की दिशा के द्वार खोल दिये हैं, वरन् इसके पारित होने से गैर-सरकारी मान्यता प्राप्त कॉलेजों में भी उच्च शिक्षा का मार्ग प्रशस्त हुआ है। मैं इन विधेयकों के सदन में लाये जाने के लिए न केवल राज्य सरकार के प्रति आभार व्यक्त करता हूँ, वरन् इन्हें पारित करने में माननीय सदस्यों के योगदान की भी सराहना करता हूँ।

इस सत्र में झारखण्ड राज्य राजमार्ग प्राधिकार विधेयक, 2007 को न केवल प्रतिपक्ष के सदस्यों के आग्रह पर वरन् सरकार की भी सहमति से सभा की प्रवर समिति को सौंपा गया है। इस विधेयक के उद्देश्य व्यापक हैं। मैं समझता हूँ कि प्रवर समिति के परामर्श से इसकी व्यापकता और उपयोगिता को और भी ज्यादा बड़ा आयाम प्राप्त होगा।

चार दिनों तक चली सभा के इस सत्र में टकराव के कुछ मुद्दे भी सामने आये तथापि सदस्यों के सार्थक प्रयासों से इन्हें टालने में हमें काफी मदद मिली है। इसी के परिप्रेक्ष्य में भारतीय लोकसभा के जनक डॉ. दादा साहेब मावलंकर की इन उक्तियों की चर्चा मैं करना चाहूँगा–संसदीय सरकार को विचार-विमर्श से चलने वाली सरकार कहा गया है। प्रत्येक सदस्य को यह ध्यान में रखते हुए विचार व्यक्त करने की पूरी स्वतन्त्रता है कि दूसरे सदस्य को भी यह स्वतन्त्रता प्राप्त है। इसलिए यह आवश्यक हो जाता है कि विचारविमर्श के विषय-स्वरूप तथा भाषा पर संयम बरता जाये। वाद-विवाद उपयोगी, सहायक तथा प्रभावी हो, इसके लिए यह आवश्यक है कि परस्पर सहनशीलता, सद्भाव और आदर की भावना हो। इसके लिए अनुशासित होने की भी जरूरत है, जिनसे न केवल नियमों और विनियमों अपितु संसदीय वाद-विवाद की सभी परम्पराओं के प्रति भी आदर व्यक्त किया जाये क्योंकि जाहिर है कि उनमें प्रत्यक्ष के नियमों या विनियमों के अंतर्गत नहीं लाया जा सकता। विभिन्न मत और विचारधारा रखने वाले व्यक्ति परस्पर जितने सहिष्णु होंगे एवं दूसरे के मत को समझने का प्रयत्न करेंगे, संसदीय सरकार उतनी ही सफल हो सकेगी। एक-दूसरे के प्रति दायित्व की भावना से जितने अपेक्षित परिणाम प्राप्त हो सकते हैं, उतने नियम अथवा विनियमों के बनाने से नहीं हो सकते। मुझे खुशी है कि इस सत्र में सभा के प्रत्येक सदस्य ने इन उच्च संसदीय परम्पराओं का पालन आगे बढ़कर किया है।

झारखण्ड विधानसभा के इतिहास में पहली बार इस सत्र के दौरान किसी सरकार के खिलाफ अविश्वास प्रस्ताव पर चर्चा हुई है। इस चर्चा के क्रम में विपक्ष द्वारा अनेक सार्थक मुद्दों को उठाया गया है, मैं समझता हूँ कि सरकार उन पर ध्यान देगी तथा जहाँ पर कमियाँ हैं, उन्हें दूर करने के प्रयास भी करेगी। मैंने इसी विधानसभा के सातवें सत्र के समापन के अवसर पर यह घोषणा की थी कि सदस्यों द्वारा शून्यकाल में जिन विषयों को उठाया जाता है, सरकार से उनके उत्तर प्राप्त कर अनुवर्ती सत्र में इन्हें सदस्यों के बीच वितरित कराया जायेगा। पिछले सत्रों में शून्यकाल में उठे मुद्दों पर सरकार के उत्तर की प्रतियाँ इसी क्रम में सभा में 15 दिसम्बर, 2007 को वितरित की गयी हैं। मैं सदस्यों को विश्वास दिलाना चाहता हूँ कि संसदीय लोकतन्त्र में अनेक सार्थक प्रयास झारखण्ड विधानसभा में आगे भी किये जाते रहेंगे।

सत्र की पूर्व संध्या पर मैंने विधायक दल के नेताओं की बैठक आयोजित की थी तथा उसमें यह तय किया था कि सभा के आगामी सत्र की संभावित तिथि की घोषणा हम सदन में सत्र के समापन के अवसर पर करेंगे। इस क्रम में मैं माननीय सदस्यों के बीच सरकार की सहमति से सुखद घोषणा करने की स्थिति में हूँ कि इस विधानसभा के आगामी सत्र का आरम्भ आगामी फरवरी, 2008 के अन्तिम सप्ताह में संभावित है।

इस सत्र के सफल संचालन में माननीय सदस्यों के साथ-साथ सरकार के मन्त्रियों, राज्य सरकार के अधिकारियों, मीडियाकर्मियों, पत्रकारों, विधानसभा सचिवालय कर्मियों और पुलिसकर्मियों की महत्त्वपूर्ण भूमिका रही है। मैं सभी के प्रति हृदय से आभार व्यक्त करता हूँ। ईद-उल-जुहा और बड़ा दिन का त्योहार हमारे सामने हैं। मैं समस्त झारखण्डवासियों को इन त्योहारों के साथ-साथ आने वाले नववर्ष की हार्दिक शुभकामनाएँ अर्पित करता हूँ तथा कामना करता हूँ कि ये त्योहार हमारी जिन्दगी को खुशियों के मिठास से सराबोर कर दें।

इसी के साथ मैं विधानसभा की बैठक को अनिश्चितकाल के लिए स्थगित करता हूँ।

27 फरवरी, 2008

माननीय अध्यक्ष महोदय का प्रारम्भिक वक्तव्य

माननीय सदस्यगण,

द्वितीय झारखण्ड विधानसभा के दसवें और वर्ष 2008 के इस बजट-सत्र में आप सभी का हार्दिक अभिनन्दन।

कुल बीस बैठकों के लिए प्रस्तावित इस सत्र में आज पहले दिन झारखण्ड के महामहिम राज्यपाल अपना अभिभाषण इस सदन में देंगे। सदियों से स्थापित संसदीय परम्परा के अनुसार सभा में महामहिम राज्यपाल के अभिभाषण को अत्यन्त गरिमा और प्रतिष्ठा का अवसर माना जाता है। इस अवसर की पवित्रता को देखते हुए सभा के माननीय सदस्यों से अनुपालन और शालीनता के सिद्धान्तों को अनुपालन करते हुए सदन में व्यवस्था बनाये रखने की अपेक्षा की जाती है। संसदीय प्रक्रिया के मनीषी विद्वानों की मान्यता है कि शासन के प्रमुख के रूप में महामहिम राज्यपाल विधायी सदनों में अपना अभिभाषण देकर न केवल सरकार को आगामी कार्य योजनाओं से सदस्यों को अवगत कराते हैं, वरन् संविधान द्वारा उन्हें सौंपे गये महत्त्वपूर्ण विधायी दायित्व का भी निर्वहन करते हैं। किसी वर्ष में विधायी सदनों की कार्यवाही तब तक आरम्भ हुई नहीं मानी जाती, जब तक राज्य विधानमण्डल को महामहिम राज्यपाल द्वारा सम्बोधित नहीं कर दिया जाये। महामहिम राज्यपाल द्वारा विधायी सदनों में पूरी की जाने वाली इस औपचारिकता को हमारी न्यायपालिका द्वारा भी स्वीकार किया गया है। इस परिप्रेक्ष्य में मेरा आप सबों से अनुरोध होगा कि महामहिम राज्यपाल के अभिभाषण के समय आप आत्म अनुशासन का उत्कृष्ट परिचय देते हुए सभा में व्यवस्था बनाये रखेंगे तथा उनकी बातें को गौर से सुनेंगे।

विधानसभा के इस सत्र में राज्य सरकार द्वारा वित्तीय वर्ष 2008-2009 बजट का उपस्थान भी किया जायेगा। उपस्थापित होने वाले इस बजट की अनुदान माँगों पर कटौती प्रस्तावों के माध्यम से आपको न केवल राज्य सरकार की योजनाओं की समीक्षा के अवसर प्राप्त होंगे बल्कि आप सरकार की वित्तीय नीतियों का समालोचना में भी सफल हो सकेगी। इसी तरह महामहिम राज्यपाल के अभिभाषण पर पेश होने वाले धन्यवाद प्रस्ताव पर चर्चा के माध्यम से भी आप सरकार की सफलताओं और विफलताओं का सम्यक् आकलन कर सकेंगे। मैं समझता हूँ कि सदस्यों द्वारा इन उपबन्ध अवसरों को बेहतर इस्तेमाल किया जायेगा।

विगत 5 फरवरी, 2008 को झारखण्ड विधानसभा के तत्त्वावधान में राँची के श्रीकृष्ण लोक प्रशासन संस्थान में एक महत्त्वपूर्ण कार्यशाला का आयोजन किया गया था। इस कार्यशाला में विधानसभा सदस्यों के अधिकार, कर्तव्य और सदाचार तथा सभा की समितियाँ : प्रतिवेदन और कार्यान्वयन विषयों पर गम्भीर चर्चा हुई, जिसमें माननीय सदस्यों के अतिरिक्त राज्य सरकार के अधिकारियों ने

अच्छी संख्या में शिरकत की है। इस कार्यशाला को पश्चिम बंगाल विधानसभा के माननीय अध्यक्ष और सी.पी.ए. कार्यकारिणी के चेयरमैन श्री हासिम अब्दुल हलीम और लोकसभा के पूर्व महासचिव डॉ. सुभाष कश्यप द्वारा सम्बोधित किया गया। मैं समझता हूँ कि उक्त कार्यशाला में संसदीय व्यवस्था के अनुभवी विद्वानों द्वारा जो विचार व्यक्त किये गये हैं, उनका लाभ माननीय सदस्यों को अवश्य ही मिला होगा।

अपने प्रारम्भिक वक्तव्य के क्रम में मैं माननीय सदस्यों को एक और सूचना दे देना चाहता हूँ। सिमरिया विधानसभा निर्वाचन क्षेत्र के लिए हुए उप-चुनाव में भारतीय कम्युनिष्ट पार्टी के प्रत्याशी श्री रामचन्द्र राम ने निर्वाचित होने में सफलता प्राप्त की है। विधानसभा सदस्य की हैसियत से उन्हें सदस्यता की शपथ 8 फरवरी, 2008 को विधानसभा अध्यक्ष के कार्यालय कक्ष में दिलायी गयी। विधानसभा के इस सत्र में हम उनका स्वागत करते हैं।

27 मार्च, 2008

माननीय अध्यक्ष का समापन भाषण

अध्यक्ष–माननीय सदस्यगण,

27 फरवरी, 2008 से शुरू हुआ द्वितीय झारखण्ड विधानसभा का दशम् सत्र अब अपने समापन के मुकाम पर है। 19 कार्यदिवसों तक चले इस सत्र में सभा ने महामहिम राज्यपाल के अभिभाषण पर धन्यवाद प्रस्ताव तथा वर्ष 2008-09 के बजट में निहित विभागीय अनुदान की माँगों से सम्बन्धित मूल प्रस्ताव अथवा कटौती प्रस्ताव के माध्यम से राज्य सरकार की योजनाओं की माननीय सदस्यों द्वारा गहन समीक्षा की गई। इस सत्र में सभा ने दो विनियोग विधेयकों को पारित किया। विधानसभा की विभिन्न समितियों ने अपने प्रतिवेदन सभा-पटल पर उपस्थापित किये। भारत के नियन्त्रक एवं महालेखाकार परीक्षक का प्रतिवेदन भी इस सत्र में सभा-पटल पर रखा गया। वाद-विवाद के विभिन्न अवसरों का सार्थक उपयोग करते हुए माननीय सदस्यों ने राज्य की जनता की आर्थिक, सामाजिक और शैक्षणिक स्तर से सुधार के लिए जो सुझाव सरकार को दिये हैं, मैं समझता हूँ सरकार इनको अमल करके राज्य को विकास के पथ पर तीव्रता से अग्रसर करेगी। इस सभा में विभिन्न विभागों से सम्बन्धित अनेक प्रश्न माननीय सदस्यों द्वारा पूछे गये, वहीं अनेक समस्याओं पर ध्यानाकर्षण प्रस्ताव और गैर-सरकारी संकल्पों के माध्यम से सार्थक चर्चा हुई है तथा उनके समाधान के बिन्दु तक पहुँचने के प्रयास हुए हैं। मुझे इस बात की

खुशी है कि राज्य सरकार द्वारा माननीय सदस्यों द्वारा पूछे गये लगभग 90 प्रतिशत प्रश्नों, ध्यानाकर्षण प्रस्तावों के लिखित उत्तर माननीय सदस्यों को समय पर उपलब्ध कराये गये। इस सत्र के सफल संचालन में माननीय मुख्यमन्त्री सहित मन्त्रिमण्डल के सभी सदस्यों का सार्थक सहयोग रहा है। कई मामलों पर माननीय सदस्यों ने भी पक्ष और प्रतिपक्ष की भावना से ऊपर उठकर राज्यहित और जनहित में अपने विचार व्यक्त किये हैं। इसके लिए मैं सरकार के मन्त्रियों सहित सभा के तमाम माननीय सदस्यों के प्रति अपना आभार व्यक्त करता हूँ। सभा का सफल संचालन तब तक सम्भव नहीं है जब तक राज्य सरकार के अधिकारियों का सहयोग प्रश्नों, प्रस्तावों का उत्तर तैयार कर ससमय सभा को उपलब्ध कराने में नहीं मिले। मैं राज्य सरकार तथा सभा-सचिवालय के पदाधिकारियों की प्रशंसा करता हूँ, जिन्होंने सभा के प्रति अपने उक्त दायित्व का निर्वाह कुशलतापूर्वक किया है। मैं धन्यवाद देता हूँ पुलिस प्रशासन के अधिकारियों सहित पुलिस बल के उन तमाम जवानों को जिन्होंने सत्र काल में विधि-व्यवस्था को चाक-चौबन्द रखने में दिन-रात कड़ी मेहनत की है।

मैं धन्यवाद देता हूँ, इलेक्ट्रॉनिक और प्रिंट मिडिया से जुड़े तमाम पत्रकार बन्धुओं को, जिन्होंने इस सत्र की कार्यवाही के महत्त्वपूर्ण पहलुओं को समुचित रूप से राज्य के कोने-कोने में बसने वाली जनता तक पहुँचाया है।

इसी के साथ मैं सभा की कार्यवाही अनिश्चितकाल तक के लिए स्थगित करता हूँ।

19 सितम्बर, 2008

माननीय अध्यक्ष का प्रारम्भिक वक्तव्य

अध्यक्ष–माननीय सदस्यगण, द्वितीय झारखण्ड विधानसभा के एकादश सत्र में आप सभी का हार्दिक अभिनन्दन। दो खण्डों में आयोजित इस सत्र के पहले चरण में माननीय मुख्यमन्त्री श्री शिबू सोरेन के नेतृत्व में गठित राज्य की नयी सरकार ने दिनांक–29 अगस्त, 2008 को सभा में विश्वासमत हासिल किया। उक्त तिथि की कार्य-सूची में अंकित एकमात्र कार्य विश्वासमत प्रस्ताव के निष्पादन में माननीय सदस्यों द्वारा सभा की मर्यादा और शालीनता को बनाये रखते हुए जिस प्रकार आसन का सहयोग किया गया, उसके लिए मैं तमाम माननीय सदस्यों के प्रति अपना आभार व्यक्त करता हूँ। श्री शिबू सोरेन के नेतृत्व में गठित मंत्रिपरिषद् के अस्तित्व में आने के पूर्व इस राज्य में श्री मधु कोड़ा के नेतृत्व वाली मंत्रिपरिषद् थी। लगभग 23

माह की अवधि तक कोड़ा इस राज्य के मुख्यमन्त्री रहे। उनके कार्यकाल के दौरान झारखण्ड विधानसभा के आयोजित विभिन्न सत्रों में सदन नेता के रूप में उनकी भूमिका सराहनीय रही। यद्यपि सभा में विवाद के अनेक विषय आये तथा उत्तेजना के वातावरण भी कई अवसरों पर सृजित हुए, तथापि सदन नेता के रूप में अपनी सूझ-बूझ से उन्होंने ऐसे अवसरों से उबरने में आसन का जो सहयोग किया है, उसके लिए मैं उनके प्रति भी आभार व्यक्त करता हूँ। लोकतन्त्र की संसदीय प्रणाली में सरकारों का बदलना तथा नेतृत्व का परिवर्तन एक सामान्य घटना है। बहुमत प्राप्त राजनीतिक दल या समूह का विश्वास जिस व्यक्ति में होता है, उसे सरकार का नेतृत्व करने के अवसर हासिल होते हैं। विधानसभा का बहुमत आज जब वर्तमान मुख्यमन्त्री श्री शिबू सोरेन के साथ है, तो मैं उम्मीद करूँगा कि वे सरकार को सभा की भावना के अनुरूप चलाकर राज्य की तीन करोड़ जनता की अपेक्षाओं को पूरा करने में सफल सिद्ध हो सकेंगे। साथ ही सभा के संचालन में जरूरत पड़ने पर आसन का समुचित सहयोग भी करेंगे। यह सरकार विधानसभा के इस सत्र में अपना अनुपूरक बजट पेश करेगी। इसे पेश करने की आवश्यकता क्यों हुई, इसमें निहित अनुदान की माँगों का क्या औचित्य है, इस पर चर्चा के पर्याप्त अवसर आपको उपलब्ध होंगे। यद्यपि कार्यदिवसों की दृष्टि से यह सत्र मात्र छह दिनों का है, तथापि सभी माननीय सदस्यों को राज्य की जनता की उम्मीदों के अनुरूप अपनी भावना सदन में व्यक्त करने के पर्याप्त अवसर प्राप्त हो सकें, इसकी पूरी चेष्टा मैं करूँगा। साथ ही आप सभी से यह अपेक्षा भी करूँगा कि आप सभा में उपलब्ध छोटे-से-छोटे समय का सार्थक उपयोग करके लोकतन्त्र की सर्वाधिक महत्त्वपूर्ण अवधारणा अधिकतम लोक-कल्याण को सुनिश्चित करने वाले तंत्र लोकतन्त्र को साकार करने की कोशिश भी करेंगे। आप सभी सम्भवत: इस तथ्य से अवगत होंगे कि राष्ट्रमण्डल संसदीय संघ का वर्ष 2008 का अन्तर्राष्ट्रीय सम्मेलन विगत अगस्त माह में मलेशिया की राजधानी कुआलालम्पुर में आयोजित हुआ जिसमें झारखण्ड विधानसभा के प्रतिनिधि के तौर पर शिरकत करते हुए मैंने आपकी ओर से बेहतर प्रतिनिधिमूलक शासन को सुनिश्चित करने हेतु व्यापक जनसहभागिता को सुनिश्चित किये जाने जैसे मामलों समेत विश्वव्यापी खाद्य संकट जैसे विषयों पर भी आपकी ओर से अपने विचार व्यक्त किये हैं। उक्त सम्मेलन में इस बार अपने देश की उपलब्धि शानदार रही है, जहाँ एक ओर पश्चिम बंगाल विधानसभा के माननीय अध्यक्ष श्री हासिम अब्दुल हलीम ने सी.पी.ए. के कोषाध्यक्ष पद पर निर्वाचित होने में सफलता प्राप्त की है,

वहीं लोकसभा के माननीय अध्यक्ष श्री सोमनाथ चटर्जी सी.पी.ए. पीठासीन अधिकारी समूह के अध्यक्ष चुने गये हैं। इन दोनों के निर्वाचनों के लिए मैं आप सबों की ओर से बधाई देता हूँ।

चीन की राजधानी बीजिंग में आयोजित ओलम्पिक खेलों में भारत का प्रतिनिधित्व करते हुए अभिनव बिन्द्रा ने राइफल शूटिंग में स्वर्ण पदक सुशील कुमार ने कुश्ती की प्रतिस्पर्धा में कांस्य पदक और विजेन्द्र कुमार ने मुक्केबाजी की प्रतियोगिता में कांस्य पदक जीतकर देश का नाम रौशन किया है। मैं इन सभी को झारखण्ड विधानसभा की ओर से बधाई देते हुए यह कामना करता हूँ कि आने वाली अन्तर्राष्ट्रीय प्रतियोगिताओं में ये और ज्यादा बेहतर प्रदर्शन करके देश की उम्मीदों को पूरा करने में कामयाब हो सकेंगे। मुझे यह सूचना देने में भी अपार हर्ष का अनुभव हो रहा है कि भारत के एक दिवसीय क्रिकेट टीम के कप्तान महेन्द्र सिंह धौनी जिन्होंने खेल के इस क्षेत्र में झारखण्ड को नयी पहचान दी है, इन्होंने एक दिवसीय क्रिकेट के सर्वश्रेष्ठ खिलाड़ी होने का गौरव अन्तर्राष्ट्रीय क्रिकेट परिषद् से हासिल किया है। हम धौनी को भी उनकी इस उपलब्धि के लिए बधाई देते हैं।

मैं एक बार पुन: आप सबों से अनुरोध करूँगा कि सभा के कार्य-संचालन में आसन के साथ-साथ अपना सहयोग प्रदर्शित करेंगे। धन्यवाद!

17 दिसम्बर, 2008

माननीय अध्यक्ष का प्रारम्भिक वक्तव्य

अध्यक्ष–माननीय सदस्यगण,

द्वितीय झारखण्ड विधानसभा के द्वादश तथा वर्ष 2008 के शीतकालीन सत्र में आप सभी का हार्दिक अभिनन्दन। विगत सत्र से अब तक की अवधि में राष्ट्रीय राजनीति के फलक पर बहुत सारी गतिविधियाँ हुई है। मध्य प्रदेश, छत्तीसगढ़, राजस्थान, मिजोरम, दिल्ली और जम्मू कश्मीर विधानसभा के लिए आम निर्वाचन इसी अवधि में हुए। इन निर्वाचनों में आम मतदाताओं ने बढ़ चढ़कर हिस्सा लिया है। कुछ राज्यों की राजनीति में जहाँ कतिपय परिवर्तन हुए हैं, वहीं कुछ राज्य में मतदाताओं ने परिवर्तन की जगह पुरानी सरकारों के स्थायित्व को प्राथमिकता दी है। इन विधानसभाओं में से कुछ निर्वाचन देश की आर्थिक राजधानी मुम्बई पर हुए

आतंकवादी हमलों के दरम्यान या उनके बाद हुए इस हमले को लेकर जहाँ देश में व्यापक पैमाने पर चिन्ता की लकीर हमारे राजनेताओं और कुटनीतिज्ञों के माथे पर रेखांकित हुई, वहीं हमारा आमजनमानस भी इससे अछूता नहीं रहा है। राष्ट्र की एकता और अखण्डता की रक्षा के लिए देश के कोने-कोने में कहीं मानव श्रृंखलाएँ बनीं तो कहीं इन हमलों में मारे गये लोगों की श्रद्धांजलि के लिए लोग क्षेत्र और भाषा की सीमाओं को तोड़कर आगे आए। हम आज के अवसर पर जहाँ देशवासियों के इस जज्बे को सलाम करते हैं, वहीं आतंकवाद की इन घटनाओं से विचलित हुए बिना विधानसभा निर्वाचनों में अपने मताधिकार का प्रयोग बिना किसी डर-भय के करने आये नागरिकों के लोकतन्त्र के प्रति अवदान को भी नमन करते हैं। झारखण्ड विधानसभा ने अपनी स्थापना के आठ वर्षों के सफर को बीती अवधि में ही पूरा किया है। हमने इस अवसर पर आयोजित स्थापना दिवस समारोह को धूम-धाम से मनाया है, जिसमें महामहिम राज्यपाल ने इस वर्ष के उत्कृष्ट विधायक सम्मान से माननीय श्री इन्दर सिंह नामधारी जी को सम्मानित किया है। उन्हें यह सम्मान पाने के लिए मैं सदन की ओर से बधाई देता हूँ तथा अन्य माननीय सदस्यों से भी यह आग्रह करता हूँ कि इस सभा के जिन सदस्यों को अब तक इस सम्मान से नवाजा जा चुका है, उनके पद् चिन्हों पर चलकर आप भी इस सम्मान को प्राप्त करने में कामयाब हो सकें, वहीं इस सदन को संसदीय लोकतन्त्र की सर्वोच्च बुलन्दियों तक पहुँचाने में भी सफल हो सकें।

हमारा यह सत्र संक्षिप्त है, जिसमें कुल पाँच कार्यदिवस निर्धारित हैं। इस सत्र में सरकार द्वारा अपना अनुपूरक बजट सभा में प्रस्तुत किया जायेगा, जिन पर चर्चा के क्रम में आप सभी को सरकार के कार्यकलापों के मूल्यांकन के अवसर प्राप्त हो सकेंगे।

मैं आपसे आग्रह करूँगा कि आप सदन के लिए निर्धारित समय में एक-एक पल का सार्थक सदुपयोग करेंगे। धन्यवाद!

22 दिसम्बर, 2008

माननीय अध्यक्ष का समापन भाषण

अध्यक्ष–माननीय सदस्यगण,

द्वितीय झारखण्ड विधानसभा का द्वादश सत्र अब अपने समापन के मुकाम पर है। इस सत्र में राज्य सरकार के इस वर्ष के द्वितीय अनुपूरक बजट सहित राज्य में लंबे समय से चली आ रही विस्थापन की समस्या और उससे उबरने के लिए सरकार

द्वारा तैयार की गयी पुनर्वास नीति पर आपने सार्थक चर्चा की है। चर्चा के क्रम में आपके द्वारा राज्य के विकास के लिए कई महत्त्वपूर्ण सुझाव दिये गये। मैं आशा करता हूँ कि सरकार आपके सुझावों को सकारात्मक रूप में ग्रहण कर इस राज्य को विकास के नये मुकाम तक पहुचाने में कामयाब हो सकेगी। इन सबके अतिरिक्त आपने प्रश्नों, ध्यानाकर्षण प्रस्तावों तथा शून्यकाल की सूचनाओं के माध्यम से भी जनहित से जुड़े व्यापक मुद्दों को उठाया है। मैं इन सबके भी त्वरित समाधान की उम्मीद सरकार से करता हूँ। मुझे इस बात की खुशी है कि आपके द्वारा उठाये गये लगभग अधिकांश प्रश्नों के लिखित उत्तर सरकार द्वारा समय पर उपलब्ध कराये गये। इन्हें उपलब्ध कराने में राज्य सरकार के कर्मचारियों, पदाधिकारियों और मन्त्रियों की तत्परता की मैं सराहना करता हूँ। मैं तमाम माननीय सदस्यों के प्रति भी अपना आभार व्यक्त करता हूँ जिन्होंने सभा के व्यवस्थापूर्वक संचालन में आसन का सहयोग किया है। कुछ ऐसे मामले भी सदन में उठे, जिन्हें लेकर उत्तेजना का क्षणिक वातावरण सदन में सृजित हुआ लेकिन मुझे इस बात की खुशी है कि पक्ष और विपक्ष के पारस्परिक सहयोग, सहिष्णुता और समझदारी से उत्तेजना के इस माहौल को काबू में किया गया।

मैं आभार व्यक्त करता हूँ तमाम पत्रकार बन्धुओं के प्रति, चाहे वे प्रिंट मीडिया से जुड़े हों या इलेक्ट्रोनिक मीडिया से, जिन्होंने सभा के द्वारा संपादित कार्य की जानकारी जिम्मेवारीपूर्वक राज्य की पौने तीन करोड़ जनता तक पहुँचाया है। मैं प्रशासनिक सेवा और पुलिस सेवा के अधिकारियों समेत सुरक्षा बल के जवानों को भी धन्यवाद देता हूँ, जिन्होंने पूरे सत्रकाल में शान्ति और कानून व्यवस्था बहाल रखने में अपनी ड्यूटी को जिम्मेवारी से निभाया है।

बड़ा दिन के त्योहार के साथ-साथ नववर्ष भी हमारे द्वार पर दस्तक दे रहा है। मैं आज के अवसर पर आप सभी के साथ-साथ झारखण्ड के प्रत्येक नागरिक को इनकी शुभकामना सदन के माध्यम से देता हूँ और ईश्वर से कामना करता हूँ कि आने वाले साल का प्रत्येक दिन हमारे लिए, आप सबके लिए, पूरे देश और पूरी दुनिया के लिए खुशियों का पैगाम लेकर आए। हमारे आँगनों में अमन का वातावरण हो, आपसी भाईचारा मजबूत हो तथा हम प्रगति के पथ पर दुगुने उत्साह के साथ अग्रसर हो सकें।

इसी के साथ मैं सभा की कार्यवाही अनिश्चितकाल तक के लिए स्थगित करता हूँ। धन्यवाद!

तृतीय झारखण्ड विधानसभा, अध्यक्ष महोदय का प्रारम्भिक वक्तव्य और समापन भाषण

04 जनवरी, 2010

माननीय प्रोटेम अध्यक्ष का प्रारम्भिक वक्तव्य

प्रोटेम अध्यक्ष–तृतीय झारखण्ड विधानसभा के लिए नवनिर्वाचित माननीय प्रतिनिधिगण आप सभी का झारखण्ड विधानसभा सदन में हार्दिक अभिनन्दन। भारत के संविधान के अनुच्छेद 188 के अधीन यह प्रावधान किया गया है कि राज्य के विधानसभा का प्रत्येक सदस्य अपना स्थान ग्रहण करने के पूर्व महामहिम राज्यपाल या उनके द्वारा इस प्रयोजन के लिए नियुक्त व्यक्ति के समक्ष तीसरी अनुसूची में इस प्रयोजन के लिए दिये गये प्रारूप के अनुसार शपथ या प्रतिज्ञान करेगा और उस पर हस्ताक्षर करेगा।

संविधान के अनुच्छेद 180 के अधीन महामहिम राज्यपाल ने आपके शपथ या प्रतिज्ञान के निमित्त मेरी नियुक्ति प्रोटेम अध्यक्ष के रूप में की है। साथ ही उनके द्वारा मुझे सभा के अध्यक्ष के निर्वाचन तक इस रूप में कार्य करने का दायित्व भी सौंपा गया है। उल्लेखनीय है कि सभा के अध्यक्ष का निर्वाचन 6 जनवरी, 2010 को कराये जाने का आदेश महामहिम राज्यपाल द्वारा दिया गया है। झारखण्ड विधानसभा की प्रक्रिया तथा कार्य-संचालन के नियम 8 (2) के अधीन इस तथ्य का उल्लेख किया गया है कि इस प्रकार नियत तिथि के पूर्व दिन के मध्याह्न से पहले कोई भी सदस्य किसी भी प्रस्ताव को किसी अन्य सदस्य को सभा का अध्यक्ष चुना जाये, सचिव को सम्बोधित लिखित रूप में सूचना दे सकेगा और उस सूचना का अनुमोदन एक तीसरा सदस्य करेगा तथा उसके साथ उस सदस्य का, जिसका नाम सूचना में प्रस्तावित किया जाये, यह कथन संलग्न होगा कि निर्वाचित होने पर वह अध्यक्ष के रूप में कार्य करने को सहमत है। उपर्युक्त निर्धारित प्रक्रिया के अनुसार

अध्यक्ष पद के लिए सामान्य स्थितियों में नामांकन 5 जनवरी, 2010 के 12 बजे मध्याह्न पूर्व तक लिये जा सकते थे, किन्तु उक्त तिथि को सार्वजनिक अवकाश पूर्व से घोषित है, लोकसभा में इस तरह की व्यवस्था है कि अध्यक्ष के निर्वाचन के नियत तिथि के एक दिन पूर्व यदि रविवार अथवा सार्वजनिक अवकाश है, तो अध्यक्ष के निर्वाचन प्रस्ताव की सूचना अवकाश के पहले वाले दिन ही 3.15 बजे अपराह्न तक ली जायेगी, किन्तु झारखण्ड विधानसभा की प्रक्रिया तथा कार्य-संचालन के नियम 268 (1) में यह प्रावधान है कि रविवार या सार्वजनिक अवकाश के दिनों को छोड़कर कोई सूचना 11.00 बजे पूर्वाह्न से 4.00 बजे अपराह्न तक प्राप्त की जा सकेगी।

अतएव उपर्युक्त परिप्रेक्ष्य में अध्यक्ष-पद के निर्वाचन के निमित्त नामांकन की सूचनाएँ आज दिनांक–4 जनवरी, 2010 के 4 बजे अपराह्न तक सभा सचिव के कार्यालय कक्ष में प्राप्त की जायेगी। नामांकन प्रपत्र कार्य-सूची के साथ जारी कर दिये गये हैं।

सभा सचिव बारी-बारी से सदस्यों के नाम शपथ या प्रतिज्ञान के लिए पुकारेंगे। सदस्यगण शपथ या प्रतिज्ञान करते हुए निर्धारित प्रपत्र पर हस्ताक्षर अंकित करने के साथ-साथ उनके सामने रखे गये शपथ-पंजी पर भी अपना हस्ताक्षर अंकित करने की कृपा करेंगे। झारखण्ड विधानसभा के नवनिर्वाचित माननीय सदस्यों द्वारा भारत के संविधान के अनुच्छेद 188 के अधीन शपथ या प्रतिज्ञान ग्रहण करना।

अध्यक्ष–दिनांक–26 दिसम्बर, 2009 को भारतीय जनता पार्टी झारखण्ड प्रदेश के नवनिर्वाचित विधायकों की बैठक भाजपा के अखिल भारतीय महामंत्री श्री अनन्त कुमार सांसद, राष्ट्रीय उपाध्यक्ष सह प्रदेश प्रभारी श्रीमती करुणा शुक्ला की उपस्थिति में सम्पन्न होने की सूचना प्राप्त हुई है। विधायक दल की बैठक में सर्वसम्मति से श्री रघुवर दास, स.वि.स. को भारतीय जनता पार्टी विधायक दल का नेता चुना गया। विधायक दल की बैठक में लिये गये निर्णय के आलोक में मैं श्री रघुवर दास स.वि.स. को भारतीय जनता पार्टी विधायक दल का नेता के रूप में मान्यता प्रदान करता हूँ। आजसू पार्टी के नवनिर्वाचित पार्टी की बैठक क्रमश: दिनांक–25.12.2009 एवं 08.01.2010 को सम्पन्न होने की सूचना प्राप्त हुई है। साथ ही उस बैठकों में लिये गये निर्णयानुसार श्री सुदेश कुमार महतो स.वि.स. को सर्वसम्मति से आजसू पार्टी के विधायक दल का नेता तथा श्री उमाकांत रजक स.वि.स. को आजसू पार्टी विधायक दल का उप-नेता चुना गया। विधायक दल के बैठक में लिये गये निर्णय के आलोक में मैं श्री सुदेश कुमार महतो, स.वि.स. को आजसू पार्टी के विधायक दल का नेता तथा श्री उमा

कांत रजक स.वि.स.को आजसू पार्टी विधायक दल के उप-नेता के रूप में मान्यता प्रदान करता हूँ।

09 जनवरी, 2010

माननीय अध्यक्ष का समापन भाषण

अध्यक्ष–माननीय सदस्यगण,

4 जनवरी, 2010 से आरम्भ हुआ तृतीय झारखण्ड विधानसभा का प्रथम सत्र अब अपने समापन के मुकाम पर है। इस सत्र में नवनिर्वाचित सदस्यों ने शपथ या प्रतिज्ञान लेकर सरकार के विश्वास मत प्रस्ताव और महामहिम राज्यपाल के अभिभाषण पर प्रस्तुत धन्यवाद प्रस्ताव के दौरान अपने बहुमूल्य विचार सदन में व्यक्त किये। जैसा कि मैंने अपने प्रारम्भिक उद्गार में कहा था कि इस बार सभा के लिए कई ऐसे माननीय सदस्य चुनकर आये हैं जिनका विधायी जीवन बिल्कुल नया है तथापि वे भी प्रचुर विधायी ज्ञान से युक्त हैं और नये माननीय सदस्यों ने विचार-विमर्श के दौरान इसे सिद्ध भी किया है, मुझे इस बात की काफी खुशी है। हमारा आगामी सत्र बजट-सत्र होगा जो लंबी अवधि तक चलेगा। उसमें सदस्यों को विभागवार अनुदान की माँगों और बजट प्रस्तावों पर अपने विचार व्यक्त करने के अवसर प्राप्त होंगे। मैं माननीय सदस्यों से अनुरोध करूँगा कि वे अपने क्षेत्र की समस्याओं को इन अवसरों पर सदन में उठायेंगे। सरकार से उनके समाधान कराने की कोशिश करेंगे। आवश्यकता पड़ने पर माननीय सदस्यों को मेरी ओर से संरक्षण प्राप्त होगा, इस बात का विश्वास मैं एक बार फिर माननीय सदस्यों को दिलाना चाहूँगा। इस सत्र के सफल संचालन में माननीय मुख्यमन्त्री सहित सरकार के दोनों मन्त्रियों, नेता प्रतिपक्ष, अन्य विधायक दल के नेताओं और सभा के समस्त सदस्यों का सहयोग मुझे प्राप्त हुआ, इसके लिए मैं सभी के प्रति अपना आभार व्यक्त करता हूँ। सरकार के पदाधिकारियों सहित पुलिस बल के जवानों ने सत्र के संचालन में अपना योगदान दिया है। मैं मीडिया के मित्रों के प्रति भी अपना आभार व्यक्त करता हूँ, जिन्होंने सभा की कार्यवाही से राज्य के कोने-कोने में बसी तीन करोड़ जनता को अवगत कराया है। मैं उनसे भविष्य में भी ऐसे सहयोग की कामना करता हूँ। मैं विधानसभा कर्मियों के प्रति भी अपना आभार व्यक्त करता हूँ जिन्होंने मुझे कदम-कदम पर सत्र के संचालन में सहयोग दिया है। मकर संक्रांति और बसन्त पंचमी के त्योहार हमारे सामने हैं। मैं इनकी हार्दिक शुभकामनाएँ इस सभा के माध्यम से आपको और पूरे राज्य की जनता को प्रेषित करता हूँ। धन्यवाद! सभा की कार्यवाही अनिश्चितकाल तक के लिए स्थगित की जाती है।

माननीय चन्द्रेश्वर प्रसाद सिंह | **कार्यकाल**

अध्यक्ष, झारखण्ड विधान सभा | 06-01-2010 से 19-07-2013

विधानसभा क्षेत्र संख्या–63, राँची

जन्म तिथि–16 जनवरी, 1956

जन्म स्थान–ग्राम एवं पोस्ट–नौगढ़ा, जिला–पलामू

पिता का नाम–स्व. जयमोहन सिंह

माता का नाम–स्व. राजेश्वरी देवी

शैक्षणिक योग्यता–बी. कॉम, एल.एल.बी.

विधायक के रूप में निर्वाचन–1996 (उप-चुनाव), 2000, 2005, 2009, 2014 और 2019

26 फरवरी, 2010

माननीय अध्यक्ष का प्रारम्भिक वक्तव्य

अध्यक्ष–माननीय सदस्यगण,

तृतीय झारखण्ड विधानसभा के द्वितीय और वर्ष 2010 के बजट-सत्र में आप सभी का हार्दिक अभिनन्दन। कुल 20 बैठकों के इस सत्र में राज्य सरकार वित्तीय वर्ष 2009-2010 के लिए तृतीय अनुपूरक बजट के साथ-साथ आर्थिक सर्वेक्षण प्रतिवेदन और वित्तीय वर्ष 2010-2011 का मूल बजट भी प्रस्तुत करेगी। इस क्रम में आपको सामान्य वाद-विवाद के अवसरों के साथ-साथ बजट में निहित अनुदान माँगों पर चर्चा के दौरान जनता की समस्याओं को उठाने के पर्याप्त अवसर मिलेंगे ही, राज्य सरकार की वित्तीय नीतियों और योजनाओं की समीक्षा के भी पर्याप्त अवसर प्राप्त होंगे। इस सत्र में कुल 13 बैठकों में विभागीय अनुदान की माँगों पर चर्चा होगी। आकार और बैठकों की दृष्टि से बजट-सत्र विधायी संस्थाओं का सबसे लंबा सत्र होता है, जिसमें माननीय सदस्यों को आम आदमी से जुड़ी समस्याओं को सदन के माध्यम से सरकार के संज्ञान में लाने के सबसे ज्यादा अवसर प्राप्त होते हैं। पहले कार्यदिवस को यदि छोड़ भी दिया जाये तो सभा की अन्य 19 बैठकों के लिए किसी भी माननीय सदस्य को लोकहित के कुल 38 प्रश्न, 19 शून्यकाल की सूचनाओं सहित ध्यानाकर्षण प्रस्ताव आदि को भी सदन में उठाने के अवसर प्राप्त होंगे। सभा के अन्तिम कार्यदिवस में माननीय सदस्य व्यापक लोक महत्त्व के किसी विषय पर गैर-सरकारी संकल्प भी ला सकते हैं। मैं समझता हूँ कि आपके द्वारा इन अवसरों का अच्छा उपयोग करते हुए लोकत्रांत्रिक मान्यताओं के साथ चलकर अधिकतम लोक कल्याण के उद्देश्यों को प्राप्त करने की दिशा में सार्थक कदम उठाने की कोशिश की जायेगी और इस प्रकार यह सत्र एक सफल और सार्थक सत्र साबित होगा।

अखिल भारतीय विधायी संस्थाओं के पीठासीन अधिकारियों का सम्मेलन विगत 2 फरवरी से 6 फरवरी, 2010 तक मध्य प्रदेश विधानसभा, भोपाल में आयोजित था जिसमें लोकसभा की माननीया अध्यक्ष श्रीमती मीरा कुमार सहित विभिन्न विधानसभाओं के माननीय अध्यक्षों ने विधायिका की गिरती गरिमा पर गहरी चिंता व्यक्त करते हुए इसकी प्रासंगिकता को पुनर्स्थापित करने के निमित्त गहन विचार-विमर्श किये। उक्त सम्मेलन में झारखण्ड विधानसभा का प्रतिनिधित्व करते

हुए मैंने आपकी भावनाओं से माननीय अध्यक्षों और उपाध्यक्षों को अवगत कराने की हर सम्भव कोशिश की है। उक्त अवसर पर मैंने अपने विचार व्यक्त करते हुए कहा कि संसदीय लोकतन्त्र की सफलता केवल विधायकों और विधायी संस्थाओं के आत्म-मूल्यांकन से सम्भव नहीं है। जनता के बीच इसकी प्रासंगिकता तब तक अच्छी तरह स्थापित नहीं की जा सकती जब तक कि कार्यपालिका अर्थात् सरकार के मन्त्रियों के साथ-साथ लोक सेवा या नौकरशाही का पूरा सहयोग इसे प्राप्त नहीं होता। संसदीय लोकतन्त्र की इस पद्धति को सफल बनाने के लिए जहाँ सरकार को अपने बहुमत के अहंकार का परित्याग करना होगा, वहीं विपक्ष के राजनीतिक दलों और उनके सदस्यों को अपनी बारी आने का इंतजार करना होगा। वस्तुतः परस्पर साहचर्य की भावना के साथ चलकर ही हम संविधान के मूल उद्देश्यों यथा–स्वतन्त्रता, समानता और न्याय को समाज में अन्तिम कतार में खड़े लोगों तक पहुँचा सकेंगे और एक-एक व्यक्ति के साथ संपूर्ण समाज का विकास सुनिश्चित कर सकेंगे।

राष्ट्रीय परिप्रेक्ष्य में छोटे राज्यों की अवधारणा विषय पर भी मैंने आपकी भावना से सम्मेलन में शिरकत कर रहे विद्वत् समाज को अवगत कराया है। मैंने उन्हें बताया कि क्षेत्रीय असन्तुलन तथा राष्ट्रीय आय को आबादी के अनुपात में वितरण की नीति के अभाव में देश में कहीं-कहीं समृद्धि के टापू सृजित हो गये तो कहीं-कहीं गरीबी का साम्राज्य स्थापित हो गया। आजादी के बाद जितनी भी योजनाएँ बनीं, उन्हें ईमानदारी के साथ पूरे देश के और उसे विभिन्न राज्यों में बसने वाली आबादी की जरूरतों के परिप्रेक्ष्य में नहीं बनाया गया। कई राज्यों में कुछ क्षेत्र उपनिवेश बनकर रह गये जहाँ के संसाधनों का इस्तेमाल उस क्षेत्र के विकास में न करके दूसरे जगहों के विकास में किया गया। मैंने झारखण्ड का उदाहरण देते हुए लोगों को बताया कि यहाँ की उत्पादित बिजली से दूसरे राज्यों के राजपथ रौशन हुए, कल कारखाने गतिमान हुए लेकिन झारखण्ड के भाग्य में अँधेरा ही कायम रहा। ऐसे में छोटे राज्यों की माँग लाजिमी है। किन्तु इसके साथ कहीं भी राजनीति नहीं होनी चाहिए।

विधायिका प्रशासन में अध्यक्ष की भूमिका सम्मेलन का तीसरा विषय था। मैंने इस विषय पर अपने जो विचार व्यक्त किये, उस पर आपसे ज्यादा गौर करने की अपेक्षा मुझे है। मैंने इस परिप्रेक्ष्य में बताया कि अध्यक्ष की जवाबदेही मूलतः सदन के सफल संचालन और उपलब्ध समय के एक-एक पल का सार्थक उपयोग सुनिश्चित कराने की है। अध्यक्ष इस मामले में तभी सफल हो सकता है जब उसे

सत्तापक्ष और विपक्ष दोनों का समान सहयोग प्राप्त हो। मैं आशा करता हूँ कि इस सत्र में जो समय हमें भिन्न-भिन्न विषयों पर चर्चा के लिए उपलब्ध हुआ है, उसका सही उपयोग आप प्रक्रिया तथा कार्य-संचालन के नियमों में वर्णित प्रावधानों के अधीन करके सदन के संचालन में मुझे पूरा सहयोग करेंगे क्योंकि अकेला अध्यक्ष चाहकर भी आपके सहयोग के बिना इस लोकतान्त्रिक संस्था को अपने मुकाम तक पहुँचाने में कामयाब नहीं हो सकता। संसदीय लोकतन्त्र की सफलता के लिए यह भी आवश्यक है कि जहाँ कार्यपालिका पूरी तरह विधायिका के प्रति उत्तरदायी हो, वहीं अपने एक-एक सदस्य के माध्यम से विधायिका अपने मतदाताओं के प्रति भी जिम्मेवार हो, हमें इसी भावना के साथ आगे बढ़ना होगा। कार्यपालिका की अधिकतम जवाबदेही सुनिश्चित करने के लिए मैंने नये प्रयोग इस विधानसभा में करने की योजना बनायी है। मैंने वर्षों से इस विधानसभा में देखा है कि सदस्यों द्वारा शून्यकाल में सूचनाएँ दी जाती हैं, उनके उत्तर उन्हें समय पर प्राप्त नहीं होते। यही हाल उन ध्यानाकर्षण प्रस्तावों का होता है जिन पर सभा में चर्चा नहीं हो पाती। इसलिए मैंने यह तय किया है कि एक सत्र में शून्यकाल और ध्यानाकर्षण की ऐसी जितनी लंबित सूचनाएँ होंगी, जिनके उत्तर चलते सत्र में नहीं हो सके, उनके लिखित उत्तर सभा के आगामी सत्र में निश्चित रूप से सदन-पटल पर रख दिये जायें, जिससे जनता की ज्यादा-से-ज्यादा समस्याओं का समाधान सुनिश्चित हो सके।

इसी तरह जो भी तारांकित या अल्पसूचित प्रश्न उत्तर के लिए आदेश पत्र पर अंकित होते हैं, उनका जवाब यह सदन में किसी कारणवश नहीं हो सका किन्तु लिखित उत्तर यदि आदेश-पत्र के साथ संलग्न हों तो उनमें निहित आश्वासनों को भी सरकार द्वारा सदन में दिया गया सरकारी आश्वासन माना जायेगा और इस पर भी सरकार से सभा के आगामी सत्र में कृत-कार्य प्रतिवेदन रखने की अपेक्षा की जाएगी। मेरी इस व्यवस्था से सरकार के उच्चाधिकारियों को अवगत कराना तथा इसे कार्यान्वित कराना सभा सचिव तुरन्त सुनिश्चित करेंगे।

इस सत्र की शुरुआत बसन्त की बेला में हो रही है। रंगों का त्योहार होली हमारे सामने है और इसी के साथ इस्लाम धर्म के प्रवर्तक पैगम्बर मोहम्मद साहब का जन्म दिन भी। आइए, इस अवसर पर हम झारखण्ड के एक-एक आदमी का जीवन खुशियों के विविध रंगों से भरने के लिए आगे बढ़ने का संकल्प लें। इसी

के साथ मैं सभा की ओर से एकदिवसीय अन्तर्राष्ट्रीय क्रिकेट मैच में 200 रनों की रिकार्ड पारी खेलकर नया विश्व कीर्तिमान स्थापित करने के लिए सचिन तेंदुलकर को हार्दिक बधाई भी देता हूँ।

27 मार्च, 2010

माननीय अध्यक्ष महोदय का समापन भाषण

अध्यक्ष–माननीय सदस्यगण,

तृतीय झारखण्ड विधानसभा का द्वितीय और वर्ष 2010 का बजट-सत्र अब अपने समापन के मुकाम पर है। कुल 19 बैठकों वाले इस सत्र में चर्चा के विभिन्न माध्यमों का सहारा लेकर माननीय सदस्यों ने जिस उत्साह के साथ सम्पूर्ण राज्य और अपने क्षेत्र की समस्याओं को सरकार के समक्ष उठाया है, उसके लिए वे बधाई के पात्र हैं। डी.वी.सी. के कार्यकलाप और राज्यव्यापी सुखाड़ की समस्या से लेकर विभिन्न विभागों की अनुदान माँगों पर वाद-विवाद के दौरान खासकर सदन के नये सदस्यों ने अपनी जिस राजनीतिक गम्भीरता का परिचय दिया है, उसकी जितनी सराहना की जाये, वह कम है। सदन में कई ऐसे अवसर आये जब सदस्यों ने अपनी राजनीतिक प्रतिबद्धताओं और दलीय सीमाओं से बाहर आकर राज्यहित में समवेत स्वर में अपनी आवाज बुलंद की है जो झारखण्ड के सुखद भविष्य का संकेत देती है। मैं इसके लिए उन्हें हार्दिक बधाई देता हूँ। इस सदन के सदन नेता अर्थात् माननीय मुख्यमन्त्री और नेता, प्रतिपक्ष के रूप में अत्यन्त शालीन किन्तु गम्भीर नेतृत्व हमें प्राप्त हुआ है। इस लंबे सत्र में टकराव के कुछ क्षण आये किन्तु इन दोनों महानुभावों की उपस्थिति में उन टकरावों को हमने बड़ी आसानी से टालने में सफलता हासिल की है। मैं इसके लिए इन दोनों के प्रति अपना आभार व्यक्त करता हूँ। अन्य दलीय नेताओं ने भी सदन के संचालन में मुझे अपेक्षा से अधिक सहयोग प्रदान करके सदन के व्यवस्थित कार्यक्रम को आसान बनाया है। इसके लिए मैं उनके प्रति भी अपना आभार व्यक्त करता हूँ। इस सत्र के दौरान सर्वाधिक उल्लेखनीय बात यह रही है कि जितने भी प्रश्न माननीय सदस्यों के स्वीकार किये गये, उनमें से अधिकांश अल्पसूचित और तारांकित प्रश्नों के उत्तर माननीय मन्त्रियों द्वारा सदन में मौखिक या लिखित रूप से उपलब्ध कराये गये हैं। इसके लिए मैं सरकार के सभी माननीय मन्त्रियों को बधाई देता हूँ। इसी के साथ-साथ मैं सरकार के उन अधिकारियों और कर्मचारियों को भी बधाई देता हूँ, जिन्होंने कड़ी मेहनत करके इन उत्तरों को संकलित कर विधानसभा

को उपलब्ध कराया है। आज के अवसर पर मैं मीडिया के मित्रों के प्रति भी अपना आभार व्यक्त करता हूँ, जिन्होंने सदन की कार्यवाही का सकारात्मक प्रकाशन और प्रसारण किया है। झारखण्ड के अब तक के इतिहास में मीडिया का जितना कवरेज विधानसभा के इस सत्र को प्राप्त हुआ है, उतना इसके पूर्व कभी प्राप्त नहीं हुआ था। मैं मीडिया की इस भूमिका के लिए तमाम पत्रकारों और उनके प्रबंधकों के प्रति अपना आभार एक बार पुनः व्यक्त करना चाहता हूँ। इस सत्र का सफल संचालन तब तक सम्भव नहीं था, जब तक कानून-व्यवस्था को दुरुस्त नहीं रखा जाता। इसे दुरुस्त बनाकर अमन-चैन कायम रखने में पुलिस के जवानों ने जिस तत्परता का परिचय दिया है, इसके लिए वे सभी बधाई के पात्र हैं। मैं विधानसभा से जुड़े मामलों यथा–प्रश्नों, प्रतिवेदनों के सामयिक मुद्रण को सुनिश्चित कराने में महती भूमिका निभाने वाले सरकारी प्रेस के कर्मियों को भी अपनी ओर से बधाई देता हूँ। मैं विधानसभा सचिवालय कर्मियों को भी अपनी ओर से बधाई देता हूँ, जिन्होंने अहर्निश मेहनत करके इस सत्र को सफल बनाया है तथा निष्पक्षता के सिद्धान्तों पर चलते हुए सत्तापक्ष और प्रतिपक्ष सभी के सदस्यों को अपना भरपूर सहयोग दिया है। मैं एक बार पुनः सदन के तमाम माननीय सदस्यों को इस बात के लिए बधाई देना चाहता हूँ कि उन्होंने बहुप्रतीक्षित राष्ट्रीय विधि अध्ययन एवं शोध संस्थान, राँची विधेयक, 2010 तथा राजकोषीय उत्तरदायित्व एवं बजट प्रबन्धन संशोधन विधेयक, 2010 सहित दो विनियोग विधेयकों पर सार्थक चर्चा करके उन्हें पारित किया है। विधि अध्ययन एवं शोध संस्थान विधेयक राज्य सरकार का एक महत्त्वाकांक्षी कदम है, जिसके अधिनियमित हो जाने के बाद झारखण्ड में रोजगारपरक विधिक अध्ययन एवं शोध के नये द्वार खुलेंगे और यहाँ के छात्रों को राष्ट्रीय अन्तर्राष्ट्रीय स्तर पर अपनी पहचान बनाने में कामयाबी हासिल होगी। इस संस्थान की आवश्यकता लम्बे अर्से से महसूस की जा रही थी। वर्तमान माननीय मन्त्री श्री हेमलाल मुर्मू इस विधेयक को सदन में लाने के लिए विशेष रूप से धन्यवाद के पात्र हैं, लेकिन मैं उन तत्कालीन मन्त्रियों यथा–श्री पशुपतिनाथ सिंह, श्री प्रदीप यादव और श्री बन्धु तिर्की को धन्यवाद देने से कैसे चूक सकता हूँ, जिन्होंने अपने कार्यकाल के दौरान इसे निरूपित करने के अथक प्रयास किये थे। समयाभाव के कारण सूचना के बावजूद हम इस सत्र में तकनीकी विश्वविद्यालय विधेयक को पारित नहीं कर सके हैं। किन्तु आशा करते हैं कि सभा के अगले सत्र में हम इस विधेयक को भी पारित कर पायेंगे। अंत में इस एक तथ्य की चर्चा के साथ अपने भाषण का समापन करना चाहूँगा कि संसदीय लोकतन्त्र परस्पर साहचर्य के साथ चलने वाली शासन प्रणाली है, जहाँ सत्तापक्ष और

विपक्ष दोनों के ही सदस्य लोकहित के व्यापक उद्देश्यों को लेकर सदन में आते हैं और अपनी बातों को रखते हैं। सरकार को सदन के एक-एक सदस्य की बात को गम्भीरता से लेना चाहिए तथा उनके समाधान के सार्थक प्रयास कर उन्हें संतुष्ट करने की कोशिश करनी चाहिए। हम राजनीति के आपसी बैर-भाव को भुलाकर झारखण्ड के बेहतर भविष्य के अभिष्ट के लिए आगे बढ़ें, यही हमारा संकल्प होना चाहिए। हम आशा करते हैं कि हम भविष्य में उक्त संकल्प तक पहुँच पाने में कामयाब हो सकेंगे। मैं एक बार पुनः आप सभी के प्रति अपना आभार व्यक्त करते हुए सभा की कार्यवाही अनिश्चितकाल तक के लिए स्थगित करने की घोषणा करता हूँ।

14 सितम्बर, 2010

माननीय अध्यक्ष का प्रारम्भिक वक्तव्य

अध्यक्ष–माननीय सदस्यगण,

माननीय श्री अर्जुन मुण्डा के नेतृत्व में गठित मंत्रिपरिषद् में विश्वास मत प्रस्ताव पर चर्चा के लिए महामहिम राज्यपाल श्री एम.ओ.एच. फारूक के आदेश से संविधान के अनुच्छेद 174 के अधीन तृतीय झारखण्ड विधानसभा का तृतीय विशेष सत्र आज 14 सितम्बर, 2010 को श्री कृष्ण लोक प्रशासन संस्थान के सभागार में आयोजित है। इस विशेष सत्र में सरकार के उपमुख्यमन्त्री श्री हेमन्त सोरेन द्वारा विश्वास मत का प्रस्ताव प्रस्तुत किया जायेगा।

28 दिसम्बर, 2010

माननीय अध्यक्ष का प्रारम्भिक वक्तव्य

अध्यक्ष–माननीय सदस्यगण,

तृतीय झारखण्ड विधानसभा के चतुर्थ सत्र में आप सबों का हार्दिक अभिनन्दन। इस शीतकालीन सत्र में राज्य सरकार अपना अनुपूरक बजट सभा-पटल पर उपस्थापित करेगी। कटौती प्रस्ताव पर चर्चा के माध्यम से आपको सरकार की आर्थिक और वित्तीय नीतियों की गहन विवेचना के अवसर प्राप्त होंगे। आने वाले वित्तीय वर्ष के पूर्व इस अनुपूरक बजट पर चर्चा करके आप सरकार को नयी योजनाओं के निरूपण के सम्बन्ध में भी बहुमूल्य सुझाव दे सकेंगे। साथ ही इस तथ्य का आकलन भी आप कर सकेंगे कि बजट के योजनागत ढाँचे में आवंटित

राशि का समयबद्ध और सार्थक उपयोग कैसे सम्भव हो। इस प्रकार इस छोटे-से सत्र के उपलब्ध समय का उपयोग यदि तर्कपूर्ण तरीके से सदस्यगण करें तो भविष्य की योजनाओं के रूपांकन में इससे बड़ी मदद मिलने की सम्भावना है। शूमाकर के शब्दों में 'Small is beautiful' यदि आप इस लघु सत्र को प्रासंगिक चर्चाओं से सुन्दर बना पाने में कामयाब होंगे तो यह हमारे लिए बड़ी उपलब्धि के समान होगा।

विगत नवम्बर माह में झारखण्ड विधानसभा का दसवाँ स्थापना दिवस समारोह हमने धूमधाम से मनाया है। उक्त अवसर पर आयोजित कार्यक्रम में विधानसभा के उत्कृष्ट विधायक श्री जनार्दन पासवान को महामहिम राज्यपाल ने 'बिरसा मुण्डा उत्कृष्ट विधायक सम्मान' से सम्मानित किया। मैं विधानसभा के तमाम सदस्यों की ओर से उन्हें हार्दिक बधाई देता हूँ तथा उनके उज्ज्वल भविष्य की कामना भी करता हूँ। मैं सभा के अन्य माननीय सदस्यों से भी अनुरोध करता हूँ कि वे सदन के भीतर और बाहर आचरण के ऐसे उत्कृष्ट मापदण्ड स्थापित करें कि न केवल आज के समाज के लोग उनकी सराहना करें, वरन् भावी पीढ़ी भी उनसे प्रेरणा ग्रहण कर सके।

माननीय सदस्यगण, हम समय के ऐसे संक्रमण कालीन दौर से आज गुजर रहे हैं जब जनप्रतिनिधियों, नौकरशाहों के विरुद्ध भ्रष्टाचार के कई आरोप लगे हैं। इसके चलते जहाँ संसद का शीतकालीन सत्र बाधित रहा, वहीं भ्रष्टाचार विरोधी मुहिम की शुरुआत करने के सन्देश पर हमारे पड़ोसी राज्य बिहार में नीतीश कुमार के नेतृत्व में दूसरी बार अपार बहुमत से एन.डी.ए. की सरकार सत्ता में दुबारा आयी। बिहार की जनता द्वारा उक्त सरकार के पक्ष में दिया गया यह जनादेश भारतीय राजनीति में न केवल करवट बदलने के संकेत दे रहा है, वरन् यह भी बता रहा है कि जो राजनीतिक दल जनता को सिर्फ सपने दिखाने का काम करते हैं और विकास के कार्यक्रमों को धरातल पर उतारने में कामयाब नहीं होते, उन्हें जनता सत्ता से बाहर कर देती है तथा जो सरकार जनाकांक्षाओं की कसौटी पर खरा उतरने में कामयाब होती है, उसे वह सर-आँखों पर बिठाये रखती है। इस परिप्रेक्ष्य में हम यहाँ की सरकार से भी उम्मीद करते हैं कि वह जनता की जरूरतों को पहचाने तथा उसके अनुरूप अपने कार्यों में तेजी लाये। सर्वांगीण विकास के लिए आवश्यक है–सामाजिक, सांस्कृतिक एवं आर्थिक विकास के साथ मानवीय मूल्यों का भी विकास हो। इस सन्दर्भ में विकास की परिकल्पना उद्धृत पंक्ति के रूप में देखा जा सकता है–"Development does not start with goods, it start with men their education, discipline And organization."

मैं इस सरकार को आज के अवसर पर इस बात के लिए बधाई देता हूँ कि इसने राज्य में पिछले तीन दशकों से भी ज्यादा समय से लंबित पंचायत चुनावों को सम्पन्न कराया। नक्सल प्रभावित इस राज्य में पंचायत चुनाव एक बड़ी चुनौती थी किन्तु सरकार ने इसे सफलतापूर्वक पूरा कराने में कामयाबी पायी है। राष्ट्रपिता महात्मा गांधी ने ग्राम-स्वराज की जो संकल्पना प्रस्तुत की थी, उसे इन पंचायती संस्थाओं के आकार लेने से बड़ी कामयाबी प्राप्त होगी, ऐसी उम्मीद मुझे है। मैं यह अपेक्षा भी करता हूँ कि ग्रामीण जरूरत की बहुत सारी समस्याओं के समाधान और कल्याणकारी योजनाओं के बेहतर कार्यान्वयन में हमारी पंचायती प्रणाली के प्रतिनिधिगण सफल सिद्ध हो सकेंगे।

इससे राज्य की इस सबसे बड़ी पंचायत को भी काफी सहूलियतें प्राप्त हो सकेंगी। गाँवों के विकास के लिए पंचायती राज व्यवस्था की भूमिका बहुत अहम् है। गांधी जी ने उद्‌गार व्यक्त किया है–"Village India is Real India."

यह एक ऐसा सत्र है जो इस वर्ष के अंत में शुरू होकर आगामी नववर्ष के आरम्भ में भी चलेगा। झारखण्ड विधानसभा के लिए यह ऐसा पहला अवसर है, जब कि केन्द्रीय संसद में इस तरह के सत्र मेरी जानकारी में दो बार आयोजित हो चुके हैं। आइए, इस वर्ष के अन्तिम पड़ाव पर हम अब तक की अपनी कार्रवाइयों का मूल्यांकन करें और यदि इस मूल्यांकन में कुछ त्रुटियाँ उजागर होती हों तो उनसे सबक लेकर आने वाले वर्ष की योजनाओं की एक सुदृढ़ रूपरेखा भी तैयार करें।

एक बार पुनः आप सबों को हार्दिक धन्यवाद!

04 जनवरी, 2011

माननीय अध्यक्ष का समापन भाषण

अध्यक्ष–तृतीय झारखण्ड विधानसभा का त्रिदिवसीय चतुर्थ सत्र अब अपने समापन की ओर अग्रसर है। इस छोटे-से सत्र में अनेक अल्पसूचित प्रश्नों, ध्यानाकर्षण सूचनाओं सहित अन्य माध्यमों से माननीय सदस्यों द्वारा व्यापक लोकहित के मुद्दों को सदन में उठाया गया और सरकार ने भी संजीदगी से उन मुद्दों के समाधान के लिए अपनी तत्परता प्रदर्शित की। इस सत्र में वर्ष 2010-11 के अनुपूरक बजट पर हुई चर्चा में भाग लेकर सदस्यों ने राज्य सरकार के वित्तीय प्रबन्धन की समीक्षा की है तथा कई नयी योजनाओं की शुरुआत के सुझाव सरकार को दिये हैं। मैं उम्मीद करूँगा कि सरकार आने वाले वित्तीय वर्ष का बजट बनाते समय उन सुझावों को अमल में लाकर निश्चित रूप से यह सन्देश देने का काम करेगी कि वह लोकमत

के अनुरूप आचरण करने वाली सरकार है। इस सत्र में माननीय मन्त्रियों सहित समस्त माननीय सदस्यों से यह अपेक्षा की गयी है कि वे अपनी सम्पत्ति का ब्योरा सार्वजनिक करेंगे। यह एक अच्छी पहल है और इससे जन-प्रतिनिधियों के सम्बन्ध में सूचनाओं को निश्चित रूप से पारदर्शी बनाने में काफी मदद मिलेगी। मैं उम्मीद करता हूँ कि झारखण्ड की ब्यूरोक्रेसी में भी इसका सन्देश जायेगा तथा वे भी अपनी सम्पत्ति को सार्वजनिक घोषणा करने के निमित्त आगे आयेंगे।

इस सत्र में विनियोग विधेयक सहित तीन राजकीय विधेयकों को सभा द्वारा पारित करने के साथ-साथ एक राजकीय संकल्प को भी सदन द्वारा अंगीकार किया गया। यद्यपि यह सत्र अल्प सूचना पर आहूत हुआ था, जिससे यह महसूस किया गया था कि सूचनाओं के संकलन में परेशानी होगी किन्तु ये सारी आशंकाएँ निर्मूल सिद्ध हुईं और देर से ही सही सदन में विगत बजट-सत्र में दिये गये सरकारी आश्वासनों का कृत-कार्य प्रतिवेदन भी उपस्थापित हुआ।

मैं इस तथ्य का उल्लेख भी करना चाहता हूँ कि तीन दिनों के इस सत्र में हमने दो दिन अतिरिक्त चार-चार घंटे का समय लोकहित के मुद्दों को निपटाने में दिए।

शून्यकाल को ज्यादा कारगर बनाने के उद्देश्य से मेरी शुरू से यह समझ रही है कि माननीय सदस्यों द्वारा शून्यकाल में जितनी सूचनाएँ सरकार के संज्ञान में लायी जाती हैं, उन पर सरकार के उत्तर पन्द्रह दिनों के भीतर निश्चित रूप से प्राप्त कर लिये जायें तथा इन्हें संकलित करके अनुवर्त्ती सत्र में ए.टी.आर. की तरह उपस्थापित करने की व्यवस्था हो। इस व्यवस्था को कारगर बनाने के उद्देश्य से मैं सभा-सचिवालय को निदेश देता हूँ कि आगामी सत्र से इसका अनुपालन वह सुनिश्चित कराये तथा अपने स्तर से नया सत्र आरम्भ होने के पूर्व इनका मुद्रण करवा कर सदस्यों को इसे उपलब्ध करा दिया जाये।

माननीय सदस्यों की प्राय: यह शिकायत रहती है कि सरकार द्वारा विधेयकों की सूचना पर्याप्त समय पूर्व नहीं मिलती, इससे वे संशोधन नहीं दे पाते हैं। हमारा अगला सत्र बजट-सत्र होगा, जो लम्बी अवधि तक चलेगा। मैं सरकार के तमाम मन्त्रियों से अनुरोध करता हूँ कि विधानसभा की प्रक्रिया तथा कार्य-संचालन के नियमों में वर्णित प्रावधानों के अनुसार वे सभा में लाये जाने वाले विधेयकों की सूचना इन्हें लाये जाने की तिथि से कम-से-कम एक सप्ताह पूर्व निश्चित रूप से दे दें। यह नियम केवल विनियोग विधेयक के मामले में लागू नहीं होगा।

अन्त में इस सत्र के सफल संचालन में सहयोग के लिए मैं माननीय मुख्यमन्त्री, माननीय मंत्रिगण, माननीय नेता प्रतिपक्ष सहित सभी दलों के नेताओं, सरकारी

अधिकारियों, पुलिस कर्मियों, सभा-सचिवालय कर्मियों के प्रति आभार प्रकट करते हुए मीडिया के बन्धुओं के प्रति भी अपना आभार व्यक्त करता हूँ।

मैं एक बार आप सभी को और राज्य की तमाम जनता को नववर्ष की शुभकामना भी इस सदन के माध्यम से देता हूँ।

इसी के साथ मैं सभा की कार्यवाही अनिश्चितकाल तक के लिए स्थगित करता हूँ।

28 फरवरी, 2011

माननीय अध्यक्ष का प्रारम्भिक वक्तव्य

अध्यक्ष–माननीय सदस्यगण,

तृतीय झारखण्ड विधानसभा के पंचम और वर्ष 2011 के बजट-सत्र में आप सभी का हार्दिक अभिनन्दन। इस सत्र में महामहिम राज्यपाल अपने संवैधानिक दायित्यों को पूरा करने के निमित्त आपको सम्बोधित करेंगे। इसी के साथ इस सत्र में सरकार वित्तीय वर्ष 2011-12 का बजट भी सदन में उपस्थापित करेगी। महामहिम राज्यपाल के अभिभाषण पर प्रस्तुत होने वाले धन्यवाद प्रस्ताव पर चर्चा सहित, बजट में निहित अनुदान माँगों पर वाद-विवाद के क्रम में आपको सरकार की नीतियों, योजनाओं और कार्यक्रमों की समीक्षा के व्यापक अवसर प्राप्त होंगे। इसका सार्थक उपयोग करते हुए आपको झारखण्ड को नयी दिशा देने के उपाय करने हैं। मैं समझता हूँ कि आप इस क्रम में सदन के सफल संचालन में हमारा सार्थक सहयोग भी करेंगे।

मैं आज के अवसर पर सदन के माध्यम से 34 वें राष्ट्रीय खेलों के सफल आयोजन के लिए राज्य सरकार सहित भारतीय ओलम्पिक एसोसिएशन, झारखण्ड ओलम्पिक एसोसिएशन, राज्य के समस्त खेल संघों एवं आयोजन समिति के सदस्यों और विभिन्न खेल स्पर्द्धाओं में झारखण्ड के लिए स्वर्ण, रजत तथा कांस्य पदक जीतकर राज्य का नाम राष्ट्रीय क्षितिज पर रोशन करने वाले खिलाड़ियों को हार्दिक बधाई देता हूँ। खरसावाँ विधानसभा सीट के लिए हुए उपचुनाव में निर्वाचित होने वाले श्री अर्जुन मुण्डा जी को मेरी ओर से हार्दिक बधाई।

आज का सत्र महामहिम राज्यपाल जी के नाम है। थोड़ी देर में वे सम्बोधित करने हेतु सदन में पधारने वाले हैं। इस क्रम में महामहिम राज्यपाल से निम्नांकित आशय का सन्देश मुझे प्राप्त हुआ है। यद्यपि इस सन्देश को सभा की कार्य-सूची

के साथ पूर्व में ही आपको प्रेषित किया जा चुका है, तथापि मैं इसे आपको पढ़कर सुना देना चाहता हूँ–

अध्यक्ष को सम्बोधित राज्यपाल का सन्देश

भारत के संविधान के अनुच्छेद 176 के खण्ड (1) के द्वारा प्रदत्त शक्तियों का प्रयोग करते हुए मैं एम.ओ.एच. फारूक झारखण्ड का राज्यपाल इसके द्वारा झारखण्ड विधानसभा को दिनांक–28 फरवरी, 2011 को 11.30 बजे पूर्वाह्न में सम्बोधित करना चाहता हूँ और इस हेतु लेनिन हॉल, एच.ई.सी. राँची स्थित झारखण्ड विधानसभा सदन में सदस्यों की उपस्थिति चाहता हूँ"।

राँची ह./-एम.ओ.एच. फारूक

दिनांक–16 फरवरी 2011 राज्यपाल, झारखण्ड

अध्यक्ष–उल्लेखनीय है कि भारत के संविधान के उपबन्धों के अनुसार महामहिम राज्यपाल के बिना किसी राज्य विधानमण्डल की कल्पना नहीं की जा सकती। वे केवल शासन के ही प्रधान नहीं होते, वरन् राज्य की विधायिका के भी प्रधान होते हैं। सदन में उपस्थित रहने पर उनका प्राधिकार सर्वोच्च होता है तथा प्रक्रिया और कार्य-संचालन सम्बन्धी शक्तियाँ भी उन्हीं में निहित होती हैं। विधायिका और शासन का प्रधान होने के कारण उनके प्रति सम्मान और श्रद्धा का प्रदर्शन हम सभी का नैतिक दायित्व हैं। सदन में प्रत्येक वर्ष के आरम्भ में और नयी विधानसभा के गठन के तुरन्त बाद होने वाले सत्र में महामहिम राज्यपाल की उपस्थिति इसलिए भी आवश्यक है, क्योंकि विभिन्न उच्च न्यायालयों द्वारा दिये गये निर्णय के अनुसार ऐसे सत्रों में उनके अभिभाषण के बिना सभा की कार्यवाही को वैध नहीं माना जाता। वर्षों से स्थापित संसदीय परम्पराएँ उनके प्रति श्रद्धा की अपेक्षा करती हैं। इसलिए मैं आप सभी से अनुरोध करना चाहता हूँ कि जब महामहिम राज्यपाल सदन में उपस्थित हों तो आप सभी अपनी सीट पर विराजमान रहकर उनके अभिभाषण को शालीनता से सुनेंगे तथा पूरे अभिभाषण के दौरान सदन में व्यवस्था बनाये रखेंगे। कोई सदस्य इस दौरान न तो सभा से बाहर जायेंगे और न ही अन्दर प्रवेश करेंगे।

अब मैं महामहिम राज्यपाल की अगवानी के लिए थोड़ी देर के लिए सदन से बाहर जा रहा हूँ। मेरी अनुपस्थिति में उनकी अगवानी से आगमन तथा अभिभाषण के बाद उनकी विदाई के लिए मेरे सदन से बाहर रहने की अवधि में भी आप सदन में अपने स्थान पर बैठे रहकर व्यवस्था बनाये रखने की कृपा करेंगे।

धन्यवाद!

25 मार्च, 2011

माननीय अध्यक्ष का समापन भाषण

अध्यक्ष–माननीय सदस्यगण,

विगत 28 फरवरी, 2011 से शुरू होकर 16 दिनों तक चला तृतीय विधानसभा का पाँचवा सत्र आज अब अपने समापन के मुकाम पर है। अपने संवैधानिक दायित्वों का निर्वहन करते हुए महामहिम राज्यपाल ने सत्र के प्रारम्भ में सभा को सम्बोधित किया। इसी अवधि में राज्य सरकार के वित्तमन्त्री ने वर्ष 2011-2012 का आय-व्ययक सभा में उपस्थापित किया। महामहिम राज्यपाल के अभिभाषण पर प्रस्तुत धन्यवाद प्रस्ताव तथा बजट में निहित अनुदान माँगों पर सार्थक चर्चा करके, माननीय सदस्यों ने न केवल राज्य सरकार की योजनाओं की गहन समीक्षा की है, वरन् यहाँ की आम अवाम की जरूरतों को पूरा करने के लिए नयी कार्य योजनाओं की पेशकश भी की है। मैं समझता हूँ कि राज्य सरकार सुझायी गयी वैकल्पिक योजनाओं की गहन समीक्षा करके उसके गुणों-अवगुणों का आकलन करेगी तथा यदि वे जनहित में समुचित दृष्टिगत हुए तो उन्हें जमीन पर उतारने का संकल्प भी लेगी।

लोकतन्त्र एक ऐसी शासन प्रणाली है, जिसका संचालन पक्ष-प्रतिपक्ष के सकारात्मक सहयोग से होता है। जहाँ प्रतिपक्ष अपनी आलोचनाओं की पैनी धार से बहुमत के दंभ में पड़ी सरकार को अहंकारी और अत्याचारी होने से रोकता है, वहीं लोक-कल्याण के सार्थक सुझाव देकर शासन को जनहित की ओर अग्रसर भी किये रखता है। अत: मैं सरकार से इस अवसर पर अपील करना चाहता हूँ कि वह प्रतिपक्ष की भावनाओं को उचित सम्मान देने में कभी पीछे नहीं रहे। मैं एक दूसरी बात भी आप सबों से करना चाहता हूँ। वह यह कि संसदीय लोकतन्त्र में पक्ष-प्रतिपक्ष के बीच सत्ता की अनवरत होड़ लगातार चलती रहती है। ऐसा न केवल आम चुनाव के परिणामों के आने के बाद भी होता है, वरन् इस अवधि के बाद भी जहाँ सरकारें अल्प-बहुमत के बाद सत्ता में आती हैं। सत्ता प्राप्ति की पारस्परिक प्रतिस्पर्धा से वैसे किसी भी व्यक्ति को कोई गुरेज नहीं है, जिनकी अटूट आस्था इस संसदीय व्यवस्था में है, किन्तु इस प्रतिस्पर्धा में हम संसदीय सीमाओं का अतिक्रमण न करें, इसकी अपेक्षा भी हमसे हमारा संविधान और समाज करता है। अक्सर इसी प्रकार की प्रतिस्पर्धा के क्रम में सदन में अनावश्यक व्यवधान की घटनाएँ घटित होती हैं, जिससे जनसमस्याओं के समाधान में विधायी संस्थाएँ विफल हो जाती हैं। हम

सदन को बाधित किये बिना भी अपनी बातें प्रक्रिया तथा कार्य-संचालन के नियमों में वर्णित प्रावधानों के तहत कर सकते हैं। अत: हमें प्रक्रियाओं का पालन करने की आदत डालनी होगी। हमें इस बात की खुशी है कि एक-दो अवसरों को छोड़कर हमने सदन के अधिकांश समय का अच्छा उपयोग किया है। सदन के निर्धारित समय से लगभग प्रत्येक दिन एक से दो घंटे का ज्यादा समय हमने वित्तीय कार्यों के निष्पादन और ध्यानाकर्षण प्रस्तावों के सम्पादन में लगाया। बावजूद इसके मैं यह भी कहना चाहता हूँ कि यदि हम दो-तीन दिनों के बाधित समय को बचा लेते तो लोक-कल्याण के और ज्यादा कार्य सम्पन्न करने में हमारी विधानसभा सफल होती।

इस सत्र में हमने दो विनियोग विधेयकों सहित कई अन्य महत्त्वपूर्ण राजकीय विधेयकों के व्यवस्थापन और पारण के कार्य को सम्पन्न किया है। झारखण्ड प्रौद्योगिकी विश्वविद्यालय और सहकारी समितियों से सम्बन्धित विधेयक इनमें से महत्त्वपूर्ण हैं। झारखण्ड प्रौद्योगिकी विश्वविद्यालय के अधिनियमित होने के बाद, जैसी मुझे उम्मीद है इस राज्य में तकनीकी शिक्षा के नये द्वार खुलेंगे। इससे न केवल इस पिछड़े राज्य के छात्रों को अच्छी और गुणवत्तायुक्त शिक्षा प्राप्त करने के अवसर प्राप्त होंगे, वरन् हमारे राज्य से बी.टेक और एम.टेक करने के लिए बाहर जाने वाले छात्रों के साथ जो धनराशि बाहर जाती है, उस पर भी रोक लगेगी। इससे उन गरीब अभिभावकों को भी अपने बच्चों को अभियन्ता बनाने का अवसर प्राप्त हो सकेगा, जो पैसे की कमी के कारण अपने बच्चों को पढ़ने के लिए बाहर नहीं भेज पाते। मैं इसी के साथ सरकार से यह आग्रह भी करना चाहूँगा कि वह यहाँ के छात्रों को रोजगार के बेहतर अवसर उपलब्ध कराने के लिए बाहरी कम्पनियों और कॉरपोरेट घरानों को यहाँ के शैक्षणिक संस्थानों में लाने के ठोस प्रयास सुनिश्चित करे।

इस सत्र के सफल संचालन, अधिकांश प्रश्नों के सामयिक उत्तर उपलब्ध कराने के लिए मैं माननीय मुख्यमन्त्री सहित, मंत्रिपरिषद् के तमाम सदस्यों सहित राज्य सरकार के समस्त अधिकारियों को धन्यवाद देता हूँ। मैं धन्यवाद देता हूँ माननीय नेता प्रतिपक्ष सहित तमाम दलों के नेताओं को भी जिनके सहयोग के बिना इस सत्र का सफल संचालन मेरे लिए मुश्किलों से भरा होता। सदन के प्रत्येक माननीय सदस्य के प्रति अपना आभार व्यक्त करते हुए मैं मीडिया से जुड़े प्रत्येक व्यक्ति के प्रति भी शुक्रिया अदा करना चाहता हूँ जिनके सहयोग के बिना विधानसभा द्वारा सम्पादित कार्यों की जानकारी राज्य की तीन करोड़ जनता तक पहुँचा पाना नितान्त असम्भव कार्य था। मैं शुक्रिया करना चाहता हूँ पुलिस के उन जवानों को

भी, जिन्होंने रात-दिन अपनी ड्यूटी मुस्तैदी से पूरा करके पूरे सत्रावधि में कानून-व्यवस्था को बनाये रखा। मैं विधानसभा-सचिवालय के अधिकारियों-कर्मचारियों को भी धन्यवाद देता हूँ, जिन्होंने कड़ी मेहनत करके सत्र-संचालन में मेरे काम को आसान किया है।

इस सत्र के दौरान हमने उल्लास और उमंग के, रंग और गुलाल, भाईचारा और सद्भाव के त्योहार होली का आनन्द उठाया है। सत्र-समापन के थोड़े ही दिनों बाद रामनवमी का त्योहार हमारे सामने होगा। मैं इस सदन और आप तमाम माननीय सदस्यों के माध्यम से रामनवमी की शुभकामना समस्त झारखण्डवासियों को प्रेषित करता हूँ।

आई.सी.सी. क्रिकेट के वर्ल्ड कप की प्रतियोगिता आज पूरे शबाब पर है। विगत तीन बार के वर्ल्ड चैम्पियन ऑस्ट्रेलिया को पराजित कर हमारे देश की टीम सेमी-फाइनल में पहुँच गयी है। हमें अपनी टीम से काफी उम्मीदें हैं। मैं कामना करता हूँ कि इस बार का वर्ल्ड कप जीतने में हमारी टीम कामयाब हो। साथ ही मैं यह कामना भी करता हूँ कि अन्तर्राष्ट्रीय मैचों में अपना सौवाँ शतक भी हमारे महान बल्लेबाज सचिन तेंदुलकर इसी वर्ल्ड कप के दौरान पूरा करें।

मैं इसी के साथ सभा की कार्यवाही को अनिश्चितकाल तक के लिए स्थगित करने की घोषणा भी करता हूँ।

धन्यवाद!

सभा की कार्यवाही अनिश्चितकाल के लिए स्थगित की जाती है।

26 अगस्त, 2011

माननीय अध्यक्ष का प्रारम्भिक वक्तव्य

अध्यक्ष–माननीय सदस्यगण,

तृतीय झारखण्ड विधानसभा के छठे सत्र में आपका हार्दिक अभिनन्दन। विधानसभा के विगत सत्र से अब तक की अवधि में राष्ट्रीय और अन्तर्राष्ट्रीय फलक पर घटित कई महत्त्वपूर्ण घटनाओं ने हमारा ध्यान अपनी ओर खींचा है। जहाँ मध्य-पूर्व के कई देशों में लोकतन्त्र की स्थापना के लिए आम आदमी युद्धरत हुआ है, वहीं अमेरिका की आर्थिक मंदी से हमारे शेयर बाजारों में भी उतार-चढ़ाव से हमारी अर्थ-व्यवस्था पर भी थोड़ा-बहुत प्रभाव पड़ने की सम्भावना है। अन्तर्राष्ट्रीय घटनाओं की चर्चा के क्रम में मैं विगत जुलाई माह में इंग्लैंड की राजधानी लंदन में आयोजित 57वें राष्ट्रमण्डल संसदीय संघ के सम्मेलन को कैसे भूल सकता हूँ,

जहाँ आप सबों के द्वारा अधिकृत होकर मैंने झारखण्ड विधानसभा का प्रतिनिधित्व किया। उक्त सम्मेलन में मैंने न केवल झारखण्ड विधानसभा के अध्यक्ष वरन् भारतीय प्रतिनिधिमण्डल के एक जिम्मेवार सदस्य की हैसियत से भी 'प्रजातांत्रिक शासन व्यवस्था के सुदृढ़ीकरण में भारत की भूमिका और भारत में महिलाओं की स्थिति, अन्तर्राष्ट्रीय परिदृश्य में परिवर्तन की वाहिका के रूप में महिलाओं की भूमिका के साथ-साथ वर्तमान में महिलाओं की हैसियत तथा भविष्यत के शिखर पर इनकी स्थितियों का आकलन करते हुए दोनों ही मामलों में झारखण्ड सरकार और केन्द्र सरकार द्वारा चलाये जा रहे कार्यक्रमों का बखान सुदृढ़तापूर्वक अपने व्याख्यान के क्रम में किया है। अन्तर्राष्ट्रीय मंच पर यद्यपि मैंने देश और अपने समाज के रूपहले चित्रों को रखा है तथापि मुझे अपने देश के अन्दर आपलोगों के बीच यह स्वीकार करने में किसी प्रकार की हिचकिचाहट की अनुभूति नहीं हो रही है कि जहाँ अपने देश में एक ओर तेजी से प्रजातांत्रिक मूल्यों का क्षरण हो रहा है, वहीं दूसरी ओर नौकरशाही सहित शासन के दूसरे अंगों में भी निरंकुशता की भावना तेजी से उभर रही है। कार्यपालिका की इस मनोवृत्ति से हमारी संसदीय और विधायी संस्थाओं की गरिमा में निरन्तर ह्रास हो रहा है। हम गुणवत्तापूर्ण समाजोपयोगी विधियों के निर्माण में अपेक्षित समय नहीं दे पाते जिससे त्रुटिपूर्ण अधिनियम तैयार होते हैं, जो न्यायिक सम्परीक्षण के क्रम में संवैधानिकता की कसौटी पर न्यायालयों में खरे नहीं उतरते और हमें जगहँसाई का शिकार होना पड़ता है। मंत्रिपरिषदों की बैठकों में भी विधेयकों पर सांगोपांग विचार नहीं होता, परिणामस्वरूप उनमें से कई एक को महामहिम राज्यपाल और महामहिम राष्ट्रपति के यहाँ से दोष निकालते हुए पुनर्विचार के लिए वापस किया जाता है। विधियों के निर्माण के क्रम में हम जन-भावनाओं का खयाल भी नहीं रखते। हम आन्दोलनों की राह देखते हैं। जब जनता उद्वेलित होती है और अन्ना हजारे जी जैसे लोग इसके लिए आगे आते हैं तभी हम विधियों के निर्माण की सोचते हैं। मैं किसी पर कटाक्ष नहीं करना चाहता तथापि इस गम्भीर सदन के सामने इस तथ्य को अवश्य ही रखना चाहता हूँ कि नोएडा में जबरन भूमि अधिग्रहण का जबरदस्त विरोध यदि जनता नहीं करती तो क्या सरकार एतद् विषयक कानून में संशोधन की बात मानने के लिए तैयार होती? विदेशी बैंकों में जमा लाखों-करोड़ों रुपये के कालेधन के खिलाफ जब कोई व्यक्ति आवाज उठाता है, भ्रष्टाचार के खिलाफ जब जनता गोलबन्द होती है तभी सरकारें क्यों चेतती हैं? इन तथ्यों को आपके बीच रखने का मेरा मकसद बिल्कुल साफ है। मैं चाहता हूँ कि विधियों के निर्माण में विधायी संस्थाएँ अपना अधिक-से-अधिक समय दें। सदन में पुर:स्थापित

होने वाले विधेयकों का परिचालन सदस्यों के बीच पर्याप्त समय पूर्व हो ताकि उनका अध्ययन सदस्यगण तरीके से कर सकें और इस प्रकार लोकोपयोगी कानूनों का निर्माण सुनिश्चित हो सके। आवश्यकता हो तो कुछ विधेयकों का परिचालन जनता की राय जानने के लिए भी किया जाये। जनता की किसी माँग को इस आधार पर खारिज करना कि इससे संसदीय प्रभुसत्ता पर आँच आती है, मेरी दृष्टि से जायज नहीं है क्योंकि लोकतान्त्रिक व्यवस्था में संसद और विधायी संस्थाएँ जनता से ही सम्प्रभुता ग्रहण करती हैं। संसद और विधानसभाएँ निःसन्देह सर्वोच्च हैं तथापि उनकी यह सर्वोच्चता उस संविधान से प्राप्त है, जिसे देश की जनता ने खुद आगे बढ़कर स्वीकृत, अंगीकृत और आत्मार्पित किया है। मैं समझता हूँ कि मेरे दृष्टिकोण से समस्त सदस्यगण अवश्य ही सहमत होंगे और सरकार भी इसे स्वीकार करने में नहीं हिचकेगी क्योंकि हम जनता के हैं और जनता से ही हैं।

मैं इस तथ्य का उल्लेख भी करना चाहता हूँ कि लंदन के सम्मेलन में मैंने भारत में महिला सशक्तिकरण की योजनाओं की काफी तारीफ की तथा उदाहरण के लिए यह भी कहा कि भारत की राष्ट्रीय राजधानी दिल्ली सहित अन्य तीन राज्यों के शासन की बागडोर महिलाओं के हाथों में है, भारत की राष्ट्रपति महिला हैं, केन्द्रीय लोकसभा की माननीय अध्यक्ष सहित, नेता प्रतिपक्ष और केन्द्र में जिस गठबन्धन की सरकार है, उसकी अध्यक्ष भी महिला हैं तथापि यहाँ मुझे यह भी स्वीकार करना पड़ता है कि अपने राज्य झारखण्ड में आज भी बहुतेरी आदिवासी महिलाएँ पीठ पर अपने बच्चे को लादे दतवन और पत्ते बेचने के काम करती हैं। डायन के नाम पर महिलाओं को प्रताड़ित किये जाने की घटनाएँ, ऑनर किलिंग के समाचार आज भी हमें उद्वेलित करते हैं। हमें यहाँ यह भी याद रखना होगा कि आज भी देश और इस राज्य की बड़ी आबादी फुटपाथों पर रोजगार करके अपना जीवनयापन करती है तथा छत के आभाव में खुला आसमान ही उनका आश्रय है। हमें उनके जीवन की कीमत समझनी होगी तथा यह सुनिश्चित करना होगा कि हम गलती से भी ऐसा कोई कदम न उठा बैठें, जिससे उनके जीवनयापन के मार्ग अवरुद्ध हो जायें। विगत दिनों में राँची सहित इस राज्य के विभिन्न शहरों में जिस प्रकार से शासन-प्रशासन द्वारा वर्षों से बसे हुए लोगों को अतिक्रमण के नाम पर उजाड़ने का काम किया गया है, इस क्रम में धनबाद और राँची में पुलिस गोलीकाण्ड में लोगों को जानें भी गंवानी पड़ीं, यह अत्यन्त ही मार्मिक और दर्दनाक घटना रही है। इस पर सरकार को गम्भीर चिंतन करने की आवश्यकता है। सरकार ने इस दिशा में एक अच्छी पहल की है, बेघरों के लिए घर योजना का शुभारंभ करके। यह एक लोक कल्याणकारी

राज्य है, जनता का हित सर्वोपरि होता है, जनता के वोटों से हम यहाँ चुनकर आते हैं हमें संवेदनशील होना चाहिए, उन मामलों में जो जनसरोकार के मामले हैं। सारण्डा में नक्सलियों से लोहा ले रहे सी.आर.पी.एफ. सहित अन्य पुलिस बल के जवानों पर मलेरिया के मच्छरों का जानलेवा हमलों के समाचारों से भी हमारा मन उद्वेलित हुआ है। राज्य-निर्माण के एक दशक बाद की अवधि में भी हमारा स्वास्थ्य महकमा इस बीमारी से लड़ने में कामयाब नहीं हो पाया है, यह हमारे लिए चिन्ता की बात है एवं चुनौती भी है। इस प्रकार हम अन्तर्राष्ट्रीय मंचों पर अपनी कमियों पर जितना भी पर्दा डालने की कोशिशें करें, हमारे शरीर पर पनपी विद्रूपताएँ हमें मुँह चिढ़ाती ही रहती हैं। अत: हमें कोशिश करनी होगी इन कमियों को दूर करने की, इन विद्रूपताएँ को मिटाने की और यह तभी सम्भव होगा, जब हम सम्पूर्ण समावेशी विकास की संकल्पना के साथ आगे बढ़ेंगे। झारखण्ड के सन्दर्भ में भी यह समय की माँग है कि इन मुद्दों पर पक्ष और विपक्ष एकजुट हों और हम नवनिर्माण के संकल्प के साथ आगे बढ़ें, अन्यथा इतिहास हमें माफ नहीं करेगा। राष्ट्रकवि दिनकर ने कहा भी है–

समर शेष है नहीं पाप का भागी केवल व्याघ्र
जो तटस्थ है, समय लिखेगा, उसका भी अपराध।

झारखण्ड विधानसभा का यह अल्पकालीन सत्र पाँच कार्यदिवसों का है, जिसमें सरकार इस वित्तीय वर्ष के लिए अपना अनुपूरक बजट पेश करेगी तथा कई विधेयकों को विचार के लिए यहाँ लाएगी। इस लघु सत्र का तमाम सदस्यों द्वारा अधिकतम उपयोग अपने विधायी दायित्वों के निर्वहन के लिए किया जाये। शूमाकर के शब्दों में 'Small is beautiful'–'लघुता में सुन्दरता है।' इस कथन के परिप्रेक्ष्य में इस अल्प सत्र की सुन्दरता को सार्थक बनाया जाये। धन्यवाद!

03 सितम्बर, 2011

माननीय अध्यक्ष का समापन भाषण

अध्यक्ष–माननीय सदस्यगण,

तृतीय झारखण्ड विधानसभा का छठा और पावस-सत्र अब अपने समापन की मुकाम पर है। पाँच कार्यदिवस वाले इस अल्पकालीन सत्र में सभा ने वित्तीय वर्ष 2011-12 के लिए सरकार के अनुपूरक बजट को पारित करने के साथ-साथ कुल बीस महत्त्वपूर्ण विधेयकों पर सार्थक चर्चा की है। इनमें से कुछ विधेयक ऐसे हैं जो आने वाले दिनों में झारखण्ड के विकास में एक नयी दिशा देंगे। जहाँ फेरीवाले एवं

फुटपाथ व्यवसायियों की आजीविका की सुरक्षा सम्बन्धी विधेयक को मंजूरी देकर सभा ने सड़कों के किनारे फुटपाथ पर साग-सब्जी, फल बेचने वाले तथा अन्य फुटकर व्यापारियों की आजीविका को सुरक्षित किया है। वहीं नगरपालिका कानून संशोधन विधेयक, सेवा अधिकार विधेयक, विश्वविद्यालय संशोधन विधेयक, कृषि उपज बाजार संशोधन विधेयक पारित करके तथा आई.आई.एस.एम. पर संकल्प पारित कर सभा ने झारखण्ड के लोगों की भावनाओं को पूरा करने की दिशा में सार्थक पहल की है। मैं इसके लिए सभा के तमाम माननीय सदस्यों को धन्यवाद देना चाहूँगा। सभा ने जिन दो विधेयकों को प्रवर समितियों को सौंपा है, मैं समझता हूँ कि उनकी भी गहन समीक्षा करके उन्हें सभा में अगले सत्र में पेश किया जायेगा।

इसमें हमने अतिक्रमण के मुद्दे पर राज्य के विभिन्न शहरों में उत्पन्न स्थितियों और आगामी पंचवर्षीय योजना पर सार्थक बहस करके समुचित परिणति पर पहुँचने की कोशिश की है। मैं समझता हूँ कि इनका बेहतर लाभ राज्य की जनता को आने वाले दिनों में प्राप्त होगा। मुझे पूर्ण विश्वास है कि राज्य की समस्त जनता की सुख-समृद्धि के लिए राज्य सरकार निरन्तर प्रयासरत रहेगी। हर हाथ को काम, हर खेत को पानी, रोटी कपड़ा और मकान सबको मयस्सर करेगी।

झारखण्ड के महामहिम राज्यपाल, श्री एम.ओ.एच. फारूक अब केरल के राज्यपाल के रूप में नयी भूमिका की शुरुआत करेंगे। अपने कार्यकाल के दौरान उन्होंने झारखण्ड शासन के संवैधानिक प्रमुख, विधानसभा के अभिभावक और राज्य के प्रथम नागरिक के रूप में झारखण्ड राज्य की उल्लेखनीय सेवा की। उनका सम्पूर्ण कार्यकाल निष्पक्ष और न्यायपूर्ण सेवाकाल के रूप में झारखण्ड के इतिहास में लम्बे समय तक अंकित रहेगा। ऐसे अवसरों पर जब उन्होंने अपने संवैधानिक दायित्वों का निर्वहन करते हुए सभा में अपना अभिभाषण दिया तो हमलोगों ने उनके प्रति कृतज्ञता का प्रस्ताव पारित किया। आज जब वे हमारे बीच से विदा हो रहे हैं तो एक बार पुनः अनौपचारिक रूप से ही सही, उनके प्रति हम अपना हार्दिक आभार और कृतज्ञता ज्ञापित करते हैं और ईश्वर से कामना करते हैं कि वे उन्हें लम्बी उम्र प्रदान करें तथा समय-समय पर वे हमारा मार्गदर्शन भी करते रहें।

इस सत्र के दरम्यान चतरा के पूर्व सांसद और भारत सरकार के पूर्व मंत्री, श्री उपेन्द्र नाथ वर्मा के निधन की दुःखद सूचना हमलोगों को प्राप्त हुई। हम ईश्वर से कामना करते हैं कि वे उनकी आत्मा को शान्ति प्रदान करें और उनके परिजनों को दुःख सहने की क्षमता प्रदान करें। मैं समझता हूँ कि सभा के तमाम माननीय सदस्यगण मेरी भावना से सहमत होंगे।

इस सत्र के सफल संचालन में माननीय मुख्यमन्त्री सहित मंत्रिपरिषद् के तमाम सदस्यों, नेता प्रतिपक्ष, सभी विधायक दल के नेताओं सहित सभा के तमाम माननीय सदस्यों का सहयोग मुझे प्राप्त हुआ। मैं इसके लिए उनके प्रति अपना आभार व्यक्त करता हूँ। मैं राज्य सरकार के समस्त अधिकारियों को धन्यवाद देता हूँ जिन्होंने सभा में आने वाले प्रश्नों, प्रस्तावों के सामयिक उत्तर उपलब्ध कराये। मैं पुलिस के आला अधिकारियों, तमाम पुलिस कर्मियों को भी धन्यवाद देता हूँ जिन्होंने बारिश के इस दुरूह मौसम में शान्ति व्यवस्था कायम रखकर सत्र के सफल संचालन को सुनिश्चित किया। मैं मीडिया के लोगों के प्रति भी अपना आभार व्यक्त करता हूँ जिन्होंने सत्र में सम्पादित कार्यवाही से सम्बन्धित समाचार राज्य के जन-जन तक पहुँचाने में हमारी मदद की।

एक बार पुनः आप सभी को धन्यवाद देते हुए मैं यह कहना चाहूँगा कि इस सत्र के दौरान तीज एवं भगवान गणपति का त्योहार हमारे लिए खुशियाँ लेकर आया, वहीं ईद के त्योहार ने हमारी जिन्दगी में मिठास भरने की कोशिश की है। मैं कामना करता हूँ कि ये खुशियाँ और मिठास झारखण्ड के जन-जीवन में सदियों-सदियों के लिए कायम रहे।

इसी के साथ मैं सभा की कार्यवाही अनिश्चितकाल के लिए स्थगित करता हूँ।

19 दिसम्बर, 2011

माननीय अध्यक्ष का प्रारम्भिक वक्तव्य

अध्यक्ष–माननीय सदस्यगण,

तृतीय झारखण्ड विधानसभा के सप्तम् और वर्ष 2011 के शीतकालीन सत्र में आप सबों का हार्दिक अभिनन्दन। विगत 15 नवम्बर को एक राज्य के रूप में झारखण्ड ने अपनी स्थापना के 11 वर्षों के सफर को पूरा कर लिया है। इसी के साथ हमारी विधानसभा भी 11 वर्षों की हो गयी है। इस उपलक्ष्य में हमने अपना स्थापना दिवस समारोह विगत 22 नवम्बर को धूमधाम से मनाया। उक्त अवसर पर महामहिम राज्यपाल श्री सैयद अहमद ने अपने उद्बोधन के क्रम में हमें यह बताया है कि झारखण्ड में विकास की अपार सम्भावनाएँ मौजूद हैं। हम यदि दलीय प्रतिबद्धताओं से बाहर आकर इसके विकास की पहल करें तो शीघ्र ही यह राज्य भारत के विकसित राज्यों की श्रेणी में खड़ा दिखायी देगा। महामहिम जी के विचारों से हम अभिभूत हुए हैं लेकिन मन में एक पीड़ा भी है जो आप सबकी पीड़ा भी हो सकती है। इसे मैं कविता की कुछ पंक्तियों के माध्यम से व्यक्त करना चाहूँगा।

जलने वाले दीप, दीप की ज्योति न पर आजाद हुई।
उतना मिला प्रकाश न, जितनी बाती हर बर्बाद हुई।।
धरती रोई अम्बर रोया, रोये चाँद सितारे भी।
लुटी हुई फुलवारी अब तक किन्तु नहीं आबाद हुई।।

उन्होंने अपने उद्गार व्यक्त करते हुए लोकतन्त्र के इस सर्वोच्च पंचायत अर्थात् विधानसभा की गरिमा बचाये रखने की अपील करते हुए जनहित में इसके कारगर उपयोग करने की शिक्षा भी हमें दी है। हम आशा करते हैं कि आप सभी के सहयोग से हम महामहिम राज्यपाल जी की उम्मीदों पर खरा उतरने में सफल सिद्ध होंगे।

विधानसभा के उक्त स्थापना दिवस के अवसर पर 'विधायी उत्कृष्टता पुरस्कार चयन समिति की सर्वसम्मत अनुशंसा के आलोक में वरिष्ठ विधायक श्री माधव लाल सिंह जी को 'बिरसा मुण्डा उत्कृष्ट विधायक सम्मान' से सम्मानित किया गया। उक्त सम्मान से सम्मानित होने के लिए मैं श्री सिंह को आप सबों की ओर से हार्दिक बधाई देता हूँ तथा आशा करता हूँ कि हमारे अन्य विधायक भी सदन के भीतर और बाहर अपने आचरण में सादगी और शालीनता के उच्च कीर्तिमान स्थापित करते हुए आने वाले वर्षों में इस सम्मान से सम्मानित हो पाने में कामयाब होंगे।

आप इस तथ्य से सम्भवत: अवगत होंगे कि भारत की विधायी संस्थाओं के पीठासीन अधिकारियों का 76वाँ सम्मेलन विगत 20 से 25 सितम्बर, 2011 तक राजस्थान विधानसभा के तत्त्वावधान में जयपुर में आयोजित हुआ। उक्त सम्मेलन में विचार के लिए चार महत्त्वपूर्ण विषय यथा–'विधेयकों की अनुमति के लिए अधिकतम अवधि का निर्धारण', 'सुशासन के लिए विधियों की समीक्षा और इनके निर्माण में विधायिका की भूमिका', 'गठबन्धन सरकारों का युग अनिवार्यताएँ और चुनौतियाँ' सहित 'नियंत्रण और सन्तुलन की संवैधानिक योजना का सुदृढ़ीकरण' को लिया गया था, जिस पर मैंने आप सबों की ओर से झारखण्ड विधानसभा का पक्ष मजबूती से रखने के प्रयास किये हैं। उक्त सम्मेलन का उद्घाटन करते हुए लोकसभा की माननीया अध्यक्ष, श्रीमती मीरा कुमार ने कहा था–"किसी भी राष्ट्र का भविष्य उसकी विधायी संस्थाओं आदि से बनता है। मुझे पूर्ण विश्वास है कि हम सब विधायी निकायों के गौरव और प्रतिष्ठा को बनाये रखने के लिए सदैव प्रयास करते रहेंगे और इस तरह संसदीय लोकतन्त्र की उच्च परम्पराओं को बनाए रखेंगे।" मैं उम्मीद करता हूँ कि लोकसभा की माननीया अध्यक्ष के उक्त कथन से हमारे सभी माननीय सदस्य सहमत होंगे।

उक्त सम्मेलन के दौरान लोकसभा के माननीय उपाध्यक्ष, श्री कड़िया मुण्डा जी के सभापतित्व में विधायिका के प्रति कार्यपालिका के उत्तरदायित्व को सुनिश्चित करने के उपाय सुझाने के निमित्त गठित पीठासीन अधिकारियों की समिति का प्रतिवेदन भी उपस्थापित किया गया। उक्त समिति ने अपने गहन अध्ययन के पश्चात् स्थायित्व की जगह उत्तरदायित्व को प्राथमिकता देने के साथ-साथ प्रश्न-काल की उल्लंघनीयता, सदनों के लगातार स्थगन की प्रवृत्ति का त्याग करते हुए व्यवस्था के अभिरक्षण, गणपूर्ति के सुनिश्चयन, सत्रावधि के विस्तार, समिति प्रणाली के सुदृढ़ीकरण, अधिकायी व्यय के नियमितिकरण, सरकारी आश्वासनों के समयबद्ध कार्यान्वयन सहित विधायी सचिवालयों की स्वायत्तता सुनिश्चित करने की आवश्यकता पर बल दिया है। प्रतिवेदन की प्रति अभी हाल ही में लोकसभा से प्राप्त हुई है। सत्र-समापन के उपरान्त मैं इसकी एक प्रति सरकार के सभी विभागों को उपलब्ध कराने के साथ-साथ आप सबों के बीच भी परिचालित कराये जाने का विचार रखता हूँ ताकि इसमें निहित भावनाओं के अनुरूप हम अपने लोकतन्त्र का कार्यक्रम सुनिश्चित कर सकें। यह सब करने के लिए कुछ आपसे भी हमारी अपेक्षाएँ हैं। राज्यहित के सवालों पर दलीय भावना से थोड़ा ऊपर उठने की सौगंध हम सबों को लेनी होगी। बात-बात पर टकराव का वातावरण समाप्त होना चाहिए। फिर मेरा वादा है कि लोकहित के हर सवाल पर मैं आपके पीछे मजबूती से खड़ा रहूँगा।

मैं आँच दूँगा सर्द मौसम में दुशालों की तरह
टूटने मत दीजिए सम्बन्ध प्यालों की तरह।।

राज्य में बिगड़ती विधि-व्यवस्था की स्थिति हमारे लिए चिन्ता की बात है। विगत दिनों लातेहार में सांसद, श्री इन्दर सिंह नामधारी के सुरक्षा काफिले पर उग्रवादी हमला सहित धनबाद और राजधानी राँची में बढ़ रही आपराधिक घटनाओं, महिला उत्पीड़न की घटनाओं ने हमारी चिन्ता को बढ़ा दिया है। अच्छी विधि-व्यवस्था के अभाव में हम विकास के अच्छे माहौल की कल्पना नहीं कर सकते। यद्यपि राज्य सरकार ऐसी घटनाओं की पुनरावृत्ति रोकने की दिशा में निरन्तर प्रयत्नशील है तथापि हम इससे और ज्यादा सक्रियता बरतने की उम्मीद करते हैं।

विधानसभा के आज से आरम्भ हो रहे इस सत्र में हमारे बीच उप-चुनाव में निर्वाचित होकर श्री जय प्रकाश भाई पटेल का आगमन हुआ है। थोड़ी ही देर बाद वे इस विधानसभा की सदस्यता की शपथ लेंगे। मैं उनके सुदीर्घ विधायी जीवन की कामना करते हुए इस सदन में उनका स्वागत करता हूँ।

विधानसभा के पाँच दिवसीय इस सत्र में राज्य सरकार इस वर्ष के लिए अपना दूसरा अनुपूरक बजट पेश करेगी, जिस पर चर्चा के क्रम में आपको सरकार की नीतियों, योजनाओं और कार्यक्रमों के मूल्यांकन के पर्याप्त अवसर प्राप्त होंगे। मैं समझता हूँ कि आपके द्वारा इस उपलब्ध समय का भरपूर और सार्थक उपयोग किया जायेगा।

धन्यवाद!

23 दिसम्बर, 2011

माननीय अध्यक्ष का समापन भाषण

अध्यक्ष–माननीय सदस्यगण, तृतीय झारखण्ड विधानसभा का 19 दिसम्बर, 2011 से आरम्भ हुआ वर्ष 2011 का शीतकालीन सत्र अब से थोड़ी ही देर बाद समाप्त होने को है। इस सत्र में अल्पसूचित और तारांकित प्रश्नों सहित अन्य कई माध्यमों से हमने राज्य के ज्वलन्त विषयों और व्यापक लोक महत्त्व के अनेक मुद्दों पर सार्थक चर्चा की है। सभा के इस सत्र में इस वर्ष के द्वितीय अनुपूरक बजट पर भी गहन चर्चा होने के साथ-साथ माननीय सदस्यों को राज्य की विधि-व्यवस्था की स्थिति सहित रैयती और सरकारी जमीन पर अवैध कब्जे की बढ़ती प्रवृत्ति और राजस्व मामलों में केन्द्र-राज्य सहभागिता के मुद्दों पर चर्चा के पर्याप्त अवसर मिले। इन चर्चाओं के सार्थक परिणाम भविष्य में हमें देखने को मिलेंगे, ऐसी उम्मीद हमें है। 'राज्य की विधि-व्यवस्था' पर आयोजित विशेष वाद-विवाद के क्रम में मैंने राज्य सरकार को निदेश दिया है कि उक्त चर्चा की समस्त कार्यवाही सभा-सचिवालय से प्रेषित किये जाने के उपरांत 15 दिनों के अन्दर एक विस्तृत कृत-कार्य प्रतिवेदन वह हमें उपलब्ध कराये ताकि जनता के प्रति जवाबदेह विधानमण्डल को यह जानकारी हो सके कि चर्चा के क्रम में उठाये गये मुद्दों को सरकार ने कितनी संजीदगी से ग्रहण किया है। 'राजस्व मामलों में केन्द्र राज्य सहभागिता' पर चर्चा के क्रम में कुछेक अपवादों को छोड़कर मैंने यह महसूस किया है कि यह एक ऐसा संवेदनशील विषय है, जिस पर किसी भी राज्य का सम्पूर्ण विकास और उसकी जनता का भविष्य निर्भर है। यदि हमें पर्याप्त राजस्व और योजनाओं के निरूपण सहित इसके कार्यान्वयन के तरीकों के चयन की स्वतन्त्रता नहीं होगी तो हमारा अपेक्षित विकास नहीं हो सकेगा। मैं शुक्रगुजार हूँ कार्य-मंत्रणा समिति के तमाम सदस्यों सहित सभी विधायक दल के नेताओं का जिन्होंने ऐसे महत्त्वपूर्ण विषयों का चयन विशेष वाद-विवाद के लिए

करके इस छोटे-से सत्र को सार्थक करने के साथ-साथ गागर में सागर भरने का काम किया है। किन्तु ऐसे अवसरों पर एक कचोट भी मेरे मन में उठती है, जिसकी चर्चा मैं आप सबों के साथ करना चाहता हूँ। अपने अब तक के राजनीति सफर में जब मैं सम्पूर्ण राष्ट्रीय राजनीतिक परिदृश्य पर नजर डालता हूँ तो पाता हूँ कि ऐसे महत्त्वपूर्ण मसलों पर हम वह पहल नहीं कर पाते जो देश के दूसरे अनेक राज्यों में दिखायी देते हैं। मैंने पाया है कि दक्षिण भारत के राज्य ऐसे मामलों पर अपनी राजनीतिक प्रतिबद्धताओं से ऊपर उठकर केन्द्र सरकार पर अपने राज्य के हित में ठोस दबाव बनाते हैं। कई अवसरों पर सदन के सभी दलों के सदस्यों का शिष्टमण्डल योजना आयोग के अधिकारियों सहित विभिन्न मंत्रालयों के प्रभारी मन्त्रियों से मिला है तथा अपने राज्य की जमीनी वास्तविकताओं से अवगत कराकर अपने हिस्से को लड़कर प्राप्त किया है। इसी सत्र में माननीय सदस्या श्रीमती गीताश्री उराँव के एक प्रश्न पर जो विद्युत उपकेन्द्रों के ऊर्जान्यवन के क्रम में संचरण लाइन के विस्तार से सम्बन्धित था, के उत्तर के क्रम में सरकार द्वारा फॉरेस्ट क्लियरेंस मिलने में हो रहे विलम्ब का जिक्र किया गया। इसके अतिरिक्त राज्य की कई अन्य लोकोपयोगी योजनाएँ हैं, जिनका फॉरेस्ट क्लियरेंस वर्षों से लम्बित है। सदन में केन्द्र सरकार द्वारा किये जा रहे विलम्ब का रोना रोकर हम कागजी खानापूर्ति कब तक करते रहेंगे। मैं चाहता हूँ कि ऐसे कागजी कवायदों को तुरन्त पूरा करके माननीय मुख्यमन्त्री जी एक सर्वदलीय कमिटी बनाने की दिशा में पहल करें जो दिल्ली जाकर माननीय प्रधानमन्त्री सहित सभी सम्बद्ध मन्त्रियों से भी मिले और झारखण्ड का जो वास्तविक हिस्सा है, उसे दिलाने की दिशा में ठोस कार्रवाई करे जिससे इसका त्वरित विकास सुनिश्चित हो सके।

पाँच दिनों तक चले इस सत्र में व्यवधान की कुछ घटनाओं के बावजूद हमने निर्धारित समय से लगभग सात घंटे ज्यादा तक काम किया है, जो हम सबों के लिए एक अच्छी बात है। इस सत्र में एक अवसर पर माननीय सदस्यों ने छोटे सत्रों के आयोजन को लेकर जो चिन्ता व्यक्त की है, मैं उससे सहमत हूँ। झारखण्ड विधानसभा का अध्यक्ष होने की हैसियत से हमने भारत की विधायी संस्थाओं के पीठासीन अधिकारियों के जितने भी सम्मेलनों में हिस्सा लिया है, उन सभी में इस मुद्दे पर किसी न किसी रूप में विचार हुआ है। इसी क्रम में पिछले जयपुर सम्मेलन में विधायिका के प्रति कार्यपालिका की जवाबदेही सुनिश्चित करने के लिए पीठासीन अधिकारियों की समिति का प्रतिवेदन उपस्थापित किया गया, जिसकी चर्चा मैंने सत्र के प्रारम्भ में अपने प्रारम्भिक वक्तव्य में की थी। समिति ने कार्यवाही स्थगन की

बढ़ती घटनाओं पर गहरी चिन्ता जाहिर की है। इसने कहा है कि यदि यही प्रवृत्ति जारी रही तो वास्तव में विधानमण्डल, जैसा कि कुछ दूरदर्शियों ने कहा है, मात्र 'औपचारिकता पूरी करने का स्थान' अथवा 'मन्त्रिमण्डल नियन्त्रित उपकरण' बनकर रह जायेंगे। इस समस्या की जड़ें बहुत गहरी हैं और काफी व्यापक हैं, इसलिए इसका आसानी से समाधान करना मुश्किल है। अतः राजनीतिक दलों के नेता और सदस्य स्वयं तत्परता से यह सुनिश्चित करने के लिए विचार करें कि व्यवस्थित चर्चाएँ कैसे हों और संसदीय लोकतान्त्रिक व्यवस्था में जनता का विश्वास कैसे बनाये रखा जाये। मैं कहना चाहता हूँ कि 'उत्तरदायित्व' एक दोधारी तलवार है, इसलिए कार्यपालिका की जवाबदेही सुनिश्चित करते समय सदस्यों को भी जनता के समक्ष स्वयं अच्छा आचरण करना होगा।

उक्त समिति ने विधानमण्डलों की सिमटती सत्रावधि और कम होती बैठकों की संख्या को लेकर भी चिन्ता व्यक्त की है। इस क्रम में इसने छोटे राज्यों के विधानमण्डलों के लिए बैठकों की संख्या 60 दिन और संसद सहित बड़े राज्य विधानमण्डलों में वर्ष में 100 दिन करने के लिए संवैधानिक संशोधन का सुझाव दिया है। मैं समझता हूँ कि निकट भविष्य में इस मामले में और गहन चर्चा होगी और अन्ततः सार्थक परिणाम सामने आयेंगे।

पाँच दिनों के इस सत्र में एक विनियोग विधेयक सहित कुल 11 विधेयकों पर सभा की सहमति हुई है। इनमें नगरपालिका विधेयक, जो सेवा आयोग (संशोधन) विधेयक सहित किरायेदार बेदखली नियन्त्रण और अपार्टमेंट/फ्लैट स्वामित्व से सम्बन्धित विधेयक प्रमुख हैं। सभा ने विगत सत्र में प्रवर समिति को सौंपे गये दो विधेयकों को भी इस सत्र में स्वीकार किया है। मैं समझता हूँ कि झारखण्ड के निवासियों के हित में इन विधेयकों का गहरा प्रभाव पड़ेगा। इसी के साथ मैं यह भी दोहराना चाहूँगा कि सदस्यों को विधेयकों के अध्ययन के पर्याप्त अवसर न मिलने के कारण उनमें जहाँ असन्तोष पनपता है, वहीं इन पर सांगोपांग चर्चा भी नहीं पा रही है। अतः सरकार से भविष्य में इस ओर विशेष ध्यान देने की अपेक्षा भी मैं करता हूँ। सभा के इसमें कुल 33 निवेदनों को स्वीकृति किया गया है। इस सत्र में ध्यानाकर्षण की कुल 20 सूचनाएँ भी स्वीकार की गयीं। कुल मिलाकर जैसा हम समझते हैं, यह सत्र सार्थक रहा है। औपचारिक प्रक्रियाओं से इतर जाकर भी कतिपय महत्त्वपूर्ण मुद्दों पर सभा में चर्चा हुई है। झारखण्ड राज्य के निर्माण के लिए हुए समस्त आन्दोलनों के आन्दोलनकारियों को सम्मान देने की घोषणा इस सदन में माननीय मुख्यमन्त्री ने की है। मैं समझता हूँ कि इसी की तर्ज पर राष्ट्रव्यापी तौर पर हुए सम्पूर्ण क्रांति आन्दोलन के आन्दोलनकारियों में जो झारखण्ड के निवासी हैं, को भी

यह सरकार सम्मानित करने की दिशा में आगे आएगी। यद्यपि इस मुद्दे पर व्यवधान के कारण आज सभा में लगभग दो घंटे का समय बाधित रहा तथापि किसी अच्छे परिणाम तक हम पहुँच सके हैं, यह हमारे लिए सन्तोष की बात है। सत्र के दौरान कतिपय माननीय सदस्यों द्वारा आसन के प्रति भी आपत्तिजनक और असंसदीय टिप्पणियाँ की गयी हैं। ऐसी प्रवृत्ति संसदीय लोकतन्त्र और संसदीय आचार के लिए यद्यपि घोर अपमानजनक और क्षतिकारक है तथापि मैं उम्मीद करता हूँ कि आने वाले दिनों में सदस्यगण संसदीय मर्यादा का खयाल रखते हुए इस विधानसभा की गरिमा को ऊपर उठाने का काम करेंगे।

इस सत्र के सफल संचालन में माननीय मुख्यमन्त्री सहित राज्य मंत्रिपरिषद् के समस्त सदस्यों, माननीय नेता प्रतिपक्ष, सभी विधायक दल के माननीय नेताओं या ये कहूँ कि सभा के सभी माननीय सदस्यों का सहयोग मुझे प्राप्त हुआ है, तो अतिश्योक्ति नहीं होगी। मैं आप सभी के प्रति इसके लिए कृतज्ञता ज्ञापित करता हूँ। सत्र के संचालन का मेरा दायित्व कभी सम्पूर्ण रूप से पूरा नहीं हो पाता, यदि राज्य सरकार के सचिवालय के अधिकारियों, कर्मियों का सहयोग मुझे प्राप्त नहीं होता। प्रश्नों और प्रस्तावों का सामयिक उत्तर सुनिश्चित कराकर उन्होंने मेरे काम को आसान बनाने का काम किया है। कड़कड़ाती ठंड के इस मौसम में पुलिस के जवानों ने सत्र के दौरान विधि-व्यवस्था बनाये रखने में जिस मुस्तैदी का परिचय दिया है, उसके लिए वे सभी बधाई के पात्र हैं। मैं पत्रकार बन्धुओं के प्रति भी शुक्रगुजार हूँ, जिन्होंने सत्र की समस्त कार्यवाही का प्रकाशन, प्रसारण करके हमारी कार्यशैली से पूरे राज्य की जनता को अवगत कराया है।

क्रिसमस का त्यौहार, नववर्ष का उत्सव, मकर संक्रांति और ओणम के पर्व हमारे सामने हैं। मैं ईश्वर से कामना करता हूँ कि आने वाले ये त्योहार समस्त झारखण्डवासियों की जिन्दगी में मिठास घोलें। इसी के साथ मैं आप सभी को तथा राज्य की समस्त जनता को भी इस विधानसभा की ओर से नववर्ष की हार्दिक शुभकामनाएँ प्रेषित करता हूँ।

अध्यक्ष–सभा की कार्यवाही अनिश्चितकाल तक के लिए स्थगित की जाती है।

05 मार्च, 2012

माननीय अध्यक्ष का प्रारम्भिक वक्तव्य

अध्यक्ष–माननीय सदस्यगण,

तृतीय झारखण्ड विधानसभा के अष्टम् और वर्ष 2012 के बजट-सत्र में आप सबों का हार्दिक अभिनन्दन। बसन्त के सदाबहार मौसम में आरम्भ हो रहा यह सत्र

कुल 18 कार्यदिवसों का है। आज सत्र के पहले दिन महामहिम राज्यपाल डॉ. सैयद अहमद आप सबों को सम्बोधित करेंगे। उल्लेखनीय है कि ऐसे अवसरों पर, जब अपने संवैधानिक दायित्वों का निर्वहन करते हुए महामहिम राज्यपाल विधानमण्डल में उपस्थित होते हैं तो उनका प्राधिकार सर्वोच्च होता है। प्रक्रिया तथा कार्य-संचालन की समस्त शक्तियाँ उन्हीं में निहित हो जाती हैं। हमारी संसदीय परम्पराएँ हमसे अपेक्षा करती हैं कि सदन में महामहिम राज्यपाल की उपस्थिति की अवधि में हम उनके प्रति अपार श्रद्धा का प्रदर्शन करते हुए, सभा की मर्यादा और उसकी प्रतिष्ठा का पूरा खयाल रखें तथा संसदीय शालीनता और आचार के सिद्धान्तों का पूर्णतः पालन करें। मैं स्पष्ट कर देना चाहता हूँ कि सभा में महामहिम राज्यपाल शासन के प्रधान की हैसियत से उपस्थित न होकर विधानमण्डल के प्रधान की हैसियत से उपस्थित होते हैं। भारत के संविधान में इस तथ्य का विशेष रूप से उल्लेख किया गया है कि प्रत्येक आम निर्वाचन के बाद तथा प्रत्येक वर्ष की सभा की पहली बैठक को महामहिम राज्यपाल के द्वारा सम्बोधित किया जायेगा। देश के विभिन्न उच्च न्यायालयों ने इसी परिप्रेक्ष्य में यह निर्णय दिया है कि सभा की ऐसी बैठकें बगैर राज्यपाल के अभिभाषण के विधिमान्य नहीं होंगी। सभा के कार्य-संचालन और अनुशासन सम्बन्धी समस्त शक्तियाँ ऐसे अवसरों पर महामहिम राज्यपाल में निहित होती हैं, इस तथ्य को देश के विधि आयोग ने भी स्वीकार किया है।

कुल 18 दिनों तक चलने वाले इस सत्र में महामहिम राज्यपाल के अभिभाषण पर प्रस्तुत होने वाले धन्यवाद प्रस्ताव पर चर्चा तो होगी ही, इसी सत्र में राज्य सरकार वित्तीय वर्ष 2012-2013 के लिए अपना वार्षिक बजट तथा एक अनुपूरक बजट भी प्रस्तुत करेगी। प्रश्नों, ध्यानाकर्षण प्रस्तावों सहित राजकीय विधेयकों, संकल्पों पर चर्चा के मिलने वाले अवसरों के साथ-साथ आपको इस सत्र में विभागवार प्रस्तुत होने वाले अनुदान की माँगों पर चर्चा के दौरान भी राज्य की ज्वलन्त समस्याओं को उठाने के अवसर मिलेंगे। मैं चाहता हूँ कि आपके द्वारा इन अवसरों का बेहतर उपयोग किया जाये तथा इस प्रकार अधिकतम जनकल्याण को सुनिश्चित किया जाये।

जयपुर में पिछले दिनों आयोजित पीठासीन अधिकारियों के सम्मेलन में विधायिका के प्रति कार्यपालिका के उत्तरदायित्व को सुनिश्चित करने के निमित्त गठित समिति का जो प्रतिवेदन सौंपा गया था, उसमें कुल ग्यारह अनुशंसाएँ निहित थीं। इनका अनुपालन झारखण्ड में कैसे सुनिश्चित कराया जाए, इस पर विचार कर प्रतिवेदन देने के निमित्त मैंने विगत 24 फरवरी, 2012 को संसदीय कार्य मंत्री श्री

हेमलाल मुर्मू के संयोजकत्व में एक ग्यारह सदस्यीय समिति का गठन किया है। मैं चाहता हूँ कि जल्द-से-जल्द यह समिति अपना प्रतिवेदन दे दें।

अन्त में मैं पुनः यह दुहराना चाहता हूँ कि आज का अवसर महामहिम के सम्बोधन का है। उनसे मुझे निम्नांकित सन्देश प्राप्त हुआ है–

सन्देश

भारत के संविधान के अनुच्छेद 176 के खण्ड (1) के द्वारा प्रदत्त शक्तियों का प्रयोग करते हुए मैं, डॉ. सैयद अहमद, झारखण्ड का राज्यपाल इसके द्वारा झारखण्ड विधानसभा को दिनांक–5 मार्च, 2012 को 11.30 बजे पूर्वाह्न में सम्बोधित करना चाहता हूँ और इस हेतु लेनिन हॉल, एच.ई.सी., राँची स्थित झारखण्ड विधानसभा सदन में सदस्यों की उपस्थिति चाहता हूँ।

(सैयद अहमद)
झारखण्ड के राज्यपाल

अब में महामहिम राज्यपाल की अगवानी के लिए थोड़ी देर के लिए सदन से बाहर जा रहा हूँ। आपसे अनुरोध है कि मेरी अनुपस्थिति की अवधि सहित महामहिम राज्यपाल के आगमन, उनके भाषण तथा उनके प्रस्थान के समय आप सदन में अपने निर्धारित स्थानों पर बैंठे रहेंगे तथा व्यवस्था बनाये रखेंगे।

धन्यवाद

31 मार्च, 2012

माननीय अध्यक्ष का समापन भाषण

अध्यक्ष–माननीय सदस्यगण,

तृतीय झारखण्ड विधानसभा का अठारह दिवसीय अष्टम् सत्र अब अपने समापन की ओर अग्रसर है। इस सत्र में महामहिम राज्यपाल के अभिभाषण पर प्रस्तुत धन्यवाद प्रस्ताव सहित वित्तमन्त्री द्वारा सदन में रखे गये वर्ष 2012-2013 के आय-व्ययक पर चर्चा, अनुदान माँगों पर वाद-विवाद के दौरान माननीय सदस्यों के जनहित से जुड़े अनेक समस्याओं को सदन में उठाकर सरकार के संज्ञान में समाधान के लिए लाया गया । इस सत्र में प्रश्नों, ध्यानाकर्षण प्रस्तावों सहित सूचना के अन्य माध्यमों से भी अनेक ज्वलन्त मुद्दे चर्चा के विषय बने हैं। मैं इसके लिए सभी माननीय सदस्यों को धन्यवाद देता हूँ। विधानसभा का यह सत्र बजट-सत्र था, जिसमें कल से शुरू हो रहे वित्तीय वर्ष के बजट पर सांगोपांग चर्चा हुई है। सदन के

इस निष्पक्ष आसन पर बैठकर तटस्थ भाव से मैंने बजट प्रक्रिया सम्बन्धी विपक्ष की आलोचनाओं और सरकार की दलीलों को सुना है। इस क्रम में सदस्यों की ओर से कई तीखे आरोप सत्तापक्ष को इंगित करके मढ़े गये तो सत्तापक्ष की ओर से भी जवाबी कार्रवाई की कोशिशें हुईं। समस्त प्रक्रिया के दौरान बजट तैयार करने से लेकर उसे पारित कराने में जो बुनियादी कमियाँ मुझे परिलक्षित हुई हैं, उनके सम्बन्ध में मैं अपने विचार आप सभी के साथ साझा करना चाहता हूँ। आज हम लोकतान्त्रिक व्यवस्था में पलते-बढ़ते और इसे संचालित करते हुए, जिस मुकाम पर पहुँच गये हैं, वह बहुमत से फैसले लेने की जगह किसी भी मुद्दे पर सर्वानुमति तक पहुँचने की माँग हमसे करता है। वह इस बात की भी उम्मीद हमसे करता है कि हमारे समस्त फैसले पारदर्शी हों। इसी के साथ मैं यह भी आप सबों के बीच दुहराना चाहता हूँ कि हमारा लोकतन्त्र पक्ष-प्रतिपक्ष के बीच की विभाजक रेखा को मिटाकर सबके साथ अवसरों और संसाधनों के समान वितरण की भी माँग करता है। अवसरों और संसाधनों के समान वितरण के अभाव में हमारे राष्ट्रीय फलक पर विकास की एक बेढंगी तस्वीर जो तैयार हुई है, उससे सदन के एक-एक सदस्य अवगत हैं। आज गुड़गाँव, दिल्ली, मुम्बई और बेंगलुरु प्रति-व्यक्ति दैनिक आय और दुमका के लोगों की दैनिक आय के बीच जो जमीन-आसमान का अंतर है, उसके पीछे यही कारण है। तथाकथित काउ बेल्ट कहलाने वाले अविकसित राज्यों और महाराष्ट्र, गुजरात, केरल तथा तमिलनाडु के बीच का फर्क इसी कारणवश है।

इस क्रम में राष्ट्रकवि रामधारी सिंह 'दिनकर' की ये पंक्तियाँ मुझे बरबस याद आती हैं–

उगा सूर्य कैसा कहो मुक्ति का ये
उजाला करोड़ों घरों तक न पहुँचा
खुला पिंजरा है मगर रक्त अब भी
थके पंछियों के परों में न पहुँचा।।

न संयम-व्यवस्था न एकात्मता है
भरी है मनों में अभी तक गुलामी
वही राग अंग्रेजियत का अभी तक
सुनते बड़े लोग नामी-गिरामी
लुढ़कती मदिर जिन्दगी की लयों में
अभी मुक्ति-गायन स्वरों में न पहुँचा।।

जब हम परिस्थितियों को देखते हैं तो अवसरों और संसाधनों के समान वितरण की आवश्यकता बड़ी शिदत्त से हमें महसूस होती है। अत: हमें कोशिशें करनी होंगी कि सरायकेला और साहेबगंज के बीच का फर्क मिटे। दुमका और राँची के बीच की दूरियाँ घटें। पलामू और संथाल परगना का भी समान विकास हो। मैं यह मानता हूँ कि सरकार को स्थानीय आवश्यकताओं के अनुरूप प्राथमिकताएँ तय करने और राशि के उपबन्ध का हक है। किन्तु इसमें पारदर्शिता के प्रदर्शन के साथ-साथ एतद् सम्बन्धी कारणों को स्पष्ट करने की भी उतनी ही आवश्यकता है। कतिपय सदस्यों का यह आरोप रहा है कि सरकार क्षेत्र-विशेष पर ज्यादा ध्यान देती है, सम्भव है ऐसे आरोप दमदार न हों किन्तु इसे सिद्ध हम तबतक नहीं कर सकते, जब तक हमारे निर्णय पारदर्शी न होंगे। अत: मैं चाहता हूँ कि आगामी वित्तीय वर्ष में जब सरकार अपना नया बजट लेकर आये तो अनुदान माँगों पर चर्चा के दिन योजनावार और क्षेत्रवार राशि आवंटन का प्रतिवेदन भी सदन-पटल पर रखे ताकि सदस्यगण इस बात को लेकर आश्वस्त हो सकें कि हमारी पूरी व्यवस्था निष्पक्ष है।

मैं यहाँ यह भी स्पष्ट करना चाहता हूँ कि विधायिका एवं कार्यपालिका का यह दायित्व होता है कि जनहित एवं राज्यहित में किये जाने वाले कार्यों में पारदर्शिता समय की आवश्यकता है। जनभागीदारी के लिए यह आवश्यक है कि विभागवार योजनाओं, उस पर संभावित व्यय, पूरा होने की निर्धारित अवधि आदि के बाबत विधानसभा में चर्चाएँ हो एवं इसकी जानकारी पूरे राज्य की जनता को हो सके। इस प्रक्रिया से विधायिका एवं कार्यपालिका की जिम्मेदारी के साथ-साथ उत्तरदायिता भी बढ़ेगी।

बजट में सभी विभागों की योजनाओं के विवरणी प्रस्तुत करने पर बहुत सारी शंकाएँ एवं दुष्प्रचार स्वत: ही कम हो जायेंगे। विधायिका एवं कार्यपालिका के बीच विश्वास का माहौल कायम होगा न तो कार्यपालिका बेवजह दबाव में रहेगी न ही विधायिका। इन प्रक्रियाओं का शुद्ध मन से यदि पालन किया जाए, तो योजनाओं की चयन-प्रक्रिया एवं कार्यान्वयन में व्याप्त भ्रष्टाचार पूर्ण रूपेण समाप्त हो ना हो परन्तु, लगाम अवश्य लग जायेगा। कार्यपालिका एवं विधायिका का यह प्रथम कर्तव्य बनता है कि योजनाओं की चयन-प्रक्रिया एवं कार्यान्वयन में पारदर्शिता हो।

विकास की अवधारणा पर राष्ट्रपिता महात्मा गांधी की विचारधारा के आलोक में एक पंक्ति उद्धृत करना चाहूँगा, जो प्रासंगिक है।

"Development does not start with good, it starts with men, their education, discipline And organisation."

इस सत्र के दौरान उत्तेजना के कुछ क्षणों को हम आपवादिक मान लें तो कुल मिलाकर माननीय सदस्यों का आचरण संसदीय मर्यादाओं के सर्वथा अनुरूप रहा है। मैं प्रतिपक्ष के सम्मानित नेता श्री राजेन्द्र प्रसाद सिंह सहित अन्य सभी दलों के नेताओं को धन्यवाद देना चाहूँगा कि व्यापक राज्यहित के मुद्दे पर दलीय प्रतिबद्धताओं को तोड़कर वे सरकार के साथ आगे आये हैं। इस क्रम में मैं मात्र एक उदाहरण देना चाहता हूँ। योजना आयोग द्वारा गरीबी रेखा के निर्धारित नये मानकों जिसके लागू हो जाने के बाद झारखण्ड जैसे अविकसित राज्य के लोगों की जो हानि संभावित है, उसे इन लोगों ने संजीदगी से लिया और इस सम्बन्ध में सरकार द्वारा प्रस्तुत राजकीय संकल्प को सर्वसम्मति से पारित करने का काम किया। मैं उम्मीद करता हूँ कि भारत सरकार और राष्ट्रीय योजना आयोग झारखण्ड विधानसभा की भावनाओं का सम्मान करेगा। इस सत्र में सरकार द्वारा दो विनियोग विधेयकों सहित कई अन्य महत्त्वपूर्ण विधेयक भी पारित हुए। गृह रक्षक (संशोधन) विधेयक, विज्ञापन कर और मनोरंजन कर विधेयक सहित साईंनाथ विश्वविद्यालय विधेयक इनमें उल्लेखनीय हैं। इनके अधिनियमन के बाद जहाँ गृह रक्षकों के जीवन में खुशहाली आने की अपार सम्भावनाएँ हैं, वहीं शिक्षा के क्षेत्र में नये अवसरों की तलाश में झारखण्ड के नौनिहालों के पलायन के रुकने की भी सम्भावनाएँ स्थापित हुई हैं। भारत सरकार द्वारा गठित प्रशासनिक सुधार आयोग की अनुशंसा के आलोक में इस सत्र में झारखण्ड स्थानीय निधि लेखा संपरीक्षा विधेयक भी पारित हुआ। इसके अधिनियमन के बाद भारत के नियन्त्रक महालेखापरीक्षक की तर्ज पर स्थानीय निकायों की लेखा परीक्षा के लिए एक स्वायत्त संस्था के गठन का मार्ग इससे प्रशस्त हुआ है। इसके लिए राज्य सरकार साधुवाद की पात्र है। आयोग ने लोक लेखा समिति के पैटर्न पर एक समिति राज्यों की विधायी संस्थाओं में गठित करने का सुझाव दिया है। मैं सदन को आश्वस्त करता हूँ कि प्रतिवेदन के सम्यक् अध्ययन के बाद झारखण्ड विधानसभा में इस समिति का गठन मेरे द्वारा कर दिया जायेगा। ऐसे विधेयकों को सदन में प्रस्तुत करने के लिए मैं सरकार को जहाँ धन्यवाद देता हूँ, वहीं तमाम सदस्यों के प्रति अपना आभार भी जताता हूँ कि उन्होंने इन्हें पारित करने का काम किया। इस सत्र में विभिन्न स्थानों में डॉक्टरों की कमी का मुद्दा उठाने पर स्वास्थ्य मन्त्री ने इनकी नियुक्ति की घोषणा की थी, जिसे 29 मार्च, 2012 को नियुक्ति-पत्र देकर पूरा कर दिया गया है। राज्य सरकार के स्वास्थ्य मन्त्री श्री हेमलाल मुर्मू और मुख्यमन्त्री श्री अर्जुन मुण्डा सहित सरकार के अन्य सभी मन्त्री इसके लिए बधाई के पात्र हैं। इस सत्र के दौरान राज्य की जेलों में कुव्यवस्था का

मुद्दा भी एक ध्यानाकर्षण प्रस्ताव के जरिये उठा। माननीय सदस्य श्री पौलुस सुरीन और कारा में बंदी सदस्य श्री एनोस एक्का ने इस सन्दर्भ में जिस मार्मिक पीड़ा को वाणी दी है, उसने पूरे वातावरण को संजीदा बना दिया। सरकार ने इस कुव्यवस्था को दूर करने के लिए जिलास्तरीय परामर्शदात्री समिति के गठन का आश्वासन इस क्रम में दिया है। मैं समझता हूँ कि यह आश्वासन शीघ्र पूरा होगा और बंदियों के मानवाधिकार सुरक्षित हो सकेंगे। इसी सत्र में राज्य सरकार ने सरायकेला खरसावाँ और दुमका में नये मेडिकल कॉलेजों की स्थापना के साथ-साथ पलामू प्रमण्डल में भी इसकी स्थापना की सम्भावनाओं को तलाशने का वचन देने के साथ-साथ राँची स्थित राजेन्द्र आयुर्विज्ञान संस्थान को सुपर स्पेशलिटी से युक्त चिकित्सा संस्थान के रूप में विकसित करने का वचन भी दिया है। मैं समझता हूँ कि सरकार अपने इन वचनों को शीघ्र पूरा करने के प्रयास करेगी। मुझे इस बात का अफसोस है कि इस सत्र में 29 मार्च, 2012 को छोटानागपुर काश्तकारी अधिनियम के अनुपालन की स्थितियों पर आरम्भ हुई चर्चा कतिपय व्यवधानों के कारण पूरी नहीं हो सकी। चर्चा कराने के पीछे मेरा यह उद्देश्य था कि इस बात का पता लगाया जाये कि आखिर ऐसे कानूनों के वजूद में होने के बावजूद हमारा आदिवासी समाज विकास की ऊँची मंजिलों को हासिल क्यों नहीं कर सका। चर्चा के क्रम में माननीय सदस्य श्री दीपक लिरूआ ने जो तर्क दिये मैं उनका क़ायल हुआ हूँ। अन्य माननीय सदस्यों ने भी अपने सारगर्भित विचार इस क्रम में सदन में रखे हैं। मैं चाहता हूँ कि आने वाले समय में विभिन्न मंचों पर इस पर गहन चर्चा हो और इसी बहाने आदिवासियों की बेहतरी के लिए अच्छे सुझाव सामने आ सकें।

चलते सत्र में पाँच राज्य विधानसभाओं के चुनाव परिणाम भी हमारे सामने आये। जहाँ मणिपुर और पंजाब में पुरानी गठबन्धन की सरकारों के पक्ष में जनादेश आया, वहीं उत्तर प्रदेश और गोवा प्रचण्ड परिवर्तन के गवाह बने। उत्तराखण्ड में भी नयी सरकार गठित हुई है। मैं आज के अवसर पर सभी नयी सरकारों को सदन की ओर से बधाई और शुभकामनाएँ प्रेषित करता हूँ। राज्यसभा का दो सदस्यों के लिए द्विवार्षिक निर्वाचन भी चलते सत्र में सम्पन्न हुआ। चुनाव परिणाम रोक दिये गये हैं। इस क्रम में जो बातें समाचार माध्यमों से आयीं, उनसे हमारा मानस शर्मशार हुआ है। आज के परिप्रेक्ष्य में यह आवश्यक है कि हम राजनीति में शुचिता की स्थापना के प्रयास नये सिरे से करें ताकि झारखण्ड को राजनीति की प्रयोगशाला के रूप में जो लोग देखने लगे हैं, उनकी सोच और समझ बदले।

सत्र की शुरुआत के अवसर पर अपने प्रारम्भिक वक्तव्य के दौरान मैंने आपको जानकारी दी थी कि विधायिका के प्रति कार्यपालिका की जवाबदेही सुनिश्चित करने के निमित्त मैंने संसदीय कार्य मन्त्री श्री हेमलाल मुर्मू जी के संयोजकत्व में एक विशेष समिति का गठन किया है। माननीय नेता प्रतिपक्ष श्री राजेन्द्र प्रसाद सिंह सहित श्री प्रदीप यादव, श्रीमती अन्नपूर्णा देवी, श्री रघुवर दास, श्री उमाकान्त रजक, श्री विनोद कुमार सिंह, श्री अरूप चटर्जी, श्री विदेश सिंह, श्री बन्धु तिर्की तथा श्रीमती सुधा चौधरी को इसका सदस्य मनोनीत किया गया है। इस समिति की अनुशंसाओं के कार्यान्वयन की स्थिति पर आगामी 1 नवम्बर, 2012 से आयोजित पटना में होने वाले पीठासीन अधिकारियों के सम्मेलन में विचार होना है। मैं चाहता हूँ कि समिति के तमाम सदस्य समय-निकालकर विचार-विमर्श की प्रक्रिया शीघ्र पूरी करें। माननीय संसदीय कार्य मंत्री को इस मामले में विशेष रूप से इसके लिए सचेष्ट होने की आवश्यकता है।

अन्त में इस बात का जिक्र मैं विशेष रूप से करना चाहता हूँ कि इस सत्र का संचालन सम्भव नहीं हो पाता यदि राज्य सरकार के माननीय मुख्यमन्त्री सहित तमाम मन्त्रियों, विभागीय उच्चाधिकारियों का सहयोग हमें नहीं मिलता। मैं प्रश्नों और प्रस्तावों का समुचित और ससमय उत्तर उपलब्ध कराने के लिए इन सभी के साथ-साथ तमाम सचिवालय कर्मियों, राजकीय प्रेस के कर्मियों को भी धन्यवाद देता हूँ। मैं धन्यवाद देता हूँ, उन तमाम पुलिस कर्मियों को भी जिन्होंने अपनी ड्यूटी मुस्तैदी से करते हुए विधि-व्यवस्था को सत्र के दौरान बनाये रखा। मैं मीडिया के मित्रों को भी धन्यवाद देता हूँ जिन्होंने विधानसभा की एक-एक गतिविधि से राज्य की जनता को अवगत कराकर विधायी प्रक्रियाओं से उन्हें रू-ब-रू कराया है।

सभा के इस सत्र की शुरुआत होली के माहौल में हुई थी और इसका समापन वासंती नवरात्र के साथ-साथ रामनवमी के त्योहार के अवसर पर होने जा रहा है। इस अवसर पर मैं राज्य की तमाम जनता को आप सभी की ओर से हार्दिक शुभकामनाएँ प्रेषित करता हूँ। पीड़ित मानवता के महान उद्धारक ईसा मसीह के बलिदान और उनके पुनरुज्जीवन के पर्व क्रमशः गुड फ्राइडे और इस्टर भी हमारे सामने हैं। मैं कामना करता हूँ कि हमारे साथ-साथ आने वाली पीढ़ियाँ भी ईश्वर के इस पुत्र के जीवन से प्रेरणा लेंगी तथा सच्चाई एवं ईमानदारी की रक्षा के लिए अपने प्राणों की आहूति देने से नहीं हिचकेंगी।

इसी के साथ मैं सभा की कार्यवाही अनिश्चितकाल तक के लिए स्थगित करता हूँ।

31 अगस्त, 2012

माननीय अध्यक्ष का प्रारम्भिक वक्तव्य

अध्यक्ष–माननीय सदस्यगण,

तृतीय झारखण्ड विधानसभा के नवम् और वर्ष 2012 के पावसकालीन सत्र में आप सभी का हार्दिक अभिनन्दन। कुल 5 बैठकों वाले विधानसभा के इस सत्र में राज्य सरकार वित्तीय वर्ष 2012-2013 का अनुपूरक बजट सभा में पेश करने के साथ-साथ कतिपय राजकीय विधेयकों को भी पुर:स्थापित करेगी। इन पर चर्चा के क्रम में सरकार की नीतियों और कार्यक्रमों की समीक्षा के महत्त्वपूर्ण अवसर आपको प्राप्त होंगे। मैं समझता हूँ कि आपके द्वारा इस अवसर का भरपूर उपयोग किया जायेगा। नवम् सत्र की शुरुआत के इस सुअवसर पर इस लघु सत्र में सम्पन्न होने वाले कार्यों की बारीकियों में न जाकर कतिपय महत्त्वपूर्ण राजनीतिक घटनाओं का जिक्र मैं यहाँ करना चाहूँगा। विगत 13 मई, 2012 को भारतीय संसद ने अपनी यात्रा के 60 वर्षों के पड़ाव को छू लिया है। इन छह दशकों की अविरल यात्रा के बाद जिस परिपक्वता की आशा हमारे लोकतन्त्र से की जाती रही थी, वह परिपक्वता अब तक दृष्टिगोचर नहीं हो सकी है। संसद की साठवीं वर्षगाँठ पर नयी दिल्ली में आयोजित समारोह में इसी कारणवश लोकसभा की माननीया अध्यक्ष श्रीमती मीरा कुमार सहित देश के माननीय प्रधानमन्त्री ने भी गहरी चिन्ता प्रकट की है। राजनीतिक अस्थिरता, विदेशी बैंकों में जमा काला धन, सत्ता प्रतिष्ठानों में गला काटू प्रतिस्पर्धा सहित विकास की धीमी रफ्तार एवं सार्वजनिक जीवन में भ्रष्टाचार जैसे मुद्दे इतने बड़े और प्रभावकारी हैं कि सरकारी योजनाओं का सही लाभ आमजन को प्राप्त नहीं हो पा रहा है। यह स्थिति देश के किसी एक राज्य की नहीं वरन् लगभग समस्त राज्यों की है। जहाँ देश ने संसदीय राजनीति के 60 वर्षों के सफर को पूरा किया है, वहीं आने वाले नवम्बर माह में झारखण्ड भी 12 वर्षों के सफर को पूरा कर चुका होगा। अत: मेरी अपील होगी कि इन समस्याओं पर हम संजीदगी से विचार करें तथा आम आदमी का जो वाजिब हक है, उसे उन्हें मुहैया कराने की कोशिशें जी-जान से करें।

विदित है कि विधानसभा की कार्यवाही इस राज्य के ही नहीं अपितु संपूर्ण देश के लोग देखते हैं। समाचारपत्रों/Electronic Channels को हम सदस्यों

द्वारा जो बातें कही जाती हैं, उन्हें संपूर्ण देश के लोग देखते एवं सुनते हैं। इसका ध्यान हमें अवश्य रखना चाहिए। इस सन्दर्भ में विवेकानन्द की एक पंक्ति मैं उद्धृत करना चाहता हूँ, "कोई व्यक्ति यदि किसी की ओर एक अंगुली को इंगित करता है तो स्वयं के हाथ की तीन अंगुलियाँ वह अपनी ओर भी इंगित करता है।" भाषा में सौम्यता एवं मर्यादित होने की जरूरत है। नये सदस्यों को अनुभवी सदस्यों से बहुत कुछ सीखना होता है।

उपर्युक्त वर्णित महत्त्वपूर्ण संसदीय घटनाक्रम के उपरांत हमने भारतीय गणतंत्र के चौदहवें राष्ट्रपति का चुनाव किया। अपने लम्बे राजनीतिक अनुभव तथा विभिन्न मंत्रालयों में मन्त्री पद पर आसीन रहकर देश की दिशा और दशा को गहराई से प्रभावित करने वाले श्री प्रणव मुखर्जी इस निर्वाचन में सफल घोषित हुए और उन्होंने राष्ट्रपति पद का प्रभार ग्रहण किया है। इसी तरह डॉ. हामिद अंसारी राज्यसभा के सभापति और देश के उप-राष्ट्रपति के लिए दोबारा निर्वाचित होने में सफल हुए हैं। अत्यन्त शालीन व्यक्तित्व के धनी इन दोनों महानुभावों के चयन के बाद हम उम्मीद करते हैं कि इनके कुशल नेतृत्व में हमारा देश तरक्की की बुलन्दियों को प्राप्त करेगा। आज के अवसर पर मैं झारखण्ड विधानसभा के सदस्यों सहित तमाम झारखण्डवासियों की ओर से महामहिम राष्ट्रपति जी और उपराष्ट्रपति जी को शुभकामनाएँ प्रेषित करता हूँ। निर्वाचनों की चर्चा के क्रम में हटिया उपनिर्वाचन का उल्लेख भी मैं विशेष रूप से करना चाहता हूँ। श्री गोपाल शरण नाथ शाहदेव के निधन से रिक्त हुए इस सीट से आजसू पार्टी के श्री नवीन जायसवाल ने चुनाव जीतने में सफलता प्राप्त की है। इस विधानसभा के नये सदस्य के रूप में वे इस सदन में उपस्थित हुए हैं। आज का दिन उनके राजनीतिक कैरियर की शुरुआत का दिन है। मैं उनके सफल और सुखद राजनीतिक जीवन की शुभकामनाएँ देते हुए उनका स्वागत भी करता हूँ। सभा के पिछले सत्र के बाद हमारे मुख्यमन्त्री श्री अर्जुन मुण्डा हेलीकॉप्टर दुर्घटना में बुरी तरह घायल हो गये थे। चिकित्सा के बाद अब वे पूर्ण रूप से स्वस्थ्य होकर हमारे बीच हैं। मैं झारखण्ड विधानसभा के तमाम सदस्यों की ओर से उनके नवजीवन की शुरुआत की शुभकामना देता हूँ। विगत दिनों लन्दन में आयोजित ओलम्पिक खेलों में यद्यपि हमारे देश का प्रदर्शन अपेक्षाओं के अनुरूप नहीं रहा तथापि विनय कुमार और सुशील कुमार ने कुश्ती की प्रतिस्पर्धा में रजत पदक तथा गगन नारंग ने निशानेबाजी, सायना नेहवाल ने बैडमिंटन, मैरीकॉम ने मुक्केबाजी और योगेश्वर दत्त ने कुश्ती की प्रतिस्पर्धा में कांस्य पदक जीतकर

देश के नाम को रौशन किया है। मैं इन सभी छह खिलाड़ियों के उत्कृष्ट प्रदर्शन के लिए सभा की ओर से हार्दिक बधाई देते हुए मैं अण्डर 19 वर्ल्ड कप क्रिकेट के कप्तान सहित इस स्पर्धा को जीतने वाली टीम के समस्त सदस्यों को भी बधाई देता हूँ। माननीय सदस्यगण, विधानसभा का यह सत्र उस समय शुरू हुआ है जब देश असम की जातीय हिंसा और इसके विरोध में देश के विभिन्न भागों में हुई प्रतिहिंसा के दौर से गुजर रहा है। मैं यहाँ यह नहीं कहना चाहता कि असम की हिंसा किसकी चूक का परिणाम है, किन्तु इसके प्रत्युत्तर में दूसरे स्थानों पर जो कुछ हुआ अथवा जो कुछ करने की कोशिशें हुई हैं, वह हमारे लिए चिन्ता का विषय है। कुछ लोगों ने आपसी भाईचारे और सौहार्द को बिगाड़ने की कोशिशें की हैं। महाराष्ट्र के एक राजनीतिक दल के लोगों ने अपने राज्य की कानून-व्यवस्था को बिगाड़ने में कतिपय हिन्दीभाषी राज्यों के निवासियों के साथ होने का उल्लेख किया है। इस क्रम में उन्होंने झारखण्ड का भी नाम लिया है। झारखण्ड की जनता को कोई व्यक्ति अपने राज्य की विधि-व्यवस्था के लिए जब खतरा बताता है तो हमारी चिन्ता लाजिमी हो जाती है। मैं चाहता हूँ कि राज्य सरकार इसका समुचित संज्ञान ले और इस बाबत अपना विरोध उचित जगह पर दर्ज करे। कतिपय असामाजिक और शरारती तत्त्वों ने इसी आड़ में राज्य की राजधानी राँची में भी सौहार्द को बिगाड़ने की कोशिशें की किन्तु राजनीतिक, प्रशासनिक और सामाजिक सूझ-बूझ के चलते ऐसे लोगों के मंसूबों पर पानी फिर गया। राँची में अमन-चैन कायम रहा, यह हमारे लिए सन्तोष का विषय है, तथापि निगाहों को सतर्क रखने की आवश्यकता भी है, प्रशासन को चुस्त और दुरुस्त एवं तत्परता से कार्रवाई करने की आवश्यकता है क्योंकि ऐसे तत्त्व हमेशा मौके की तलाश में रहते हैं।

माननीय सदस्यगण, हमारी व्यवस्था अपनी कार्य प्रणाली की खामियों के चलते मूल्यों के क्षरण के दौर से गुजर रही है। जनप्रतिनिधि और लोकसेवकों पर से आम आदमी की आस्था घटती जा रही है। योजनाओं के कार्यान्वयन में भ्रष्टाचार की खबरें, खदानों के आवंटन में होने वाले घोटाले समाचारपत्रों की सूर्खियाँ बन रहे हैं। दूसरी तरफ सरकार के नुमाइंदे ऐसे समाचारों को बकवास बताने और सिद्ध करने में अपनी-अपनी समस्त ऊर्जा को खपा रहे हैं। देश के संविधान ने सरकारों के आमद-खर्च का लेखा-जोखा रखने की जिम्मेवारी जिस स्वायत्त एजेंसी को सौंपी है, उस एजेंसी की रिपोर्टों को झुठलाने की आदतें राजनेताओं में पनपने लगी हैं। ऐसी स्थितियाँ जब आती हैं तो संवैधानिक संस्थाओं की विश्वसनीयता कटघरे में

खड़ी हो जाती है। अतः हमें चाहिए कि हम इन संस्थाओं का सम्मान करना सीखें। सत्य-असत्य का फैसला दूसरी एजेंसियाँ खुद-ब-खुद कर लेंगी। यदि ऐसा नहीं हुआ तो देश में अराजकता पनपेगी तथा हमसे हमारे लोगों की आस्था समाप्त हो जाएगी। अतः आज जरूरत इस बात की है कि शासन की सभी इकाइयाँ अपने-अपने संवैधानिक सीमाओं में रहते हुए कार्य करें तथा अधिकतम लोककल्याण के अभिष्ट से पूरा करने की दिशा में अग्रसर हों। सस्ती लोकप्रियता के लिए एक दूसरे पर छींटाकशी और आरोपों-प्रत्यारोपों के दौर से बाहर निकलकर आत्ममूल्यांकन की ओर हम अग्रसर हों तभी हम बच सकेंगे और हमारी संस्थाएँ बच सकेंगी। अब्राहम लिंकन ने कहा था—In Democracies The People at Large is the Boss.

आज के अवसर पर मैं इस बात का उल्लेख भी करना चाहता हूँ कि नगड़ी की भूमि, जहाँ महत्त्वपूर्ण शैक्षणिक संस्थान खुलने थे, को लेकर जारी विवाद एक ऐसी समस्या है जिसका शीघ्र और सर्वमान्य हल निकालना नितान्त आवश्यक है। यह ऐसी समस्या है, जिसे और ज्यादा लम्बे समय तक टाला नहीं जा सकता। राज्य सरकार को तत्परता से कार्रवाई करनी चाहिए एवं एक न्यायोचित समाधान पर पहुँचना चाहिए, विलम्ब की प्रक्रिया से समस्याएँ नासूर बन जाती हैं। ऐसा कतई प्रतीत नहीं होना चाहिए कि राज्य के अन्दर बसे लोगों के बीच भेदभाव किया जा रहा है। मैं अपील करना चाहता हूँ कि इसमें और ज्यादा गतिशीलता लायी जानी चाहिए।

मुझे इस बात की खुशी है कि राज्य सरकार ने हाल ही में 24 अगस्त, 2012 को अपनी नयी औद्योगिक नीति को जारी कर दिया है तथा उसी दिन सात कम्पनियों के साथ बाईस हजार, चार सौ एकतीस करोड़ रुपये के निवेश के लिए एम.ओ.यू. पर हस्ताक्षर भी कराये गये हैं। यह एक अच्छा कदम है लेकिन यह भी सुनिश्चित किया जाये कि एक निर्धारित समय-सीमा के अन्दर कार्य प्रारम्भ हो। मेरी कामना होगी कि किये गये उक्त समस्त एम.ओ.यू. धरातल पर उतरे तथा राज्य की सवा तीन करोड़ की आबादी को उनका समुचित लाभ मिले। यद्यपि विगत में अनेक औद्योगिक घरानों के साथ हुए ऐसे एम.ओ.यू. परवान नहीं चढ़ सके तथापि 'बीती ताहि बिसारि दे, आगे की सुधि लेहू' के सिद्धान्त पर चलते हुए हम काफी आशान्वित हैं।

अन्त में मैं सभा के समस्त माननीय सदस्यों से यह अपील करता हूँ कि वे इस सत्र के सफल संचालन के लिए अपना अपेक्षित सहयोग मुझे प्रदान करेंगे। धन्यवाद!

06 सितम्बर, 2012

माननीय अध्यक्ष का समापन भाषण

अध्यक्ष–माननीय सदस्यगण,

नेपथ्य की ओर जा रहे पावस की मधुर शीतल फुहारों के बीच तृतीय झारखण्ड विधानसभा का नवम् सत्र अब अतीत के महासागर की लहरों से मिलना चाहता है। इस मौसम के मेघ ने बिना किसी गर्जन-तर्जन के बारिश का जो उपहार दिया है, उससे धरती का दग्ध हृदय आह्लादित हो उठा है। लोकतन्त्र के नभमण्डल पर आप सभी महानुभाव भी समस्याओं के रेगिस्तान में तप रहे आम आदमी के लिए मेघ से कम नहीं। इसलिए सदन में जब आप मुद्दों पर आधारित गर्जना करते हैं तो उसकी अनुगूँज से ही जनता का हृदय प्रफुल्लित हो उठता है क्योंकि आप सबका यहाँ आगमन ही हुआ है जनता की आवाज के रूप में। आप उनकी भावनाओं के प्रतिबिंब हैं। अत: आपका यहाँ मुखरित होना बिल्कुल लाजिमी है। यहाँ विपक्ष सदैव तैयार रहता है कि अपनी तूणीर से सरकार की कमजोरियों को लक्ष्य बनाकर अपने बाणों का संधान करे और सत्तापक्ष को चाहिए कि आपके उन सार्थक निशाने को अंगीकार करते हुए भविष्य में और भी चौकस रहने का संकल्प ले। लेकिन यह सब जानते हुए भी आपने दो दिनों तक सदन को बाधित करके सरकार को दो दिनों का विश्राम बोनस दे दिया। ऐसा मैं इसलिए कह रहा हूँ क्योंकि न तो मैं पक्ष का व्यक्ति हूँ न प्रतिपक्ष का। मैं तो आसन का धर्म निभाता हूँ और आसन का धर्म यह है कि वह सदन में जनहित के मुद्दों पर अधिक-से-अधिक वाद-विवाद की पृष्ठभूमि तैयार करे। एक राज की बात मैं आपको बतला दूँ। हो सकता है कि आपके मानस में यह बात पहले से भी हो, पर आपके घाटे का सौदा देखकर यह बात रख रहा हूँ। सदन में अन्तराल से पहले का जो समय होता है, वह सदन के प्रत्येक माननीय सदस्य का रजिस्टर्ड समय होता है, जिसका उपयोग करते हुए आप पूरी कार्यपालिका पर नकेल कसते हैं। चाहे वह प्रश्नकाल हो, ध्यानाकर्षण हो या शून्यकाल हो और अन्तराल के बाद का समय सरकार के बिजनेस का होता है। उसमें आपकी सहभागिता अवश्य होती है लेकिन अन्तराल से पहले का जो आपको फील्ड मिलता है वह आपके विधायी जीवन के अधिकतम रन बनाने वाला फील्ड होता है। मुझे आश्चर्य होता है यह देखकर कि जो सेंचुरी कर सकते हैं वे भी न जाने क्यों इस फील्ड को छोड़ जाते हैं। लिहाजा इस बार भी आपलोगों ने रन तो बनाये हैं जरूर लेकिन दो कार्यदिवस के हाउस का व्यवधान आपके घाटे का सौदा रहा।

सरकार को तो जो काम करना था उसने कर लिया, चूके आप। जो दो कार्यदिवस आपके प्रचंड आक्रोश की बलिवेदी पर शहीद हए उसकी कमी सम्भवत: आपको खलती रहेगी। मैं उम्मीद करता हूँ कि आगे से आप अपनी पूँजी, जिसमें जनता की भी साझेदारी है, का नुकसान नहीं करेंगे।

खैर! छोड़िए नुकसान की बात को। सत्र भले ही पाँच दिवसीय से त्रिदवसीय हो गया हो आखिरी मोमेंट में आपलोगों ने जमकर चौके और छक्के लगाये हैं। कार्यमंत्रणा समिति की सिफारिश पर सभा में सुखाड़, विस्थापन और पुनर्वास के ज्वलन्त मुद्दे पर सदन में तीन घंटों से भी अधिक की जो चर्चा हुई उसे मैं इन ज्वलन्त मुद्दों को सार्थक परिणाम तक ले जाने के लिए उपयोगी मानता हूँ। आपने अनुपूरक बजट को पारित करने के साथ ही झारखण्ड दुकान एवं प्रतिष्ठान (संशोधन) विधेयक को भी पारित किया है। आपने दो दिनों के प्रश्नकाल में लोकहित के कई महत्त्वपूर्ण सवालों को उठाने के साथ ही कुछ अविलंबनीय लोक महत्त्व के मुद्दों पर सदन के माध्यम से सरकार का ध्यान आकृष्ट किया। अर्थात् नोक-झोंक और शिकवा-शिकायत के कारण दो कार्यदिवसों के नुकसान की भरपायी करने की आपने भरपूर कोशिश की है, जिसके लिए मैं आपकी प्रशंसा करता हूँ। लोकतन्त्र में आपसी नोक-झोंक की गुंजाइश रहती है। हम सभी लोकतान्त्रिक परिवार के सदस्य हैं जो अलग-अलग विचारधारा वाले कमरे में रहते जरूर हैं, परंतु एक दूसरे के विचारों को जानने, समझने, सुनने और सम्मान करने के लिए भी प्रतिबद्ध होते हैं। कतिपय इन्हीं विशेषताओं के कारण साझा सरकारें अस्तित्व में आयीं और उनमें से कई ऐसी भी सरकारें रहीं जिन्होंने अपने कार्यकाल के साथ उपलब्धियों के भी कीर्तिमान स्थापित किये। हम जितना बोलने के लिए तत्पर रहते हैं, सुनने के लिए भी उतना ही तत्पर रहना चाहिए। इस काल में जैसे जनादेश आ रहे हैं, उन्हें प्रतिष्ठित करने का यही सर्वोत्तम उपाय है। सदन में मरघट वाली शान्ति नहीं हो परंतु अखाड़े जैसा दृश्य भी उपस्थित नहीं होना चाहिए क्योंकि आज की जनता हमारी प्रत्येक बात की नोटिस लेती है। यदि लोकहित के लिए आवश्यक हो तो आप किसी की आलोचना भी कर सकते हैं। लेकिन आलोचना का उद्देश्य किसी को अपमानित करना या छोटा दिखलाना नहीं होना चाहिए। इस सदन में एक सभासद को किसी दूसरे से शिकायत हो सकती है, मानवीय व्यवहार के तहत राग-द्वेष भी हो सकता है, लेकिन यहाँ प्रतिशोध जैसी कोई बात नहीं होनी चाहिए, क्योंकि प्रतिशोध का सम्बन्ध युद्ध के मैदान में खड़े दुश्मनों से होता है और यह ऐसी आग होती है जिसे किसी अग्निशामक से नहीं बुझाया जा सकता है। लोकतन्त्र में प्रतिशोध जैसे

शब्द की कहीं कोई गुंजाइश नहीं। हम एक साथ रहने वाले घड़े की तरह टकरायें, तलवार की तरह नहीं। अन्ततोगत्वा हम एक परिवार हैं। हमारा लक्ष्य झारखण्ड का नवनिर्माण है, जिसके लिए हमें अलग से एक युद्ध लड़ना है भूख से, गरीबी से, निरक्षरता से, उग्रवाद से और कार्यसंस्कृति की जड़ता से। इस संघर्ष के लिए इंतजार की जरूरत नहीं कोशिश करने की जरूरत है। इस मौके पर मैं माननीय संसदीय कार्य मन्त्री के उस वाक्य को जरूर दोहराना चाहूँगा जो स्वर्णाक्षरों में लिखे जाने लायक है। उन्होंने इस सत्र में सुखाड़ और विस्थापन पर चर्चा के उपरांत कहा था कि इंतजार करने वालों को उतना ही मिलता है जितना कोशिश करनेवाले छोड़ देते हैं। क्या फर्क पड़ता है कि आज जो लोग प्रतिपक्ष में हैं, वे कल सत्ता में आ जायें तथा आज जो सत्ता में हैं वे कल प्रतिपक्ष की भूमिका में हों। आज आप जो लाइन खीचेंगे, अगला भी उसी लाइन पर आगे बढ़ेगा। इस लोकतन्त्र के पिच पर पक्ष और प्रतिपक्ष का सम्बन्ध बैट्समैन और बॉलर जैसा होना चाहिए। भावना स्पोर्ट्समैन की हो तथा विचार स्टेट्समैन का हो तभी हम एक महान लक्ष्य को प्राप्त कर सकेंगे। आज इस सत्र के अन्तिम कार्यदिवस का अवसान हो रहा है। इस अवसर पर मैं उन सभी सभासदों एवं अन्य महकमे से जुड़े हुए लोगों को धन्यवाद देना अपना कर्तव्य समझता हूँ, इस सत्र की कार्यवाही चलाने में जिनका अमूल्य सहयोग मुझे प्राप्त हुआ है। सर्वप्रथम मैं माननीय सदन नेता और नेता प्रतिपक्ष के प्रति आभार प्रकट करता हूँ, जिनका सार्थक सहयोग इस सत्र के सफल संचालन में मिला। मैं अन्य दलों के माननीय नेताओं के प्रति भी इस हेतु अपनी कृतज्ञता व्यक्त करता हूँ।

मैं मीडिया के मित्रों को धन्यवाद देता हूँ, जिन्होंने हमारी कार्यवाही को आमजन तक पहुँचाया। मैं साधुवाद देता हूँ सरकार के अधिकारियों और कर्मियों को, जिन्होंने प्रश्नोत्तरों तथा ध्यानाकर्षण सूचनाओं के उत्तर हमें ससमय उपलब्ध कराये। मैं पुलिस के जवानों के प्रति भी अपना आभार व्यक्त करता हूँ, जिनकी मुस्तैदी से विधि-व्यवस्था सत्र के दौरान बनी रही।

अन्त में मैं इस बात को भी दुहराना चाहता हूँ कि कार्य स्थगन के प्रस्ताव जो सदन में आते हैं, उन्हें संसदीय परम्परा की बाध्यताएँ पीठासीन अधिकारी को स्वीकार करने से रोकती हैं, तथापि इसमें कई ऐसे मुददे निहित होते हैं, जिन पर त्वरित कार्रवाई की आवश्यकता होती है। मैं चाहता हूँ कि सरकार ऐसी सूचनाओं को अपने संज्ञान में ले। मैं विधानसभा सचिवालय के माध्यम से भी ऐसे मामलों में कार्रवाई सुनिश्चित कराने की प्रक्रिया आरम्भ करने का विचार रखता हूँ।

आप सभी सदस्यों का सहयोग मुझे इस सत्र के संचालन में मिला, इसके लिए आप सभी को कोटिश: धन्यवाद।

इसी के साथ मैं सभा की कार्यवाही को अनिश्चितकाल तक के लिए स्थगित करता हूँ।

30 नवम्बर, 2012

माननीय अध्यक्ष का प्रारम्भिक वक्तव्य

अध्यक्ष–माननीय सदस्यगण,

तृतीय झारखण्ड विधानसभा के दशम् तथा वर्ष 2012 के पाँच दिवसीय शीतकालीन सत्र में आप सभी का हार्दिक स्वागत। पाँच दिनों तक चलने वाले इस सत्र में राज्य सरकार वर्ष 2012 का अपना दूसरा अनुपूरक बजट पेश करेगी। इसी के साथ कतिपय महत्त्वपूर्ण राजकीय विधेयकों को भी सदन में पुर:स्थापित किया जायेगा। इस प्रकार इस छोटे किन्तु महत्त्वपूर्ण सत्र में आपको सरकार की नीतियों, योजनाओं और कार्यों की समीक्षा के पर्याप्त अवसर प्राप्त होने जा रहे हैं। मैं उम्मीद करता हूँ कि माननीय सदस्यों द्वारा सदन के उपलब्ध समय का बेहतर उपयोग सुनिश्चित किया जा सकेगा। 15 नवम्बर, 2012 को झारखण्ड ने अपनी स्थापना के बाद 12 वर्षों के सफर को पूरा कर लिया है। राज्य सरकार ने राज्य स्थापना के उत्सव को अत्यन्त धूमधाम से मनाया। उक्त अवसर पर माननीय मुख्यमन्त्री ने घोषणा की है कि इस वर्ष को सरकार युवा एवं कौशल विकास वर्ष के रूप में मनायेगी। सरकार के इस स्वागतयोग्य कदम की हम भी सराहना करते हैं। हम उम्मीद करते हैं कि झारखण्ड के बेरोजगार युवकों तथा रोजगार के अभाव में उनके पलायन की मजबूरियों पर इस व्यवस्था से विराम लगेगा। उनकी कुशलता में विकास के लिए जो कारगर प्रयास होंगे, इनका लाभ आने वाले दिनों में झारखण्ड को मिलेगा। वैश्वीकरण के वर्तमान दौर में तकनीकी और प्रबन्धकीय क्षमता से युक्त युवाओं की माँग दुनिया भर में है। मेरी ख्वाहिश होगी कि झारखण्ड की युवा शक्ति को भी इन गुणों से पर्याप्त मात्रा में युक्त होने का मौका मिले तथा वे विश्व आर्थिक पटल पर कीर्तिमानों के नवीन क्षितिज को छूने में कामयाब हो सकें। राज्य सरकार द्वारा इसी क्रम में युवा आयोग के गठन पर स्वीकृति देना भी एक प्रशंसनीय पहल है। झारखण्ड विधानसभा ने भी अपनी स्थापना के बारहवें वर्षगाँठ को 22 नवम्बर, 2012 को मनाया है। उक्त अवसर पर महामहिम राज्यपाल के हाथों इस वर्ष के उत्कृष्ट विधायक श्री रघुवर

दास को 'बिरसा मुण्डा उत्कृष्ट विधायक सम्मान' सम्मानित किया गया है। आज के अवसर पर मैं सदन के तमाम सदस्यों की ओर से उन्हें हार्दिक बधाई देता हूँ तथा कामना करता हूँ कि आने वाले दिनों में हमारे प्रत्येक माननीय सदस्य सदन के बाहर और भीतर आचरण के ऐसे उच्च प्रतिमान को स्थापित करेंगे कि चयन समिति के लिए किसी एक विधायक को उत्कृष्ट विधायक के रूप में चुन पाना अत्यन्त कठिन कार्य हो जायेगा। माननीय सदस्यगण, विधानसभा के स्थापना दिवस के अवसर पर आयोजित समारोह को सम्बोधित करते हुए मैंने कहा था कि ऐसे अवसरों को चिंतन दिवस के रूप में मनाये जाने की आवश्यकता है। मेरा कहने का अभिप्राय यह था कि हम मूल्यांकन की उस स्थिति में जायें जहाँ यह आकलन हो सके कि हमारे राज्य का निर्माण किन उद्द्देश्यों को लेकर हुआ था, किस लक्ष्य को लेकर हमारे सफर की शुरुआत हुई थी और हम कहाँ तक उन लक्ष्यों की दिशा में पहुँच सके हैं। निःसन्देह नकारात्मक सोच वाले केवल खामियों की ओर तथा सकारात्मक सोच वाले केवल अच्छाइयों की ओर ही इंगित करेंगे। किन्तु हमें इन दोनों के बीच सम्यक् दृष्टि का अवलंबन करना होगा। हमें खूबियों और खामियों दोनों को देखना होगा। मैं कह सकता हूँ कि विगत बारह वर्षों की अवधि में हमने प्रगति के कई सोपान तय किये हैं, किन्तु बहुतेरे सोपान ऐसे हैं, जहाँ तक पहुँचना हमें बाकी है। हमारे विकास की जो रफ्तार होनी चाहिए थी, वह रफ्तार हम हासिल नहीं कर पाये हैं। इसके पीछे कई कारण हैं, जिनकी बारीकियों में मैं न जाकर न केवल सरकार वरन् सदन के एक-एक माननीय सदस्य को आगाह करना चाहूँगा क्योंकि जब निर्माण और सृजन की बात होगी तो हमें समवेत कदम उठाने होंगे। आपसी राजनीति और राग-द्वेष की भावना से परे हटकर झारखण्ड के जन-जन के कल्याण के लिए हाथ-से-हाथ मिलाकर हमें आगे बढ़ना होगा। माननीय सदस्यगण, राष्ट्रमण्डल संसदीय संघ का 58वाँ अन्तर्राष्ट्रीय सम्मेलन विगत दिनों श्रीलंका की राजधानी कोलम्बो में सम्पन्न हुआ है। उक्त सम्मेलन में आपलोगों से अधिकृत होकर मैंने झारखण्ड विधानसभा का प्रतिनिधित्व किया। सम्मेलन के विचारणीय विषयों–'संविधान निर्माण और इसकी राजनीति में लोक भागीदारी' तथा 'युवा बेरोजगारी की विश्वव्यापी समस्या' के निराकरण में विधायी संस्थानों की भूमिका पर अपने विचार व्यक्त किये हैं। निःसन्देह बेरोजगार युवकों के हाथों को काम देना आज के समय में दुनिया के प्रत्येक देश की सरकार के लिए एक बड़ी चुनौती है तथापि चुनौतियों का सामना करते हुए समस्याओं का निराकरण प्रत्येक विधायी संस्था का महत्त्वपूर्ण दायित्व भी है। यदि हम झारखण्ड के सन्दर्भ में

देखें तो यह साफ प्रतीत होता है कि रोजगार के अभाव में ही हमारी युवाशक्ति को हथियार पकड़ने के लिए बरगलाया गया है। ऐसे में भटकी हुई युवाशक्ति को समुचित रोजगार देकर समाज की मुख्यधारा से जोड़ने की चुनौती हमारे सामने है। हमें मिल-जुलकर इसका मुकाबला करना होगा। इसी क्रम में मैं गिरिडीह की उस घटना को भी याद करता हूँ जहाँ कैदी वाहन पर हमला करके उग्रवादियों ने अपने साथियों को छुड़ा लिया और हमारे तीन पुलिस कर्मी शहीद हो गये। यह घटना कहीं न कहीं हमारी चूक का परिणाम है। हमें आज से ही सचेत होना होगा, क्योंकि इससे भी बड़ी चुनौतियाँ हमारे सामने आ सकती हैं।

माननीय सदस्यगण, आज के अवसर पर मैं इस तथ्य को भी दुहराना चाहता हूँ कि मुम्बई में आतंकवादी हमले के गुनहगार अजमल कसाब को फाँसी पर लटकाकर हमारे देश ने जिस तरह दुनिया में फैले आतंकवादी संगठनों को कठोर चेतावनी देने का काम किया है, वहीं हमने इस मामले में चार वर्षों की न्यायिक सुनवाई करके यह सन्देश भी दिया है कि भारत की न्यायिक प्रक्रिया इतनी न्यायपूर्ण है कि वह किसी भी अपराधी को अपने निर्दोष होने का सबूत पेश करने के लिए पर्याप्त अवसर भी देती है। हमें अपनी न्याय प्रणाली पर अत्यन्त गर्व है। इसी के साथ हम सदन के माध्यम से यह सन्देश भी देना चाहते हैं कि बुरी नीयत से जो कोई हमारी ओर आँख उठाकर देखेगा, उन आँखों को हम फोड़ना भी जानते हैं। दशहरा, दिवाली और महापर्व छठ, गुरु नानक देव जी के प्रकाश पर्व को मनाकर आज हम सदन में समवेत हैं। बलिदान और त्याग के पर्व मुहर्रम को भी हमने मनाया है जो नाइन्साफी पर इन्साफ की जीत की पैगाम देता है। दुनिया का प्रत्येक धर्म हमें भाईचारे की भावना के साथ रहने का सन्देश देता है। आइए, हम इस भावना का समादर करते हुए इस सत्र के औपचारिक कार्यों की शुरुआत करें।

03 दिसम्बर, 2012

माननीय अध्यक्ष का समापन भाषण

अध्यक्ष–माननीय सदस्यगण,

दिनांक–30 नवम्बर, 2012 से आहूत शरदकालीन सत्र अब अलविदा कहने के लिए तैयार है। सदन के भीतर और बाहर इन चार दिनों में जो समाँ दिखा उसके समापन भाषण की शुरुआत मैं कहाँ से करूँ और अंत कहाँ पर करूँ, यह बात समझ में नहीं आ रही है। मैं जिस आवास में रहता हूँ उस क्षेत्र का पारा काफी नीचे आ

गया है, इस कारण से वहाँ बेहद सर्दी का एहसास होता है। ऐसे मौसम में भी सदन के भीतर मुझे कई बार पसीने आ गये। पता नहीं तब यहाँ का पारा कितना ऊपर था। आगे से मैं मौसम विभाग से यह आग्रह अवश्य करूँगा कि सत्र के दिनों में वह हमारे आवासीय क्षेत्र के साथ-साथ विधानसभा के इर्द-गिर्द के पारे का भी तापमान ले लिया करे। मैं सदन के सभी माननीय सदस्यों के भीतर के उत्साह और उत्साह के भीतर की ऊर्जा को नमस्कार करता हूँ। उत्साह सदैव स्वागत योग्य है, किन्तु आपके अति उत्साह के कारण सर्दी के मौसम में भी जो गर्मी का एहसास होने लगता है, उसका स्वभाव समुद्र की लहरों जैसा होना चाहिए जो अपनी सीमाओं को किसी भी परिस्थिति में नहीं तोड़तीं। इन चार पाँच दिनों में विधानसभा के भीतर कई ऐसी चर्चाएँ नहीं हो सकीं जो हमारी कार्य-सूची में अंकित थी। समय कभी लौटता नहीं इस कारण से चर्चा के वे सारे विषय पीछे छूट गये। संसदीय लोकतन्त्र का स्वभाव समय से थोड़ा भिन्न होता है। वह जब आगे बढ़ता है तो एक बार पीछे मुड़ कर भी देखता है, इसलिए इस व्यवस्था में पीछे की वे घटनाएँ भी मूल्यवान बन जाती हैं जो तत्समय भले ही निरर्थक लगती हों। गीता में योगेश्वर श्री कृष्ण की एक उक्ति है–

'योगक्षेमं वहाम्यहम्' अर्थात् वे प्रत्येक व्यक्ति के नफा और नुकसान को वहन करते हैं। मेरी राय में आसन को भी ऐसी ही जिम्मेदारी होती है। यहाँ सत्ता या प्रतिपक्ष को जो नफा-नुकसान होता है, दोनों की जिम्मेदारी आसन को लेनी पड़ती है। सत्ता की त्रुटियों को उजागर करना या उसका मुखर विरोध करना यह प्रतिपक्ष की पहली जिम्मेदारी होती है, जिससे वह स्वयं को अलग नहीं कर सकता। लोकतन्त्र के लिए यह आवश्यक भी है, लेकिन इतनी सावधानी भी अवश्य होनी चाहिए कि सत्तापक्ष हो या प्रतिपक्ष दोनों में से किसी का भी प्रहार ऐसा न हो जिससे कि लोकतन्त्र की आत्मा आहत हो जाये। जैसे कि एक सधा हुआ निशानेबाज जब किसी के सिर पर रखे हुए कलश या गेंद पर निशाना साधता है तो उसकी गोली सामने खड़े व्यक्ति को बचाते हुए मात्र कलश या गेंद पर चलती है, उसका वहन करने वाले व्यक्ति का कोई बाल बाँका नहीं होता। यहाँ लोकतन्त्र ही उस व्यक्ति का प्रतीक है जिसके माथे पर उन्हीं सत्ता का कलश है तो कहीं प्रतिपक्ष का गेंद। अत: आपका निशाना भी उतना ही सटीक होना चाहिए। दिनांक–5 दिसम्बर को सदन के इतिहास में जो कुछ भी हुआ, इसमें आप सभी का निशाना अवश्य चूक गया है, जिसके कारण चोट संसदीय लोकतन्त्र को लगी। इस प्रकरण से इस घटना की पुनरावृत्ति न करने की प्रेरणा ली जा सकती है। तथापि इस सत्र की कुछ महत्त्वपूर्ण उपलब्धियाँ भी रही हैं। हमने कई महत्त्वपूर्ण विधेयक पारित किये हैं, जैसे अधिवक्ता कल्याण निधि

विधेयक, उषा मार्टिन विश्वविद्यालय, झारखण्ड विधेयक तथा झारखण्ड राज्य विश्वविद्यालय (संशोधन) विधेयक जिसके अन्तर्गत विश्वविद्यालय के शिक्षकों की सेवावधि 65 वर्ष की गयी है।

संसदीय लोकतन्त्र के कार्यक्रम में कार्यपालिका, विधायिका और न्यायपालिका की बड़ी भूमिका के साथ-साथ लोक-सेवा अथवा नौकरशाही की भूमिका को भी कम करके नहीं आँका जा सकता तथापि इस सत्र सहित पिछले कुछ सत्रों में मैंने देखा है कि शासन के आला अधिकारी ही सदन के प्रति अपनी उदासीनता से लोकतन्त्र के धरातल को कमजोर कर रहे हैं। यह हमारे लोकतन्त्र के हित में अच्छी बात नहीं है। सभी को समझना होगा कि विधायी संस्थानों को नकारकर वे अपने अस्तित्व को भी कायम नहीं रख सकते। मैं समझता हूँ कि इसे गम्भीरता से लिया जायेगा। आज अन्तिम तिथि की बैठक में सत्र में आपने जिस समरसता, सौहार्द और रचनात्मक सहयोग का परिचय दिया, उससे मैं अभिभूत हूँ। अब तो इस सदन में हमारी और आपकी मुलाकात नये साल में ही हो सकेगी, क्योंकि वर्ष 2012 भी कुछ ही दिनों के पश्चात् अलविदा कहने वाला है। हमारी शुरुआत दशहरा, दिवाली और छठ के साथ-साथ गुरु नानक देव जी के प्रकाश पर्व के पश्चात् हुई थी और सत्र का समापन क्रिसमस के आगमन के पूर्व होने जा रहा है। मैं सदन में आपके माध्यम से आप सभी को और राज्य की समस्त जनता को क्रिसमस तथा नववर्ष की हार्दिक शुभकामनाएँ प्रेषित करता हूँ। आने वाला वर्ष 2013 देश और दुनिया के उज्ज्वल भविष्य को सुनिश्चित करे, मैं यह कामना भी करता हूँ। मेरी कामना है कि हमारा राज्य झारखण्ड विकास के नये प्रभात के साथ नये वर्ष की शुरुआत करे।

इस सत्र के संचालन में माननीय मुख्यमन्त्री सहित मंत्रिपरिषद् के समस्त सदस्यों, नेता प्रतिपक्ष, समस्त विधायक दल के नेताओं और उनके साथ-साथ प्रत्येक सदस्य का अमूल्य सहयोग मुझे प्राप्त हुआ है, मैं इसके लिए आप सभी के प्रति आभार प्रकट करता हूँ। मैं समस्त सचिवालय कर्मियों को भी धन्यवाद देता हूँ जिन्होंने सदन में आने वाले प्रश्नों, प्रस्तावों, संकल्पों के लिखित उत्तर ससमय हमें उपलब्ध कराये। मैं मीडिया के समस्त मित्रों के प्रति भी अपना आभार व्यक्त करता हूँ, जिन्होंने सभा की कार्यवाही से देश और दुनिया के लोगों को अवगत कराने का कार्य किया है। मैं विधि-व्यवस्था से जुड़े रहने वाले समस्त पुलिसकर्मियों को भी धन्यवाद देता हूँ जिन्होंने अपने कर्तव्यों का निर्वहन पूरी मुस्तैदी के साथ किया।

मैं इन शब्दों के साथ अपनी वाणी को विराम देना चाहूँगा।

आसमाँ से नित्य ही सूरज निकलता है,
अब जमीं से एक नया सूरज निकलना चाहिए।
है जरूरी आपके हाथों में एक मशाल हो
किन्तु बाती की तरह हम सबको साथ जलना चाहिए
कुछ इधर है कुछ उधर, कुछ यहाँ और कुछ वहाँ
है समय की माँग सबको साथ चलना चाहिए
जो अँधेरों के पर्वत अब तक खड़े हैं दूर तक
उनके शिखरों पर भी जगमग दीप जलना चाहिए।

इसी उद्गार के साथ मैं सभा की कार्यवाही को अनिश्चितकाल तक के लिए स्थगित करता हूँ।

18 जुलाई, 2013

माननीय अध्यक्ष का प्रारम्भिक वक्तव्य

अध्यक्ष–माननीय सदस्यगण,

एक दीर्घ विराम के बाद इस सदन में हम सभी समवेत हुए हैं, जिसका आकार तो वही है किन्तु स्वरूप बहुत कुछ बदला हुआ है। दिनांक–13 जुलाई, 2013 को श्री हेमन्त सोरेन जी ने झारखण्ड राज्य के नौवें मुख्यमन्त्री के रूप में शपथ ग्रहण किया है। सर्वप्रथम मैं उन्हें इस गुरुतर दायित्व के लिए बधाई देता हूँ। पूर्व में उपमुख्यमन्त्री के रूप में उन्होंने जिस प्रकार से अपने कर्तव्यों का निर्वाह किया था, उसे मैंने बड़ी बारीकी के साथ देखा और परखा है। मैं कामना करता हूँ कि अपने नये दायित्वों का निर्वाह भी वे सफलतापूर्वक करें।

विगत तेरह वर्षों में इस सदन ने अपने संसदीय इतिहास की जैसी चुनौतीपूर्ण यात्रा की है, उसमें अनुभवों के अनेक कटु मधु सोपान अन्तर्निहित हैं। उन्हें अतीत के आत्मबोध रूपी दर्पण की भाँति देखा जा सकता है। यह सच है कि लोकतन्त्र में सतत नये प्रयोगों की गुंजाइश रहती है, परन्तु उन प्रयोगों के उल्लेखनीय परिणाम भी सामने आने चाहिए। राजसत्ता हासिल करना ही लोकतन्त्र का मूल उद्देश्य नहीं। राजसत्ता को जनसत्ता के महान आदर्शों के रूप में प्रतिष्ठित करना भी हमारा दायित्व है। मैं उम्मीद करता हूँ कि नयी सरकार इस चुनौती को पूरी गम्भीरता के साथ स्वीकार करेगी। झारखण्ड राज्य भारत माँ के आँचल का वह हिस्सा है, जिसका एक कोना आँसुओं से, तो दूसरा रक्त से गीला है। जिसके गर्भ में असीम खजाना है तो गोद में

गुरबत की गठरी। नयी सरकार के सामने आँसुओं को मुस्कान में, तो गरीबी को नवोत्थान में बदलने की चुनौती है।

प्रतिपक्ष भी अपने दायित्वों से मुँह नहीं मोड़ सकता। उसकी चुनौती उस पहरेदार की तरह है कि जब लोग सोये रहते हैं तो वह निगरानी रखता है कि किसी घर में कोई सेंधमारी न कर ले। अपने संवैधानिक अधिकारों का प्रयोग करते हुए वह सत्ता को मनमानी करने से रोकता है। मैं आशा करता हूँ कि मौजूदा सदन का प्रतिपक्ष भी अपने दायित्वबोध के प्रति सजग रहेगा।

विगत चार-पाँच दिनों की कतिपय घटनाओं से मैं मर्माहत हुआ। अध्यक्ष पद की गरिमा और मेरे त्यागपत्र को लेकर कई दिनों से मीडिया के माध्यम से तरह-तरह की बातें उछाली गयीं। पद कभी भी किसी के लिए शाश्वत नहीं होता। स्थिर तो सूर्य और चाँद भी अपने स्थान पर नहीं रह पाते। हम जिस संस्कृति में पले बढ़े हैं, वहाँ अस्ताचलगामी सूर्य को भी अर्घ्य देने की परम्परा है। तथापि मेरे त्यागपत्र को लेकर विभिन्न दलों के लोगों के जो बयान आये, मैं उससे आहत हुआ हूँ।

मैं इस संवैधानिक पद की गरिमा को भी अच्छी तरह समझता हूँ। मुझे फिसलन वाले स्थान पर भी सँभलकर चलना आता है, इसलिए किसी भी सूरत में मैं अपनी मर्यादाओं से नीचे नहीं गिर सकता और जहाँ ऊपर उठने की बात होती है, वहाँ लिफ्ट का सहारा भी नहीं लेता। ऊँचाइयों के फासलों को खुद चल कर तय करना मेरी आदत है। मैं अपनी इन भावनाओं को इन कुछ पंक्तियों में व्यक्त करना चाहता हूँ–

उठो तो ऐसे कि सागर से घटाएँ उठती।
गिरो तो ऐसे कि पर्वत से है गिरता झरना।।
बढ़ो नदी की तरह राह बनाकर खुद से।
रुको कहीं तो किसी का बनो किनारा भी।।
जियो तो जिन्दगी ये बंदगी बन जाये तेरी।
मरो तो मौत नयी जिन्दगी बन जाये तेरी।

मैंने इस पद पर रहते हुए कभी किसी के साथ पक्षपात नहीं किया और सदैव दलीय भावनाओं से ऊपर उठकर काम किया है। मैं श्री सोमनाथ चटर्जी से अपनी तुलना नहीं करवाना चाहता और न ही इस सभा के पूर्व पीठासीन पदाधिकारियों यथा–श्री इन्दर सिंह नामधारी, श्री मृगेन्द्र प्रताप सिंह तथा श्री आलमगीर आलम से भी अपनी तुलना कर सकता हूँ। मैं स्वयं को लोकतन्त्र का अत्यन्त छोटा सिपाही मानता हूँ। मैंने सदैव सदन की भावनाओं का खयाल रखा है, तथापि मेरे किसी

व्यवहार से किसी भी माननीय सदस्य को कभी कोई ठेस लगी हो तो उसके लिए मैं अफसोस व्यक्त करता हूँ। आखिर कोई भी मानव पूर्ण तो नहीं होता, खूबियों और खामियों के जीते-जागते पुतले का नाम ही तो इन्सान है। इन संसदीय लोकतन्त्र में कई नये प्रयोग हुए। मैंने भी एक प्रयोग किया है, जिसे आप सभी आज इस रूप में देख रहे हैं। मेरे पद-त्याग की बात जब भी आयी मैंने कहा कि उचित समय पर उचित निर्णय लूँगा। झारखण्ड में लोकतन्त्र की नौका को मझधार में छोड़कर जाना मैंने उचित नहीं समझा था। हरिवंशराय बच्चन जी ने कहा है–

जाल समेटा करने में भी
समय लगा करता है, माँझी
मोह मछलियों का अब छोड़।

मैं तो अपने जाल समेटने की ओर अग्रसर हूँ तथापि यह चाहता हूँ कि इसके पूर्व माननीय मुख्यमन्त्री जी नयी सरकार के शक्ति-परीक्षण के लिए विश्वासमत का प्रस्ताव प्रस्तुत करें।

27 जुलाई, 2013

माननीय अध्यक्ष महोदय का समापन भाषण

अध्यक्ष–माननीय सदस्यगण,

सावन की शीतल फुहारों और आप सभी के अविरल उद्गारों से ओत-प्रोत झारखण्ड विधानसभा का चार दिवसीय एकादश सत्र-समापन के मुकाम तक आ पहुँचा है। मैं पक्ष और प्रतिपक्ष के सभी माननीय सदस्यों को इस बात के लिए अवश्य बधाई देना चाहूँगा कि आपने अपनी ओर से सदन की कार्यवाही चलाने में आसन को भरपूर सहयोग प्रदान किया है तथा अपने संसदीय दायित्य का भी बड़ी शालीनतापूर्वक निर्वाह किया है। जब भी सत्र आहूत होता है तो पक्ष और प्रतिपक्ष दोनों के समक्ष अपनी-अपनी भूमिका की अलग-अलग कुछ प्राथमिकताएँ अवश्य होती हैं। अपने लक्ष्य को प्राप्त करने में चलते सत्र के दौरान पक्ष और प्रतिपक्ष कितना सफल रहा, इस सम्बन्ध में आज मैं कुछ नहीं कहूँगा। इसका मूल्यांकन मैं आप लोगों के ऊपर ही छोड़ देता हूँ। किन्तु मैं एक बात अवश्य कहना चाहूँगा कि अतीत कभी लौटकर नहीं आता, वर्तमान कभी ठहरता नहीं और भविष्य सपनों का एक ऐसा मायाजाल होता है, जिसके प्रकट होने से पहले वास्तविक स्वरूप को

माननीय शशांक शेखर भोक्ता **कार्यकाल**

अध्यक्ष, झारखण्ड विधानसभा 25-07-2013 से 23-12-2014

क्षेत्र संख्या–14, सारठ

जन्म तिथि–3 अप्रैल, 1953

जन्म स्थान–चितरा, देवघर

पिता का नाम–स्व. मनोरंजन भोक्ता

माता का नाम–स्व. कुसुम देवी

शैक्षणिक योग्यता–बी.ए. (प्रतिष्ठा) राजनीति शास्त्र

विधायक के रूप में निर्वाचन–2000 तथा 2009

देखा नहीं जा सकता। इसलिए वर्तमान की चूक अतीत की कथा और भविष्य के लिए व्यथा बनकर रह जाती है।

एक बात मैं और कहना चाहूँगा। यह सदन समाज के प्रबुद्ध जनों का वह सभागार है जहाँ पर होने वाले वाद-विवाद के गर्भ से राजनीतिशास्त्र और इतिहास दोनों का जन्म होता है। इसलिए इस सभा में वाणी का बड़ा ही महत्त्व हो जाता है। उद्गार चाहे जिस ओर से भी व्यक्त हो रहा हो, उसमें अवरोध उत्पन्न नहीं होना चाहिए। व्यवधान उत्पन्न होने से सिर्फ इतना ही नहीं होता कि वाद-विवाद अधूरा रह जाता है, अपितु उसका वास्तविक स्वरूप भी बदल जाता है। इस सभा में बात सिर्फ इतनी ही नहीं कि पक्ष और प्रतिपक्ष एक-दूसरे की खामियों पर केन्द्रित रहते हैं। यहाँ की प्रत्येक कार्यवाही पर मीडिया की और मीडिया के माध्यम से आम जनता की दृष्टि भी केन्द्रित रहती है, जो दोनों पक्षों की गतिविधियों पर अपनी पैनी नजर रखते हैं। सत्र के दौरान सदन की कार्यवाही से सम्बन्धित प्रकाशित वैसे समाचारों के प्रति हमें अवश्य संवेदनशील होना चाहिए, जिनके माध्यम से सदन की गम्भीरता पर प्रश्नवाचक चिन्ह लग जाते हों। हमारी सभा से कोई वैसा सन्देश नहीं जाना चाहिए जो दोनों पक्षों के लिए अरुचिकर हो। माननीय राज्यपाल महोदय भी इस सदन के एक अभिन्न अंग हैं। जो पूरे साल में सिर्फ एक दिन इस सभा को सम्बोधित करते हैं तथा वे जो कुछ भी कहते हैं, वह केवल उनकी अपनी बात नहीं होती है। उनके अभिभाषण में सरकार की नीतियाँ भी रहती हैं। वे तो अपने संवैधानिक दायित्व को पूरा करने के लिए यहाँ आते हैं तथा उस समय वे इस सदन के मात्र संवैधानिक अभिभावक ही नहीं, बल्कि पक्ष और प्रतिपक्ष दोनों के पथ-प्रदर्शक भी होते हैं। माननीय राज्यपाल महोदय के अभिभाषण में अन्तर्निहित बिन्दुओं के पक्ष और विरोध में बोलने के लिए सदन के माननीय सदस्यों को पर्याप्त अवसर मिलता है। अभिभाषण के माध्यम से सदन में और सदन के माध्यम से जनता के बीच सरकार की जो नीतियाँ प्रकट होती हैं, उनकी शल्यक्रिया तो मात्र वाणी रूपी चाकू से ही की जा सकती है। प्रतिपक्ष ही वह शल्य चिकित्सक है जो इस क्रिया को बड़ी कुशलतापूर्वक करता है। धन्यवाद प्रस्ताव पर चर्चा के दौरान प्रतिपक्ष ने अपनी इसी भूमिका का निर्वाह अत्यन्त शालीनता से किया है। मैं इसके लिए उसे साधुवाद देता हूँ। आसन सदैव आपके अधिकारों की रक्षा करेगा किन्तु अपने कर्तव्यों की रक्षा तो सभी माननीय सदस्यों को स्वयं ही करना होगा। इस सत्र में मात्र दो ही दिन

का प्रश्नकाल था तथापि कुल 72 अल्पसूचित प्रश्न प्राप्त हुए जो माननीय सदस्यों के जनहित के प्रश्नों के प्रति उनकी तत्परता को प्रदर्शित करते हैं। जनहित के कई ज्वलन्त मुद्दों को अपने इन प्रश्नों के माध्यम से उठाया है। मुझे पूर्ण विश्वास है कि सरकार की ओर से आपको जो आश्वासन मिले हैं, उनका यथाशीघ्र अनुपालन होगा। इसी प्रकार ध्यानाकर्षण, निवेदन तथा शून्यकाल के माध्यम से भी लोकहित के अनेक बिन्दुओं को उठाने में आप सभी सफल रहें। सरकारी पक्ष ने भी प्रतिपक्ष के साथ समरसता बनाते हुए अपने सभी आवश्यक कार्यों को निष्पादित कर लिया है। अब आने वाले दिनों में उसे एक गुरुतर दायित्व का निर्वाह करना है। मैं चाहूँगा कि आगामी सत्र की अवधि लंबी हो तथा सदन की कार्यवाही चलाने में आप सभी का अपेक्षित सहयोग आसन को आज ही की तरह मिले। सदन का सत्र सरकार की आवश्यकताओं के अनुसार नहीं जनहित की अपेक्षाओं के अनुरूप हो। सरकार सदन के प्रति उत्तरदायी है इसलिए उसे अपने कार्यों का हिसाब इस सदन में देना है। सदन जनता के प्रति उत्तरदायी है, इसलिए इसकी अपेक्षा यही होगी कि सत्रावधि लंबी हो, जिसके माध्यम से जनहित के अनेक ज्वलन्त समस्याओं का निराकरण हो सके।

अंत में मैं यही कहना चाहूँगा कि इस सदन के प्रत्येक सदस्य की अर्हता वही है जो सदन के नेता और आसन पर बैठे व्यक्ति की होती हैं, इसलिए आइए, हम सब समवेत हों और अपने राज्य की खुशहाली, समृद्धि, शान्ति तथा सामाजिक आर्थिक और सांस्कृतिक उद्‌भव की ओर अग्रसर हों।

दूरियाँ कायम न हों धरा और गगन की तरह।
रिश्ते पक्ष प्रतिपक्ष के, सुगंध और सुमन की तरह।।
झारखण्ड है विश्व के सबसे सुन्दर चमन की तरह।
अपनी सभा हो विश्व की सर्वोत्कृष्ट सदन की तरह।।

अंत में मैं मीडिया के मित्रों के प्रति आभार व्यक्त करना चाहूँगा जिन्होंने सदन की कार्यवाही को जन-जन तक पहुँचाने के गुरुतर दायित्व का निर्वाह किया है। इसके साथ ही मैं राज्य सरकार के तमाम अधिकारियों का भी शुक्रगुजार हूँ जिन्होंने एक-एक प्रश्न का ससमय उत्तर हमें उपलब्ध कराया है। मैं पुलिसकर्मियों को भी उनके कुशल दायित्व निवर्हन के लिए साधुवाद देना चाहता हूँ।

इसके साथ ही मैं सभा की कार्यवाही अनिश्चितकाल के लिए स्थगित करने की घोषणा करता हूँ।

13 दिसम्बर, 2013

माननीय अध्यक्ष का प्रारम्भिक वक्तव्य

अध्यक्ष–तीसरी झारखण्ड विधानसभा के छह दिवसीय सत्र, जो इस वर्ष का शीतकालीन सत्र भी है, में आप सभी का हार्दिक अभिनन्दन। अभी हाल ही में इस राज्य ने अपने 13 वर्षों के सफर को पूरा करके चौदहवें वर्ष में प्रवेश किया है। परम्परागत रूप से प्रत्येक वर्ष 15 नवम्बर को मनाये जाने वाले इस राज्य के स्थापना दिवस समारोह को परम्पराओं से हटकर इस सरकार ने स्थापना पखवाड़ा के रूप में मनाया। इस अवधि में राज्य सरकार ने अनेक लोकोपयोगी और कल्याणकारी योजनाओं की शुरुआत राज्य के विभिन्न हिस्सों में जाकर की है। इसके लिए मैं इसे साधुवाद देता हूँ। झारखण्ड विधानसभा ने भी अपना स्थापना दिवस समारोह 22 नवम्बर, 2013 को मनाया। इस अवसर पर हमारे माननीय राज्यपाल ने अपने उद्‌बोधन के क्रम में हमें जनता की जरूरतों से जुड़कर उनका समाधान करते हुए इस राज्य में लोकतन्त्र को नयी बुलन्दियों तक पहुँचाने का जो सन्देश दिया है, उस पर अमल करना हमारा पुनीत दायित्व है। मैं आशा करता हूँ कि आप सभी इस दिशा में अपने सर्वोत्कृष्ट प्रदर्शन सुनिश्चित करेंगे। इस वर्ष के स्थापना दिवस समारोह के अवसर पर विधायी उत्कृष्टता पुरस्कार चयन समिति को सर्वसम्मत अनुशंसा के आलोक में इस विधानसभा के वरीय सदस्य श्री लोबिन हेम्ब्रम जी को 'बिरसा मुण्डा उत्कृष्ट विधायक सम्मान' से सम्मानित किया गया। आज मैं सदन में आप सबों की ओर से इसके लिए हार्दिक बधाई देता हूँ और उम्मीद करता हूँ कि हमारे प्रत्येक सदस्य इस सभा के माध्यम से संसदीय लोकतन्त्र को अपने उत्कृष्ट आचरण के द्वारा प्रतिष्ठा के सर्वोच्च शिखर तक ले जाने में कामयाब होंगे।

राष्ट्रीय राजधानी दिल्ली के अतिरिक्त चार राज्यों के विधानसभा चुनाव परिणाम आ चुके है। इन चुनावों में किसकी हार और किसकी जीत हुई, इस सवाल में पड़े बिना मैं यह कहना चाहता हूँ कि राजनीति में सब कुछ शाश्वत नहीं होता। खासकर राजनीति करने वालों के लिए तो बिल्कुल ही नहीं। आज जो सत्ता में हैं, वे कल बेदखल हो सकते हैं और बाहर संघर्ष कर रहे लोग सत्तासीन हो सकते हैं। हिन्दुस्तान लीडरशिप समिट के दौरान प्रधानमन्त्री डॉ. मनमोहन सिंह द्वारा इन चुनाव परिणामों के आने के पूर्व कही गयी इन बातों को मैं आप सबों के बीच दुहराना चाहता हूँ कि हम सभी इस राजनीतिक रंगमंच की कठपुतलियों की तरह हैं, जिन्हें अपनी-अपनी भूमिकाओं का निर्वाह करने मंच को छोड़ देना है। राजनीतिक परिवेश और लोकतन्त्र

में शाश्वत यदि कुछ है तो वह है नागरिक समुदाय जो मतदाता की हैसियत से वोट करके हमारी भूमिकाएँ तय करता है। जनता हमें पक्ष या विपक्ष के रूप में नहीं चुनती है, वह हमें चुनती है, अपने प्रतिनिधि के तौर पर और वह भी इसलिए कि हम उसकी भावनाओं को इस सदन में अभिव्यक्ति देकर उसकी इच्छा के अनुरूप नीतियों का निर्धारण के लिए सरकार पर दवाब बनायें। अतः मेरी दृष्टि में यदि सभा के प्रत्येक सदस्य अपनी भूमिका का निर्धारण व्यापक जनापेक्षा के इस मापदण्ड के अनुसार कर सकें तो सदन का संचालन अत्यन्त सुचारु तरीके से सम्भव हो सकेगा तथा यह प्रत्येक समस्या के समाधान का सर्वोत्कृष्ट मंच भी बन सकेगा।

लोकतन्त्र की आज सैकड़ों व्याख्याएँ हो सकती हैं, लेकिन निश्चित रूप से इसकी सफलता का एक मात्र मूलमंत्र है और वह है समुदाय का आत्मानुशासन। थोपा गया अनुशासन जितना ज्यादा होगा, आत्मानुशासन की मात्रा उतनी कम होती जाएगी और इससे लोकतन्त्र के विकास के मार्ग में उतनी ही ज्यादा बाधाएँ उपस्थित होंगी। इस प्रकार यदि लोकतन्त्र पूरे समुदाय संपूर्ण नागरिक समूह से अनुशासन की उम्मीद करता है तो यह निश्चित रूप से अपने द्वारा चुने गये प्रतिनिधियों से भी अनुशासन की अपेक्षा करता है। इसी परिप्रेक्ष्य में मेरी मान्यता है कि सदन में पीठासीन अधिकारी को अनुशासन हेतु माननीय सदस्यों को कम-से-कम अपेक्षा करनी पड़े। इसका तात्पर्य यह है कि सदस्यगण खुद ही नियमों और परम्पराओं के अनुरूप आचरण करते हुए अनुशासन का परिचय दे। इसी के साथ मेरी यह अपेक्षा भी नहीं है कि सदन में इतना कठोर अनुशासन हो कि इसकी कार्यवाहियाँ बिल्कुल ही नीरस और निष्ठुर होकर रह जायें। वस्तुतः आज अनुशासन में बँधकर जहाँ भी अवसर मिले, सरकार की कमियों और खामियों को उजागर करने का प्रयास माननीय सदस्यगण शालीन तरीके से करें। सदन में हास-परिहास का पुट भी हो और कार्यों का संचालन भी सही तरीके से हो। छह दिनों तक चलने वाले इस सत्र में राज्य सरकार इस वित्तीय वर्ष का अनुपूरक बजट पेश करेगी, कतिपय राजकीय विधेयक भी सदन में विचार के लिए रखे जायेंगे। प्रश्नों, ध्यानाकर्षण प्रस्तावों, गैर-सरकारी संकल्पों के अतिरिक्त भी ऐसे अवसर होंगे जब आप सरकार की नीतियों, योजनाओं की समीक्षा करेंगे। मैं उम्मीद करता हूँ कि सत्र के दौरान चर्चा के लिए उपलब्ध एक-एक पल का समुचित सदुपयोग आपके द्वारा सुनिश्चित किया जायेगा क्योंकि इसी के माध्यम से झारखण्ड की सवा तीन करोड़ जनता की अपेक्षाओं का पूरा किया जा पाना सम्भव है।

अन्त में मैं इस चर्चा के साथ आज के अपने वक्तव्य का समापन करना चाहूँगा कि लगभग चार दशकों तक क्रिकेट की दुनिया से जुड़े रहकर इस खेल के भगवान सचिन तेंदुलकर ने सन्यास ले लिया है। दो सौ टेस्ट मैच और चार सौ से ज्यादा एक दिवसीय मैच खेलकर सचिन तेंदुलकर ने शतकों का शतक पूरा करके इस खेल को अलविदा कहा। देश के सर्वोच्च नागरिक सम्मान 'भारत रत्न' से सम्मानित होने वाले इस महान खिलाड़ी को उसकी अतुलनीय उपलब्धियों के लिए हम झारखण्ड विधानसभा की ओर से हार्दिक बधाई देते हैं तथा उम्मीद करते हैं कि देश की सर्वोच्च संसदीय पंचायत के उच्च सदन राज्यसभा सदस्य के रूप में भी वे अच्छे कीर्तिमानों की स्थापना में कामयाब होंगे।

भारत सरकार ने देश के प्रख्यात वैज्ञानिक प्रो. सी.एन.आर. राव को भी 'भारत रत्न' से सम्मानित करने का निर्णय लिया है। प्रो. राव ने अपने जीवन के एक-एक पल का उपयोग जिन वैज्ञानिक अनुसन्धानों के लिए किया है, उनका लाभ आज देश और दुनिया के लिए सुलभ है। अत: उनकी इस उल्लेखनीय उपलब्धि के लिए हम सदन की ओर से उन्हें बधाई देते हैं।

एक बार पुन: आप सभी का हार्दिक अभिनन्दन। धन्यवाद!

20 दिसम्बर, 2013

माननीय अध्यक्ष का समापन भाषण

अध्यक्ष—वेल में आये तमाम माननीय सदस्यों से मेरा आग्रह है कि आप लोग अपनी-अपनी सीट पर बैठ जाइए। कृपया आपलोग गैर-सरकारी संकल्प को होने दीजिए। माननीय सदस्य, श्री गुरुचरण नायक। एक मिनट पहले मेरी बातों को सुन लीजिए। अभी हाउस को स्थगित नहीं कर रहे हैं। माननीय सदस्यगण, कृपया आपलोग सुन लीजिए। इस सत्र में जितने भी ध्यानाकर्षण सूचनाएँ ली गयी हैं और सभा में सरकार का वक्तव्यनहीं हो सका और जो ध्यानाकर्षण सूचनाएँ वक्तव्य के लिए स्वीकार नहीं की जा सकीं, उन सभी ध्यानाकर्षण सूचनाओं को सम्बन्धित विभागों को इस निर्देश के साथ भेज दिया जाये कि पन्द्रह दिनों के भीतर लिखित प्रतिवेदन सभा-सचिवालय को उपलब्ध करा दिया जाये और इसकी एक-एक प्रति सम्बन्धित सभी माननीय सदस्यों को भी प्रेषित कर दिया जाये।

इसी तरह कार्य स्थगन की सूचनाएँ भी जो इस सत्र में प्राप्त हुए हैं उन सूचनाओं को भी सम्बन्धित विभागों में भेज दिया जायेगा और इस पर सम्बन्धित

विभागों से समुचित कार्रवाई कर कृत कार्रवाई से विधानसभा सचिवालय को अवगत कराने का मैं निर्देश देता हूँ।

अध्यक्ष–सभा की कार्यवाही अनिश्चितकाल तक के लिए स्थगित की जाती है

19 फरवरी, 2014

माननीय अध्यक्ष का प्रारम्भिक वक्तव्य

माननीय सदस्यगण,

तृतीय झारखण्ड विधानसभा के त्रयोदश और वर्ष 2014 बजट-सत्र में आप सभी का हार्दिक अभिनन्दन। बसन्त के मधुमय मौसम में आरम्भ हो रहे इस सत्र में राज्य सरकार अपने वित्तीय वर्ष 2014-15 का आय-व्ययक पेश करेगी। आप इस तथ्य से अवगत हैं कि बजट न केवल सरकार की आर्थिक नीतियों का आईना है, वरन् यह सरकार द्वारा किसी वर्ष में ली जाने वाली योजनाओं की रूपरेखा भी सरकारें बजट के माध्यम से राष्ट्र या राज्य की जनता की जरूरतों को देखते हुए अपने खर्च की प्राथमिकताओं के निमित्त इस तरह से तय करती हैं कि उनका कल्याण अधिकतम मात्रा में सुनिश्चित हो। साथ ही आधारभूत संरचनाओं पर हमारा पूँजीगत व्यय इस तरीके से हो कि आने वाली पीढ़ियों को भी उसका दीर्घकालिक लाभ प्राप्त हो सके। इस सत्र में आपको अवसर मिलेंगे इस बात की समीक्षा के लिए कि झारखण्ड की सरकार ने सदन में जो बजट प्रस्तुत किया है, वह जनता की उम्मीदों पर खरा उतर पायेगा, अथवा नहीं। अनुदान की विभिन्न माँगों पर प्रस्तुत होने वाले कटौती-प्रस्तावों पर होने वाली चर्चा के माध्यम से आप प्रत्येक विभाग के कार्यक्रमों और योजनाओं की समीक्षा तथा मूल्यांकन कर सकेंगे।

हमारा संसदीय लोकतन्त्र आज जिस दौर से गुजर रहा है, उसे यदि कठिन परीक्षा का दौर कहा जाए तो अनुचित नहीं। हमारे आचरण को चाहे वह सदन के भीतर हो या बाहर न केवल देश और राज्य की जनता देख रही है, वरन् इसकी ओर निगाहें पूरी दुनिया की है। हमारे आचरण में थोड़ी-सी चूक से दूसरे पक्षों को और कड़ी तथा प्रतिकूल प्रतिक्रिया व्यक्त करने के लिए प्रेरित करती है। इसलिए हमसे ऐसे आचरण की अपेक्षा की जाती है, जिसका सार्थक और सकारात्मक असर जनता पर पड़े, हम ऐसी चूक न करें, जिससे जनता हमारी संसदीय लोकतान्त्रिक व्यवस्था को घृणा की निगाहों से देखना आरम्भ कर दे।

आप इस तथ्य से पूर्णतः अवगत हैं कि प्रत्येक वर्ष के प्रथम सत्र की पहली बैठक को माननीय राज्यपाल जी द्वारा सम्बोधित किया जाता है। माननीय राज्यपाल संवैधानिक प्रावधानों का अनुपालन करते हुए ऐसे अवसर पर विधानसभा को सम्बोधित करते हैं। इस प्रकार राज्यपाल के अभिभाषण का यह अवसर संवैधानिक गरिमा और मर्यादा का अवसर होता है। ऐसे अवसरों पर उनके प्रति सम्पूर्ण श्रद्धा के प्रदर्शन की अपेक्षा संसदीय व्यवस्था में माननीय सदस्यों से की जाती है। झारखण्ड के माननीय राज्यपाल से इसी क्रम में आज के दिन सभा को सम्बोधित करने विषयक सन्देश मुझे प्राप्त हुआ है।

यद्यपि इस सन्देश को पूर्व में ही आपको प्रेषित किया जा चुका है तथापि मैं इसे आपको पढ़कर सुना भी देना चाहता हूँ–

माननीय राज्यपाल का सन्देश

भारत के संविधान के अनुच्छेद-176 के खण्ड (1) के द्वारा प्रदत्त शक्तियों का प्रयोग करते हुए, मैं डॉ. सैयद अहमद, झारखण्ड का राज्यपाल इसके द्वारा झारखण्ड विधानसभा को दिनांक–19 फरवरी, 2014 को 11.30 बजे पूर्वाह्न में सम्बोधित करना चाहता हूँ और इस हेतु लेनिन हॉल, एच.ई.सी., राँची स्थित झारखण्ड विधानसभा सदन, में सदस्यों की उपस्थिति चाहता हूँ।

राँची — ह./–सैयद अहमद

दिनांक–08 फरवरी, 2014 — झारखण्ड का राज्यपाल।

मैं आप सभी से अनुरोध करना चाहता हूँ कि जब माननीय राज्यपाल महोदय सदन में उपस्थित हों तो आप सभी अपनी सीट पर विराजमान रहकर उनके अभिभाषण को शालीनता से सुनेंगे तथा पूरे अभिभाषण के दौरान सदन में व्यवस्था बनाए रखेंगे। कोई सदस्य इस दौरान न तो सभा से बाहर जायेंगे तथा न ही अन्दर प्रवेश करेंगे। उनके प्रति श्रद्धा का प्रदर्शन न केवल संवैधानिक अपेक्षा है, वरन् हमारा नैतिक दायित्व भी।

अब मैं माननीय राज्यपाल महोदय की अगवानी के लिए थोड़ी देर के लिए सदन से बाहर जा रहा हूँ। मेरी अनुपस्थिति में उनके आगमन तथा अभिभाषण के बाद उनकी विदाई के लिए मेरे सदन से बाहर रहने की अवधि में भी आप सदन में अपने स्थान पर बैठे रहकर व्यवस्था बनाये रखने की कृपा करेंगे।

05 मार्च, 2014

माननीय अध्यक्ष का समापन भाषण

अध्यक्ष–माननीय सदस्यगण,

तृतीय विधानसभा का यह त्रयोदश सत्र अपने समापन की मंजिल पर आ पहुँचा है। उपलब्धियों की दृष्टि से इस सत्र को गागर में सागर समाहित करने वाले उल्लेखनीय सत्र के रूप में याद किया जायेगा। यह सम्भव हो सका है पक्ष और प्रतिपक्ष दोनों की समान सहभागिता के कारण। चाहे माननीय राज्यपाल महोदय के अभिभाषण पर धन्यवाद प्रस्ताव का सन्दर्भ हो या अनुदान की माँगों पर वाद-विवाद, पक्ष और प्रतिपक्ष दोनों ने अपने धारदार तेवर का परिचय दिया है जिससे संसदीय लोकतन्त्र को एक नया आयाम मिल सका है। तथापि सदन के कुछ बहुमूल्य क्षण हंगामे की भेंट भी चढ़े। उन बिन्दुओं पर मैं बहुत अधिक नहीं कहूँगा क्योंकि यह पूरे सदन के लिए विचारणीय विषय है। हाँ, सदन के संरक्षक होने के नाते कभी-कभी कुछ कटु सत्य कहने की हमारी विवशता होती है। मैं अपनी ओर से सदैव प्रयास करता हूँ कि मैं सत्य वचन अवश्य बोलूँ किन्तु वे सत्य वचन आपके लिए कटु और अप्रिय न हों। मैं आपका ध्यान एक और बात की ओर भी आकृष्ट करना चाहूँगा। सदन के माननीय सदस्य और अध्यक्ष के आसन के बीच की दूरी बहुत अधिक नहीं होती। अपितु इस आसन को सुशोभित करने की क्षमता, सम्भावना और संवैधानिक अधिकार प्रत्येक माननीय सदस्य में अन्तर्निहित होते हैं। अतः मैं ऐसा मानता हूँ कि सदन की गरिमा को शिखर तक ले जाने की जो भावना मेरे भीतर है, वह आप में भी है। इसलिए मैं आपके सतत सहयोग और परामर्श का अभिलाषी रहता हूँ। अपने किसी विचार को किसी भी माननीय सदस्य पर आरोपित करने का प्रयास नहीं करता। आज मैं जिस भूमिका का निर्वाह कर रहा हूँ, कल इसी भूमिका को इस सदन में कोई दूसरा माननीय सदस्य भी कर सकता है। अतः यहाँ सर्वोपरि मात्र सदन ही है और हमारे किसी भी कृत्य से सदन मर्माहत न हो, इस मर्म को समझना यहाँ के प्रत्येक सदस्य का दायित्व है।

मुझे प्रसन्नता है कि कुछ ही दिनों के बाद रंगों का त्योहार होली भी आने वाला है। उसके ठीक एक दिन पूर्व बुराई के प्रतीक के रूप में होलिका दहन करने की परम्परा रही है। फिर दूसरे दिन सारे भेदभाव को भूलकर हम एक दूसरे को गले लगाते हैं, अपने रंग में एक-दूसरे को रँगने के लिए भावनाओं की पिचकारी छोड़ते

हैं। ऐसी मेरी कामना है कि आने वाला होली का त्योहार पूरे झारखण्ड राज्य को सद्भावना और भाईचारे के रंग में रंगने का त्योहार बने। अत: आज मैं आप सभी को होली की अग्रिम शुभकामनाएँ भी दे रहा हूँ।

अंत में मैं सदन के नेता, नेता प्रतिपक्ष तथा सभी सदस्यों को अवश्य धन्यवाद देना चाहूँगा जिनके सार्थक सहयोग, सार्थक वाद-विवाद तथा अन्य महत्त्वपूर्ण विधायी कार्यों से राज्य की जनता का सदन के प्रति विश्वास मजबूत हुआ है। मैं कार्यपालिका के उन सभी पदाधिकारियों को भी धन्यवाद देना चाहूँगा जिन्होंने सत्र सम्बन्धी अपने दायित्वों का निर्वाह बड़ी तत्परता से किया। मैं पुलिस प्रशासन के उन सभी अधिकारियों को धन्यवाद देना चाहूँगा जिन्होंने सभा परिसर तथा इससे बाहर विधि-व्यवस्था को बनाए रखने में अपना प्रशंसनीय योगदान दिया। मैं मीडिया के मित्रों को भी इस बात के लिए धन्यवाद देना चाहूँगा जिन्होंने सदन की पूरी कार्यवाही को समाचार और विचार (News and views) रूप में जन-जन तक पहुँचाने का काम किया है।

फिर मिलेंगे आपसे अगले मुकाम पर
फिर चलेंगे साथ हम सब, होगा एक ही लक्ष्य
सदन की एक ही आत्मा, काया एक है
चाहे सरकारी पक्ष हो या प्रतिपक्ष।

इसी के साथ मैं कार्य-मंत्रणा समिति की सर्वसम्मत सिफारिश के आलोक में सभा की कार्यवाही अनिश्चितकाल तक के लिए स्थगित करने की घोषणा करता हूँ।

धन्यवाद!

01 अगस्त, 2014

माननीय अध्यक्ष का प्रारम्भिक वक्तव्य

अध्यक्ष–माननीय सदस्यगण, तृतीय झारखण्ड विधानसभा के चतुर्दश सत्र में आप सबों का हार्दिक अभिनन्दन। सावन के पवित्र महीने के दरम्यान ईद का पर्व अभी-अभी सम्पन्न हुआ है। एक साथ हमने भगवान भोले शंकर सहित अल्ला-ताला से अपने देश, समाज और राज्य की खुशहाली की दुआ भारत की समावेशी गंगा-जमुनी तहजीब की सलामती के लिए माँगी है। हम आशा करते हैं कि सावन के सोमवारी

की पवित्रता के साथ-साथ ईद की सेवइयों की मिठास और इत्र की खुशबू से समूचा झारखण्ड सराबोर रहेगा तथा इसी के साथ अमन और तरक्की के रास्ते पर आगे बढ़ेगा। हमारे पिछले सत्र से इस सत्र के बीच जो समय गुजरा है, उस दौरान राष्ट्र के राजनीतिक फलक पर जो परिवर्तन हुए हैं, उन्हें हम अपनी लोकतान्त्रिक प्रक्रिया के शाश्वत परिणाम के रूप में देखते हैं। वस्तुतः परिवर्तन ही लोकतन्त्र की ऐसी विलक्षण विशेषता है जो अधिनायकवादी प्रवृत्तियों के उद्‌भव की सम्भावनाओं को नकारती है। इसी परिप्रेक्ष्य में भारतीय राजनीति में प्रथम आम चुनाव 1952 से लेकर अब तक सोलहवीं लोकसभा के लिए हुए चुनावों सहित इस अवधि में सम्पन्न विभिन्न राज्य विधानसभा चुनाव परिणामों को भी हम देखते हैं। सत्ता के शीर्ष पर दलों का आना-जाना, नेतृत्वों की जय-पराजय होती रहती है देश को, किन्तु इससे कोई फर्क नहीं पड़ता। गंगा की अविरल धारा की तरह इन परिवर्तनों से प्रभावित हुए बिना हमारी राजनीतिक और सामाजिक यात्रा अविराम गति से आगे बढ़ती रहती है। चुनाव जहाँ एक ओर योग्य नेतृत्व को आगे बढ़ने और स्थापित होने का अवसर देता है, वहीं दूसरे और तीसरे या अन्य स्थानों पर रहने वाले लोगों को आत्ममंथन का अवसर भी। यह अवसर प्रदान करता है हारे हुए लोगों को भी कि वे अपनी कमियों-खामियों का मूल्यांकन करके आने वाले चुनावों की तैयारी बेहतर तरीके से करें। संसदीय लोकतन्त्र में जहाँ सत्तापक्ष की जिम्मेवारियाँ बड़ी होती हैं, वहीं प्रतिपक्ष भी कमजोर भूमिका में नहीं होता। लोकतन्त्र के पुरोधाओं ने इसी परिप्रेक्ष्य में प्रतिपक्ष को नागरिक स्वतन्त्रता का सजग पहरेदार कहा है। इसलिए मैं सोलहवीं लोकसभा के चुनाव परिणामों का स्वागत करते हुए केन्द्रीय संसद के दोनों पक्षों के लिए अपनी शुभकामनाएँ देता हूँ कि वे अपनी-अपनी भूमिका के सही निर्वाहन में कामयाब हो सकें।

इसी क्रम में हम श्री नरेन्द्र मोदी जी के नेतृत्व में गठित नयी केन्द्र सरकार को अपनी बधाई देते हैं और दूसरी ओर लगातार 10 वर्षों तक प्रधानमन्त्री के पद पर रहकर देश को निर्णायक दिशा देने वाले डॉ. मनमोहन सिंह के सफल, सुखद और सुदीर्घ जीवन की शुभकामना भी प्रेषित करते हैं। तीसरी झारखण्ड विधानसभा के दो माननीय सदस्य यथा–श्री विद्युत वरण महतो और श्री लक्ष्मण गिलुवा अब हमारे बीच से निकलकर नयी भूमिका के निर्वाह के लिए लोकसभा में पहुँच गये हैं। अपने कार्यकाल के दौरान इस सभा के माध्यम से उन्होंने इस राज्य और समाज की सर्वोत्कृष्ट सेवा की है। अपनी नयी भूमिका में वे इससे ज्यादा सफल हों, हमारी यह भी कामना है।

आंध्र प्रदेश के विभाजन के साथ भारत के 29वें राज्य के रूप में तेलंगाना का जन्म एक सुखद घटना है। अनवरत संघर्ष के बाद वहाँ के नागरिकों को अपना राज्य प्राप्त हुआ है। लोकसभा चुनावों के साथ ही आंध्र और तेलंगाना दोनो राज्यों के लिए विधानसभा चुनाव भी सम्पन्न हुए जिनमें क्रमशः तेलुगू देशम और तेलंगाना राज्य समिति पार्टियों ने जीत का परचम लहराया है। दोनो राज्यों के नागरिकों को नयी सरकार से काफी अपेक्षाएँ हैं। हम उम्मीद करते हैं कि श्री चन्द्रबाबू नायडू और श्री चन्द्रशेखर राव के नेतृत्व में गठित सरकारें अपने-अपने राज्यों के नागरिकों की अपेक्षाओं पर खरी उतरेंगी। ओडिशा विधानसभा चुनावों में बीजू जनता दल एक बार फिर सत्ता पाने में कामयाब हुई है और श्री नवीन पटनायक ने मुख्यमन्त्री के रूप में अपनी नयी पारी की शुरुआत की है। ओडिशा हमारा पड़ोसी राज्य है। हम उसकी भी समृद्धि की कामना करते हैं।

ग्लोबलाइजेशन के युग में जीने वाले लोगों को दुनिया के किसी भी हिस्से में होने वाली बड़ी घटना के ग्लोबल इफेक्ट्स देखने पड़ते हैं। इराक और गाजा पट्टी की समस्याएँ हमारी अर्थव्यवस्था को भी किसी-न-किसी रूप में प्रभावित कर रही हैं। हम कामना करते हैं कि वहाँ जल्द-से-जल्द अमन-चैन कायम हो ताकि समाज के लोग अपनी सही दिनचर्या शुरू कर सकें। सम्पूर्ण भारत सहित हमारा राज्य झारखण्ड भी कमजोर मॉनसून के प्रभाव में है। अल्पवृष्टि से फसलों की पैदावार पर बुरा प्रभाव पड़ने की सम्भावना से इनकार नहीं किया जा सकता। इससे पैदा होने वाली समस्याओं की जमीनी आकलन करके सरकार को आपदा प्रबन्धन के ठोस उपाय करने होंगे। सभा के तमाम माननीय सदस्यों से मेरी अपेक्षा होगी कि वे अपने-अपने तरीके से इस जवाबदेही के निर्वहन की पुरजोर कोशिश करेंगे ताकि किसी के सामने दो-जून की रोटी की समस्या पैदा न हो।

राष्ट्र, राज्य और समाज की उन्नति के लिए यह आवश्यक है कि हमारे बीच अपनी सौहार्द और भाईचारे की भावना बनी रहे। समाज का एक-एक व्यक्ति इस राज्यरूपी गाड़ी का एक-एक पहिया है। सारे पहिये चलेंगे तभी देश आगे बढ़ेगा। कहने का अभिप्राय यह है कि राष्ट्र, राज्य और समाज को आगे बढ़ाने की कल्पना तभी साकार हो सकेगी, जब एक-एक आदमी राष्ट्र की इकाई के रूप में आगे बढ़ेगा। अतः हमें समावेशी विकास की परिकल्पना को अपनाना होगा। राजनीति के सक्रिय कार्यकर्ता के रूप में और इस सभा के जिम्मेवार सदस्य के रूप में इस प्रकार, हमें एक बड़ी भूमिका के निर्वहन की जवाबदेही लेनी है। हम खुशनसीब हैं कि अब तक के कालखण्ड में इस सभा के सदस्यों ने अपनी जिम्मेवारियों का

निर्वहन अत्यन्त गम्भीरता से किया है, हम आशा करते हैं कि आगे से और बड़ी भूमिका के निर्वाह के लिए वे आगे आयेंगे। केवल सरकार के भरोसे झारखण्ड प्रगति के पथ पर अग्रसर नहीं हो सकता। सभा के तमाम सदस्यों से इसकी अपेक्षा हम रखते हैं। ईद के दिन भूमि विवाद के चलते चान्हो में कतिपय अराजक तत्त्वों के कारण कुछ अशोभनीय घटनाएँ घटीं, जिसका क्षोभ मुझे है। मैं समझता हूँ कि दुनिया में कोई भी समस्या ऐसी नहीं है, जिसका हल लोकतान्त्रिक तरीके से नहीं ढूँढ़ा जा सके। मैं वहाँ के समस्त नागरिकों से अपील करता हूँ कि इस विवाद का हल वे मिल-जुलकर निकालें तथा जिला प्रशासन भी मध्यस्थ के रूप में अपनी भूमिका का निर्वहन जिम्मेवारीपूर्वक करे।

पाँच कार्यदिवसों वाला हमारा यह पावस-सत्र हमसे बड़ी अपेक्षाएँ रखता है। यदि सब कुछ ठीक-ठाक रहा तो सम्भवतः यह इस विधानसभा के कार्यकाल का समापन सत्र हो सकता है। पूरे विधानसभा के कार्यकाल में माननीय सदस्यों ने सत्र-संचालन और कार्यों के निष्पादन में जिस संसदीय गरिमा एवं मर्यादा का पालन किया है, उसका मैं कायल हूँ। अधिकांश समय एक सदस्य के रूप में तथा अल्पकाल के लिए पीठासीन अधिकारी के रूप में इससे मैं जुड़ा रहा। अपनी प्रत्येक भूमिका के ईमानदार निर्वहन की कोशिशें मैंने की। सभा के इस सत्र में सरकार इस वित्तीय वर्ष के लिए अपना अनुपूरक बजट पेश करेगी। इसी के साथ कुछ राजकीय विधेयक भी विचार के लिए आयेंगे। मैं समझता हूँ कि इन पर वाद-विवाद के उपलब्ध समय का बेहतर और भरपूर उपयोग आपके द्वारा किया जायेगा। एक बार पुनः आप सबको मेरी शुभकामनाएँ। धन्यवाद!

06 अगस्त, 2014

माननीय अध्यक्ष का समापन भाषण

अध्यक्ष–तृतीय झारखण्ड विधानसभा के चतुर्दश सत्र के समापन का अवसर अब आ गया है, क्योंकि इस विधानसभा का अन्तिम सत्र में यदि कहूँ, या ये कहूँ कि ये अलविदा सत्र है, तो अनुचित नहीं होगा। अतः इस अवसर पर मैं सदन के प्रत्येक माननीय सदस्य के प्रति असीम शुभेच्छाओं के साथ अपनी उदात्त भावनाओं की अनेक पुष्प-पँखुड़ियाँ अर्पित करता हूँ।

प्रकृति हमारी शाश्वत जननी है और समय तीनों काल का साक्षी, सहचर और अनन्य मित्र। प्रकृति कहीं प्रातःकालीन ऊषा की लालिमा में गोधूलि बेला की सिन्दूरी आभा की छटा प्रकट कर जाती है तो कहीं सांध्य बेला के निशा निमन्त्रण

के साथ नूतन प्रभात का सन्देश भी दे जाती है। हम दिन, महीने और बीते हुए साल का जोड़-घटाव करने में लगे रहते हैं, किन्तु समय तो अतीत और वर्तमान के साथ भविष्य की कड़ियों को भी जोड़ते हुए–'चरैवेति-चरैवेति' का उद्घोष करता रहता है। आज का हमारा यह सदन अतीत, वर्तमान और भविष्य की त्रिवेणी पर अवस्थित हो गया है। आज एक अतीत का अवसान हो रहा है तथा वर्तमान के सूर्य के साथ अस्ताचल की ओर जाना चाहता है तथा भविष्य निशा की चादर ओढ़े नूतन प्रभात की प्रतीक्षा में है। इस अवसर पर मुझे हरिवंशराय बच्चन जी के 'निशा निमन्त्रण' की कुछ पंक्तियाँ याद आ रही हैं, जो इस प्रकार हैं–

हो जाये न पथ में रात कहीं,
मंजिल भी तो है दूर नहीं
यह सोच थका दिन का
पंथी भी जल्दी-जल्दी चलता है!

दिन जल्दी-जल्दी ढलता है!
बच्चे प्रत्याशा में होंगे,
नीड़ों से झाँक रहे होंगे–
यह यह परों में चिड़ियों के
भरती कितनी चंचलता है
दिन जल्दी-जल्दी ढलता है!

सच पूछिए तो आज मैं आप सभी के बीच अत्यन्त भावुक हो गया हूँ। ऐसा नहीं है कि तृतीय विधानसभा के इस अन्तिम सत्र के बाद हम और आप फिर मिलने वाले नहीं, किन्तु सदन का यह मौजूदा स्वरूप फिर मिले न मिले, यह एक मौन यक्ष प्रश्न है जो प्रत्येक माननीय सदस्य के सामने खड़ा है।

सदन का ये चेहरा हमारे सामने फिर हो न हो।
जी भर के देख लीजिए ये आखिरी दीदार है।।
हम सभी का फिर नया जरूर इम्तहाँ होगा।
तब बदला-बदला-सा यहाँ का हर समाँ होगा।।
आवाम के दिलों में जो वे लौटकर आ जायेंगे।
फिर भी नयी फिज़ा नया एक कारवाँ होगा।।
इस दौर के जो हमसफर वे फिर मिलें या ना मिलें।
इस साथ का लेकिन हमें हरदम गुमाँ होगा।।

बेशक विगत पाँच वर्षों का हमारा और आपका साथ अविस्मरणीय रहेगा। इस सदन में आ जाने के बाद दलों की बॉर्डर लाइन दिलों की बॉर्डर लाइन नहीं बन पाती, क्योंकि विधानसभा के सदस्य के रूप में हम सभी का जन्म तो आखिर एक ही माँ की कोख से होता है। जनता हमारी जननी भी है और जनक भी। इसलिए जब हम जनता की आवाज बनते हैं तो हम सभी के स्वर और सुर एक जैसे ही हो जाते हैं। तृतीय विधानसभा भी लोक महत्त्व के अनेक मुद्दों पर हमारी एकता का गवाह रही है, जहाँ दल की दीवारें छोटी पड़ गयी हैं। यही कारण है कि जब मैं विगत पाँच वर्षों के सदन की उपलब्धियों का लेखा-जोखा करने बैठता हूँ तो मुझे यह जानकर सुखद आश्चर्य होता है कि भले ही इसके पंचवर्षीय सत्रों की अवधि हमारी अपेक्षा के अनुरूप नहीं रही हो, किन्तु हमारी समवेत उपलब्धियाँ अत्यन्त महत्त्वपूर्ण और उल्लेखनीय रही हैं। आपको यह बताते हुए भी मुझे प्रसन्नता हो रही है कि इस सत्र में विधानसभा सचिवालय द्वारा सभी अल्पसूचित एवं तारांकित प्रश्न ऑनलाइन प्रश्नोत्तर प्रणाली सिस्टम से राज्य सरकार के सम्बधित विभागों को ऑनलाइन भी भेजे गये हैं। यद्यपि यह प्रयोग के तौर पर ही इस बार आरम्भ किया गया, किन्तु मुझे पूरा विश्वास है कि आने वाले दिनों में झारखण्ड विधानसभा में ऑनलाइन प्रश्नोत्तर प्रणाली पूर्ण रूप से लागू हो जायेगी। आपके द्वारा सदन के माध्यम से राज्यहित में जनता के लिए की गयी सेवाएँ पाँच वर्षों का फिक्स डिपॉजिट हैं। सदन का संरक्षक होने के नाते आज मैं इसे तोड़कर आप सभी के खाते में डालना चाहता हूँ, क्योंकि आगामी विधानसभा के चुनाव में यही आपकी असली पूँजी होगी। जब आप सभी इस सत्र के बाद अपने-अपने क्षेत्र में लौटेंगे तो जनता आपसे पाँच वर्षों का हिसाब अवश्य पूछेगी। यह उनका लोकतान्त्रिक अधिकार है, किन्तु एक बात मैं पूर्ण विश्वास के साथ आपसे कहना चाहूँगा कि जब आप जनता जनार्दन के बीच तृतीय विधानसभा की पाँच वर्षों की उपलब्धियों को रखेंगे तो आपका मस्तक मान और स्वाभिमान के साथ ऊँचा रहेगा एवं आप जनता से अपने पक्ष में पुनः एक और जनादेश का आग्रह करने में किसी भी प्रकार के संकोच का अनुभव नहीं करेंगे।

वैसे विधानसभा की त्रैमासिक पत्रिका 'उड़ान' का प्रत्येक अंक भी हम आपको उपलब्ध कराते रहे हैं, जिसमें आपकी संसदीय गतिविधियों का पूर्ण लेखा-जोखा समाहित रहता है, किन्तु इसके साथ ही इस समापन के अवसर पर मैं और भी कुछ महत्त्वपूर्ण आँकड़े दे रहा हूँ तथा इन आँकड़ों में चालू सत्र की भी उपलब्धियाँ शामिल हैं जो इस प्रकार हैं–

तृतीय झारखण्ड विधानसभा के 14 सत्रों में कुल 105 बैठकें हुईं। 1525 स्वीकृत अल्पसूचित प्रश्नों में 240 तथा 4303 स्वीकृत तारांकित प्रश्नों में 337 प्रश्न सभा में उत्तरित हुए। साथ ही 1415 अतारांकित प्रश्न भी स्वीकृत किये गये। कुल 442 ध्यानाकर्षण स्वीकृत किये गये जिनमें 241 सभा में वक्तव्य हुए। इसी प्रकार 2105 शून्यकाल की सूचना, 147 मुख्यमन्त्री प्रश्न, 1694 निवेदन एवं 193 याचिकाएँ सभा की बैठकों के दौरान लिये गये। 274 गैर-सरकारी संकल्प एवं तीन राजकीय संकल्प सभा द्वारा स्वीकृत किये गये। 13 विभिन्न विषयों पर सभा में विशेष चर्चाएँ हुईं और सभा में उद्भुत 6 विषयों पर विशेष समिति का गठन किया गया। इस विधानसभा में कुल 75 विधेयक सभा द्वारा पारित किये गये जिनमें 5 विधेयक प्रवर समिति को सौंपे गये थे। इस अवधि में 4 वार्षिक बजट और 12 अनुपूरक बजट भी सभा में पेश किये गये। तृतीय विधानसभा में विशेष समिति सहित विधानसभा की विशेष समितियों ने कुल 95 प्रतिवेदन सभा को समर्पित किये। सदन के माध्यम से ये आप सभी सदस्यों की उपलब्धियाँ रही हैं जो अत्यन्त महत्त्वपूर्ण हैं।

हमारा सदन राज्य की जनता के प्रति उत्तरदायी है, इसलिए आज के इस अवसर पर जनता जनार्दन के प्रति भी मैं सदन की ओर से प्रणिपात निवेदन करता हूँ तथा उन्हें बारम्बार प्रणाम करता हूँ। झारखण्ड की जनता ने बड़ी बारीकी के साथ जैसा सोच-समझकर हमें जनादेश दिया था, हमने उसका पूर्ण सम्मान किया है तथा उसे अपेक्षित परिणामों के साथ, मंजिल तक पहुँचाने का काम किया है। अब यह सदन अपने अन्तिम अध्याय की ओर अग्रसर है। हमारा लोकतन्त्र लोकमत की नयी लेखनी से पुनः एक नये अध्याय का सूत्रपात करेगा। अतः मैं लोकतन्त्र और लोकशक्ति के उज्ज्वल भविष्य की भी कामना करता हूँ।

सदन और जनता के बीच संवादों के संवाहक की भूमिका मीडिया की होती है। हमारी मीडिया ने, चाहे वो इलेक्ट्रॉनिक मीडिया हो या प्रिंट मीडिया, इस दायित्व को बखूबी निभाया है। विगत पाँच वर्षों का शायद ही कोई ऐसा सत्र रहा हो जिसके वाद-विवाद में समाचारपत्रों से लिये गये कतिपय मुद्दों को समाहित न किया गया हो। वे मुद्दे अनायास ही नहीं उठे। उसके पीछे मीडिया का भी परिश्रम झलकता है। एक कहावत बहुत प्रचलित है कि "जहाँ न पहुँचे रवि, वहाँ पहुँचे कवि' इस कहावत को मैं दूसरे रूप में तथा मीडिया के सन्दर्भ में कुछ इस प्रकार कहना चाहूँगा कि 'जहाँ न पहुँचे सरकार, वहाँ पहुँचे पत्रकार' वास्तव में मीडिया तो हमारे परिवार का ही एक अंग है। इसे लोकतन्त्र का चौथा स्तम्भ माना गया है। यह सब दायित्व तो

इसे निभाना ही है। सदन के साथ सकारात्मक सहयोग के लिए मैं इस अवसर पर मीडिया के मित्रों को भी साधुवाद देता हूँ।

सदन की कार्यवाही को संचालित करने में प्रत्यक्ष और अप्रत्यक्ष दोनों रूपों में जिनकी उल्लेखनीय भूमिका होती है, वह है हमारी कार्यपालिका। इस कार्यपालिका को दो भागों में विभाजित किया जा सकता है–एक वह कार्यपालिका जो सदन के विश्वास को प्राप्त करने के पश्चात् चुने हुए जन-प्रतिनिधियों से उस अवधि तक के लिए अस्तित्व में आती है जब तक उसे सदन का विश्वास प्राप्त है तथा दूसरी कार्यपालिका वह जो नदी की धारा की तरह सदैव प्रवाहमान रहती है। बोलचाल की भाषा में उसे नौकरशाही की भी संज्ञा दी जाती है, लेकिन कभी-कभी ऐसा भी प्रतीत होने लगता है, जैसे वही शाहों का शाह है। कारण स्पष्ट है, राजनीतिक दल कभी सरकार में होते हैं तो कभी प्रतिपक्ष में, लेकिन एक पदाधिकारी अपने पूरे सेवाकाल तक सरकारी होता है। इसलिए इस व्यवस्था में इनका बहुत ही महत्त्वपूर्ण स्थान है। विगत पाँच वर्षों में इस सदन की कार्यवाही को सफलतापूर्वक संचालित करने में राज्य के उन तमाम पदाधिकारियों का भी बड़ा योगदान रहा है। अतएव वे भी धन्यवाद के पात्र हैं, लेकिन उन्हें और अधिक जवाबदेह बनना होगा। अब नौकरशाह कोई नहीं सभी लोकसेवक हैं। जो पदाधिकारी ऐसा सोचते हैं कि उन्हें सिर्फ सरकार की गुडबुक में रहना है, वे शायद गलत सोचते हैं। आपको उनके गुडबुक में भी रहना है जो सरकार के सरकार हैं तथा जो सरकार का सी.आर. अपने मताधिकार से लिखते हैं। आज के इस अवसर पर मैं पुलिस प्रशासन के लोगों को विशेष रूप से धन्यवाद देना चाहूँगा, सत्र के दिनों में विधि व्यवस्था बनाये रखने में जिनका पूर्ण सहयोग हमें मिलता रहा है, किन्तु एक बात मैं बड़ी संजीदगी के साथ प्रशासन के लोगों से कहना चाहूँगा कि आप विधायकों के मान-सम्मान और उनकी सुरक्षा का भी खयाल रखें। इसके साथ ही विधानसभा के पदाधिकारियों एवं कर्मचारियों की सुरक्षा भी आपकी एक बड़ी जवाबदेही है।

सदन की कार्यवाही चलाने में सभा-सचिवालय के कर्मचारियों एवं पदाधिकारियों की भूमिका को नजरअंदाज नहीं किया जा सकता। इन्हें सत्र के दिनों में या इसी प्रकार के अन्य अवसरों पर सदैव ही सराती पार्टी की भूमिका निभानी पड़ती है। सराती पार्टी से मेरा मतलब है जिसके घर में बारात आने वाली हो। अर्थात् उन्हें पल प्रतिपल चौकस रहना पड़ता है तथा देर रात तक अपने कार्यस्थल पर रहकर ड्यूटी

करनी पड़ती है। विधानसभा के सदस्य तथा स्पीकर के रूप में मैंने सभा-सचिवालय के प्राय: सभी कर्मियों को बहुत करीब से देखा है। मुझसे मिलने में उन पर कभी कोई पाबंदी नहीं रही।

अत: उन्हें बहुत करीब से मैंने पहचाना भी है। यह कहने में कोई अतिशयोक्ति नहीं कि यहाँ एक अनुशासित टीम है जो अपने कर्तव्यों के प्रति समर्पित है। अत: आज मैं इस आसन से सभा-सचिवालय के उन तमाम पदाधिकारियों एवं कर्मचारियों की प्रशंसा करता हूँ जो अभी कार्यरत हैं या विगत पाँच वर्षों के दरम्यान सेवानिवृत्त हुए हैं। इसके साथ ही मैं माननीय मुख्यमन्त्री, माननीय नेता प्रतिपक्ष, माननीय संसदीय कार्य मन्त्री तथा सत्तापक्ष एवं प्रतिपक्ष के सचेतकगण के प्रति भी आभार व्यक्त करना अपना कर्तव्य समझता हूँ, सदन की कार्यवाही में जिनकी अविस्मरणीय भूमिका रही है।

प्रत्येक के प्रति उद्‌गार की यह फुहार इसलिए क्योंकि तृतीय विधानसभा का यह आखिरी सावन है। सावन का स्वभाव बड़ा ही मनभावन होता हैं। यह तन को ही नहीं मन को भी भिगो देता है। कवियों ने सावन पर न जाने कितने गीत लिख डाले हैं जिन्हें सुनने के बाद जेठ के महीने में भी सावन की मस्ती आ जाती है। लेकिन सावन से केवल कवियों को ही प्रेरणा मिलती हो, ऐसा नहीं है। राजनेताओं और राजनीतिक प्राणियों को तो यह सावन कवियों से भी ज्यादा प्रेरित करता है।

जो गरजते हैं, उन्होंने सावन से ही गरजना सीखा। जो बरस पड़ते हैं, उनके बरसने का प्रेरणा-स्रोत भी सावन ही है। यह धर्मनिरपेक्ष है, क्योंकि बिना भेदभाव के यह मानव मात्र को अपनी बूँदों से शीतल कर देता है। यह साम्यवादी भी है और समाजवादी भी क्योंकि यह खाईं को भर देता है। यह महान राष्ट्रवादी है क्योंकि राष्ट्र माता को यही तो हरी-हरी चुनरी पहनाकर उसके आँचल को अन्न से भर देता है। सर्वहारा भी है, क्योंकि यह कहीं कोई अपना एक ठिकाना नहीं बना पाता। समुद्र जैसे पूँजीपतियों को भी रुष्ट नहीं करता। सर्वदलीय है क्योंकि यदि अपने आगमन के बावजूद यह न बरसे और सुखाड़ की स्थिति उत्पन्न हो जाये तो इस विषय पर सभी दल के लोग समान रूप से वाद-विवाद में हिस्सा लेते हैं। निर्दलीय भी है क्योंकि किसी दल के चाहने पर न तो यह बरसता और न ही रुकता है। लोकतान्त्रिक प्रणाली में यह प्रत्येक मतदाता को एक बड़ी प्रेरणा भी देता कि वर्षा की एक-एक बूँद की तरह प्रत्येक नागरिक के एक-एक वोट का महत्त्व है। निरंकुश शासक को यह चेतावनी भी देता है कि नदी की बाढ़ की तरह जनाक्रोश का पानी जब सिरे से

ऊपर हो जाये तो वह सीमाओं को भी तोड़ देता है। सावन व्यवस्था के शुद्धिकरण का भी सन्देश देता है कि किस प्रकार मौसम के परिवर्तन के साथ प्रकृति स्वत: एक नये रूप में प्रकट हो जाती है। मुझे नहीं मालूम कि हमारे कवियों और साहित्यकारों ने किस वजह से बसन्त ऋतु को ऋतुओं का राजा मान लिया। मैं उस मान्यता को बदलना नहीं चाहता, किन्तु मेरी ऐसी राय है कि बसन्त ऋतु यदि ऋतुओं का राजा है तो सावन की घटा सभी ऋतुओं की रानी है।

तृतीय विधानसभा के समापन के इस अवसर पर वह रानी अपनी भीगी पलकों के साथ हम सभी को इस सदन से विदा करना चाहती है। सदन के इस चिरपरिचित चेहरे का आखिरी दीदार करने के बाद जब आप अपने क्षेत्र की ओर बढ़ेंगे तो आपके सामने होगा हरियाली और रास्ता। मेरी ऐसी कामना है कि भविष्य में भी आपके जीवन में ऐसी ही हरियाली और खुशहाली बनी रहे। जनता के बीच आने वाले दिनों में हम सभी को जो एक और इम्तहान देना है उसमें आप उमंग, उत्साह और हौसले से लबरेज रहें, मेरी ऐसी शुभेच्छा है। आप अपने-अपने क्षेत्र में उसी उत्साह के साथ लौटें जैसे कि एक विजेता किसी बड़ी जंग को जीतने के बाद अपने घर लौटता है। पाँच वर्षों के संसदीय इतिहास के आप सभी नायक हैं। आप सभी ने तृतीय विधानसभा का जो अध्याय तैयार किया है, उसके अनेक यादगार पन्ने भावी राजनीति को प्रेरित करते रहेंगे। तथापि मेरे मन में एक कसक तो रह ही गयी। मैं यह चाहता था कि झारखण्ड विधानसभा का एक अत्याधुनिक खूबसूरत भवन हो, जिसकी पहचान देश के सर्वोत्कृष्ट विधानभवन के रूप में की जाये, लेकिन मेरा यह सपना सपना ही रह गया। मैंने सुना है कि सार्वजनिक जीवन में काम करने वाले लोगों के सपने कभी अधूरे नहीं रहते। आज नहीं तो कल उन सपनों में कोई-न-कोई तो रंग भर ही देता। इसलिए मैं ऐसा सोचता हूँ कि आज हमारा यह कारवाँ बिछड़ नहीं रहा, बल्कि बिखर रहा है जो फिर मिलेगा।

बात क्यों करें अभी से हम बिछड़ने की।
ये कारवाँ बिखरेगा सिर्फ आज इस पड़ाव से।।
हमसफर बनकर मिलेंगे फिर नये एक मोड़ पे।
एक दूजे से मिलें हम आज इसी भाव से।।
कह नहीं सकता कौन इस पार या उस पार रहेगा।
सदन हमारा, किन्तु ये सदियों तक बरकरार रहेगा।।

सभा की कार्यवाही अनिश्चितकाल के लिए स्थगित करने की घोषणा करता हूँ।

चतुर्थ झारखण्ड विधानसभा, अध्यक्ष महोदय का प्रारम्भिक वक्तव्य और समापन भाषण

06 जनवरी, 2015

माननीय सामयिक अध्यक्ष का प्रारम्भिक वक्तव्य

सा. अध्यक्ष–झारखण्ड की चौथी विधानसभा के निर्वाचित माननीय सदस्यगण,

झारखण्ड की सवा तीन करोड़ जनता की आकांक्षाओं के इस पवित्र मन्दिर, राज्य की सर्वोच्च लोक पंचायत में आप सभी का हार्दिक अभिनन्दन। नये साल की शुरुआत के साथ आपके नये दायित्व भी शुरू हुए हैं। इसी कारणवश मैं नववर्ष की शुभकामनाएँ देते हुए, नये दायित्वों की पूर्ति में आपकी सफलता की मंगलकामनाएँ भी देता हूँ। भगवान बिरसा मुण्डा, सिद्धो-कान्हू, तिलका माँझी सहित अनगिनत बलिदानियों की लहू से सिंचित झारखण्ड की धरती और यहाँ के निवासियों के सपनों को साकार करने की जिम्मेवारी का जनादेश हम सभी को मिला है। तमाम बलिदानियों, शहीदों के प्रति अपनी श्रद्धा निवेदित करते हुए आज हम इस सत्र की शुरुआत कर रहे हैं। मेरी कामना है कि झारखण्ड के प्रत्येक व्यक्ति की राह को निष्कंटक बनाने में हम सभी कामयाब हों। माननीय राज्यपाल महोदय के द्वारा प्रोटेम स्पीकर के रूप में मुझे जो एक गुरुतर दायित्व सौंपा गया है, उसका निर्वाह करने के लिए आज मैं इस आसन से आपसे मुखातिब हूँ।

इस सदन के लिए, राज्य की जनता के लिए यथा आप सभी के लिए भी आज का दिन बड़ा ही महत्त्वपूर्ण है, क्योंकि आज की तारीख से हम सभी इस सदन के नये अध्याय की शुरुआत करेंगे, सुनहरे कल के आगाज की नींव भी हम रखेंगे जो हमारा, आपका और राज्य की जनता का चिरप्रतीक्षित सपना है। इस सपने को पूरा करने की दिशा में आपका पहला कदम जो होगा, वह है आपके द्वारा लिया जाने वाला शपथ या प्रतिज्ञान।

शपथ का पथ जितना दुर्गम होता है, उतना ही सुगम भी बन जाता है। दुर्गम इसलिए क्योंकि शपथ को पूरा करना मानव जीवन की सबसे बड़ी चुनौती है तथा सुगम इसलिए क्योंकि इसी शपथ से हमें वह ऊर्जा और ताकत मिलती है, जिससे हम कठिन-से-कठिन चुनौतियों का मुकाबला करते हैं। इसके साथ ही यह हमारी संसदीय परम्परा भी रही है कि शपथ या प्रतिज्ञान के पश्चात् ही सदन के माननीय सदस्य के रूप में हमें संवैधानिक मान्यता मिल पाती है।

संविधान का अनुच्छेद 188 सदस्यों के शपथ या प्रतिज्ञान का उपबन्ध करता है तथा अनुच्छेद 193 इस बात का प्रावधान करता है कि अनुच्छेद 188 के अधीन शपथ या प्रतिज्ञान लिए बिना सभा की कार्यवाही में भाग लेना किसी भी व्यक्ति चाहे वह उस सभा का निर्वाचित सदस्य ही क्यों न हो, दण्डनीय अपराध है। अत: आप सभी से मेरा अनुरोध होगा कि बगैर शपथ या प्रतिज्ञान की प्रक्रिया पूरा किये सभा की कार्यवाही के दौरान कुछ नहीं बोलेंगे।

शपथ या प्रतिज्ञान के लिए प्रत्येक सदस्य का नाम बारी-बारी से सभा-सचिव द्वारा पुकारा जायेगा। शपथपत्र पढ़ लेने के बाद माननीय सदस्य-पटल पर रखे गये शपथ-पंजी पर अपना हस्ताक्षर अंकित करेंगे तथा मुझसे मिलकर फिर अपना स्थान ग्रहण करेंगे तथा हस्ताक्षरित शपथ पत्र की प्रति सभा-सचिव को उपलब्ध करा देंगे। सदस्यों की सुविधा के लिए संविधान की आठवीं अनुसूची में वर्णित वैसी आठ भाषाओं यथा–हिन्दी, अंग्रेजी, संस्कृत, उर्दू, बाँग्ला, संथाली, ओड़िया तथा मैथिली में शपथ की व्यवस्था यहाँ की गयी है जो आम बोलचाल की भाषा के रूप में झारखण्ड में प्रचलित हैं।

इस सभा में बहुत-से माननीय सदस्य, ऐसे हैं जो पहली बार चुनकर आये हैं। सभा-सचिवालय कर्मियों के समक्ष उनकी पहचान करना एक बड़ी समस्या है। इस क्रम में कोई अधिकारी यदि आपसे पहचान स्पष्ट करने का अनुरोध करे तो कृपया इसे अन्यथा न लेते हुए, उनका सहयोग करेंगे। आज की कार्य-सूची के साथ एक प्रपत्र आप सभी सदस्यों को इस अनुरोध के साथ प्रेषित किया गया है कि अपने दो पासपोर्ट साइज फोटोग्राफ सभा-सचिवालय को उपलब्ध करा दें। कृपया इसके साथ संलग्न प्रपत्र को पूरी तरह भरकर सभा-सचिव के कार्यालय कक्ष में उपलब्ध कराना सुनिश्चित करने की कृपा करेंगे।

अध्यक्ष के निर्वाचन के लिए माननीय राज्यपाल महोदय का सन्देश भी मुझे प्राप्त हुआ है, जो इस प्रकार है–

सन्देश

झारखण्ड विधानसभा की प्रक्रिया तथा कार्य-संचालन नियमावली के नियम 8 के उप नियम (1) के अनुसार मैं, डॉ. सैयद अहमद, झारखण्ड का राज्यपाल इसके द्वारा झारखण्ड विधानसभा के अध्यक्ष के चुनाव के लिए दिनांक–07 जनवरी, 2015 की तिथि निर्धारित करता हूँ।

राँची — ह./–डॉ. सैयद अहमद

दिनांक–01 जनवरी, 2015 — झारखण्ड के राज्यपाल

झारखण्ड विधानसभा की प्रक्रिया तथा कार्य-संचालन के नियम 8 के प्रावधानों का उल्लेख भी इस प्रसंग में मैं कर देना उचित समझता हूँ, जो इस प्रकार है–

नियम–8(1) अध्यक्ष का निर्वाचन उस तिथि को होगा जो कि राज्यपाल निश्चित करें और सचिव प्रत्येक सदस्य को उस तिथि की सूचना भेजेगा।

नियम–8(2) इस प्रकार नियत तिथि के पूर्व दिन के मध्याहन से पहले कोई भी सदस्य किसी भी प्रस्ताव को कि किसी अन्य सदस्य को सभा का अध्यक्ष चुना जाये, सचिव को सम्बोधित लिखित रूप में सूचना दे सकेगा और उस सूचना का अनुमोदन एक तीसरा सदस्य करेगा तथा उसके साथ उस सदस्य का, जिसका नाम सूचना में प्रस्थापित किया जाये, यह कथन संलग्न होगा कि निर्वाचित होने पर वह अध्यक्ष के रूप में कार्य करने को सहमत है।

परन्तु कोई सदस्य अपना स्वयं का नाम प्रस्थापित नहीं करेगा न उसका अपना नाम प्रस्थापित करने वाले प्रस्ताव का अनुमोदन करेगा और न ही एक से अधिक प्रस्ताव प्रस्थापित या अनुमोदित करेगा।

(3) कार्य-सूची में जिस सदस्य के नाम पर कोई प्रस्ताव हो, वह पुकारे जाने पर प्रस्ताव प्रस्तुत कर सकेगा या प्रस्ताव वापस ले सकेगा और अपना कथन उस बात तक ही सीमित रखेगा।

(4) जो प्रस्ताव प्रस्तुत तथा विधिवत् अनुमोदित हो गये हों, वे एक-एक करके उसी क्रम में रखे जायेंगे जिस क्रम में कि वे प्रस्तुत किये गये हों और यदि आवश्यक हुआ तो विभाजन द्वारा विनिश्चित किये जायेंगे। यदि कोई प्रस्ताव स्वीकृत हो जाये तो पीठासीन व्यक्ति बाद के प्रस्तावों को रखे बिना घोषित करेगा कि स्वीकृत प्रस्ताव में प्रस्थापित सदस्य सभा का अध्यक्ष चुन लिया गया है।

इस सम्बन्ध में सूचनाएँ पूर्व से ही परिचारित हैं। आप सबों की सुविधा के लिए मैंने इसका उल्लेख मात्र किया है। अनुरोध है कि कृपया नियमानुसार इस प्रक्रिया को पूरा करने में आप सभी सहयोग करेंगे।

धन्यवाद!

माननीय दिनेश उराँव **कार्यकाल**

अध्यक्ष, झारखण्ड विधानसभा 07-01-2015 से 24-12-2019

विधानसभा क्षेत्र संख्या–67, सिसई

जन्म तिथि–9 जुलाई, 1962

जन्म स्थान–मुरगु, जिला- गुमला

पिता का नाम–श्री पिटवा उराँव

माता का नाम–श्रीमती फगनी उराँव

शैक्षणिक योग्यता–एम.ए. (मानव विज्ञान), पीएच.डी.

विधायक के रूप में निर्वाचन–2000 एवं 2014

07 जनवरी 2015

माननीय अध्यक्ष का प्रारम्भिक वक्तव्य

अध्यक्ष–माननीय सदस्यगण,

आप सभी माननीय सदस्यों ने आज सदन में मुझे जो जिम्मेवारी दी है, उससे मैं अभिभूत हूँ। इस अवसर पर अपनी भावनाओं को व्यक्त करने के लिए मैं मशहूर गीतकार गुलजार की कुछ पंक्तियों को दोहराना चाहूँगा–

सिर्फ एहसास है ये रूह से महसूस करो,
प्यार को प्यार ही रहने दो, इसे नाम न दो।

जिस ढंग से आपलोगों ने दलीय राजनीति की सीमा से परे हटकर आस्था एवं विश्वास व्यक्त करते हुए मुझे इस आसन पर बिठाया है, उससे मुझे गुरुतर दायित्व का बोध हो रहा है। आप सभी के माध्यम से राज्य की सवा तीन करोड़ जनता का समर्थन एवं विश्वास मुझे प्राप्त है, जिसके बल पर मुझ जैसा साधारण व्यक्ति भी इस असाधारण कार्य को सुगमता से सम्पन्न कराने में सक्षम हो पायेगा, ऐसा मैं मानता हूँ। मेरा यह भी मानना है कि सत्तापक्ष एवं प्रतिपक्ष दोनों मेरे साथ हैं। इसलिए सदन के संचालन में मुझे कोई कठिनाई नहीं होगी, साथ ही इस सदन की गरिमा को अक्षुण्ण रखने में मैं सफल हो पाऊँगा। मुझे पूर्ण विश्वास है कि जिस प्रकार आपने सर्वसम्मति से मुझे सदन का अध्यक्ष निर्वाचित करने में अविस्मरणीय सहयोग प्रदान किया है, वैसा ही सहयोग मुझे सदन के संचालन में सदैव प्राप्त होता रहेगा।

इस आसन को जिन महानुभावों ने पूर्व में सुशोभित किया है, वे सभी मेरी प्रेरणा के अनमोल स्रोत हैं। माननीय इन्दर सिंह नामधारी जी, स्व. मृगेन्द्र प्रताप सिंह, माननीय आलमगीर आलम साहब, माननीय चन्द्रेश्वर प्रसाद सिंह जी तथा माननीय शशांक शेखर भोक्ता जी आदर्श पथ-प्रदर्शक के रूप में मुझे सदैव शक्ति प्रदान करते रहेंगे।

इस चतुर्थ झारखण्ड विधानसभा में एक ओर जहाँ कई पुराने एवं अनुभवी नेता पुनः निर्वाचित होकर पधारे हैं, वहीं कई नवनिर्वाचित ऊर्जावान माननीय सदस्य भी हैं। अनुभव एवं ऊर्जा के इस अद्भुत समागम से जनता की समस्त आकांक्षाएँ एवं अपेक्षाएँ निश्चित रूप से पूरी होंगी, ऐसा मेरा मानना है।

सदन के संचालन में मेरी भूमिका अवश्य होगी परन्तु इसके प्रभाव एवं सार्थकता के लिए सभी माननीय सदस्य समान रूप से सहभागी होंगे। भारत के संसदीय इतिहास में स्वस्थ वाद-विवाद की ऐसी समृद्ध परम्पराएँ रही हैं, जिन्हें

स्मरण में रखकर हम सभी इसमें एक नूतन अध्याय जोड़ सकते हैं एवं आगामी पीढ़ी के लिए एक उदाहरण प्रस्तुत कर सकते हैं।

मुझे पूर्ण विश्वास है कि जिस प्रकार आपने अध्यक्ष के निर्वाचन में पक्ष-प्रतिपक्ष की दूरी को पाटकर वैचारिक धरातल पर एक जनप्रतिनिधि होने का प्रमाण दिया है, उसी प्रकार राज्यहित में सकारात्मक दृष्टिकोण एवं सम्पूर्ण शक्ति के साथ सदैव एकीकृत प्रयास करते रहेंगे। मैं आश्वस्त करना चाहता हूँ कि एक जिम्मेवार भारवाहक के रूप में इस सदन के संचालन में सभी माननीय सदस्यों को मेरा निरन्तर सहयोग प्राप्त होता रहेगा।

अंततः नववर्ष की मंगलकामनाओं के साथ मैं यह भी कामना करता हूँ कि जिस प्रकार प्रकृति ने इस राज्य को समृद्धि प्रदान की है, उसी प्रकार आप सभी माननीय सदस्यगण सभी झारखण्डवासियों की समृद्धि एवं खुशहाली के वाहक हों एवं यश के भागी बनें। धन्यवाद!

27 फरवरी, 2015

माननीय अध्यक्ष का प्रारम्भिक वक्तव्य

अध्यक्ष–माननीय सदस्यगण,

चतुर्थ झारखण्ड विधानसभा के द्वितीय सत्र में आप सबों का हार्दिक अभिनन्दन। ऋतुराज बसन्त के इस मौसम में शुरू हुए इस 19 दिवसीय सत्र में राज्य सरकार वित्तीय वर्ष 2015-16 के लिए अपना बजट प्रस्तुत करेगी। इस प्रकार इस सत्र को आप बजट-बसन्त का सत्र भी कह सकते हैं। बजट प्रस्तुत होने के उपरान्त इस पर होने वाली सामान्य चर्चा, अनुदान की माँगों पर विचार-विमर्श के दौरान आपको न केवल सरकार की वित्तीय नीतियों, वरन् आगामी विकास योजनाओं की विभागवार गहन समीक्षा के अवसर भी प्राप्त होंगे। हमारे 34 माननीय सदस्य बिल्कुल नये हैं। बजट पर चर्चा का उन्हें पहला अवसर इस विधानसभा में प्राप्त होने जा रहा है। मेरी पुरजोर कोशिश होगी कि नये माननीय सदस्यों को मैं चर्चा में भाग लेने हेतु पर्याप्त अवसर उपलब्ध कराऊँ। मैं तमाम विधायक दल के नेताओं और पुराने माननीय सदस्यों से इस निमित अनुरोध करता हूँ कि वे मेरी भावनाओं का ख्याल रखते हुए नये माननीय सदस्यों को प्रोत्साहित करेंगे। उनका यह प्रोत्साहन न केवल अनुदान माँगों पर चर्चा तक सीमित हो, वरन् विभिन्न प्रश्नों पर पूछे जाने वाले पूरक प्रश्नों की सीमा और विषयवस्तु के सन्दर्भ में भी हो। प्रत्येक तरह के प्रशिक्षण की शुरुआत चूँकि घर से होती है, अतः मेरी कोशिश होगी कि इस तरह का संसदीय प्रशिक्षण नये सदस्यों को उन्हें अपने पुराने अनुभवी सदस्यों से ही प्राप्त हों।

इस सत्र में सरकार अपने दो विनियोग विधेयकों के साथ सदन में कतिपय अन्य राजकीय विधेयकों को भी सदन में पेश करेगी। इन विधेयकों पर भी चर्चा के अवसर सदस्यों को मिलेंगे और इस प्रकार वे अपने मूल कर्तव्य अर्थात् विधायी कार्यों के सम्पादन में निष्णात हो सकेंगे।

मैं आज के अवसर पर माननीय सदस्यों को इस तथ्य से भी अवगत कराना चाहता हूँ कि इसी महीने के प्रारम्भ में लखनऊ में सम्पन्न भारत के विधायी निकायों के पीठासीन अधिकारियों के सम्मेलन में 'विकास में संसद और विधानमण्डलों' की भूमिका पर विराट चर्चा हुई। इस सम्मेलन का उद्‌घाटन लोकसभा की माननीया अध्यक्ष श्रीमती सुमित्रा महाजन द्वारा किया गया। झारखण्ड विधानसभा का प्रतिनिधित्व मेरे द्वारा किया गया। मैंने अपने सम्बोधन में इस तथ्य को पुरजोर तरीके से रखा था कि विकास में क्षेत्रीय सन्तुलन का पर्याप्त ध्यान रखा जाना चाहिए तथा वंचितों, निर्धनों और शोषित वर्गों की कीमत पर किसी भी सूरत में विकास की इजाजत नहीं दी जानी चाहिए। मैंने अपने वक्तव्य में इस तथ्य को भी रेखांकित किया है कि झारखण्ड राज्य में विकास के कार्य यद्यपि हुए हैं तथापि जिस गति से विकास का काम होना चाहिए, वो नहीं हो सका है, जिसके चलते झारखण्ड में अभी भी लोग गरीबी रेखा के नीचे गुजर-बसर कर रहे हैं। मैंने यह भी बताया कि विकास के कारण औद्योगिक घरानों के द्वारा जो प्रदूषण पैदा किया जा रहा है, उसकी कीमत झारखण्ड की जनता को चुकानी पड़ रही है। इस ओर भी केंद्र सरकार को पर्याप्त ध्यान देना चाहिए, जहाँ तक झारखण्ड विधानसभा की इस मामले में भूमिका की बात है, जहाँ तक सम्भव हो सके इसे नियन्त्रित करने के पर्याप्त उपाय किये जायेंगे। फिर भी इसमें केंद्र सरकार के सहयोग की बड़ी आवश्यकता है। मैंने यह भी कहा कि विकास निर्धनों के कन्धों पर चढ़कर या उन्हें कुचलकर नहीं किया जाना चाहिए। मेरे दृष्टिकोण से लोकसभा के माननीया अध्यक्ष श्रीमती महाजन द्वारा सहमति व्यक्त की गयी थी। उन्होंने आश्वस्त किया कि इस सन्दर्भ में पर्याप्त ध्यान रखते हुए विकास के मानक तय किये जायेंगे।

राष्ट्रमण्डल संसदीय संघ का क्षेत्रीय सम्मेलन भी इसी माह गोवा की राजधानी पणजी में सम्पन्न हुआ जिसमें झारखण्ड का प्रतिनिधित्व माननीय सदस्य श्री कुणाल षाड़ंगी द्वारा किया गया। विभिन्न विषयों पर श्री षाड़ंगी ने अपने विचार इतनी गम्भीरता से व्यक्त किये जिससे लगा कि इस नये सदस्य में बहुत आगे तक बढ़ने की असीम सम्भावनाएँ मौजूद हैं। श्री षाड़ंगी को उनके वक्तव्यों के कारण लोकसभा

की माननीया अध्यक्ष की प्रशंसा भी प्राप्त हुई है। हम उनके उज्ज्वल भविष्य की कामना करते हैं।

इसी सत्र के दरम्यान होली का महत्त्वपूर्ण त्योहार हमारे सामने होगा। आपसी सद्भाव और भाईचारे का त्योहार आप सबों के जीवन में और समस्त झारखण्डवासियों के जीवन में सुख और समृद्धि लेकर आये, मैं ऐसी कामना करता हूँ। रंग, अबीर और गुलाल का यह त्योहार सभी के जीवन में रंगीनियाँ भरे, इसी शुभकामनाओं के साथ मैं चतुर्थ झारखण्ड विधानसभा के इस द्वितीय सत्र को आप सभी को इस अपेक्षा के साथ समर्पित करता हूँ कि इसमें उपलब्ध समय का भरपूर उपयोग आपके द्वारा किया जायेगा तथा सदन के संचालन में आसन का सहयोग भी किया जायेगा। धन्यवाद!

30 मार्च, 2015

माननीय अध्यक्ष का समापन भाषण

अध्यक्ष–माननीय सदस्यगण,

चतुर्थ झारखण्ड विधानसभा का द्वितीय सत्र अब अपने समापन की ओर अग्रसर है। इस सत्र में सरकार ने वित्तीय वर्ष 2015-16 के बजट का उपस्थापन किया, जिसकी अनुदान माँगों पर चर्चा के क्रम में माननीय सदस्यों ने सार्थक विचार व्यक्त किये। इस क्रम में माननीय सदस्यों द्वारा अपने क्षेत्र की समस्याओं को उठाने के साथ-साथ सरकार के वित्तीय प्रबन्धन की गहरी समीक्षा भी की गयी है। यद्यपि इस विधानसभा के बहुत सारे सदस्य नये हैं लेकिन चर्चा के दौरान जिस बौद्धिकता एवं जनता से जुड़ी समस्याओं के प्रति अपनी प्रतिबद्धता का परिचय उन्होंने दिया है, उससे मैं महसूस करता हूँ कि आने वाले दिनों में झारखण्ड विधानसभा में चर्चा का स्तर और ऊँचा उठेगा। हमारे सभी माननीय सदस्य इस कार्य के लिए बधाई के पात्र हैं। सामान्यत: विधायी संस्थाओं पर यह आरोप लगता है कि आज के दिन यहाँ लोक-समस्याओं पर गम्भीर चर्चा नहीं होती, केवल हंगामे और लोकधन का दुरुपयोग होता है। झारखण्ड विधानसभा के माननीय सदस्यों ने इस अवधारणा को परिवर्तित करने का सार्थक प्रयास अपने कार्यकलापों के दौरान किया है। इस सत्र में सभा की कुल 19 बैठकें हुईं। बैठकों की कुल निर्धारित अवधि 73 घंटे थी लेकिन हमने इससे ज्यादा समय बैठकों में सार्थक तरीके से व्यतीत किया है। प्रश्नों के माध्यम से हो, ध्यानाकर्षण के प्रस्तावों के माध्यम से अथवा शून्यकाल की सूचनाओं के माध्यम से, सभी माध्यमों से झारखण्ड की सवा तीन करोड़ आबादी की बेहतरी की बातें

यहाँ हुई हैं। सदस्यों की गम्भीरता और लोकसेवा के प्रति उनके समर्पण की भावना को देखते हुए मैंने इस विधानसभा के कार्यकाल में कुछ अभिनव प्रयोग भी किये हैं। जहाँ पहले एक कार्यदिवस में शून्यकाल की 15 सूचनाएँ लिये जाने का प्रावधान था, हमने सदस्यों की माँग पर इसे 25 की सीमा तक ले जाने का काम किया है। फिर भी कुछ सूचनाएँ ऐसी थीं, जिन्हें पढ़े जाने के अवसर माननीय सदस्यों को नहीं मिल सके, उन समस्त सूचनाओं को मैंने लिखित उत्तर के लिए सम्बन्धित विभागों को भेजने का निदेश दिया है। इस सत्र में कुल 170 निवेदन भी प्राप्त हुए। इन सभी निवेदनों को मैंने सम्बन्धित विभागों को प्रेषित कर दिया है। इस सत्र में कुल 1325 प्रश्न स्वीकृत हुए, जिनमें 281 अल्पसूचित, 835 तारांकित तथा 209 अतारांकित कोटि के थे। कुल 193 प्रश्न सदन में उत्तरित हुए। 252 प्रश्नों का उत्तर विभिन्न विभागों से प्राप्त किया जाना शेष है। इस सत्र के लिए कुल 29 गैर-सरकारी संकल्प भी प्राप्त हुए तथा 90 ध्यानाकर्षण सूचनाएँ स्वीकार की गयीं। सभा के इस सत्र में वर्ष 2014-15 का एक अनुपूरक बजट भी प्रस्तुत हुआ। माननीय सदस्यों ने इसे पारित करने में भी अपनी गम्भीर भूमिका का निर्वहन किया है। मुझे इस सभा के माध्यम से राज्य की जनता को यह सन्देश देना है कि विगत वर्षों में जो अधिक व्यय बजट अनुदानों के विभिन्न शीर्षों के अधीन हुए, उसके भी विनियमन का काम सभा के इस सत्र में हुआ। झारखण्ड विधानसभा के लिए अब तक के इतिहास का यह पहला अवसर था जब किसी अधिक व्यय के विनियमन के लिए विनियोग विधेयक का भी उपस्थापन किया गया। माननीय सदस्यों ने इस पर सम्यक् चर्चा करके इसे पारित करने का काम किया है। वित्तीय प्रबन्धन की दृष्टि से हम यह उम्मीद करते हैं कि आने वाले वर्षों में इस मोर्चे पर हमारा प्रबन्धन और अधिक मजबूत तथा सुदृढ़ होगा एवं अधिक व्यय की नौबत नहीं आयेगी।

मुझे यह बताते हुए खुशी हो रही है कि विधानसभा सचिवालय द्वारा राज्य सरकार के विभिन्न विभागों को 850 स्वीकृत प्रश्न ऑनलाइन भेजे गये किन्तु यह भी सत्य है कि मात्र 35 विभागों ने ही अपना पंजीकरण एक्टिवेट किया और सिर्फ 4 प्रश्नों के उत्तर ही विधानसभा को ऑनलाइन प्राप्त हुए।

इस सत्र में प्रश्नों से, ध्यानाकर्षण प्रस्तावों से और अनुदान माँगों पर चर्चा के क्रम में कुल 4 (चार) महत्त्वपूर्ण विषय सामने आये। समूचे सदन की भावना को देखते हुए मैंने इन पर चार विशेष समितियों के गठन का काम भी किया है। मैं राज्य सरकार की इस बात के लिए प्रशंसा करता हूँ कि सदस्यों की माँग पर खुद

सरकार के एक मन्त्री श्री सरयू राय जी ने एक मामले की जाँच सभा की विशेष समिति से करने का आग्रह आसन से किया। मैंने सदन और सरकार की भावना का ख्याल रखते हुए एतद् विषयक समिति का गठन कर दिया है। इस सत्र की दूसरी महत्त्वपूर्ण उपलब्धि यह है कि सरकार के एक अनुदान माँग पर चर्चा के दौरान सरकार के उत्तर से संतुष्ट होकर माननीय सदस्य ने अपना कटौती का प्रस्ताव वापस ले लिया। इसी तरह एक विधेयक पर प्रस्तुत संशोधन प्रस्ताव को भी सरकार के उत्तर से संतुष्ट होने के बाद माननीय सदस्य द्वारा वापस लिया गया है। ऐसे करने वाले दोनों माननीय सदस्य यथा–श्री प्रदीप यादव, स.वि.स. और श्री आलमगीर आलम, स.वि.स. विशेष रूप से मेरे बधाई के पात्र हैं। इस सत्र के दौरान होली, सरहुल, छठ, चैत्र नवरात्रि और रामनवमी का पर्व भी गुजरा। सत्र-समापन के बाद ईसा मसीह के बलिदान का पर्व गुड फ्राइडे भी आयेगा। पर्व-त्योहार हमारे जीवन में खुशियों का रंग लेकर आते हैं और इनसे जुड़े बलिदानों से प्रेरणा ग्रहण करने का सन्देश भी देते हैं। हम कामना करते हैं कि ईश्वर पुत्र ईसा मसीह ने मानवता के कल्याण का जो सन्देश अपने बलिदान के माध्यम से हमें दिया है, उसका अक्षरशः पालन करके हम अपने समाज, राज्य, राष्ट्र और पूरे संसार में शान्ति का साम्राज्य स्थापित कर सकेंगे। इस सत्र के सफल संचालन में माननीय मुख्यमन्त्री सहित सरकार के समस्त मन्त्रियों, नेता प्रतिपक्ष एवं अन्य दलीय नेताओं का जो सार्थक सहयोग हमें मिला है, उसके लिए मैं सभी को अपनी ओर से बधाई देता हूँ और उनके प्रति आभार भी प्रकट करता हूँ। मैं बधाई देता हूँ मीडिया के मित्रों को भी जिन्होंने सभा की कार्यवाही के दौरान लिये गये महत्त्वपूर्ण निर्णयों से राज्य के सुदूरवर्ती इलाकों में भी जनता को सन्देश देने का काम किया। चाहे वह इलेक्ट्रॉनिक मीडिया हो या प्रिंट मीडिया, सभी के प्रतिनिधि और पत्रकार मेरी ओर से धन्यवाद के पात्र हैं। मैं धन्यवाद देता हूँ राज्य सरकार के तमाम विभागाध्यक्षों को और प्रत्येक विभागीय कर्मचारियों को जिन्होंने प्रश्नोत्तर, ध्यानाकर्षण प्रस्तावों का उत्तर, गैर-सरकारी संकल्पों का उत्तर आदि तैयार करने में दिन-रात अथक मेहनत करके हमारे काम को आसान किया है। पुलिस प्रशासन के अधिकारी और एक-एक जवान इस सत्र के सफल संचालन के लिए बधाई के पात्र हैं, जिन्होंने कठिन मेहनत करके सभा के कार्य को शान्तिपूर्वक सम्पन्न कराने में अपना महत्त्वपूर्ण योगदान दिया है। पुलिस का कार्य अत्यन्त चुनौतियों से भरा हुआ कार्य होता है। उनकी भी समस्याओं की चर्चा सभा में हुई है।

इन समस्याओं का सामना करते हुए उन्होंने जिस मुस्तैदी से अपने कर्तव्यों का पालन किया है, उसके लिए वे पुनः मेरे धन्यवाद के पात्र हैं। मैं सभा-सचिवालय के कर्मचारियों/पदाधिकारियों को भी धन्यवाद देता हूँ, जिन्होंने आसन का भरपूर सहयोग सत्र-संचालन के दौरान किया है।

इसी के साथ मैं सभा की कार्यवाही अनिश्चितकाल के लिए स्थगित करने की घोषणा करता हूँ। बहुत-बहुत धन्यवाद!

21 अगस्त, 2015

माननीय अध्यक्ष का प्रारम्भिक वक्तव्य

अध्यक्ष–माननीय सदस्यगण,

चतुर्थ झारखण्ड विधानसभा के तृतीय सत्र में आप सबों का हार्दिक अभिनन्दन। कुल 6 कार्यदिवसों वाले वर्ष 2015 के इस पावन-सत्र में सरकार वित्तीय वर्ष 2015-16 का अनुपूरक बजट पेश करेगी। इस अनुपूरक बजट पर चर्चा के क्रम में आपको इस सरकार की नीतियों और योजनाओं की न केवल पूरी झलक मिल जायेगी वरन् इनकी उपादेयता और लोक स्वीकार्यता की समीक्षा के भरपूर अवसर भी प्राप्त हो सकेंगे। इस सरकार के गठन के लगभग 8 माह पूरे हो चुके हैं। यद्यपि कहने के लिए यह छोटा-सा कालखण्ड हो सकता है, लेकिन मेरी मान्यता समाज में सदियों से चली आ रही इस मान्यता के साथ मेल खाती है कि 'होनहार बिरवान के होत चिकने पात' सुबह को देखने से ही शाम का अंदाजा हो जाता है। लोकतन्त्र में किसी भी सरकार की आयु 5 वर्ष के साठ महीनों के लिए ही निर्धारित है, भले ही दुबारे या तिबारे किसी व्यक्ति को सरकार में रहने का अवसर प्राप्त हुआ हो। हमारे विगत 8 माह के इस सरकार के कार्यकलापों की समीक्षा के लिए अनुपूरक बजट पर चर्चा से बेहतर कोई दूसरा माध्यम नहीं हो सकता।

भारतीय संसद का पावस-सत्र अभी हाल में ही समाप्त हुआ है, जिसका अधिकांश समय गतिरोध और हंगामों में बीत गया। सार्थक चर्चा किसी विषय पर नहीं हो सकी। इसके लिए पक्ष या प्रतिपक्ष कौन कम और कौन ज्यादा जिम्मेवार है, इसकी समीक्षा में गये बिना मेरा आपसे सादर अनुरोध होगा कि आप इस सत्र में उपलब्ध समय को हंगामे और व्यवधान में जाया न करके इसके एक-एक पल का सही उपयोग करेंगे। मैं सरकार के माननीय मुख्यमन्त्री सहित एक-एक मन्त्री से अनुरोध करता हूँ कि आप सदन में होने वाली आलोचनाओं को अन्यथा नहीं लेंगे वरन् उन्हें आत्मसात् करके सरकार की कार्यशैली में सुधार की कोशिश करेंगे।

सत्तापक्ष और प्रतिपक्ष दोनों के ऊपर राज्य की सवा तीन करोड़ जनता ने बड़ी जिम्मेवारी सौंपी है। दोनों ही पक्ष गाड़ी के दो पहिये हैं। दोनों के चलने की दिशा यदि एक रही तो इस राज्य का अपेक्षित कल्याण सुनिश्चित हो सकेगा। सरकार के द्वारा इस सत्र में एक विनियोग विधेयक के साथ-साथ कुछ अन्य विधेयक भी पुरःस्थापित किये जायेंगे, आपको इन सभी सार्थक, सम्यक् मूल्यांकन करना है, अपने नीर-क्षीर विवेक के साथ। पिछले दिनों के विधायी प्रशिक्षण के दौरान आपने अनुभवी संसदीय विशारदों से बहुत कुछ सीखा है। अपनी उस सीख का उपयोग आप इस सत्र में करेंगे तो मुझे बेहद खुशी होगी।

हमने अपनी स्वतन्त्रता के 69वें उत्सव को विगत 15 अगस्त को अत्यन्त श्रद्धा एवं उल्लास के साथ मनाया है। आजादी की प्राप्ति के बाद की इतनी लम्बी अवधि गुजर गयी। यह ठीक है कि कई मोर्चों पर राष्ट्र की उल्लेखनीय उन्नति हुई है तथापि अनेक क्षेत्रों में हम निराशाजनक स्तर तक पिछड़े हुए हैं। आज भी गरीबों की अर्थव्यवस्था अंत्योदय के अनाज से चल रही है। कई क्षेत्रों में बिना सब्सिडी के काम नहीं चल रहा। हमें इस स्थिति से उबरने के प्रयास करने होंगे। आजादी के अमृत का स्वाद हर किसी को मिले, इसे सुनिश्चित करना हमारा धर्म होना चाहिए। हम इसके लिए दृढ़ संकल्प लेकर आगे बढ़ें। धन्यवाद!

28 अगस्त, 2015

माननीय अध्यक्ष का समापन भाषण

माननीय सदस्यगण,

चतुर्थ झारखण्ड विधानसभा का मॉनसून-सत्र अब अपनी समाप्ति की ओर अग्रसर है। इस सत्र की शुरुआत जिस खुशनुमा माहौल में हुई थी किन्हीं कारणोंवश उसका अधिकांश समय हंगामों और व्यवधान में व्यतीत हो गया। यद्यपि कहने को इस सत्र में एक विनियोग विधेयक सहित कुल 14 विधेयकों को सभा ने पारित किया एवं 1 को प्रवर समिति को सौंपा गया तथापि एक कार्यदिवस को छोड़कर शेष कार्यदिवसों में प्रश्नकाल, ध्यानाकर्षण प्रस्तावों आदि पर चर्चा का ना हो पाना हमारे लिए गम्भीर चिन्ता का विषय है। उल्लेखनीय है कि यहाँ पर बैठे हुए सभी सम्माननीय सदस्य जनता के चुने हुए प्रतिनिधि हैं। जनता इस विश्वास के साथ हमें चुनकर यहाँ बैठने योग्य बनाती है कि हम उनकी समस्याओं को यहाँ से सरकार के संज्ञान में लाकर उनका समुचित समाधान सुनिश्चित करायेंगे। इस समाधान के लिए कभी-कभी पक्ष और प्रतिपक्ष के बीच खींची गयी सीमा-रेखा को लाँघना पड़ता है

और सौहार्दपूर्ण वातावरण में सार्थक पहल करनी होती है। इस सत्र में हमने सार्थक पहल के स्थान पर हठधर्मिता को सदन में स्थापित होते हुए देखा है। सदन की अपनी मर्यादाएँ हैं, प्रक्रिया और कार्य-संचालन के नियमों ने हमें आचरण के लिए कई सीमाओं में बाँध रखा है। इनसे परे जाकर जब हम कुछ करने और कहने के लिए अड़ जाते हैं तो इससे संसदीय गरिमा पर आघात पहुँचता है और लोकतन्त्र की जड़ें कमजोर होती हैं। हमें अपने लोकतन्त्र को जो विगत 69 वर्षों से इस देश में कार्यरत है, का सम्मान करना होगा और संसदीय मर्यादाओं में रहकर जनता की आवाज को यहाँ मुखर करना होगा। मुझे अफसोस है कि हम इस सत्र में इस कसौटी पर खरे नहीं उतर सके लेकिन मैं नाउम्मीद नहीं हूँ। आने वाले समय में झारखण्ड विधानसभा के तमाम सदस्य संसदीय मर्यादाओं का पालन करते हुए झारखण्ड की सवा तीन करोड़ से ज्यादा की आबादी की उम्मीदों पर खरे उतरेंगे, यह उम्मीद मुझे है। सभा के संचालन में माननीय मुख्यमन्त्री, सरकार के मंत्रीगण, तमाम विधायक दल के नेताओं और सदस्यों का सहयोग मुझे येन-केन-प्रकारेण प्राप्त हुआ है। इसके लिए मैं सभी को हार्दिक आभार ज्ञापित करता हूँ।

इस सत्र में कुल 571 प्रश्नों की सूचनाएँ प्राप्त हुईं जिनमें से 520 स्वीकार की गयीं। कुल 167 अल्पसूचित और 242 तारांकित प्रश्नों सहित 111 अतारांकित प्रश्न भी स्वीकृत किये गये जिनमें से 14 प्रश्न सभा में उत्तरित हुए हैं। 164 अल्पसूचित और 238 तारांकित प्रश्नों के लिखित उत्तर विभिन्न विभागों से प्राप्त हुए हैं। शेष 118 प्रश्नों के उत्तर अभी विभागों से प्राप्त होने बाकी हैं। शून्यकाल की कुल 128 सूचनाएँ स्वीकृत की गयीं। सभा में वक्तव्य हेतु स्वीकृत 25 ध्यानाकर्षण सूचनाओं में से 5 ध्यानाकर्षण सूचना पर सरकार का वक्तव्य हुआ। स्वीकृत निवेदन की संख्या 29 है एवं इस सत्र में एक सरकारी संकल्प सभा द्वारा स्वीकृत किया गया। कुल 19 गैर-सरकारी संकल्पों पर सभा में सरकार का वक्तव्य हुआ। इस सत्र में प्रथम अनुपूरक के दौरान पक्ष-विपक्ष, सभी माननीय सदस्यों के सकारात्मक सुझाव भी सभा में आये। महालेखाकार का अंकेक्षण प्रतिवेदन भी सभा-पटल पर रखा गया।

इस सत्र में विभिन्न समितियों ने अपना प्रतिवेदन सभा-पटल पर रखा है, जिसमें गत बजट-सत्र के दौरान गठित दो विशेष समितियों ने भी अपने-अपने प्रतिवेदन सभा-पटल पर रखे हैं। माननीय सदस्यगण मुझे यह बताते हुए खुशी हो रही है कि इस सत्र में कुल 410 प्रश्न ऑनलाइन भेजे गये और उनमें 122 प्रश्न यानी 29.76 प्रश्नों के उत्तर ऑनलाइन भी प्राप्त हुए। सरकार की इस तत्परता की मैं सराहना करता हूँ।

मैं इस मत का हूँ कि विधायिका की गरिमा के लिए राज्य में पदाधिकारियों के साथ-साथ माननीय सदस्यों को भी सजग रहना चाहिए। सभा में क्षेत्र की समस्या की ओर सरकार का ध्यान आकृष्ट करना सदस्यों का पहला दायित्व है और सरकार का यह परम कर्तव्य है कि वह उन मुद्दों पर संज्ञान ले और समाधान के शीघ्र उपाय करे। अधिकार और कर्तव्य परस्पर मिलकर ही दायित्व का निर्वाहन कर सकते हैं। आज विधायिका की गरिमा कायम रखना और जनता में संसदीय प्रणाली के प्रति सकारात्मक भाव और सम्मान बनाये रखना एक सामूहिक जवाबदेही है।

अन्त में मैं मीडिया के तमाम मित्रों के प्रति भी अपना आभार व्यक्त करता हूँ जिन्होंने इस सत्र में उठाये गये मुद्दों को जनता के बीच सार्थक तरीके से ले जाने का काम किया। मैं पुलिस प्रशासन के अधिकारियों और जवानों के प्रति भी अपनी कृतज्ञता ज्ञापित करता हूँ जिन्होंने विधि-व्यवस्था बनाये रखकर सदन का सुचारु संचालन सुनिश्चित कराया।

इसी के साथ मैं सभा की कार्यवाही अनिश्चितकाल तक के लिए स्थगित करने की घोषणा करता हूँ।

बहुत-बहुत धन्यवाद!

15 दिसम्बर, 2015

माननीय अध्यक्ष का प्रारम्भिक वक्तव्य

माननीय सदस्यगण,

चतुर्थ विधानसभा के चौथे और वर्ष 2015 के शीतकालीन सत्र में आप सबों का हार्दिक अभिनन्दन।

भारतीय संविधान के प्रारूप समिति के अध्यक्ष भारत रत्न बाबासाहेब भीमराव अंबेडकर के जन्म के 125 वर्ष पूरा होने के अवसर पर विगत दिनों संसद में उनके व्यक्तित्व और चित्त पर व्यापक चर्चा हुई। इस क्रम में संविधान के प्रस्तावना एवं उसके उद्देश्यों पर भी विषद विचार-विमर्श माननीय सभासदों ने संसद में किया। इसी क्रम में सहिष्णुता और असहिष्णुता का मुद्दा देश और समाज के सामने आया। विभिन्न संस्कृतियों, भाषाओं, रीति-रिवाजों वाला देश होने के कारण भारत को विविधताओं वाला देश कहा जाता है। इस विविधता में एकता हमारी पुरानी पहचान है जिसे दुनिया के समस्त देशों ने सराहा और माना है। विगत 66 वर्षों से केन्द्र स्तर से लेकर प्रान्तीय स्तर तक हमारे लोकतन्त्र का विकास अब तक सन्तोषप्रद रहा है। देश और राज्यों ने इस अवधि में कई मामलों में उल्लेखनीय सफलता अर्जित की

है। यद्यपि हमारा राज्य विगत 15 वर्ष पूर्व गठित हुआ तथापि हमारी भी उपलब्धियाँ इस काल खण्ड में कम उल्लेखनीय नहीं रही हैं।

आज भी हम व्यापक सामाजिक आर्थिक परिवर्तनों के दौर से गुजर रहे हैं। विकास की दृष्टि से इस अवधि को संक्रमण काल की संज्ञा भी दी जा सकती है जिसमें प्रयोगों के कारण बहुत सारी पीड़ाओं को झेलने की विवशता भी है। फिर भी हम उम्मीद करते हैं कि पीड़ा के इस दौर से गुजरकर एक सुदृढ़ और समृद्ध झारखण्ड का निर्माण हम आने वाले वर्षों में कर सकेंगे।

झारखण्ड गठन के बाद राज्य विधानसभा के लिए तीन आम चुनाव संपन्न हो चुके हैं। विगत के दो चुनावों में किसी भी दल को स्पष्ट बहुमत नहीं होने के कारण यहाँ कभी स्थायी सरकार का निर्माण नहीं हो पाया था। परिणामस्वरूप राजनीतिक अस्थिरता के दौर से राज्य को गुजरना पड़ा। तीन बार राष्ट्रपति शासन के साथ विधानसभा के निलंबन की त्रासदी भी हमें झेलनी पड़ी। चौथे आम चुनाव के बाद एक मजबूत जवाबदेह वाली स्थायी सरकार हमारे सामने है। सरकारें जितनी स्थायी होती हैं और सदन में सरकार के पास बहुमत की संख्याबल जितना बड़ा होता है, जनता की उम्मीदें उतनी ही बड़ी होती जाती हैं। इन उम्मीदों को चुनौतियों के रूप में ग्रहण करने और उनके अनुरूप खरा उतरना किसी भी सरकार या विधायी संस्था के लिए बहुत बड़ी जिम्मेवारी होती है। इन जिम्मेवारियों को पूरा करने में सभा के प्रत्येक सदस्य के साथ राज्य के मंत्रिपरिषद् के भी तमाम सदस्यों सहित लोकसेवक जिन्हें आधुनिक भाषा में नौकरशाही के रूप में जाना जाता है की भूमिका भी निर्णायक होती है। जनता की उम्मीदें चूँकि विधानसभा के माध्यम से परिलक्षित होती हैं, इसलिए विधानसभा में सदस्यों के द्वारा अभिव्यक्त विचारों और माननीय सदस्यों की भावना का सम्मान करना सरकार और उससे जुड़े एक-एक तंत्र का महत्त्वपूर्ण दायित्व है। जब सरकार या नौकरशाही इस सम्मान की रक्षा के लिए अपनी जवाबदेही से आनाकानी करती है तो जनता का विश्वास लोकतान्त्रिक परम्पराओं से डिगने लगता है। विश्व के अनेक देशों में सत्ता परिवर्तन की घटनाएँ इसी के उदाहरण हैं। भारत जैसे लोकतान्त्रिक देश में जनता मत प्रयोग के माध्यम से ऐसे जन आन्दोलनों को अभिव्यक्त करती आयी है। बीते काल खण्ड में इस देश ने देखा है कि प्रचण्ड बहुमत वाली सरकारें भी जब जनता की उम्मीदों पर खरी नहीं उतरीं तो बाद में हुए चुनाव में जनता ने उन सम्बन्धित दलों को बाहर का रास्ता दिखा दिया।

इसलिए मैं समझता हूँ कि हमें जितना बड़ा जनादेश प्राप्त होता है, उतना ही ज्यादा सजग होने की आवश्यकता भी होती है। जनता की उम्मीदों को बोझ नहीं

समझकर दायित्व समझना और उसे परिणति तक पहुँचाना हम सबों का पावन दायित्व है।

अध्यक्ष पद को धारण करने वाले व्यक्ति के विषय में यह संवैधानिक मान्यता रही है कि वह न तो सतापक्ष का होता है न ही प्रतिपक्ष का। हमारी भूमिका सदैव निष्पक्ष मानी गयी है। लेकिन इसी के साथ उसे सभा का संरक्षक भी कहा गया। इसे सभा के बाहर सभा का प्रतिनिधि या प्रतिबिम्ब भी माना जाता है। वह एक विधानसभा क्षेत्र का प्रतिनिधि न होकर पूरे राज्य का प्रतिनिधि हो जाता है। ऐसे में उसके गुरुतर जिम्मेवारी को सहज ही समझा जा सकता है। उसकी निगाहों में जब सदन की मर्यादा और श्रद्धा पर आघात होता दिखायी देता है तो वह खुद को और इस गरिमामयी पद को तार-तार होता हुआ पाता है। ऐसी स्थिति में अध्यक्ष को यदा-कदा कटु टिप्पणियाँ तक करनी पड़ती हैं। इसे निंदा के रूप में नहीं समालोचना के रूप में ग्रहण करना चाहिए। समालोचना सरकारी तंत्र को सचेत और आगाह करने के लिए होती है, इसे नकारात्मक रूप में ग्रहण करने की प्रवृत्तियाँ लोकतन्त्र के लिए शुभ संकेत नहीं होती। मैं आज के अवसर पर सतापक्ष, प्रतिपक्ष सहित इस लोकतान्त्रिक पद्धति से जुड़े एक-एक व्यक्ति से यह अपेक्षा करता हूँ कि हम ऐसा कोई आचरण न करें जिससे देश और राज्य में लोकतन्त्र की जड़ें कमजोर होती हों। लोक है तो लोकतन्त्र है और लोकतन्त्र है तो हम आप हैं। हमारा प्रयास स्वाधीन भारत के ताने-बाने को मजबूत करने का होना चाहिए न कि इसके किसी भी एक धागे को कमजोर करने का। मैं आशा करता हूँ कि भविष्य में अपने आचरण और परिश्रम से झारखण्ड के लोकतन्त्र की जड़ों को खींचकर हम मजबूत करेंगे ताकि झारखण्ड लोकतन्त्र के नये मिसाल के रूप में जाना जाये।

माननीय सदस्यगण विगत दिनों बिहार में विधानसभा का आम निर्वाचन सम्पन्न हुआ और वहाँ की जनता ने महागठबन्धन को अपार समर्थन दिया है। जनता के फैसले का सम्मान करना ही लोकतन्त्र के प्रति आस्था व्यक्त करना है। मैं अपनी और सभी माननीय सदस्यों की ओर से श्री नीतीश कुमार जी को बिहार के मुख्यमन्त्री का दायित्व सँभालने के लिए बहुत-बहुत बधाई देता हूँ।

विगत दिनों विशाखापत्तनम में 17वाँ अखिल भारतीय सचेतक सम्मेलन संपन्न हुआ। मुझे यह बताते हुए खुशी हो रही है कि श्री सरयू राय, संसदीय कार्य मंत्री के नेतृत्व में झारखण्ड विधानसभा के मुख्य सचेतक सहित सभी सचेतकों ने उक्त सम्मेलन में अपनी सशक्त उपस्थिति दर्ज की है। इतना ही नहीं अभी 11 दिसम्बर

को पहली बार राज्यस्तरीय सचेतक सम्मेलन प्रोजेक्ट बिल्डिंग स्थित सभागार राँची में आयोजित किया गया। 17वाँ अखिल भारतीय सचेतक सम्मेलन की अनुशंसाओं पर समेकित रूप से झारखण्ड विधानसभा के सदस्यों के विचार जानने हेतु आयोजित यह सम्मेलन एक सराहनीय कदम है। इस तरह के आयोजन से सदस्यों के मध्य विचार विनिमय से संसदीय कार्य प्रणाली को मजबूती प्राप्त होती है। किसी विषय को कार्य रूप देने से पूर्व उस पर वैचारिक स्तर पर सर्वानुमति बनाने में ऐसे आयोजन सहायक सिद्ध होते हैं।

झारखण्ड में पंचायत चुनाव अभी-अभी सम्पन्न हुआ है। सामाजिक और प्रशासनिक स्तर पर अन्तिम इकाई को सम्मान के साथ राज्य के विकास में भागीदार बनाना ही लोकतन्त्र की मूल भावना है। राज्य के गाँवों में पंचायत चुनाव में जिस प्रकार मतदाताओं ने अपने मताधिकार का प्रयोग किया है वह राज्य के उज्ज्वल भविष्य का संकेत है। मुझे पूरी उम्मीद है कि इस मतदान के द्वारा निर्वाचित प्रतिनिधि जनता की आकांक्षा पर खरा उतरेंगे और राज्य में विकास की एक नयी धारा बहेगी।

इस लघु सत्र में सरकार अपना अनुपूरक बजट पेश करेगी। इसी के साथ कई महत्त्वपूर्ण विधेयक भी चर्चा के लिए हमारे सामने आयेंगे। लोक महत्त्व के विषयों को उठाने के तरीके संविधान और सभा के कार्य-संचालन नियमावली में दिये गये हैं। इन तरीकों का बेहतर इस्तेमाल आपके द्वारा होगी। हम इस छोटे-से सत्र को गरिमापूर्ण अंजाम तक पहुँचाने का प्रयास करेंगे। मुझे पूर्ण विश्वास है कि आप सबों का सकारात्मक सहयोग मुझे प्राप्त होगा। धन्यवाद!

आइए, नयी ऊर्जा के साथ हम इस राज्य की जनता की आकांक्षाओं पर खरा उतरें। अध्यक्ष महोदय, साथ-ही-साथ मैं सदन के माध्यम से दिनांक–25 दिसम्बर को माननीय पूर्व प्रधानमन्त्री श्री अटल बिहारी बाजपेयी जी के जन्मदिवस के अवसर पर उनके लंबी आयु एवं स्वस्थ जीवन की कामना करता हूँ। क्योंकि श्री अटल बिहारी वाजपेयी के काल में ही हमें अलग राज्य प्राप्त हुआ था। अध्यक्ष महोदय, आज सुबह राँची आ रहे बी.एस.एफ. का विमान जो नयी दिल्ली में दुर्घनाग्रस्त हो गया, उसमें मृत व्यक्तियों के शोकाकुल परिवारों के प्रति गहरी संवेदना प्रकट करता हूँ। अंत में मैं आपका और आपके माध्यम से सभी माननीय सदस्यों के प्रति आभार प्रकट करता हूँ। जोहार, जय हिन्द, जय झारखण्ड।

22 दिसम्बर, 2015

माननीय अध्यक्ष का समापन भाषण

अध्यक्ष–माननीय सदस्यगण,

चतुर्थ झारखण्ड विधानसभा का वर्तमान सत्र समाप्ति की ओर है और इसके साथ ही वर्ष 2015 भी समाप्ति की ओर चल पड़ा है। यह बात अत्यन्त ही महत्त्वपूर्ण है कि हम अपने बीते समय का मूल्यांकन इस आधार पर करें कि हमने जो किया है, उसका फलाफल क्या हुआ है। एक मजदूर दिन भर काम करता है, तो किसी निर्माण की चार ईंट जोड़ पाता है, एक किसान दिन भर खेत में काम करता है और जब फसल काटता है तो उसे अत्यन्त ही प्रसन्नता होती है। हम विधानसभा सदस्यों को भी आकलन करना चाहिए कि छह कार्यदिवसों के इस सत्र में हमने क्या किया और क्या पाया। जनता की उम्मीदों पर हम कितना खरा उतर पाये हैं, समाज और हमने अपने समाज को विधायी कार्य के माध्यम से क्या कुछ दिया है। सदस्यगण, आँकड़े यह कहते हैं कि इस सत्र में हमने कुल 324 प्रश्न स्वीकृत किये, जिनमें 69 तारांकित प्रश्न थे और 206 अल्पसूचित प्रश्न थे। लेकिन मात्र 51 प्रश्नों के उत्तर ही सभा में हो पाये। 5 कार्यदिवस के लिए स्वीकृत कुल 25 ध्यानाकर्षण सूचनाओं में 4 ही ध्यानाकर्षण पर सभा में वक्तव्य हो पाया। पेशे से शिक्षक और सभा के अध्यक्ष होने के नाते यदि मुझे अंक देने के लिए कहा जाये तो किसी तरह मैं पास मार्क्स ही दे पाऊँगा। आखिर जनता के सवाल कहाँ उठेंगे। मैं बार-बार यह आग्रह करता रहा हूँ कि जनता के सवालों के हित में प्रश्नकाल, शून्यकाल और ध्यानाकर्षण बिना किसी व्यवधान के चले। किन्तु यह मेरे अकेले की बस की बात नहीं। आसन पर बैठा व्यक्ति सभा की सहमति से सभा का संचालन करता है और ऐसे में आसन को और सभा को सम्मान देने के लिए और सभा के संचालन में सभी सदस्यों का शत-प्रतिशत सहयोग जरूरी होता है। सदस्यगण इस सत्र में विनियोग विधेयक सहित कुल 10 विधेयक पारित किये गये और एक विधेयक प्रवर समिति को सौंपा गया। द्वितीय अनुपूरक बजट भी सदन से पारित हुआ। हमने छोटे सत्र का सदुपयोग करते हुए दो विषयों पर विशेष वाद-विवाद भी किये। जिनमें से एक वाद-विवाद पर चर्चा तो राज्य के कार्य के दिन ली गयी, जो सदन की जनसमस्याओं के प्रति सजगता का परिचायक है। महालेखाकार के प्रतिवेदन सहित सरकार के कुछ नियमावलियों और विधानसभा के विभिन्न समितियों के प्रतिवेदन भी सभा-पटल पर रखे गये। मैं मानता हूँ कि समितियों के प्रतिवेदन जो सभा में रखे जाते हैं, उन पर सरकार को शीघ्र ही

कार्रवाई करनी चाहिए और कम-से-कम राज्य सरकार के अधिकारियों का इतना तो नैतिक दायित्व है कि समिति को अवगत कराए कि समिति की अनुशंसाओं पर क्या कार्रवाई की जा रही है। यदि हम सभा की गरिमा बढ़ायेंगे तभी पूरी कार्य प्रणाली की गरिमा बढ़ सकती है। विगत दिनों सचेतक सम्मेलन में सभा की बैठकों के लिए एक कैलेंडर बनाने की आवश्यकता पर सहमति बनी और इससे पहले भी यह विषय आता रहा कि सभा की बैठक अधिक-से-अधिक दिन हो ताकि जनसमस्याओं को लेकर सरकार के समक्ष रखने के अवसर मिलें और उनके निदान के प्रति जनप्रतिनिधि अपने दायित्व की पूर्ति कर सकें। मैं तो इस मत का हूँ कि बजट-सत्र में प्रश्नकाल के लिए 30 दिन, मॉनसून-सत्र में 10 दिन और शीतकालीन सत्र में 10 दिन निर्धारित होने चाहिए। यह सिर्फ इसलिए आवश्यक नहीं है कि हम विभिन्न अवसरों पर पीठासीन अधिकारी सम्मेलन और अन्य सम्मेलन में निर्धारित कार्यदिवस के मापदण्डों को पूरा कर सके, बल्कि यह झारखण्ड की जरूरत है। जहाँ अत्यधिक गरीबी है, बेरोजगारी है और साथ ही साथ हमें सुधार की अपार सम्भावनाएँ हैं। सभा में जो विषय उठते हैं और जिन विषयों पर माननीय सदस्यों के विचार आते हैं जो सहमति बनती है, उन विषयों पर आगे निर्णय लेने में सरकार को सहूलियत होती है और साथ ही सभा के प्रति सरकार के प्रति जवाबदेही भी सुनिश्चित होती है। इस सत्र को सफल बनाने में माननीय मुख्यमन्त्री सहित मंत्रिपरिषद् के सदस्यगण, नेता प्रतिपक्ष, विधायक दल के नेतागण और सचेतक सहित सभी सदस्यों ने जो मुझे सहयोग दिया है, इसके लिए मैं आभारी हूँ। सरकार के पदाधिकारियों ने विधि व्यवस्था बनाये रखने में जो सक्रियता दिखायी है तथा पुलिस पदाधिकारियों, जवानों को तथा विधानसभा के पदाधिकारियों एवं कर्मचारियों को और विशेषकर इलेक्ट्रॉनिक एवं प्रिंट मीडिया के प्रतिनिधियों को धन्यवाद देता हूँ, जिन्होंने विधानसभा की कार्यवाही को प्रसारित एवं प्रकाशित कर जनता के बीच इसे पहुँचाने का कार्य किया है। माननीय सदस्यगण आप सबों को और राज्य की जनता को क्रिसमस की हार्दिक बधाई और नववर्ष की ढेरों शुभकामनाएँ और इसी के साथ सभा की कार्यवाही अनिश्चितकाल के लिए स्थगित की जाती है। धन्यवाद!

15 फरवरी, 2016

माननीय अध्यक्ष का प्रारम्भिक वक्तव्य

माननीय सदस्यगण,

चतुर्थ झारखण्ड विधानसभा के पंचम बजट-सत्र में आपका हार्दिक स्वागत है। संसदीय कार्य प्रणाली में जनापेक्षाओं की अभिव्यक्ति का सबसे उत्तम स्थान

विधानमण्डल ही है। सरकार की कार्य योजनाओं की जानकारी प्राप्त करने, उनके क्रियान्वयन की समीक्षा करने और जनहित में विधान बनाने का अवसर हमें सभा के सत्र की बैठकों के दौरान प्राप्त होते हैं। इस सत्र में कुल 23 बैठकें निर्धारित की गयी हैं। जनहित के प्रश्नों, तात्कालिक महत्त्व की शून्यकाल की सूचनाओं और सरकार के वक्तव्य हेतु ध्यानाकर्षण के लिए माननीय सदस्यों को 22 कार्यदिवस मिलेंगे। इस सत्र में माननीय राज्यपाल का अभिभाषण, वर्ष 2015-16 का अनुपूरक बजट और वर्ष 2016-17 के वार्षिक आय-व्ययक बजट का उपस्थापन होगा और अनुदान की माँग पारित किये जायेंगे और इस क्रम में माननीय सदस्यों को सरकार की नीतियों और कार्य योजनाओं पर चर्चा करने और सरकार को अपना पक्ष रखने का पर्याप्त अवसर मिलेगा। विधेयकों पर विचार तथा स्वीकृति के समय और गैर-सरकारी संकल्प के दौरान भी माननीय सदस्यों को अपनी बात रखने का अवसर मिलेगा। लेकिन कार्य-संचालन के ये सारे प्रावधान और सभा में इसके अवसर तभी सार्थक सिद्ध हो सकते हैं जब हम जनहित में इसका अधिकाधिक उपयोग करें। उसके लिए आवश्यक है कि सभा में अपनी बात शालीनता से रखें और दूसरों की बातें गम्भीरता से सुनें। अभिव्यक्ति की स्वतन्त्रता की रक्षा तभी हो सकती है जब हम स्वयं के साथ-साथ दूसरों को भी अभिव्यक्ति का अवसर प्रदान करें।

माननीय सदस्यगण, गत माह अहमदाबाद में आयोजित विधायी निकायों के पीठासीन अधिकारियों के सम्मेलन में मुझे भाग लेने का अवसर मिला। उस सम्मेलन में पीठासीन अधिकारियों के बीच कई विषय प्रमुखता से रखे गये। संसदीय व्यवस्था के प्रति आमजनों में विश्वास को मजबूत करने की आवश्यकता, विधायी कार्यों के सम्बन्ध में सदस्यों को प्रशिक्षण की अनिवार्यता, सभा में सदस्यों की अधिकाधिक उपस्थिति, सदन में किसी विषय पर चर्चा में गुणात्मक विकास की आवश्यकता और विधानसभा की साल में कम-से-कम साठ बैठक सुनिश्चित करने जैसे विषय इस आयोजन के मुख्य बिन्दु थे। माननीया लोकसभा अध्यक्ष ने अपने उद्‌बोधन में सदस्यों को विधायी कार्य प्रणाली के साथ-साथ विभागीय विषयों के सम्बन्ध में भी जानकारी उपलब्ध कराने की आवश्यकता पर बल दिया। सम्मेलन में पीठासीन अधिकारियों में आम राय थी कि आमजन में संसदीय कार्य-व्यवस्था के प्रति आस्था में काफी कमी हुई और इसके लिए अन्य कारणों के साथ-साथ जनप्रतिनिधियों के अपने कार्य-व्यवहार और आचरण भी उत्तरदायी हैं। सभा की कार्यवाही में सदस्यों की अधिकाधिक उपस्थिति उनकी व्यक्तिगत अभिरुचि पर भी निर्भर करती है। सभा की बैठक साल में कम-से-कम कितनी हों, इस सम्बन्ध में पीठासीन अधिकारियों

का मानना था कि सभा की बैठकों की संख्या सभा में सरकार के कार्य पर निर्भर करती है न कि पीठासीन अधिकारियों की इच्छा पर।

वस्तुत: पीठासीन अधिकारियों के इस सम्मेलन के ये सारे विषय एक दूसरे से जुड़े हुए हैं। सभा के प्रति लोकचेतना में वृद्धि का विषय हो, सभा में सदस्यों की अधिकाधिक उपस्थिति का प्रश्न हो या फिर चर्चा में गुणात्मक विकास का मसला हो या सभा की बैठकों की संख्या का सवाल हो, मेरा मानना है कि यह सभी इस बात पर निर्भर करता है कि सभा में किये गये कार्य जनहित में कितना परिणाम देते हैं। सभा की आवश्यकता सिर्फ बजट को पारित कराने भर की नहीं है, बल्कि पारित बजट के व्यय की जवाबदेही की समीक्षा करने के लिए भी सब शक्तिसम्पन्न है। सत्तापक्ष इस मनोवृत्ति से व्यवहार नहीं करे कि उसके पास बहुमत है और विपक्ष इस मनोदशा से ग्रस्त हो कर सत्तापक्ष को वाक ओवर नहीं दे कि वह अल्पमत में है। यह तो संसदीय व्यवस्था है। लोकतन्त्र में असहमति भी एक सकारात्मक विचार है।

सदस्यगण, मुझे इस बात की अत्यन्त ही प्रसन्नता हो रही है कि संसदीय कार्य विभाग, झारखण्ड सरकार ने विगत दिनों विधानसभा सचिवालय के साथ कदम-से-कदम मिलाकर संसदीय विषयों पर सम्मेलन एवं कार्यशाला आयोजित कर माननीय सदस्यों को प्रशिक्षण देने का कार्य आरम्भ किया है।

10 फरवरी, 2016 को प्रोजेक्ट सभागार में सम्पन्न माननीय सदस्यों के प्रशिक्षण से सम्बन्धित कार्यक्रम में विधायी और वित्तीय विषयों पर लोकसभा के दो पूर्व महासचिव श्री जी.सी. मल्होत्रा एवं श्री सुभाष कश्यप जी द्वारा हम सबों का ज्ञानवर्द्धन किया गया। इस तरह के आयोजन समय-समय पर होते रहें यह आवश्यक है और इस निमित्त मैंने झारखण्ड विधानसभा सचिवालय में विधायी प्रशिक्षण एवं शोध-संदर्भ कोषांग के गठन का निर्णय लिया है। अगले वित्तीय वर्ष से यह कार्य रूप लेगा और माननीय सदस्यों, अधिकारियों, पत्रकारों और विद्यार्थियों के लिए विधायी कार्य प्रणाली के सम्बन्ध में प्रशिक्षण दिये जाने की व्यवस्था आरम्भ की जाएगी। मेरी इच्छा है कि यह कोषांग संसदीय विषयों में शोध एवं सन्दर्भ हेतु झारखण्ड ही नहीं अपितु देश की एक अग्रणी संस्था बने। इसकी सफलता के लिए आप सबों की सद्‌भावना और सहयोग की अपेक्षा रखता हूँ।

इस अवसर पर मैं मीडिया बन्धुओं से भी एक गुजारिश करना चाहता हूँ। विधानसभा में होने वाले कार्यों को जनता तक पहुँचाने में आप सभी सेतु का काम करते हैं। यह आपकी स्वतन्त्रता है कि वे किसी विषय को कैसे देखते और क्या दिखाते हैं, लेकिन इस सेतु को कमजोर और अन्दर से खोखला नहीं होने दें। इसके

मजबूत आधार स्तम्भ से ही विधायिका, सरकार और जनता के मध्य संवाद स्थापित हो पाएगा। विधानसभा में दिन भर क्या कार्यवाही हुई यह तो आप जनता को बताते ही हैं, आपका दायित्व यह भी है कि आप जनता को यह भी बतायें कि सभा में अव्यवस्था के कारण जनप्रतिनिधियों के कौन-कौन से प्रश्न, ध्यानाकर्षण और जनहित के अन्य विषय सभा में नहीं लिये जा सके। जनता को यह भी जानकारी होनी चाहिए कि विधेयक पर चर्चा के समय या विशेष चर्चा के समय सभा में सदस्यों की उपस्थिति-अनुपस्थिति क्या रहती है। जनता को यह तो बतायें कि किस सदस्य ने सरकार को आईना दिखाया, यह भी बतायें किस सदस्य ने सरकार का मार्गदर्शन किया। सकारात्मक सोच-विचार को समाज सदैव आदर और महत्त्व देता रहा है।

माननीय सदस्यगण, यह गौरव का क्षण है कि झारखण्ड के श्री सिमोन उराँव एवं दीपिका कुमारी को इस वर्ष 'पद्मश्री सम्मान' के लिए चयनित किया गया है। श्री सिमोन उराँव पर्यावरण और सामाजिक क्षेत्र में एवं दीपिका कुमारी ने खेल के क्षेत्र में राज्य और देश का मान बढ़ाया है, वह अत्यन्त ही प्रशंसनीय है। इसके साथ ही श्री रबिलाल टुडू को साहित्य अकादमी, नयी दिल्ली ने वर्ष 2015 के लिए संथाली भाषा साहित्य में उनकी कृति 'पारसी खातिर' (नाटक) के लिए सम्मानित करने के लिए चयन किया है। यह झारखण्ड राज्य के लिए यह गौरव की बात है। मैं झारखण्ड का मान बढ़ाने वाले उन सबों को अनन्त शुभकामना देता हूँ।

माननीय सदस्यगण, आप सबों को विदित है कि संविधान के अनुच्छेद 176 के प्रावधान के तहत प्रत्येक वर्ष के प्रथम सत्र की पहली बैठक को माननीय राज्यपाल जी द्वारा सम्बोधित किया जाता है। राज्यपाल के अभिभाषण का यह अवसर संवैधानिक गरिमा और संसदीय मर्यादा का अवसर होता है। ऐसे अवसर पर राज्यपाल के प्रति संपूर्ण श्रद्धा और सम्मान के प्रदर्शन की अपेक्षा माननीय सदस्यों से की जाती है। इसी क्रम में झारखण्ड माननीय राज्यपाल से आज के दिन सभा को सम्बोधित करने विषयक जो सन्देश मुझे प्राप्त हुआ है, मैं इसे आपको पढ़कर सुना देना चाहता हूँ–

माननीया राज्यपाल का सन्देश

भारत के संविधान के अनुच्छेद 176 के खण्ड (1) के द्वारा प्रदत्त शक्तियों का प्रयोग करते हुए मैं द्रौपदी मुर्मू, झारखण्ड की राज्यपाल इसके द्वारा झारखण्ड विधानसभा को दिनांक–15 फरवरी, 2016 को 11.30 बजे पूर्वाह्न में सम्बोधित करना चाहती

हूँ और इस हेतु लेनिन हॉल एच.ई.सी. राँची स्थित झारखण्ड विधानसभा सदन में सदस्यों की उपस्थिति चाहती हूँ।

राँची — ह./–द्रौपदी मुर्मू

दिनांक–28 जनवरी, 2016 — झारखण्ड की राज्यपाल।

मेरा आप सबों से विनम्र अनुरोध है कि जब माननीय राज्यपाल महोदया सदन में उपस्थित हों तब आप सभी अपने स्थान पर उपस्थित रहकर उनके अभिभाषण को शालीनता से सुनेंगे तथा पूरे अभिभाषण के दौरान सदन में सम्मानजनक व्यवस्था बनाये रखेंगे। कोई सदस्य इस दौरान न तो सभा से बाहर जायेगा और न ही सभा के अन्दर प्रवेश करेगा। राज्यपाल के प्रति श्रद्धा का प्रदर्शन न केवल संवैधानिक अपेक्षा है, बल्कि हमारा नैतिक दायित्व भी है। अब मैं माननीय राज्यपाल महोदया की अगवानी के लिए थोड़ी देर के लिए सदन से बाहर जा रहा हूँ। उनके आगमन तथा अभिभाषण के बाद उनकी विदाई के लिए मेरे सदन से बाहर रहने की अवधि में भी आप सदन में अपने स्थान पर बैठे रहकर व्यवस्था बनाए रखने की कृपा करेंगे।

18 मार्च, 2016

माननीय अध्यक्ष का समापन भाषण

अध्यक्ष–माननीय सदस्यगण,

चतुर्थ झारखण्ड विधानसभा का पंचम (बजट) सत्र अपने समापन की ओर है। कुल 23 बैठकों का यह सत्र झारखण्ड के मौसम की तरह अपना रंग बदलता रहा है और हमें ए.सी. की शीतल हवा के साथ ही गर्मी का भी एहसास कराया है। मौसम अपना रंग बदलता है लेकिन हमें मौसम के रंग की तरह नहीं बदलना चाहिए। मनुष्य किसी भी स्थिति में विवेकशील होता है।

माननीय सदस्यगण, इसलिए वह अन्य जीव-जन्तुओं से पृथक् और विकासशील माना गया है। अभिव्यक्ति की स्वतन्त्रता का अर्थ यह नहीं है कि हम दूसरों की आवाज दबाकर अपनी आवाज बुलन्द करें। दूसरे का कद छोटाकर अपना कद बड़ा दिखाना नकारात्मक प्रतिस्पर्धा है। विधानसभा राज्य की सबसे बड़ी पंचायत मानी जाती है, क्योंकि यहाँ हम अपनी बात भी कहते हैं और दूसरे की बात सुनते भी हैं। विचार-विमर्श और परामर्श समस्याओं को सुलझाने का मार्ग प्रशस्त करता है। हठधर्मिता भविष्य के लिए समस्या को आमंत्रित करती हैं। हम विधायकगण जनता की नजरों में आशा के दूत होते हैं और हमें अपनी दायित्व का निर्वहन इसी भावना के अनुरूप करनी चाहिए। हमें यह सदैव याद रखना चाहिए

कि सदन राजनीतिक मंच नहीं है, बल्कि राजनीति को समाज में सम्मान दिलाने का स्थान है। विधानसभा से निकली हुईं बातें, व्यक्त किये गये विचार और सर्वानुमति से लिये गये निर्णय समाज को नयी दिशा प्रदान करती है। विधानसभा और विधायिका के प्रति सम्मान से ही सरकार सहित सभी विधायकों के सम्मान की रक्षा होती है।

माननीय सदस्यगण, इस सत्र में कुल 1974 प्रश्नों की सूचनाएँ प्राप्त हुईं जिनमें से 1784 स्वीकार की गयीं। कुल 220 अल्पसूचित और 1421 तारांकित प्रश्नों सहित 143 अतारांकित प्रश्न भी स्वीकृत किये गये इनमें से 124 प्रश्न सभा में उत्तरित हुए। शून्यकाल की कुल 484 सूचनाएँ स्वीकृत की गयीं। सभा में वक्तव्य हेतु स्वीकृत 92 ध्यानाकर्षण सूचनाओं में से 61 ध्यानाकर्षण सूचना पर सरकार का वक्तव्य हुआ। स्वीकृत निवेदन की संख्या 112 है। कुल 34 गैर-सरकारी संकल्प सभा हेतु स्वीकृत हुए। इस सत्र में वर्ष 2015-16 का तृतीय अनुपूरक एवं वर्ष 2016-17 का वार्षिक बजट पारित किया गया। साथ ही दो विनियोग विधेयक सहित राज्यहित में कुल 13 विधेयक सभा द्वारा पारित किये गये। महालेखाकार का अंकेक्षण प्रतिवेदन सभा-पटल पर रखा गया। इस सत्र में विभिन्न समितियों ने कुल 12 प्रतिवेदन सभा-पटल पर रखे हैं। इसके अतिरिक्त आवासीय विद्यालय एवं रिम्स में सुचारु सम्बन्धित दो विशेष समिति ने भी अपने-अपने प्रतिवेदन सभा-पटल पर रखे हैं। माननीय सदस्यगण मुझे यह बताते हुए खुशी हो रही है कि इस सत्र में कुल 1643 प्रश्न ऑनलाइन भेजे गये और उनमें 767 प्रश्न यानी 46.68 प्रश्नों के उत्तर ऑनलाइन भी प्राप्त हुए। सरकार की इस तत्परता की मैं सराहना करता हूँ।

यह भी प्रसन्नता का विषय है कि इस सत्र में विधानसभा शोध-सन्दर्भ एवं प्रशिक्षण कोषांग के गठन की सहमति सभा से प्राप्त हुई। मैं आश्वस्त करता हूँ कि इसे शीघ्र ही कार्यरूप दिया जायेगा।

सभा के कार्य निष्पादन में सभी सदस्यों ने अपने तरीके से सहयोग किया है। मैं उनके प्रति आभारी हूँ। राज्य मुख्यालय से लेकर सभी क्षेत्रीय पदाधिकारीगण, कानून-व्यवस्था में लगे सभी वरीय एवं कनीय पदाधिकारी, विधानसभा के कर्मीगण और प्रेस मीडिया के प्रति भी उनके सहयोग के लिए मैं धन्यवाद देता हूँ।

माननीय सदस्यगण, आने वाले समय में होली पर्व है। आप सभी को होली की हार्दिक शुभकामनाओं के साथ मैं सभा को अनिश्चितकाल के लिए स्थगित करने की घोषणा करता हूँ। धन्यवाद!

22 जुलाई, 2016

माननीय अध्यक्ष का प्रारम्भिक वक्तव्य

अध्यक्ष–मननीय सदस्यगण,

चतुर्थ झारखण्ड विधानसभा के छठे सत्र में आप सभी का हार्दिक स्वागत है। इस विधानसभा के दो सदस्य रघुनन्दन मण्डल और विदेश सिंह जी के निधन से रिक्त हुए क्रमश: गोड्डा और पांकी विधानसभा क्षेत्रों के लिए हुए उपचुनाव में निर्वाचित श्री अमित कुमार मण्डल एवं श्री देवेन्द्र कुमार सिंह ने इस सदन की सदस्यता ग्रहण की है, हम उन्हें बधाई देते हैं और उनके उज्ज्वल भविष्य की कामना करते हैं। विगत दिनों झारखण्ड से राज्यसभा के लिए निर्वाचित श्री मुख्तार अब्बास नकवी और श्री महेश पोद्दार को भी बधाई देता हूँ। मैं कामना करता हूँ कि दोनों नवनिर्वाचित सदस्य संसद के उच्च सदन में झारखण्ड के हितों को सक्रियता से रखेंगे और केन्द्रीय विधान की प्रक्रिया में अपनी महत्त्वपूर्ण भूमिका से झारखण्ड को विशिष्ट पहचान दिलाने में कामयाब होंगे।

माननीय सदस्यगण, आज हमारे देश सहित विश्व के अन्य देशों में हिंसक वारदातें हो रही हैं। कश्मीर घाटी की हिंसा का मामला हो या बांग्लादेश के ढाका या फ्रांस के नीस की घटनाएँ हों, इन घटनाओं से हम चिंतित हैं। भारत एक शान्तिप्रिय और विश्व बन्धुत्व की भावना को लेकर आगे बढ़ने वाला देश है, किसी भी समाज को आगे बढ़ने के लिए यह आवश्यक है कि हम आपसी सामंजस्य और भाईचारे की भावना के साथ रहें। इसके लिए सार्थक प्रयास करना प्रत्येक व्यक्ति के साथ-साथ जनप्रतिनिधियों की भी जिम्मेवारी है। मुझे उम्मीद है कि लोकतन्त्र की इस अपेक्षा की कसौटी पर हम खरे उतरेंगे।

इस वर्ष की भीषण गर्मी के बाद बरसात की बूँदें हमें राहत दे रही हैं। आजादी के इतने वर्षों के बाद भी हम खेत की सिंचाई के लिए वर्षा पर ही निर्भर हैं किन्तु प्रकृति ने हमें निराश नहीं किया है और सिंचाई के लिए, पीने के लिए जलस्रोत के रूप में बरसात का पानी उपलब्ध कराया है। इस वर्ष की भीषण गर्मी ने हमें पर्यावरण की रक्षा के लिए प्रेरित किया है। जल संरक्षण का महत्त्व समझ में आया है। यदि हम प्रकृति के सन्तुलन का सिद्धान्त भूलेंगे तो प्रकृति हमारी रक्षा नहीं कर पायेगी। किसान सिंचाई के लिए आसमान की ओर देखते रहते हैं। राज्य की सवा तीन करोड़ जनता अपनी खुशहाली के लिए विधानसभा की ओर देखती रहती है। वह राह देखती है कि विधानसभा में सरकार द्वारा समय-समय पर आश्वासनों की

जो बरसात होती है उसकी एक बूँद भी उसके पास कब पहुँचेगी। प्रकृति ने वर्षा की बूँदों से तपती धरती को तो राहत दी है, राज्य की जनता को अपनी चुनी हुई सरकार से और सदन के बाहर किये जाने वाले वादे और आश्वासनों के फलाफल का सदा इंतजार रहता है। आज सदन की गरिमा और उसकी प्रासंगिकता पर सवाल उठने लगे हैं। मैंने यह अनुभव किया है कि सभा में पूछे जाने वाले प्रश्न, ध्यानाकर्षण, निवेदन, शून्यकाल आदि से जो विषय उठाये जाते हैं, उनमें अधिकांश जनता की सामान्य मूलभूत जरूरतों से जुड़े होते हैं। जैसे बिजली के तार को बदलना, चापाकल की मरम्मत, ग्रामीण सड़कों की मरम्मत, स्कूलों और अस्पतालों में बुनियादी सुविधाओं का नहीं होना। ऐसे विषयों का विधानसभा तक आना यह संकेत करता है कि राज्य की कार्यपालिका जनता की बुनियादी अधिकारों की रक्षा करने में सफल नहीं हो रही है। इन विषयों के निदान के लिए तो माननीय सदस्यगण का राज्य और जिलास्तरीय पदाधिकारियों से पत्राचार या संपर्क करना ही पर्याप्त होना चाहिए। कार्यपालिका को जनता के प्रति जवाबदेह होना ही पड़ेगा। क्या कारण है कि ऐसे छोटे-छोटे विषय सभा में लाने के लिए सदस्यों को बाध्य होना पड़ता है, जबकि सचिवालय स्तर से लेकर जिला, प्रखण्ड और पंचायत स्तर तक इसके लिए कार्य योजना है, बजट है और संवैधानिक व्यवस्था भी है। कार्यपालिका की विधायिका के प्रति उदासीनता हमें चिंतित करती है। यह स्थिति और भयावह हो जाती है, जब कार्यपालिका को नियन्त्रित और निर्देशित करने वाली विधानसभा के सदस्यों से ही निर्मित मंत्रिपरिषद् द्वारा सभा में दिये गये आश्वासनों के प्रति गम्भीरता नहीं बरती जाती है।

आसमान से उतरने वाली बूँदें यदि खेत-खलिहान और नदी में नहीं पहुँचे तो उसमें किसान की क्या गलती है? यदि आश्वासन जमीन पर नहीं उतरते हैं तो इसके लिए जनता दोषी नहीं है। संसदीय व्यवस्था के प्रति लोगों में विश्वास को सुदृढ़ करने के लिए विधानसभा के सदस्यों को विधायी कार्य के लिए गम्भीर होने के साथ-साथ कार्यपालिका को भी संवेदनशील होना होगा तभी सम्पूर्णता में हम अपने दायित्व की पूर्ति कर सकते हैं।

माननीय सदस्यगण यह सत्र मात्र छह कार्यदिवसों का है। इसमें वर्ष 2016-17 में प्रथम अनुपूरक बजट पेश किया जायेगा और उस पर चर्चा होगी। राजकीय विधेयक और गैर-सरकारी कार्यों के लिए दिन नियत है। सदन में अव्यवस्था के कारण जनता के हितों से जुड़े सवाल सबसे ज्यादा प्रभावित होते हैं। मैंने दिनांक–20.07.2016 को सर्वदलीय बैठककर विधायक दल के नेताओं से अनुरोध किया है कि वे सभा के

कार्यों का सुचारु संचालन में आसन का सहयोग करें। इस बैठक में यह विचार आया कि कार्यस्थगन की सूचना माननीय सदस्य को सभा में पढ़ने की अनुमति दी जाये और इस पर आसन का निर्णय सभा को मान्य होना चाहिए। यदि आवश्यक प्रतीत हुआ तो अध्यक्ष कार्यस्थगन के विषय की महत्ता को देखते हुए उसी दिन अथवा किसी अन्य दिन इस पर चर्चा के लिए समय नियत कर सकते हैं। एक विषय यह भी आया कि सत्र के प्रथम दिन भी प्रश्न आदि विधायी कार्य लिये जायें और प्रथम कार्यदिवस के अंत में शोक प्रकाश रखा जाये। मैं इस सम्बन्ध में सदन के नेता से विचार-विमर्श करूँगा। माननीय संसदीय कार्य मन्त्री जी के द्वारा सचेतकों के साथ की गयी, इस बैठक की मैं सराहना करता हूँ। उन्होंने अपने स्तर से सभा को व्यवस्थित तरीके से चलने देने हेतु एक अनुकूल वातावरण निर्माण करने का प्रयास किया है। सभा में तात्कालिक महत्त्व के जो भी महत्त्वपूर्ण लोकहित के विषय आयेंगे हम मिल-बैठकर कार्यमंत्रणा समिति में विचार करेंगे और सर्वमान्य मार्ग निकालने का प्रयास करेंगे। सरकार, सत्तापक्ष के सदस्य, नेता प्रतिपक्ष, विपक्षी दलों के माननीय सदस्य सबों के सामूहिक प्रयास से ही सभा के कार्यों का फलदायी निष्पादन हो सकता है और हम जनता की भावना और उसकी आकांक्षाओं के अनुरूप विधायिका को गौरवान्वित कर सकते हैं।

ईद और भगवान जगन्नाथ जी की रथयात्रा के तुरन्त बाद यह सत्र शुरू हुआ है। त्योहारों का मिठास इस सत्र में परिलक्षित हो, इस कामना के साथ मैं एक बार फिर आप सबों का स्वागत करता हूँ, अभिनन्दन करता हूँ।

बहुत-बहुत धन्यवाद!

29 जुलाई, 2016

माननीय अध्यक्ष का समापन भाषण

धन्यवाद! जोहार! जयहिन्द! जय झारखण्ड!

माननीय सदस्यगण, राज्य के सवा तीन करोड़ जनता की आकांक्षाओं के विपरीत यह सत्र आज समाप्त हो रहा है। यह उचित समय है कि हम यह आकलन करें कि हमने इस विधानसभा सत्र की छह बैठकों के दौरान क्या पाया है और राज्य की जनता को क्या दिया है? इसके लिए मैं बहुत चिंतित हूँ कि क्या संसदीय कार्य व्यवस्था का यही स्वरूप हम आने वाले युवा पीढ़ियों को देंगे? हमारे दो नवनिर्वाचित सदस्य, जो इस सत्र में पहली बार शामिल हुए, को अपनी बात कहने का एक बार

भी अवसर नहीं मिला, क्या यह हम सबों के लिए चिन्ता का विषय नहीं है? सभा की बैठकों को अव्यवस्थित करने से क्या हम कार्यपालिका को अनियन्त्रित करने में सहायक नहीं हो रहे हैं? जनसमस्याओं पर विचार-विमर्श न करना, उसके निदान की दिशा में सकारात्मक विमर्श से भागकर क्या हम न्यायपालिका को हस्तक्षेप के लिए आमंत्रित नहीं कर रहे हैं? आज हमारी विधायिका चौतरफा वार झेल रही है। हम अपने कार्यों से विधायिका को अन्दर से भी कमजोर कर रहे हैं और बाहरी तत्त्वों को आक्रमण करने का अवसर भी प्रदान कर रहे हैं। इसके लिए कमोवेश हम सभी जिम्मेदार हैं, विपक्ष का काम केवल व्यवधान उत्पन्न करना नहीं, सकारात्मक सहयोग भी देना है। इसी तरह सरकार का दायित्व विपक्ष सहित सभी माननीय सदस्यों की जिज्ञासा को शांत करते हुए उनकी भावना का आदर करना है। मैं फिर इस बात को दोहराता हूँ कि सभा न तो विपक्ष की हठधर्मिता से चलती है और न ही सरकार की संवादहीनता से। सभा के बाहर जब अनुकूल राजनीतिक पारदर्शिता और प्रशासनिक कुशलता नहीं बरती जायेगी तो यह उम्मीद करना की सर्वदलीय बैठक और कार्यमंत्रणा समिति की बैठक में सर्वानुमति बने, यह सम्भव नहीं है।

आसन सर्वानुमति का प्रयास करता है, लेकिन जिन कारणों से सत्तापक्ष और विपक्ष में मतभेद उभरता है, उसका निदान आसन के दायित्व से बाहर होता है। आम जनता का विधायिका के प्रति सम्मान तभी बढ़ेगा, जब विपक्ष अपने दायित्व को समझेगा और सरकार अपनी जिम्मेवारी को समझेगी। मैं उम्मीद करता हूँ कि भविष्य में सरकार के स्तर से सभा के बाहर एक सर्वानुमति बनाने का प्रयास किये जायेंगे, ताकि सभा की बैठकें सुचारु रूप से चले और संचालन के दौरान अनुकूल माहौल बन सकें।

सदस्यगण इस छह दिवसीय सत्र में 111 अल्पसूचित प्रश्न, 247 तारांकित प्रश्न और 93 अतारांकित प्रश्न स्वीकृत हुए, जिनमें 350 प्रश्नों का उत्तर सभा को प्राप्त हुए। इस सत्र में प्राप्त निवेदनों की संख्या–24 हैं, शून्यकाल की 94 सूचनाएँ प्राप्त हुईं और 26 गैर-सरकारी संकल्प सभा में विचार के लिए स्वीकृत किये गये। इसके अतिरिक्त कुल 24 ध्यानाकर्षण सूचनाएँ सरकार के वक्तव्य हेतु कार्य-सूची में शामिल की गयीं किन्तु यह कभी न दोहराये जाने वाला कीर्तिमान ही बना है कि इस सत्र में एक भी प्रश्न शून्यकाल, ध्यानाकर्षण और यहाँ तक कि मुख्यमन्त्री प्रश्नकाल में भी नहीं लिये जा सके। प्रथम अनुपूरक बिना किसी चर्चा के पारित हो गया। ऑनलाइन के माध्यम से सरकार को भेजे गये कुल–359 प्रश्नों में से 180 प्रश्न करीब 51 प्रतिशत के उत्तर ऑनलाइन प्राप्त हुए हैं। इसे सन्तोषजनक कहा जा

सकता है। इस सत्र में विनियोग विधेयक सहित कुल–8 विधेयक पारित हुए। एक विधेयक प्रवर समिति को सौंपा गया। दिनांक–28.07.2016 को विधेयक के समय जो अनुकूल माहौल बना वह सराहनीय तो है, किन्तु जिस रूप में विधेयक सभा में लाये जाते हैं, उसे सभा में लाये जाने से पूर्व और ज्यादा समीक्षा की आवश्यकता भी सभा में महसूस किया गया।

माननीय सदस्यगण, हिन्दी और बांग्ला साहित्य की प्रख्यात लेखिका श्रीमती महाश्वेता देवी का निधन हो गया है। उन्होंने आदिवासी समाज को अपने लेखिनी के माध्यम से दुनिया के सामने सशक्त तरीके से अभिव्यक्त किया। साथ ही प्रसिद्ध तबलावादक लच्छू महाराज का भी निधन हो गया है। साहित्य और समाज के प्रति उनके योगदान के लिए हम उन्हें सदैव याद करेंगे।

माननीय सदस्यगण, आगामी शीतकालीन-सत्र से पूर्व त्योहारों का मौसम आने वाला है। मैं राज्य की जनता को त्योहारों सहित स्वतन्त्रता दिवस की भी हार्दिक शुभकामना देता हूँ।

इसके साथ ही मैं सदन की कार्यवाही को अनिश्चितकाल के लिए स्थगित करने की घोषणा करता हूँ। बहुत-बहुत धन्यवाद!

17 अगस्त, 2016

माननीय अध्यक्ष का प्रारम्भिक वक्तव्य

अध्यक्ष–माननीय सदस्यगण,

दिनांक–29 जुलाई, 2016 को अनिश्चितकाल तक के लिए स्थगित चतुर्थ झारखण्ड विधानसभा के षष्ठम् (मॉनसून) सत्र के क्रम में झारखण्ड विधानसभा की प्रक्रिया तथा कार्य-संचालन के नियम–15 के तृतीय परन्तुक के तहत निर्धारित आज की बैठक में आप सबों का स्वागत है।

माननीय सदस्यगण, आप सभी को अवगत है कि आज की यह बैठक संसद के दोनों सदनों से पारित संविधान (122वाँ संशोधन) विधेयक, 2014 पर सभा के अनुसमर्थन के लिए निर्धारित की गयी है। इस संविधान संशोधन विधेयक पर भारत का संविधान के अनुच्छेद–368 के खण्ड (2) के (ख) एवं (ग) के प्रावधानों के अधीन अनुसमर्थन अपेक्षित है। यह संशोधन विधेयक माल एवं सेवा कर के सम्बन्ध में एक नयी व्यवस्था आरम्भ किये जाने से सम्बन्धित है। इस संशोधन विधेयक के

पारित होने से माल एवं सेवा कर के वर्तमान प्रावधानों में संशोधन होंगे और राज्य तथा केन्द्र के अधिकार और दायित्व में इससे सम्बन्धित कतिपय परिवर्तन होंगे।

इस संविधान संशोधन विधेयक के अनुसमर्थन का प्रस्ताव सभा में माननीय मंत्री, संसदीय कार्य विभाग रखेंगे। मैं चाहता हूँ कि अनुसमर्थन का प्रस्ताव किये जाने के उपरान्त माननीय मंत्री, संसदीय कार्य विभाग इस संविधान संशोधन विधेयक के प्रावधानों, कार्यविधि और इसके प्रभावी होने के उपरान्त झारखण्ड पर पड़ने वाले प्रभावों से भी सभा को अवगत करायें। प्रत्येक दल की ओर से विधायक दल के नेता अथवा उस दल का कोई एक माननीय सदस्य अपना विचार रखेगा और अन्त में सरकार की ओर से वक्तव्य होगा। मैं समझता हूँ कि दो घण्टे में इस विधायी कार्य का निष्पादन कर लिया जायेगा।

माननीय मंत्री, संसदीय कार्य विभाग, आप अपना प्रस्ताव प्रस्तुत करें।

17 नवम्बर, 2016

माननीय अध्यक्ष का प्रारम्भिक वक्तव्य

अध्यक्ष–माननीय सदस्यगण,

चतुर्थ झारखण्ड विधानसभा के सप्तम सत्र में आप सबों का हार्दिक अभिनन्दन। यह सत्र एक ऐसे दौर में आहूत हुआ है, जब देश और दुनिया व्यापक परिवर्तनों के दौर से गुजर रही है। दुनिया का सबसे बड़ा लोकतन्त्र भारत, जिसका नेतृत्व प्रधानमन्त्री श्री नरेन्द्र मोदी जी के हाथों में है, के द्वारा भ्रष्टाचारमुक्त भारत का जो नारा दिया गया था, को यथार्थ रूप में परिणत करने की कल्पना साकार होने लगी है। 8 नवम्बर, 2016 की रात में राष्ट्र के नाम अपने संबोधन में उन्होंने हजार और पाँच सौ रुपये के पुराने नोटों को प्रचलन से बाहर करने का जो घोषणा की है, देश के आवाम के द्वारा उसकी जहाँ जमकर प्रशंसा की गयी है, वहीं मुनाफाखोरों, कालाबाजारियों और अवैध तरीके से जन-जन का शोषण कर धन इकट्ठा करने वालों की नींद हराम भी हो गयी है। माननीय प्रधानमन्त्री जी द्वारा उठाये गये इस कठोर कदम से निर्मल गंगा, प्रदूषणमुक्त समाज और स्वच्छ भारत के साथ-साथ भ्रष्टाचारमुक्त भारत की संकल्पना आने वाले थोड़े ही दिनों में साकार होगी, इसमें कोई सन्देह नहीं! इसके साथ-साथ आतंकवाद और उग्रवाद की घटनाओं पर लगाम भी लगेगा। आप विदित हैं कि कालाधन के प्रवाह के रुकने से जहाँ जनजीवन को राहत मिलने की उम्मीद है, वहीं राष्ट्र की आधारभूत संरचनाओं के विकास में भी

बहुत बड़े पैमाने पर मदद मिलेगी, जिसका लाभ न केवल हम-आप उठायेंगे, वरन् हमारी आने वाली पीढ़ियाँ भी बड़े पैमाने पर लाभान्वित होंगी। संयुक्त राज्य अमेरिका के राष्ट्रपति चुनाव में जहाँ आशा के विपरीत ट्रंप कार्ड कामयाब हुआ है, उसी तरह भारत में माननीय मोदी जी का मास्टर स्ट्रोक भी कामयाब होता दिख रहा है। मैं आज के अवसर पर इस पवित्र सदन के माध्यम से राज्य की सवा तीन करोड़ जनता से अपील करता हूँ कि आर्थिक सुधारों की दिशा में भारत सरकार द्वारा उठाये गये इस कदम के साथ कदम मिलाकर चले।

आप इस तथ्य से भी अवगत हैं कि केन्द्र सरकार ने पूर्व की परम्परा का परित्याग कर वित्तीय वर्ष को कैलेंडर वर्ष के रूप में परिवर्तित करने का सैद्धान्तिक निर्णय ले लिया है। आने वाले दिनों में वित्तीय वर्ष की शुरुआत 1 अप्रैल की जगह 1 जनवरी से होगी। पूरे देश में इस व्यवस्था को लागू किया जाना है। दिसम्बर माह के स्थान पर नवम्बर माह में शीतकालीन-सत्र का आरम्भ होना इसी का संकेत है। राज्य सरकार इस सत्र में अपना अनुपूरक बजट तो पेश करेगी ही, इसी के साथ कुछ राजकीय विधेयक भी आपके विचार के लिए लाये जायेंगे। छोटानागपुर और संथाल परगना काश्तकारी अधिनियम में संशोधन विषयक विधेयक को भी इसी सत्र में लाये जाने की सम्भावना है। वर्षों पुराने इस अधिनियमों में संशोधन के पक्ष और विपक्ष में अलग-अलग तर्क हो सकते हैं। झारखण्ड के जनजातीय समुदाय पर इसके चलते पड़ने वाले प्रभावों-दुष्प्रभावों की व्याख्या भी अलग-अलग तरीके से की जायेगी। सहमति और असहमति के बीच एक सन्तुलन बनाकर योजनाओं को अंजाम तक पहुँचाया जायेगा, इस सदन को इसका निर्णय भी इसी सत्र में करना है। मैं समझता हूँ कि माननीय सदस्यगण इस गम्भीर विषय पर गम्भीरता से ही अपने विचार व्यक्त करेंगे।

भगवान बिरसा मुण्डा के पावन जन्मदिवस के साथ-साथ 15 नवम्बर, 2016 को झारखण्ड ने अपने स्थापना दिवस समारोह को भी धूमधाम से मनाया है। विधानसभा में भी उत्कृष्ट विधायक सम्मान समारोह का आयोजन आगामी 22 नवम्बर, 2016 को होने जा रहा है। उक्त तिथि को हम इस वर्ष के एक उत्कृष्ट विधायक को सम्मानित करेंगे। यहाँ मैं विशेष रूप से उल्लेख करना चाहता हूँ कि उक्त अवसर पर मैंने झारखण्ड के उन वीर सपूतों के परिजनों को भी समुचित रूप से सम्मानित करने का निर्णय लिया है, जो देश की सीमा की

रक्षा करते हुए शहीद हो गये। इनमें सिग्नल कोर के नायक श्री शक्ति सहित बिहार रेजिमेंट के नायक जोसेफ लागुरी एवं सैनिक नायमान कुजूर, जवारा मुण्डा तथा फ्रांसिस होरो प्रमुख हैं।

उक्त आलोक में नायक शक्ति की धर्मपत्नी श्रीमती खुशबू, ग्राम–नगवाँ, जिला–चतरा, नायक जोसेफ लागुरी की धर्मपत्नी श्रीमती कोला बांकिरा, ग्राम–तेपासाई सोनुआ, चक्रधरपुर, जिला–चाईबासा, शहीद नायमन कुजूर की धर्मपत्नी श्रीमती वीणा तिग्गा, ग्राम–उरु, चैनपुर, जिला–गुमला, शहीद जवारा मुण्डा की धर्मपत्नी श्रीमती झिंगी डुंगडुंग, ग्राम–मेराल, जिला–खूंटी, शहीद फ्रासिंस होरो की धर्मपत्नी श्रीमती अनन्तसिया होरो, ग्राम–लाली सेरेंग, जिला–राँची को सम्मानित किया जायेगा। शहीदों के प्रति अपनी श्रद्धा निवेदित करने के लिए उक्त अवसर पर आपकी उपस्थिति अनिवार्य है। माननीय राज्यपाल महोदया उस दिन हमारे बीच होंगी। आज के अवसर पर आपको सम्बोधित करते हुए हम आपको उक्त समारोह में उपस्थित होने के लिए भी सादर आमंत्रित करते हैं। दशहरा, दीपावली, छठ पर्व, भाईदूज, गुरु पर्व, सोहराई जैसे महत्त्वपूर्ण त्योहारों की मिठास लेकर हम आज यहाँ एकत्रित हैं। ये पर्व-त्योहार हमें शान्ति और सौहार्द के साथ-साथ एकता और भाईचारे का सन्देश भी देते हैं। इस सत्र में सभी मामलों पर चर्चा के दौरान इन त्योहारों के सन्देशों के साथ हम आगे बढ़ें, यही हमारी कामना है। धन्यवाद!

17 जनवरी, 2017

माननीय अध्यक्ष का प्रारम्भिक वक्तव्य

अध्यक्ष–माननीय सदस्यगण,

नववर्ष की हार्दिक शुभकामनाओं के साथ चतुर्थ झारखण्ड विधानसभा के आठवें तथा वर्ष 2017 के पहले सत्र में आप सभी का हार्दिक अभिनन्दन। पिछले दिनों देश में पैगम्बर मोहम्मद साहब के जन्मदिन के साथ-साथ ईसा मसीह के जन्मदिवस को श्रद्धापूर्वक मनाया गया है। इसी अवधि में गुरु गोविन्द सिंह के 350वें जन्मोत्सव का आयोजन भी देश के विभिन्न हिस्सों में प्रकाश पर्व के रूप में किया गया। इसी दौरान सोहराय, लोहड़ी और मकर संक्रान्ति के त्योहार भी हमारे जीवन में आये, जिनकी खुशियों की मिठास अब तक हमारे मन-मस्तिष्क में है। हम कामना करते हैं कि यह मिठास इस सत्र के दौरान सदन में भी कायम रहे।

आप इस तथ्य से अवगत हैं कि प्रत्येक वर्ष विधानमण्डल के पहले सत्र को माननीय राज्यपाल के द्वारा सम्बोधित किया जाता है। संसदीय लोकतन्त्र में राज्यपाल की सदन में उपस्थिति के दिन को व्यापक सम्मान और श्रद्धा की दृष्टि से देखा जाता है। उक्त अवसर पर राज्यपाल अपना अभिभाषण सदन में देते हैं। राज्यपाल के अभिभाषण को व्यापक संवैधानिक महत्त्व प्राप्त है। देश के विधि आयोग सहित अनेक उच्च न्यायालयों ने भी इस अवसर की महत्ता को स्वीकार किया है। यह अवसर सदन में सदस्यों से उच्चकोटि की शालीनता और राज्यपाल के प्रति श्रद्धा की माँग करता है। सदन की कार्यवाही में व्यवधान, अभिभाषण में रुकावट की कोशिशें, समानान्तर भाषण आदि की कोशिशें संसदीय व्यवस्था में निन्दनीय मानी गयी हैं। अतएव आपसे मेरा सादर अनुरोध होगा कि माननीय राज्यपाल महोदया की विधानसभा में उपस्थिति और उनके अभिभाषण की अवधि में आप शालीनतापूर्वक अपने स्थान पर बैठे रहेंगे। उनके अभिभाषण को गम्भीरता से सुनेंगे। अभिभाषण के दूसरे दिन सत्तापक्ष द्वारा धन्यवाद प्रस्ताव प्रस्तुत किया जायेगा और माननीय सदस्यगण माननीय राज्यपाल महोदया के प्रति अपनी कृतज्ञता अथवा आभार व्यक्त करेंगे। इस दौरान माननीय सदस्यों को यह अवसर भी प्राप्त होगा कि वे सरकार की नीतियों का मूल्यांकन और इसकी समालोचना कर सकें।

आप इस तथ्य से अवगत होंगे कि इस क्रम में माननीय राज्यपाल महोदया से इस आशय का सन्देश भी प्राप्त हुआ है–

सन्देश

भारत के संविधान के अनुच्छेद–176 के खण्ड (1) के द्वारा प्रदत्त शक्तियों का प्रयोग करते हुए मैं द्रौपदी मुर्मू, झारखण्ड की राज्यपाल, इसके द्वारा झारखण्ड विधानसभा को दिनांक–17 जनवरी, 2017 को 11.30 बजे पूर्वाह्न में सम्बोधित करना चाहती हूँ और इस हेतु लेनिन हॉल, एच.ई.सी., राँची स्थित झारखण्ड विधानसभा सदन में सदस्यों की उपस्थिति चाहती हूँ।

राँची — ह./–द्रौपदी मुर्मू

दिनांक–30 दिसम्बर, 2016 — झारखण्ड की राज्यपाल।

इस सत्र में राज्य सरकार वर्ष 2017 का अपना वार्षिक बजट भी प्रस्तुत करेगी। विभिन्न विभागीय अनुदानों की माँग पर इस दौरान कटौती प्रस्ताव प्रस्तुत कर सरकार

की खामियों को उजागर करने का मौका भी आपको मिलेगा। सदन में उपलब्ध समय का बेहतर और सार्थक उपयोग यदि आप सुनिश्चित कर सकें तो राज्य का बहुत ही बड़ा भला हो सकेगा।

माननीया राज्यपाल के अभिभाषण की प्रतियाँ इनके अभिभाषण के उपरान्त वितरित की जायेंगी, थोड़ी ही देर में माननीया राज्यपाल महोदया सदन में उपस्थित होंगी। मैं उनकी आगवानी और विदाई के लिए थोड़ी देर के लिए सदन में नहीं रहूँगा। इस अवधि में भी आप सभी सदन में अनुशासन और शान्ति बनाये रखेंगे। मैं अब माननीया राज्यपाल महोदया की आगवानी के लिए अल्प समय के लिए आप से विदा ले रहा हूँ। बहुत-बहुत धन्यवाद!

02 फरवरी, 2017

माननीय अध्यक्ष का समापन भाषण

अध्यक्ष–माननीय सदस्यगण, चतुर्थ विधानसभा का आज समापन का क्षण है। सभा की कार्यवाही सुचारु रूप से चले यह हम सबों का पहला कर्तव्य है। सभा की कार्यवाही चलेगी, तभी हम अपनी बात सभा में रख पायेंगे। सभा की कार्यवाही मात्र हम विधायकों के लिए ही महत्त्वपूर्ण नहीं है बल्कि पूरी जनता के प्रति दायित्व निर्वहन का यह पवित्र स्थल है।

कभी संवादहीनता के नाम पर तो कभी असंवैधानिक तरीके से उठाये गये मुद्दों को लेकर यह सत्र बहुत ज्यादा अव्यवस्थित रहा। इस सत्र में सभा ने अपने विशेषाधिकार की गरिमा के लिए कठोर निर्णय भी लिये हैं। लेकिन क्या यह हमें आगे अपने आचरण में अपेक्षित सुधार करने के लिए प्रेरित कर पाया। माननीय सदस्यगण, इस सत्र में प्रश्न एवं ध्यानाकर्षण इत्यादि नहीं लिये जा सके। किसी माननीय सदस्य को कितना दुख पहुँचा होगा, उससे ज्यादा मैं व्यथित हूँ। क्या जनता हमें इसी उम्मीद से अपना प्रतिनिधि चुनती है?

हम जनता के बीच क्या सन्देश दे रहे हैं? सबसे महत्त्वपूर्ण है कि हम अपनी खोती जा रही प्रतिष्ठा को जनता के बीच कैसे पुन: स्थापित करें। आज हमारे सामने यह एक यक्ष प्रश्न है। आशा है कि आने वाले दिनों में माननीय सदस्यगण इस ओर पर्याप्त ध्यान देंगे।

इस सत्र में 1147 प्रश्नों की सूचनाएँ प्राप्त हुईं जिनमें 146 अल्पसूचित रूप में, 771 तारांकित रूप में और 127 अतारांकित रूप में स्वीकृत किये गये। यद्यपि

अधिकांश प्रश्नों के लिखित उत्तर प्राप्त हो चुके हैं, तथापि एक भी प्रश्न का मौखिक उत्तर सभा में नहीं हो सका। व्यवधान इसका सबसे बड़ा कारण है।

इस सत्र के दौरान एक सफल मेडिकल कैम्प का आयोजन भी विधानसभा परिसर में हुआ। माननीय सदस्यों ने स्वास्थ्य जाँच कराकर इसका समुचित लाभ प्राप्त किया है। मैं कैम्प के आयोजन सहित डॉक्टरों की टीम को शुभकामनाएँ देता हूँ।

सभा के संचालन में राज्य सरकार के सचिवालय सहित विधानसभा सचिवालय कर्मियों, पुलिसकर्मियों का सहयोग हमें प्राप्त हुआ है। मैं इसके लिए सभी को धन्यवाद प्रेषित करता हूँ। मैं पत्रकार बन्धुओं को भी सहयोग के लिए धन्यवाद देता हूँ।

इसी के साथ सभा की कार्यवाही अनिश्चितकाल के लिए स्थगित करने की घोषणा करता हूँ! बहुत-बहुत धन्यवाद!

27 अप्रैल, 2017

माननीय अध्यक्ष का प्रारम्भिक वक्तव्य

अध्यक्ष–माननीय सदस्यगण,

चतुर्थ झारखण्ड विधानसभा के नवम् (विशेष) सत्र में आप सभी का हार्दिक अभिनन्दन। इस विशेष सत्र का आयोजन एक विशेष प्रयोजन के साथ किया जा रहा है। माल एवं सेवा कर विधेयक प्रारम्भिक चरण में संसद के दोनों सदनों में उपस्थापित होने के बाद विभिन्न राज्य विधानमण्डलों को प्राप्त हुआ था। कुछ दिन पूर्व उस पर हम लोगों ने अपनी सहमति दी थी। यह विधेयक देश के विभिन्न विधानमण्डलों से पारित होने के उपरान्त अन्तिम स्वीकृति के लिए केन्द्रीय संसद के दोनों सदनों में रखा गया और सर्वसम्मति से स्वीकृत होने के बाद माननीय राष्ट्रपति महोदय की अनुमति से एक अधिनियम का स्वरूप ग्रहण कर चुका है। इस अधिनियम को आगामी 01 जुलाई, 2017 से प्रभावी होना है। आप सभी इस तथ्य से अवगत हैं कि बिक्री कर संविधान की समवर्ती सूची के अधीन आता है, जिस पर देश एवं राज्य दोनों को कानून बनाने के समान अधिकार प्राप्त हैं। आप इस तथ्य से भी अवगत होंगे कि वस्तुओं और सेवाओं से सम्बन्धित कई प्रकार के कर झारखण्ड में भी जनता पर अधिरोपित हैं। इसमें मूल्यवर्धित कर, मनोरंजन कर, विज्ञापन कर आदि प्रमुख हैं

और राज्य सरकार अपने-अपने तरीके से इन पर कर की मात्रा निर्धारित करती है। कुछ वस्तुओं के अंतर्राज्य, आवागमन पर भी कर अधिरोपित होता है, ऐसे में एक ही वस्तु पर कभी-कभी दो बार कर की अदायगी आम आदमी को करनी होती है। इस दोहरे कर के भार से बचने के लिए यह आवश्यक था कि केन्द्रीय वस्तु एवं सेवा कर अधिनियम के अनुरूप राज्य में भी एकीकृत कर प्रणाली लागू हो। इसी परिप्रेक्ष्य में झारखण्ड माल एवं सेवा कर विधेयक, 2017 को सभा में प्रस्तुत किया जाना है, इस पर विचार होना है तथा इसके पारण की कार्रवाई पूरी होनी है। इस विधेयक के पारित हो जाने से देश के अन्य राज्यों में जो एकीकृत कर प्रणाली है उसके अनुरूप झारखण्ड में भी सभी तरह की सेवाओं और वस्तुओं पर एक तरह का कर लगेगा। आप इस तथ्य से भी अवगत होंगे कि इस नयी व्यवस्था में राज्य सरकार के हाथों से कर निर्धारण की शक्तियों को लेकर एक काउंसिल के माध्यम से कर निर्धारण की प्रक्रिया को लागू करने का प्रावधान किया जा रहा है। यह प्रक्रिया मेरी दृष्टि में ज्यादा लोकतान्त्रिक प्रक्रिया का रूप लेगी और इसका लाभ राज्य की जनता को निश्चित रूप से प्राप्त होगी। इसी तरह के विधेयक को दो-तीन दिन पूर्व बिहार विधानमण्डल से पारित कराया जा चुका है और इसे पारित करने की प्रक्रिया में सभी दल के सदस्यों ने समान रूप से अपनी सहभागिता प्रकट की है। मैं चाहता हूँ कि झारखण्ड विधानसभा के माननीय सदस्यगण भी अपनी दलीय सीमाओं और प्रतिबद्धताओं से ऊपर उठकर इस विधेयक को पारित करने का पुनीत कार्य सम्पन्न करेंगे, ताकि झारखण्ड सहित पूरे देश की आम जनता की तरह झारखण्ड के लोगों को भी वस्तुओं एवं सेवाओं में लगने वाले कर के ढांचागत सुधार का एक समान लाभ प्राप्त हो सके। माननीय सदस्यगण, देश में पिछले दिनों पाँच राज्यों की विधानसभा के लिए हुए चुनाव और इनके परिणामों को हमने देखा है। यह सुखद एहसास का विषय है कि पाँच राज्यों में शान्तिपूर्ण चुनाव सम्पन्न हुए। दो राज्यों में भारतीय जनता पार्टी और एक राज्य में कांग्रेस पार्टी को ऐतिहासिक बहुमत प्राप्त हुए, जब कि दो राज्यों में खण्डित जनादेश चुनाव परिणाम के रूप में सामने आया है। फिर भी खण्डित जनादेश वाले इन दो राज्यों में भारतीय जनता पार्टी के नेतृत्व में सरकारें गठित हुईं। शेष राज्यों में भी सरकारों का गठन हो चुका है। नयी सरकारें अपने राज्यों की जनता की उम्मीदों पर खरे उतरें, इसकी कामना हम इस विधानसभा के माध्यम से करते हैं। राष्ट्रीय राजधानी के तीन नगर निकायों में भी भारतीय जनता पार्टी ने भारी बहुमत के साथ जीत दर्ज की है। हम लोकतन्त्र के प्रति जनता के नजरिये को नमन

करते हैं। लिट्टीपाड़ा विधानसभा निर्वाचन क्षेत्र के उपचुनाव का परिणाम भी आ चुका है। वहाँ से झारखण्ड मुक्ति मोर्चा के टिकट पर चुनाव लड़ने वाले श्री साइमन मराण्डी ने निर्णायक अंतर से जीत हासिल की है। उन्हें निर्वाचित होने के लिए हम बधाई देते हैं। इस सत्र के आह्वान के कार्यक्रम को आपने देखा है, उसके अनुसार आज साइमन साहब का विधानसभा सदस्य के रूप में शपथ ग्रहण सम्पन्न होगा। इसके पश्चात् सभा में प्रस्तावित ऐतिहासिक विधेयक, जिसकी चर्चा मैंने प्रारम्भ में की है, उसके पुन:स्थापन एवं विधायन का कार्य सम्पन्न होगा।

धन्यवाद!

08 अगस्त, 2017

माननीय अध्यक्ष का प्रारम्भिक वक्तव्य

अध्यक्ष–चतुर्थ झारखण्ड विधानसभा के दशम् और इस वर्ष के मॉनसून-सत्र में आप सभी का हार्दिक अभिनन्दन। पवित्र श्रावण मास में संपन्न भाई-बहनों का सर्वाधिक महत्त्वपूर्ण रक्षाबंधन का त्योहार मनाने के बाद हम इस सत्र में आज यहाँ इकट्ठे हुए हैं। इसकी मिठास सत्र के दौरान सदन में बनी रहे, इसकी कामना हम करते हैं। देश के शीर्ष संवैधानिक पदों यथा राष्ट्रपति और उपराष्ट्रपति पद के लिए निर्वाचन कार्य विगत हाल की अवधि में सम्पन्न हुआ है। दोनों पदों के लिए क्रमश: माननीय श्री रामनाथ कोविन्द और माननीय श्री वेंकैया नायडू निर्वाचित हुए हैं। दोनों का राजनीतिक सफर काफी लम्बा रहा है। माननीय श्री कोविन्द जी ने बिहार के राज्यपाल के पद से जुड़े दायित्वों का निर्वाह निर्विवाद रूप से किया है, वहीं श्री नायडू ने भी भारत सरकार के अधीन विभिन्न मंत्रालयों का दायित्व निर्वहन अत्यन्त कुशलता से किया है। मैं समझता हूँ कि इन दोनों के कुशल नेतृत्व में भारत विकास की नयी ऊँचाइयों को छुयेगा। इसी के साथ माननीय श्री प्रणव मुखर्जी साहब ने राष्ट्रपति पद पर अपने कार्यकाल को पूरा करके सेवानिवृत्ति को प्राप्त किया है। श्री मुखर्जी की राजनीतिक समझ-बूझ अत्यन्त गहरी रही है। उनकी इस सूझ-बूझ और अनुभव का लाभ देश के लिए प्रेरणादायी रहा है। उनकी इस सूझ-बूझ और अनुभव का लाभ देश के लिए प्रेरणादायी रहा है। उनकी इस सूझ-बूझ और अनुभव का लाभ देश को और साथ ही सवा सौ करोड़ देशवासियों को आगे भी मिलता रहेगा, ऐसी उम्मीद हम करते हैं। श्री मुखर्जी एक व्यापक दृष्टि फलक वाले राजनेता रहे हैं। उनकी कार्यशैली अत्यन्त प्रभावशाली रही है। जिस राजनीतिक विचारधारा के साथ

उन्होंने अपनी राजनीति की शुरुआत की थी, राष्ट्रपति निर्वाचित होने के बाद उन्होंने इस सबको छोड़कर एक समदर्शी राजनेता के रूप में अपनी छाप छोड़ी है। यही कारण है कि माननीय प्रधानमन्त्री श्री नरेन्द्र मोदी ने उनके भीतर अपने पिता वाली छवि को पाया और सार्वजनिक रूप से इसका इजहार भी किया। आज के अवसर पर हम अपने निवर्तमान राष्ट्रपति श्री मुखर्जी के प्रति इस सदन का हार्दिक आभार प्रकट करते हैं और उम्मीद करते हैं कि हमारे नये राष्ट्रपति माननीय श्री कोविन्द जी अपने पूर्ववर्त्ती राष्ट्रपतियों की राह पर चलते हुए और भी बेहतर कीर्तिमान स्थापित करेंगे। इसी महीने हमारे उपराष्ट्रपति माननीय मोहम्मद हामिद अंसारी भी सेवानिवृत्त होंगे। उपराष्ट्रपति और संसद के उच्च सदन राज्यसभा के सभापति के रूप में अपना उत्कृष्ट योगदान उन्होंने देश को दिया है। हम आज के अवसर पर उनके प्रति भी अपनी कृतज्ञता ज्ञापित करते हैं तथा उनके दीर्घायु होने की कामना भी करते हैं।

माननीय सदस्यगण, इस पाँच दिवसीय सत्र में सरकार इस वित्तीय वर्ष का अपना अनुपूरक बजट पेश करने के साथ-साथ कुछ महत्त्वपूर्ण विधेयकों को भी सदन के विचार के लिए लायेगी। इन पर सार्थक चर्चा के साथ हम इस सत्र के एक-एक पल का सार्थक उपयोग करेंगे, इन्हीं शुभ कामनाओं के साथ आपसे सहयोग की उपेक्षा करता हूँ, बहुत-बहुत धन्यवाद!

12 अगस्त, 2017

माननीय अध्यक्ष का समापन भाषण

माननीय सदस्यगण,

चतुर्थ झारखण्ड विधानसभा का दशम् सत्र अब अपनी समापन की ओर अग्रसर है। पाँच दिनों तक चले इस सत्र के दो दिन यद्यपि काफी हंगामे और व्यवधान के बीच व्यतीत हुए, यद्यपि इसके शेष दिन शान्ति और व्यवस्था से बीते। इस अवधि में हमने कार्यसूची में अंकित समस्त विषयों का सम्यक् और व्यवस्थित निष्पादन सुनिश्चित किया, यह हमारे लिए हर्ष का विषय है! माननीय सदस्यगण, पाँच दिनों तक चले विधानसभा के इस सत्र में 01 (एक) विनियोग विधेयक सहित कुल 09 (नौ) राजकीय विधेयकों की सूचना हमें प्राप्त हुई, जिन पर सम्यक् विचार-विमर्श सदन में हुआ। सदन में इनमें से कुल 08 (आठ) विधेयकों को पारित किया है और 01 (एक) विधेयक जो चिकित्सा सेवा और चिकित्सा संस्थानों से जुड़ा हुआ था, को इस निदेश के साथ प्रवर समिति को सौंपने का निर्णय लिया गया है कि प्रवर

समिति में सौंपे जाने की तिथि से 30 (तीस) दिनों के अन्दर अपना प्रतिवेदन समर्पित करेगी। मैं शीघ्र ही एतद् विषयक प्रवर समिति के गठन की घोषणा करूँगा। सभी माननीय सदस्य सदस्यगण इस तथ्य से अवगत हैं कि मूल्यवर्द्धित कर और खनिज क्षेत्र विकास प्राधिकार से सम्बन्धित 02 (दो) अध्यादेश भी सदन में रखे गये थे।

इन दोनों अध्यादेशों को आज ही हमने विधेयक के रूप में स्वीकृति दी है। इनके अधिनियमन के बाद मैं समझता हूँ कि खनिज क्षेत्र विकास प्राधिकार के कर्मियों के जीवन में खुशहाली आयेगी और इस प्राधिकार के कार्यकलाप में भी काफी सुधार होगा। आप जानते हैं कि यह प्राधिकार कोयलांचल खासकर धनबाद में पेयजल आपूर्ति की दिशा में अपनी महत्त्वपूर्ण भूमिका अदा करता है। इस प्राधिकार के कर्मियों की समस्याएँ बराबर सदन में उठती रही हैं। इस विधेयक के अधिनियमन के उपरान्त मैं समझता हूँ कि ये समस्याएँ आगे नहीं उठेंगी।

माननीय सदस्यगण लोकतन्त्र में विचारों का टकराव होता ही है। इस परिप्रेक्ष्य में इस सभा में भी ऐसे टकराव की घटनाएँ स्वाभाविक हैं। मैं चाहता हूँ कि हम संसदीय लोकतन्त्र की दूसरी अपेक्षाओं को पूरा करने की दिशा में भी खरे उतरें। विचारों का यह टकराव किसी दूसरे प्रकार के टकराव का रूप नहीं ले, यह लोकतन्त्र की सबसे बड़ी अपेक्षा हैं, मुझे इस बात की खुशी है कि इस सत्र में माननीय सदस्यों ने धैर्य और संयम का परिचय देते हुए संसदीय लोकतन्त्र की मर्यादाओं के पालन का गम्भीरतापूर्वक परिचय दिया हैं।

इस सत्र में कुल–467 प्रश्न स्वीकृत किये गये, जिनमें से 84 अल्पसूचित, 269 तारांकित एवं 114 प्रश्न अतारांकित रूप में स्वीकृत हुए। स्वीकृत प्रश्नों में कुल–09 अल्पसूचित तथा 15 तारांकित प्रश्नों का सभा में मौखिक उत्तर हुआ। कुल 355 प्रश्नों के लिखित उत्तर सम्बन्धित विभागों से प्राप्त हुए हैं। कुल 124 प्रश्नों के उत्तर अब तक लंबित हैं। मैं आशा करता हूँ कि इन प्रश्नों के उत्तर भी लिखित रूप में शीघ्र ही विधानसभा सचिवालय को उपलब्ध करा दिये जायेंगे। चतुर्थ झारखण्ड विधानसभा के दशम् मॉनसून-सत्र में कुल निवेदन–33, शून्यकाल–75 एवं गैर-सरकारी संकल्प–35 प्राप्त हुए हैं।

इस सत्र के सफल संचालन में सदन नेता, नेता प्रतिपक्ष एवं सभी दलों के माननीय नेताओं का हमें सार्थक सहयोग प्राप्त हुआ है तथा समस्त सदस्यों ने भी अत्यन्त शालीनता का परिचय दिया है। आसन के निदेशों/आदेशों के अनुपालन में तत्परता के लिए मैं सभा के सभी माननीय सदस्यों को अपनी ओर से अपना आभार

प्रकट करता हूँ। इसके साथ ही शान्ति व्यवस्था बनाये रखने में पुलिसकर्मियों, इनके अधिकारियों का सहयोग भी हमें प्राप्त हुआ है। हम इनके आभारी होने के साथ-साथ तमाम मीडियाकर्मियों के भी प्रति अपना आभार व्यक्त करते हैं, जिन्होंने सदन के एक-एक क्षण की कार्यवाही का सटीक ब्योरा राज्य की न केवल सवा तीन करोड़ जनता तक पहुँचाया है, वरन् इसका प्रचार-प्रसार पूरे देश और दुनिया में किया है। मैं अपनी ओर से सभा-सचिवालय और राज्य सरकार के सचिवालय के कर्मचारियों एवं पदाधिकारियों को भी धन्यवाद देता हूँ, जिनके सहयोग के बिना मेरे द्वारा इस सत्र का सफल संचालन अत्यन्त कठिन होता। मैं आज के अवसर पर भारतीय जनता पार्टी के प्रखर नेता, सांसद और पूर्व केन्द्रीय मंत्री, श्री साँवरलाल जाट, जिसका निधन पिछले दिनों हो गया और गोरखपुर के अस्पताल में मृत 30 से ज्यादा बच्चों के प्रति अपनी श्रद्धांजलि भी व्यक्त करता हूँ। इसी के साथ मैं सभा की कार्यवाही अनिश्चितकाल तक के लिए स्थगित करता है।

धन्यवाद!

12 दिसम्बर, 2017

माननीय अध्यक्ष का प्रारम्भिक वक्तव्य

अध्यक्ष–माननीय सदस्यगण,

चतुर्थ झारखण्ड विधानसभा के ग्यारहवें और इस वर्ष के चार दिवसीय शीतकालीन-सत्र में आप सभी का हार्दिक अभिनन्दन। विगत सत्र से अब तक की अवधि में महत्त्वपूर्ण संसदीय घटनाएँ घटित हुई हैं, जिनमें से एक अत्यन्त महत्त्वपूर्ण है–राष्ट्रमण्डल संसदीय संघ का 63वाँ अन्तर्राष्ट्रीय सम्मेलन। उक्त सम्मेलन इस वर्ष भारतीय उपमहाद्वीप के बांग्लादेश की राजधानी ढाका में सम्पन्न हुआ। देश की सर्वोच्च विधायी संस्था संसद के दोनों सदनों के पीठासीन अधिकारियों के साथ-साथ भारत के सभी राज्यों की विधायी संस्थाओं के पीठासीन अधिकारी भी इस सम्मेलन में शामिल हुए। सम्मेलन में विचार-विमर्श का जो मुख्य मुद्दा था, उनमें से दो पर झारखण्ड विधानसभा की ओर से मेरे द्वारा विचार व्यक्त किया गया है। उनमें से प्रथम 'जलवायु परिवर्तन और राष्ट्रमण्डल की चुनौती' है तथा दूसरा है, 'सरकारी प्रक्रियाओं में युवाओं की प्रभावशाली भूमिका।'

आप इस तथ्य से विदित हैं कि जलवायु परिवर्तन के कुप्रभावों से जहाँ पूरी दुनिया दुष्प्रभावित हो रही है, वहीं भारत भी इससे अछूता नहीं है। असमय बाढ़

और सुखाड़ की विभीषिका को झेलना आज अपने देश की नियती बन गयी है। हम इन विभीषिकाओं से ऊबर कर आने वाली पीढ़ियों के लिए एक बेहतर भारत और एक बेहतर विश्व का निर्माण कैसे करें, यह चिन्ता का विषय है। बहुत सारे उपाय हैं, जिन पर अमल कर आने वाली पीढ़ियों के भविष्य को सुरक्षित किया जा सकता है। विभिन्न सरकारों के स्तर पर इस दिशा में पर्याप्त काम हो रहे हैं। कार्बन उत्सर्जन के साथ-साथ प्लास्टिक पदार्थों के उपयोग को निरुत्साहित करके इस दिशा में सार्थक परिणाम पाया जा सकता है। आप इस तथ्य से भी विदित हैं कि आज का भारत युवाओं का भारत है। हमारी दो तिहाई आबादी युवा आबादी है। शासन में इनकी सहभागिता के बगैर हम अपने लोकतन्त्र को दमदार और प्रभावकारी नहीं बना सकते हैं। हमारी शासन प्रणाली संसदीय है। आज युवा वर्ग कैसे इस संसदीय व्यवस्था में सहभागी बने। कार्यमन्त्रणा समिति की बैठक में भी यह विचार सामने आया है। सभा सत्र के प्रथम दिन की प्रारम्भिक औपचारिकताओं को पूरा करने के बाद अन्य कार्यदिवसों की तरह प्रश्न एवं ध्यानाकर्षण प्रस्ताव सहित अन्य विधायी कार्य भी लिये जायें। मैं कोशिश करूँगा कि एतद्विषयक प्रस्ताव पर आप सभी की सहमति प्राप्त हो और तदनुसार आने वाले सत्रों में इस उद्देश्य को पूरा करने हेतु सरकार की ओर से भी सार्थक प्रयास हो। इसी के साथ मैं आप सभी का पुनः एक बार अभिनन्दन करता हूँ। बहुत-बहुत धन्यवाद!

15 दिसम्बर, 2017

माननीय अध्यक्ष का समापन भाषण

अध्यक्ष–माननीय सदस्यगण,

चतुर्थ झारखण्ड विधानसभा का एकादश सत्र अब समाप्ति की ओर अग्रसर है। चार दिनों के इस सत्र में तीन दिनों की कार्यवाही का अधिकांश हिस्सा व्यवधान और रुकावटों में गुजरा। मुझे अत्यन्त पीड़ा के साथ इस तथ्य को स्वीकार करना पड़ रहा है कि इस अवधि में कुल स्वीकृत 258 प्रश्नों में से एक का भी मौखिक उत्तर सदन में नहीं हो सका है। चाहे वह अल्पसूचित प्रश्न हो अथवा तारांकित प्रश्न। यद्यपि इन 258 प्रश्नों में कुल 219 प्रश्नों के लिखित उत्तर सभा-सचिवालय का ससमय प्राप्त हो गये और इन्हें कार्यसूची के साथ माननीय सदस्यों के बीच वितरित भी कर दिया गया। वर्तमान में कुल 39 प्रश्न, जिनमें 37 अतारांकित कोटि के प्रश्न हैं, के

उत्तर सम्बन्धित विभागों के पास लंबित हैं। मैं आशा करता हूँ कि इन प्रश्नों के उत्तर भी शीघ्र ही विधानसभा सचिवालय को प्राप्त हो जायेंगे। इसी के साथ हमें यह भी स्वीकार करना पड़ रहा है कि इस सत्र के लिए कुल 15 ध्यानाकर्षण की सूचनाएँ स्वीकार की गयीं और इन्हें विधिवत सभी की कार्यसूची पर भी अंकित किया गया। लेकिन सभा में रुकावट और व्यवधान का आलम ऐसा रहा कि इनमें से किसी एक पर सरकार का वक्तव्य सदन में नहीं हो सका। यह स्थिति झारखण्ड की सवा तीन करोड़ जनता के लिए चिन्ताजनक है। अगर हमें संसदीय लोकतन्त्र को इस राज्य में आगे लेकर जाना है, तो हमें सार्थक प्रयास करने होंगे। संसदीय लोकतन्त्र में विधायी सदन वाद-विवाद के मंच होते हैं। इस पवित्र मंच का उपयोग सार्थक वाद-विवाद, विचार-विनिमय और जनता की समस्याओं के निराकरण के लिए होना चाहिए। इस सत्र में हम लोगों ने ऐसा न करके संसदीय भावना को ठेस पहुँचाने का काम किया है। मैं इस स्थिति के लिए किसी एक पक्ष के दोषी नहीं ठहराना चाहता। इस सदन के व्यवस्थापूर्वक संचालन के लिए सदन में सभी पक्षों के सार्थक सहयोग की आवश्यकता होती है। सभी की भावनाओं का सम्मान करना संसदीय लोकतन्त्र का पुनीत दायित्व है। हम कहीं-न-कहीं इस पुनीत दायित्व के निर्वहन में विफल रहे हैं, किन्तु हम आशा करते हैं कि आने वाले सत्रों में इस स्थिति से उबरने के लिए माननीय सदस्यगण गम्भीर चिंतन करेंगे और स्वस्थ लोकतन्त्र की स्थापना की दिशा में सार्थक कदम उठा पाने में हम कामयाब होंगे।

माननीय सदस्यगण, सभा के इस सत्र में शून्यकाल की कुल 59 सूचनाएँ प्राप्त हुई हैं और इसी के साथ 13 निवेदनों की भी स्वीकृति हुई है। इन सभी सूचनाओं को सम्बन्धित विभागों को भेज दिया गया है ताकि इनके उत्तर समय पर प्राप्त हो सकें। इस सत्र में एक विनियोग विधेयक सहित कुल सात सरकारी विधेयकों पर चर्चा हुई जिनमें से एक को सभा की प्रवर समिति को सौंपने का निर्णय लिया गया, जबकि छह अन्य विधेयक ध्वनिमत से पारित किये गये। इसी के साथ मैं यह सूचना भी देना चाहता हूँ कि इस सत्र में स्वीकृत कुल–26 गैर-सरकारी संकल्प की सूचनाओं पर सार्थक चर्चाएँ हुईं, तदुपरान्त इनका निष्पादन भी किया गया। इस सत्र के सफल संचालन में राज्य सरकार के सचिवालय कर्मियों का सहयोग प्राप्त होने के साथ-साथ सुरक्षा-व्यवस्था को चाक-चौबंद करने में पुलिसकर्मियों का भी सार्थक

सहयोग हमें प्राप्त हुआ है। मीडिया के मित्रों ने सदन की कार्यवाही की एक-एक घटना का प्रकाशन एवं प्रसारण कर यहाँ की हर गतिविधि की जानकारी झारखण्ड के सुदूर क्षेत्रों में रहने वाली जनता तक पहुँचाया है। मैं इसके लिए उन सभी के प्रति आभार व्यक्त करता हूँ। विधानसभा सचिवालय के कर्मियों का धन्यवाद दिये बिना मैं नहीं रह सकता, जिनके द्वारा सत्र सम्बन्धी विभिन्न कार्यों में पूरी मुश्तैदी का परिचय दिया गया है।

आज जब सभा की कार्यवाही समाप्त हो रही है, तो मैं आपको याद दिलाना चाहता हूँ कि 2018 का नववर्ष हमारे सामने है। आने वाले इस वर्ष की मंगल कामनाएँ आप सभी को प्रेषित करते हुए मैं यह उम्मीद करता हूँ कि 2018 का वर्ष झारखण्ड के लिए एक सुखद वर्ष होगा और इस वर्ष के एक-एक पल का सुखद अहसास इस राज्य की जनता को प्राप्त होगा। इसी के साथ मकर संक्रांति का पर्व भी निकट है। आने वाले पर्व की मिठास का अहसास झारखण्ड के जन-जन को हो, इन्हीं मंगल कामनाओं के साथ मैं इस सत्र के समापन और सभा की कार्यवाही के अनिश्चितकाल तक के लिए स्थगित करने की घोषणा करता हूँ।

बहुत-बहुत धन्यवाद!

17 जनवरी, 2018

माननीय अध्यक्ष का प्रारम्भिक वक्तव्य

अध्यक्ष–चतुर्थ झारखण्ड विधानसभा के द्वादश और इस कैलेंडर वर्ष के प्रथम सत्र में आप सभी का हार्दिक अभिनन्दन। विगत वर्ष के बड़ा दिन की खुशियों और इस वर्ष के मकर संक्रांति की मिठास के सुखद एहसास के साथ आरम्भ हुए इस सत्र में मैं आप सभी को सर्वप्रथम नववर्ष की शुभकामनाएँ देता हूँ और कामना करता हूँ कि यह वर्ष झारखण्ड के लिए सुख और समृद्धि का वर्ष सिद्ध हो। चूँकि यह इस कैलेंडर वर्ष का पहला सत्र है, अतः इस सत्र को संवैधानिक प्रावधानों के अधीन माननीय राज्यपाल महोदया सम्बोधित करेंगी। विधानमण्डलों में ऐसे अवसर को गरिमा के अवसर के रूप में ग्रहण किया जाता रहा है और ऐसे अवसरों पर माननीय सदस्यों से अपेक्षा की जाती है कि वे आदर और श्रद्धा के साथ राज्य के संवैधानिक प्रमुख के भाषण को सुनेंगे और मर्यादा के अभिरक्षण के लिए सदन में शालीनता बनाये रखेंगे। साथ ही प्रक्रिया तथा कार्य-संचालन के नियमों में प्रावधानित पालनीय

नियमों का अनुपालन भी सुनिश्चित करेंगे। इस अवसर पर मैं माननीय सदस्यों को यह स्मरण दिलाना चाहता हूँ कि सदन में राज्यपाल का अभिभाषण शासन के प्रमुख का अभिभाषण न होकर संवैधानिक प्रमुख का अभिभाषण होता है। इसलिए इसमें कोई पक्ष या प्रतिपक्ष की विभाजन रेखा नहीं होती है, दरअसल विधानसभा में माननीय राज्यपाल का संबोधन विधानमण्डल के प्रधान का संबोधन है। इस मान्यता को कई माननीय उच्च न्यायालयों के साथ-साथ राष्ट्रीय विधि आयोग द्वारा भी स्वीकार किया गया है। अतः इस परिप्रेक्ष्य में सभा में राज्यपाल महोदया की उपस्थिति को गरिमा के अवसर के रूप में माननीय सदस्यगण स्वीकार करने की कृपा करेंगे और इसके साथ यह सन्देश भी देंगे कि झारखण्ड के विकास के लिए पूरी विधानसभा के समस्त सदस्यगण अपनी राजनीतिक प्रतिबद्धताओं और विचारधाराओं से परे हट कर समवेत प्रयास करने हेतु कृत संकल्प है। माननीय राज्यपाल महोदया से निम्नांकित आशय का सन्देश मुझे प्राप्त हुआ है। यद्यपि इस सन्देश को पूर्व में ही आपको प्रेषित किया जा चुका है। तथापि मैं इसे आपको पढ़कर सुना देना चाहता हूँ–

संदेश

भारत के संविधान के अनुच्छेद–176 के खण्ड (1) के द्वारा प्रदत्त शक्तियों का प्रयोग करते हुए मैं, द्रौपदी मुर्मू, झारखण्ड की राज्यपाल, इसके द्वारा झारखण्ड विधानसभा को दिनांक–17 जनवरी, 2018 को 11.30 बजे पूर्वाह्न में सम्बोधित करना चाहती हूँ और इस हेतु लेनिन हॉल, एच.ई.सी., राँची स्थित झारखण्ड विधानसभा सदन में सदस्यों की उपस्थिति चाहती हूँ।

राँची, ह./–द्रौपदी मुर्मू

दिनांक–28 दिसम्बर, 2017 झारखण्ड की राज्यपाल

मैं आप सभी से अनुरोध करना चाहता हूँ कि जब माननीया राज्यपाल महोदया सदन में उपस्थित हों तो आप सभी अपनी सीट पर विराजमान रहकर अभिभाषण को शालीनता से सुनेंगे तथा पूरे अभिभाषण के दौरान सदन में व्यवस्था बनाये रखेंगे। कोई सदस्य इस दौरान न तो सभा से बाहर जायेंगे तथा न ही अन्दर प्रवेश करेंगे।

अब मैं माननीया राज्यपाल महोदया की अगवानी के लिए थोड़ी देर के लिए सदन से बाहर जा रहा हूँ। मेरी अनुपस्थिति में उनकी अगवानी से आगमन तथा अभिभाषण के बाद उनकी विदाई के लिए मेरे सदन से बाहर रहने की अवधि में भी आप सदन में अपने स्थान पर बैठे रहकर व्यवस्था बनाये रखने की कृपा करेंगे। धन्यवाद!

30 जनवरी, 2018

माननीय अध्यक्ष का समापन भाषण

माननीय सदस्यगण,

दिनांक–17 जनवरी, 2018 से आरम्भ हुआ चतुर्थ झारखण्ड विधानसभा का द्वादश सत्र गतिरोध, व्यवधान और अव्यवस्था के अराजक वातावरण में आज समाप्त हो रहा है। आप इस तथ्य से विदित हैं कि इस सत्र के बैठकों में कुल संख्या 15 दिनों के लिए निर्धारित थी, इसे मात्र 8 दिनों की बैठक के उपरान्त समाप्त करने का दु:खद निर्णय दिनांक–29 जनवरी, 2018 को कार्यमंत्रणा समिति की बैठक में लिया गया और इस पर सभा की सहमति भी प्राप्त हुई। सदन का व्यवस्थापूर्वक संचालन यद्यपि सभा के अध्यक्ष की होती है, जो निष्पक्ष भाव से सदन संचालन के हित में समय-समय पर फैसले लेकर कार्यों को आगे बढ़ाता है लेकिन इसके साथ इस तथ्य से भी आप विदित होंगे और जैसा की भारत के संसदीय लोकतान्त्रिक व्यवस्था में समय-समय पर हमारे संसदीय पुरोधाओं और राष्ट्र पुरुषों ने स्वीकार किया है कि कोई भी अध्यक्ष अपने कार्यों के निर्वहन में तभी सफल हो सकता है, जब उसे सदन के भीतर दोनों पक्षों यथा सत्तापक्ष और प्रतिपक्ष का पर्याप्त सहयोग मिले। सत्र की निर्धारित अवधि के मध्य ही इसके स्थगन का निर्णय लेना मेरे लिए भी सुकून का विषय नहीं है। आज के अवसर पर मैं सदन में सदस्यों के आचरण के मद्देनज़र अपनी असहजता को स्वीकार करता हूँ। यह सही है कि संसदीय लोकतन्त्र में बहुमत वाले पक्ष को सरकार चलाने की आज़ादी है और इसके साथ-साथ अल्पमत को भी अपने पक्ष को मुखरता से रखने की सुविधा दी गयी है। हमारे संविधान निर्माताओं ने, जिन्हें दरअसल राष्ट्र निर्माता की श्रेणी में रखा जाता रहा है, के द्वारा जब हमारे लिए शासन की संसदीय प्रणाली को स्वीकार किया जा रहा था, तब उनके सामने सदन के ऐसे स्याह पक्ष की परिकल्पना नहीं थी। आज का दिन हमारे लिए आत्म-चिन्तन का दिन है कि झारखण्ड में हम संविधान-निर्माताओं, राष्ट्र-निर्माताओं की भावन के अनुरूप लोकतन्त्र को सही दिशा में ले जा रहे हैं या इसे किसी दूसरी दिशा की ओर धकेल रहे हैं। आज का दिन, जो हमारे राष्ट्रपिता महात्मा गांधी के शहादत का दिन है, के द्वारा देश की आज़ादी के अवसर पर कहे गये एक वाक्य को उद्धृत करना अपना पुनीत कर्तव्य समझता हूँ, "आजादी केवल कांग्रेस के लोगों को नहीं मिली है, यह आज़ादी पूरे देश को प्राप्त हुई है। इसलिए यह आवश्यक है कि जो भी लोग इस आज़ादी की लड़ाई में सक्रिय भूमिका के साथ आगे रहे हैं, उन सभी लोगों को

मिलाकर हम शासन का स्वरूप तैयार करें।" देश की अंतरिम संसद, जिसे संविधान निर्माण का दायित्व सौंपा गया था, में विभिन्न राजनीतिक विचारधाराओं और दलों के लोग थे। उन सभी ने मिलकर संविधान को एक ठोस रूप प्रदान किया था। वैचारिक मतभेद के चलते और अपनी-अपनी राजनैतिक प्रतिबद्धताओं के कारण सदन में भी टकराव देखने का अवसर आता रहा है, लेकिन ऐसी अराजकता कभी नहीं देखने को मिली, जिससे विगत कुछ सत्रों में हम रू-ब-रू हुए हैं।

माननीय सदस्यों के सामने इस तथ्य को पुनः एक बार दोहरा देना चाहता हूँ कि जनता किसी भी चुनाव में अपने जनादेश के माध्यम से एक पक्ष को शासन के संचालन की जिम्मेवारी सौंपती है तथा दूसरे पक्ष को गुण-अवगुण की विवेचना करने के लिए विपक्ष में बैठने की भूमिका दे देती है। जिस पक्ष को शासन का जनादेश प्राप्त हुआ है, उसको शासन करने देना चाहिए। जनादेश की यही अपेक्षा है लेकिन इसका मतलब यह नहीं कि अल्पमत में बैठे लोग चुपचाप सरकार की सारी नीतियों को स्वीकार करते चले जायें। दरअसल, शासन की एक्सप्रेस गाड़ी को ब्रेक लगाने का काम प्रतिपक्ष ही करता है और उसकी इस गहन भूमिका को भारत एवं संसदीय लोकतन्त्र में हमेशा से स्वीकार किया जाता रहा है, लेकिन इसका अभिप्राय यह भी नहीं है कि शासन में गाड़ी को आगे बढ़ने ही न दिया जाये। संसद की 50वीं वर्षगाँठ पर भारत के तत्कालीन प्रधानमन्त्री श्रद्धेय अटल बिहारी वाजपेयी ने कहा था कि सदन में मरघट की शान्ति नहीं होनी चाहिए लेकिन इसे कुश्ती का अखाड़ा भी नहीं होना चाहिए। हम गौतमबुद्ध और महावीर की भूमि के पुत्र हैं। महात्मा बुद्ध ने यह कहा था कि "वीणा के तारों को इतना भी मत कसिए कि वह टूट जाये और इसे इतना भी ढीला मत छोड़ो कि किसी प्रकार की ध्वनि निकले ही नहीं।" उक्त परिप्रेक्ष्य में सत्तापक्ष और प्रतिपक्ष दोनों को सम्यक् भूमिका निभानी चाहिए और इसी भूमिका को निभाते हुए समस्याओं के समाधान तक पहुँचाना चाहिए। यही आज की तिथि में संसदीय लोकतन्त्र की माँग है।

माननीय सदस्यगण, विधानसभा के सत्र के आह्वान के समय से ही क्षेत्र की जनता हमारी ओर आशा भरी निगाहों से देखती रहती है कि हमारे निर्वाचित जनप्रतिनिधि द्वारा सदन में क्षेत्र की ज्वलन्त समस्याओं को उठाया जायेगा और समाधान के रास्ते ढूँढ़े जायेंगे। यह सब इस सत्र में नहीं हो सका है। ऐसी स्थिति से जनता में निराशा का माहौल पैदा होने की सम्भावना है। हाल में कई राज्यों में विधानसभा के चुनाव हुए हैं और लोकसभा के लिए भी कई सीटों पर उपनिर्वाचन सम्पन्न हुए हैं। आपने महसूस किया होगा कि बड़ी संख्या में मतदाताओं ने चुनाव

लड़ रहे सारे प्रत्याशियों की उम्मीदवारी के विपरीत नोटा के विकल्प का चयन किया है। हम यदि लोकतन्त्र को सही दिशा में लेकर चलने में नाकामयाब रहे तो जनता उस विकल्प को चुन लेगी जो देश के लोकतन्त्र के लिए एक गम्भीर चिन्ता की बात होगी। मैं इस सत्र में प्रश्नों एवं ध्यानाकर्षणों के आँकड़ों को आपके सामने रखना चाहता हूँ। इस सत्र के लिए कुल 1058 प्रश्न स्वीकृत किये गये थे, जिनमें अल्पसूचित प्रश्नों की संख्या 297, तारांकित प्रश्नों की संख्या 660 और अतारांकित प्रश्नों की संख्या 101 रही है। इसमें से मात्र 2 अल्पसूचित प्रश्नों के जैसे-तैसे उत्तर सदन में हो सके हैं। एक भी तारांकित प्रश्न सभा में नहीं लिया जा सका। कुल 733 प्रश्नों के लिखित उत्तर सम्बन्धित विभागों से प्राप्त हुए हैं तथा 325 प्रश्नों का लिखित उत्तर आना अभी बाकी है। इस सत्र में अब तक प्रश्न के लिए कुल 7 कार्यदिवस निर्धारित थे, जिनमें 101 अल्पसूचित प्रश्न और 421 तारांकित प्रश्न कार्यसूची पर अंकित थे। इस सत्र में अब तक कुल 63 ध्यानाकर्षण की सूचनाएँ प्राप्त हुईं, जिनमें 35 को सरकार के वक्तव्य के लिए स्वीकार किया गया और इनके विरुद्ध किसी भी ध्यानाकर्षण सूचना को नहीं लिया जा सका। शून्यकाल की कुल 106 सूचनाएँ प्राप्त हुई, जिनमें 104 को स्वीकार किया गया है। गैर-सरकारी संकल्प की 48 सूचनाएँ सभा-सचिवालय को प्राप्त हुई, जिनमें से 47 को सरकार के वक्तव्य के लिए स्वीकार किया गया है। निवेदन की कुल 44 सूचनाएँ प्राप्त हुईं, जिनमें 35 स्वीकार की गयी हैं। 2 अमान्य हुई हैं और 7 अभी प्रक्रियाधीन हैं। इसी के साथ मैं इस विधानसभा के छठे सत्र से अब तक की कार्य स्थिति को दर्शा देना भी अपना कर्तव्य समझता हूँ। छठे सत्र से अब तक सभा की कुल 39 बैठकें हुई हैं, जिनमें कुल 156 घंटे काम होना था। इसके विरुद्ध मात्र 60 घंटे ही कार्य हो सके हैं। उस समय से अब तक के लिए स्वीकृत अल्पसूचित प्रश्नों की संख्या 654 है, तारांकित प्रश्नों की संख्या 2079 है, इसके विरुद्ध मात्र 11 अल्पसूचित और 16 तारांकित प्रश्न सभा में सरकार के उत्तर के लिए लिये जा सके। ध्यानाकर्षण की कुल 147 सूचनाओं में मात्र 8 पर सरकार का वक्तव्य सम्भव हो पाया। छठे सत्र से अब तक की अवधि में विनियोग विधेयक के साथ-साथ कुल 44 विधेयक लिये गये, जिनमें 3 प्रवर समिति के समक्ष विचाराधीन हैं, जब कि 41 का पारण सम्भव हो पाया। मैं यह भी स्पष्ट कर देना चाहता हूँ कि इन 44 विधेयकों में मात्र 2-3 विधेयकों पर सदन में सार्थक चर्चा हो पायी है। इस कार्य स्थिति से आप अवगत हो चुके होंगे कि हम कार्यकुशलता की दृष्टि से काफी पिछड़े हुए हैं। हम नाकामयाब रहे हैं, विरोध के

बीच में सहमति की आदर्श स्थिति तक पहुँचने में। फिर भी अपनी निराशा की इस स्थिति में मैं यह कहना चाहता हूँ कि मैं निराश नहीं हूँ। एक बार फिर मैं आप सभी से अपील करना चाहता हूँ कि आप झारखण्ड की सवा तीन करोड़ जनता और इस राज्य की लोकतान्त्रिक संस्था के हित में एक बार फिर आत्ममूल्यांकन करेंगे, ताकि आने वाले समय में सदन सुचारु रूप से चले और इस राज्य की आम जनता के साथ-साथ मेरी निराशा, हताशा में न बदल जाये। इसी के साथ मैं सभा की कार्यवाही अनिश्चितकाल के लिए स्थगित करने की घोषणा करता हूँ। बहुत-बहुत धन्यवाद!

16 जुलाई, 2018

माननीय अध्यक्ष का प्रारम्भिक वक्तव्य

अध्यक्ष–माननीय सदस्यगण,

चतुर्थ झारखण्ड विधानसभा के त्रयोदश सत्र में आप सबों का मैं हार्दिक अभिनन्दन करता हूँ। मैं सभा की ओर से दो नवनिर्वाचित माननीय सदस्या श्रीमती बबीता देवी और श्रीमती सीमा देवी का विशेष रूप से स्वागत करता हूँ। श्रीमती बबीता देवी ने गोमिया विधानसभा क्षेत्र में और श्रीमती सीमा देवी ने सिल्ली विधानसभा क्षेत्र में हुए उपचुनाव में विजयी होकर अपने-अपने निर्वाचन क्षेत्र का प्रतिनिधित्व करने का सुअवसर प्राप्त किया है। दोनों माननीय सदस्या ने 5 जून, 2018 को मेरे कार्यालय कक्ष में विधानसभा की सदस्यता का शपथ ग्रहण किया है।

विगत सत्रों में मैंने यह महसूस किया है कि हम लोकतन्त्र के मानदण्डों पर खरे नहीं उतर पा रहे हैं। विधायी कार्य गौण हो गये हैं और राजनीतिक महत्त्वाकांक्षा हावी हो गयी है। जनता के सवाल से ही सरकार को अपनी नीति और योजनाओं को सभा में रखने का और विपक्ष को उनकी आलोचना-समालोचना करने का अवसर मिलता है। सदन संवाद स्थापित करने का सर्वोच्च स्थान है, संवादहीनता चाहे वह सदन के बाहर हो या सदन में, विकास के मार्ग में बाधा उत्पन्न करती है।

सदन का एक-एक सदस्य, एक पूरी-की-पूरी सभा है, क्योंकि प्रत्येक सदस्य को सभा में अपने निर्वाचन क्षेत्र का प्रतिनिधित्व करने का नैसर्गिक अधिकार है। हम किसी भी माननीय सदस्य के अधिकारों का हनन नहीं होने देना चाहते हैं। प्रत्येक सदस्य अपने कर्तव्यों का पालन करें, तो दूसरे सदस्य के अधिकार की रक्षा स्वत: हो जायेगी। सभा के लिए निर्धारित कार्य का निष्पादन कैसे करें, यह हम सबों को सोचना चाहिए। सभा के बाहर कितनी भी सर्वदलीय बैठक, सचेतकों की बैठक

या दलीय बैठकें कर ली जायें, किन्तु इसका सार्थक प्रभाव सभा में नहीं दिखता तो इसकी सार्थकता सिद्ध नहीं होती। सभा के निर्धारित कार्य वाद-विवाद और सुझाव के साथ निष्पादित होने चाहिए। सभा में व्यवस्था का माहौल बने इसके लिए सदन नेता, नेता प्रतिपक्ष, दलीय नेता, सचेतकों को विशेष प्रयास करने होंगे। अपने सदस्यों को अनुशासित करना सभी दलीय नेताओं और सचेतकों की ही जिम्मेवारी है।

माननीय सदस्यगण, मैंने यह अनुभव किया है कि सभा सुचारु रूप से नहीं चलने से उन तत्त्वों को राहत मिलती है, जो राज्य के विकास में बाधक बनते हैं और योजनाओं को जनता तक पहुँचाने में कोताही बरत रहे हैं। जनप्रतिनिधियों के माध्यम से कार्यपालिका को विधायिका के प्रति जवाबदेह बनाने में हम सफल नहीं हो पा रहे हैं। माननीय सदस्यगण अक्सर कहते हैं कि विधानसभा की समिति का महत्त्व कम हुआ है। सभा में पूछे जाने वाले प्रश्नों, ध्यानाकर्षण, गैर-सरकारी संकल्प और सरकारी आश्वासनों आदि जनहित के सवालों का महत्त्व कम हुआ है, तो क्या इसके लिए आंशिक तौर पर हम लोग स्वयं उत्तरदायी नहीं हैं? कार्य-संचालन के नियमों और संसदीय व्यवस्था के तहत सभा में विषय आयें तो चर्चा होगी, सरकार का उत्तर होगा, तभी तो कार्यों की योजनाओं की समीक्षा होगी, गैर-जवाबदेह पदाधिकारी और विकास में बाधक बनने वाले तत्त्वों पर शिकंजा कसेगा और हम कार्यपालिका को जवाबदेह बना सकेंगे। हम या तो सेल्फ गोल कर रहे हैं या फिर हम एक दूसरे को वॉक ऑवर दे रहे हैं। लोकतन्त्र के लिए यह स्थिति सुखद नहीं है।

माननीय सदस्यगण इस सत्र में प्रश्न, ध्यानाकर्षण, शून्यकाल तथा गैर-सरकारी संकल्पों की सूचनाओं के अतिरिक्त वर्ष 2018-19 का प्रथम अनुपूरक बजट का उपस्थापन होगा, चर्चा के अवसर होंगे। विधायी कार्य होंगे और हमें अपनी बात कहने का पूर्ण अवसर मिलेगा। आवश्यक होगा तो प्रत्येक बैठक के निर्धारित कार्य अवधि के पश्चात् भी सभा की कार्यवाही चलेगी। आप सबों का सहयोग अपेक्षित है।

यह मॉनसून-सत्र है और हमें उम्मीद है कि इस बरसात में सत्तापक्ष और विपक्ष के बीच विगत कुछ सत्रों से बनी दूरी मिटेगी, मतभेद मिटेंगे। हमें पूर्ण विश्वास है कि बरसात की खूबसूरत बूँदों के बीच राज्य के भविष्य के लिए नयी उम्मीदें लाने में हम सफल होंगे और जन आकाँक्षाओं पर खरे उतरेंगे। बहुत-बहुत धन्यवाद!

21 जुलाई, 2018

माननीय अध्यक्ष का समापन भाषण

अध्यक्ष–माननीय सदस्यगण,

चतुर्थ झारखण्ड विधानसभा का 13वाँ सत्र अब समाप्त होने जा रहा है। कुल 06 (छह) दिनों तक चले इस सत्र में पहले दिन को छोड़कर शेष 05 (पाँच) कार्यदिवसों में विभिन्न कारणों से व्यवधान की घटनाएँ घटित हुई हैं, जिन्हें दूर करने के कई प्रयास आसन की ओर से किये गये। इसी क्रम में कार्यमंत्रणा की दो बैठकें और विधायक दल की एक बैठक आयोजित की गयी। इसमें मुझे अपेक्षित कामयाबी पूरी तरह से नहीं मिली, जो मेरे लिए दुःखद है। बैठक का संचालन यदि व्यवस्थापूर्वक होता तो जनता के सवाल सभा में आते और समाधान के उपाय भी ढूँढ़े जाते। पूरे सत्र के दौरान हमने यही देखा है कि सभा की बैठक का प्रारम्भिक समय जो जनता का समय होता है, व्यवधान उसी में हुआ। इस सत्र में एक भी प्रश्न सभा में नहीं लिया जा सका और न ही उसका मौखिक उत्तर हुआ। शून्यकाल की कोई सूचनाएँ नहीं ली गयी। इसी तरह से ध्यानाकर्षण प्रस्तावों पर कोई चर्चा नहीं हुई। सभा-सचिवालय से लेकर राज्य सरकार के सचिवालय और क्षेत्रीय कार्यालय तक प्रश्नोत्तर और प्रस्तावों का उत्तर तैयार करने के लिए, जो कार्यबल लगा, वह विफल रहा है। यह संसदीय लोकतन्त्र के लिए अच्छी बात नहीं है। मैं बार-बार कहता आया हूँ कि जनहित के मुद्दों पर सत्तापक्ष और विपक्ष दोनों के सदस्यों को समान रूप से संवेदनशील होना चाहिए। इस पूरे सत्र के दौरान मैंने संवेदनशीलता का अभाव देखा है। मैं बहुत दुखित मन से इन सारे तथ्यों का आज जब यहाँ उल्लेख कर रहा हूँ, तो उसके पीछे एक निहित उद्देश्य भी है, ताकि मेरी इस पीड़ा को सामूहिक पीड़ा के रूप में इस विधान के सभी सदस्य ग्रहण करें और इस विधानसभा के कार्यकाल में आने वाले जो भी सत्र है, उनका सफल संचालन सुनिश्चित हो सके।

यह सही है कि सभा की दूसरी पाली के दौरान व्यवधान की स्थिति वैसी नहीं रही, जैसी पहली पाली में हम लोगों ने देखा है। इसका परिणाम यह हुआ कि एक विनियोग विधेयक सहित कुल 21 विधेयकों पर सभा में सार्थक चर्चा हुई। कुछ विधेयकों पर संशोधन प्रस्ताव भी आये। सभा ने कुछ संशोधनों को स्वीकार भी किया है। मैं ही नहीं इस चीज को दोहराता हूँ कि समस्त विधायी कार्य सरकार के कार्य थे, बल्कि पूरी संसदीय व्यवस्था में भी इसे सरकारी कार्य के रूप में देखा जाता

है। जहाँ सरकार का कार्य हो और जनता के मुद्दे गौण हो जायें, वह सभा अपनी उपयोगिता खोने लगता है। माननीय सदस्यगण इस सत्र में प्राप्त कुल 378 प्रश्नों में से 90 अल्पसूचित प्रश्न, 207 तारांकित प्रश्न एवं 81 अतारांकित प्रश्न थे, जिनमें से 289 प्रश्नों के लिखित उत्तर विभाग से प्राप्त हुए एवं 89 लंबित हैं। यह अच्छी बात है, लेकिन इन पर चर्चा का नहीं होना, उतनी ही गलत बात है। भविष्य में मेरी इन बातों से अगर कुछ सुधार होता है, तो संसदीय लोकतन्त्र के लिए यह सुखद होगा।

इस सत्र के संचालन में पक्ष प्रतिपक्ष के जिन माननीय सदस्यों ने सहयोग किया है, उसके लिए मैं धन्यवाद ज्ञापित करता हूँ। इन प्रश्नों का उत्तर तैयार करने में, प्रस्तावों के वक्तव्य तैयार करने में, असैनिक सचिवालय के कर्मियों का जो योगदान रहा है, वह भी प्रशंसनीय है। पूरे सत्र के दौरान विधि-व्यवस्था को बनाये रखने में राज्य सरकार के अधिकारियों और पुलिसकर्मियों की भूमिका के लिए भी मैं उन्हें धन्यवाद देता हूँ। मैं मीडिया के मित्रों को भी धन्यवाद देता हूँ। उनका भी पूरा सहयोग हमें प्राप्त हुआ है। इसी के साथ में यह भी सूचित करना चाहता हूँ कि इस सत्र के दौरान दो महापुरुषों के निधन की दुःखद सूचनाएँ भी हमें प्राप्त हुईं। श्री श्यामुचरण तुवीद और श्री गोपालदास नीरज। स्व. तुवीद की पहचान जहाँ लोकसेवक और राजनीति के क्षेत्र में स्मरणीय है, वहीं हिन्दी ऊर्दू गीतों के क्षेत्र में गोपालदास नीरज जी के योगदान को भुलाया नहीं जा सकता। दोनों ही अपने-अपने क्षेत्र के महारथी थे। स्व. तृवीद अपने जीवनकाल में 1958 से 1982 के दौरान तीन बार एकीकृत बिहार की विधानपरिषद् के सदस्य तथा कुछ समय के लिए इसके सभापति भी रहे। सन् 1961 में वे बिहार सरकार में मन्त्री बनाये जाने वाले जनजातीय समुदाय के पहले व्यक्ति थे। वे 1969 से 1973 तक बिहार लोकसेवा आयोग के अध्यक्ष भी रहे। आजादी की लड़ाई के दौरान तुवीद साहब की अहम भूमिका रही। वे स्थानीय जिला परिषद की राजनीति से भी जुड़े हुए थे। झारखण्ड अलग राज्य के आन्दोलन में भी उनकी महान भूमिका रही है। स्व. गोपालदास नीरज के साथ-साथ स्व. तुवीद जी के निधन से जो रिक्तता राजनीति और साहित्य के क्षेत्र में पैदा हुई है, उसकी भरपाई आसानी से सम्भव नहीं है। कुछ घाव ऐसे होते हैं, जिनके भरने में बहुत वक्त लगता है। इनका निधन ऐसे ही घाव में से एक है। हम ईश्वर से कामना करते हैं कि वे दोनों महानुभावों की आत्मा को चिरशान्ति प्रदान करें तथा उनके परिजनों को शोक सहने का सम्बल देने की कृपा करें। इसी के साथ मैं सभा की कार्यवाही अनिश्चितकाल तक के लिए स्थगित करता हूँ। धन्यवाद!

24 दिसम्बर, 2018

माननीय अध्यक्ष का प्रारम्भिक वक्तव्य

अध्यक्ष–माननीय सदस्यगण,

चतुर्थ झारखण्ड विधानसभा के चतुर्दश सत्र में आप सभी का हार्दिक अभिनन्दन है। कुल तीन कार्यदिवसों वाले इस वर्ष के अन्तिम और शीतकालीन सत्र में सरकार इस वित्तीय वर्ष का दूसरा अनुपूरक बजट पेश करेगी, जिस पर चर्चा के माध्यम से आप सभी को सरकार की वित्तीय नीतियों और आम जनता के हित में सरकार की प्राथमिकताओं के मूल्यांकन के अवसर प्राप्त होंगे। इसी के साथ सदन में एक विनियोग विधेयक सहित कतिपय अन्य सरकारी विधेयकों पर भी चर्चा के अवसर भी प्राप्त होंगे। यद्यपि यह सत्र अवधि की दृष्टि से छोटा है, तथापि इस सत्र में भी प्रश्नों, ध्यानाकर्षण प्रस्तावों, माननीय सदस्यों के गैर-सरकारी संकल्पों पर विचार-विमर्श के जो अवसर प्राप्त होंगे, उनका यदि सार्थक उपयोग होता है, तो इस सत्र की व्यापक उपादेयता सिद्ध हो सकेगी।

माननीय सदस्यगण, इस सभा के विगत मॉनसून-सत्र से अब तक की अवधि में देश के राजनीतिक परिदृश्य में अनेक परिवर्तन दृष्टिगोचर हो चुके हैं। छत्तीसगढ़, मध्य प्रदेश, राजस्थान, मिजोरम और तेलंगाना कुल पाँच राज्यों की विधानसभा के लिए हुए चुनावों में यहाँ के मतदाताओं ने अपना फैसला सुना दिया है। परिवर्तन प्रकृति का शाश्वत नियम है और राजनीति को भी इसी परिप्रेक्ष्य में देखा जाना विश्व-व्यापी लोकतन्त्र की अद्‌भुत विशेषता है, जो समाज परिवर्तन को स्वीकार नहीं करता, उसमें जड़ता आ जाती है। उक्त दृष्टि से पाँचों राज्यों में आये जनता के फैसले का हम स्वागत करते हैं। इन सभी पाँच राज्यों में नयी सरकारें गठित हो गयी हैं। हम कामना करते हैं कि ये सरकारें जनता की अपेक्षाओं पर खरी उतरें। इसी के साथ हमारी विधानसभा के कोलेबिरा निर्वाचन क्षेत्र के लिए सम्पन्न उपचुनाव में श्री नमन विक्सल कोंगाड़ी के निर्वाचित होने की सूचना भी हमें प्राप्त हुई है, हम उनकी जीत के लिए उन्हें भी बधाई देते हैं, बधाई देते हुए उम्मीद करते हैं कि वहाँ की जनता ने जिस उम्मीद के साथ उन्हें निर्वाचित किया है, वे उम्मीदें पूरी हों तथा इस विधानसभा के शेष बचे हुए कार्यकाल का वे जनहित की पूर्ति के लिए अधिकतम उपयोग सुनिश्चित करें।

आप इस तथ्य से अवगत होंगे कि विधानसभा के विगत स्थापना दिवस पर 22 नवम्बर, 2018 को इस वर्ष की उत्कृष्ट विधायक श्रीमती मेनका सरदार को

माननीय राज्यपाल महोदया के हाथों 'बिरसा मुण्डा उत्कृष्ट विधायक सम्मान' से सम्मानित किया गया।

इस सदन के माध्यम से उन्हें एक बार मैं पुन: बधाई देता हूँ और यह उम्मीद करता हूँ कि संसदीय आचरण के अन्य मानदण्डों को अपनाकर अन्य माननीय सदस्यों को भी यह सम्मान प्राप्त करने का अवसर प्राप्त होगा।

आप सभी को यह बताते हुए मुझे खुशी भी हो रही है कि श्री श्याम बेसरा, जो संथाली भाषा में लिखे गये उनके उपन्यास 'माड़ोम' के लिए इस वर्ष के 'साहित्य अकादमी पुरस्कार' के लिए चयनित किया गया है। मैं सदन की ओर से उन्हें भी उनकी इस शानदार उपलब्धि के लिए बधाई देता हूँ।

माननीय सदस्यगण, संसदीय लोकतन्त्र का यह तकाज़ा है कि सदन में उपलब्ध समय का भरपूर और सार्थक उपयोग हो। विचार-विनिमय के माध्यम से किसी सवाल के समाधान तक पहुँचना इस व्यवस्था की सर्वाधिक महत्त्वपूर्ण विशेषता है। हम इस बात के साक्षी हैं कि हमारे पिछले कुछ सत्र अव्यवस्था की भेंट चढ़ गये। प्रश्नकाल से आरम्भ होकर सभा के प्रत्येक दिन की कार्यवाही बाधित हुई है। मैं पुन: आपसे इस तथ्य को दुहराते हुए यह कहना चाहता हूँ कि जनता हमें इस सदन में अपना 'ट्रस्टी' बनाकर भेजती है। ट्रस्ट का अभिप्राय विश्वास से है। जनता ने हम पर यह विश्वास जताया है कि हम उनकी बातों को उनकी समस्याओं को सरकार के सामने रखकर उनके समाधान के रास्ते ढूँढ़ेंगे। सदन में व्यवधान की वजह से जनता का यह विश्वास टूटता है। उनका विश्वास हम पर और सर्वांगीण रूप में लोकतान्त्रिक व्यवस्था में कायम रहे, इसके लिए यह आवश्यक है कि विधायी सदन सुचारु रूप से चले। आज जो लोग सरकार में हैं, उनके सम्बन्ध में हमें यह सोच विकसित करनी होगी कि जनता ने उन्हें शासन का जनादेश दिया है तथा सरकार में बैठे लोगों को भी यह सोचकर आगे बढ़ना होगा कि जो लोग आज प्रतिपक्ष में बैठे हुए हैं, उन्हें भी जनता ने ही अपना विश्वास सौंप कर भेजा है।

इसीलिए लोकतन्त्र का यह मूलमंत्र सरकार के लिए गौर करने के लायक है कि प्रतिपक्ष भी सरकार का ही अंग होता है। इसलिए हमें प्रतिपक्ष की आलोचनाओं को भी सकारात्मक रूप में ग्रहण करना होगा। महात्मा बुद्ध ने जिस मध्यम मार्ग की बात कही थी, उसे सत्तापक्ष और प्रतिपक्ष दोनों ही यदि आत्मसात् कर लें तो किसी भी समस्या के समाधान हेतु एक सम्यक् मार्ग तक पहुँचने की परिकल्पना साकार

हो सकेगी और हमारा लोकतन्त्र पूर्णता की अवस्था को प्राप्त करने में सफल हो सकेगा। मैं उम्मीद करता हूँ कि सदन में उपस्थित सभी माननीय सदस्य इसे स्वीकार करने की कृपा करेंगे।

माननीय सदस्यगण, विधानसभा का यह सत्र ईसा मसीह के जन्मदिवस के एक दिन पूर्व आरम्भ हुआ है। मानवता के हित में उनके द्वारा किया प्रत्येक कार्य न केवल प्रशंसनीय, बल्कि पूजनीय भी है। इस पवित्र पर्व की पवित्रता हम अपने आचरण में अपनायें, मेरी यही कामना है। देश के पूर्व प्रधानमन्त्री 'भारत रत्न' श्रद्धेय अटल बिहारी वाजपेयी जी का जन्मदिन भी कल ही है। उनके प्रधानमंत्रित्वकाल में ही अपने इस राज्य का निर्माण हुआ। उनका जीवन भी हमारे लिए प्रेरणा पुंज के समान है। आज के अवसर पर हम उनके प्रति भी अपनी श्रद्धा निवेदित करते हैं।

मैं आपको यह जानकारी देना चाहता हूँ कि हमारे विधानसभा सचिव के रूप में श्री महेन्द्र प्रसाद ने 26 अगस्त, 2018 को योगदान दिया है। श्री प्रसाद न्यायिक सेवा के अधिकारी हैं। मैं सदन की ओर से उनका स्वागत करता हूँ तथा आशा करता हूँ कि सभा सचिव के रूप में उनकी भूमिका उल्लेखनीय रहेगी।

एक बार मैं पुनः आप सभी का हार्दिक अभिनन्दन करता हूँ और धन्यवाद देता हूँ। बहुत-बहुत धन्यवाद!

27 दिसम्बर, 2018

माननीय अध्यक्ष का समापन भाषण

माननीय सदस्यगण,

चतुर्थ झारखण्ड विधानसभा का चतुर्दश और इस वर्ष का शीतकालीन-सत्र अब समाप्त होने जा रहा है। कुल तीन दिनों तक चले इस सत्र में वित्तीय वर्ष 2018-19 का द्वितीय अनुपूरक बजट सरकार द्वारा प्रस्तुत किया गया। इसमें निहित विभिन्न विभागों की अनुदान माँगों के पारण के साथ-साथ सभा ने इससे सम्बन्धित विनियोग विधेयक एवं अन्य सात राजकीय विधेयकों को भी पारित कराने का काम किया है। सभा ने पूर्व में पारित कुल तीन विधेयकों को विभिन्न कारणों से वापस लेने का भी निर्णय लिया है। विधेयकों की वापसी के क्रम में यह जानकारी भी सरकार के सम्बन्धित माननीय मन्त्रियों द्वारा दी गयी है कि इनसे सम्बन्धित परिमार्जित विधेयक आने वाले दिनों में सरकार सभा में लेकर आयेगी। यद्यपि इस सत्र में व्यवधान का वातावरण बना रहा और अनुपूरक बजट पर सार्थक चर्चा नहीं हो सकी, तथापि

अधिकांश विधेयकों पर चर्चा हुई है तथा एक विधेयक यथा–झारखण्ड मोटर वाहन करारोपण (संशोधन) विधेयक, 2018 को सभा ने मत विभाजन से भी पारित कराने का काम किया है। शेष सभी विधेयक सभा में ध्वनि मत से पारित हुए। मैं समझता हूँ कि सभा ने जिन वर्णित विधेयकों को पारित किया है, जनहित की दृष्टि से वे अत्यन्त उपयोगी सिद्ध होंगे। सदन में व्यवधान निःसन्देह खेद का विषय है। इस आसन पर बैठकरके मैंने हमेशा यह कोशिश की है कि सदन का संचालन सुचारु रूप से और व्यवस्थापूर्वक हो, ताकि जनता से जुड़ी समस्याओं का समाधान यहाँ सुनिश्चित हो सके। साथ ही जनता के हित में उनके प्रतिनिधियों की आवाज उचित मात्रा में मुखरित भी हो सके। विगत कई सत्रों से मैं अपनी कोशिशों में सफल नहीं हो पा रहा हूँ फिर भी उम्मीद के दीपक की लौ मेरे दिल से अभी तक नहीं बुझी है और इस क्रम में मैं आशा करता हूँ कि इस विधानसभा का शेष समय अच्छी स्थिति में गुज़रेगा और जनता के हित में यह सभा कार्य करने में सफल हो सकेगी।

माननीय सदस्यगण, 28 दिसम्बर, 2014 को माननीय श्री रघुवर दास जी के नेतृत्व में वर्तमान मंत्रिमण्डल का गठन माननीय राज्यपाल द्वारा शपथ कराये जाने के साथ हुआ था। आज के दिन इस सरकार ने अपने चार वर्ष के कार्यकाल पूरे कर लिये हैं। इस अवधि में सरकार ने लोकहित से जुड़े सवालों को संजीदगी से सुलझाने का प्रयास किया है। राज्य में विकास का वातावरण बनाने की कोशिश भी इस सरकार द्वारा की गयी है। पूर्व की तुलना में, बिना किसी सन्देह के, मैं यह कह सकता हूँ कि झारखण्ड में इस सरकार के कार्यकाल में विकास के काम भी बड़ी मात्रा में हुए हैं।

यह भी सही है कि बहुत सारे काम ऐसे हैं, जिन्हें पूरा किया जाना अभी बाकी है। मैं समझता हूँ कि आने वाले दिनों में यह सरकार उन समस्याओं के समाधान में भी सफल हो सकेगी।

सभा के इस सत्र में माननीय सदस्यों से कुल 189 प्रश्नों की सूचनाएँ प्राप्त हुईं जिसमें 68 अल्पसूचित, 61 तारांकित एवं 30 अतारांकित रूप में स्वीकृत हुई हैं। इस सत्र के दौरान मात्र एक अल्पसूचित प्रश्न का उत्तर सभा में हो सका। मैं इस क्रम में यह भी सूचना देना वाज़िब समझता हूँ कि स्वीकृत कुल 159 प्रश्नों में से 125 प्रश्नों के उत्तर लिखित रूप में झारखण्ड विधानसभा सचिवालय को प्राप्त हो चुके हैं।

निवेदन के 4, शून्यकाल की 26 सूचनाओं के साथ-साथ ध्यानाकर्षण की भी 10 सूचनाएँ सभा में वक्तव्य के लिए स्वीकृत हुई हैं और कुल 30 गैर-सरकारी संकल्प की सूचनाएँ भी ली गयी हैं। मैं इन सभी सूचनाओं को उत्तर के लिए सम्बन्धित विभागों को भेजने का निर्णय लेता हूँ और अपेक्षा करता हूँ कि इनके उत्तर यथानिर्धारित समय पर विधानसभा को उपलब्ध करा दिये जायेंगे, ताकि जिन सदस्यों से ये सूचनाएँ प्राप्त हुई हैं, उन्हें इन उत्तरों से अवगत कराया जा सके। आप इस तथ्य से विदित हैं कि इन सभी विषयों पर सत्रकाल में भी सभा की विभिन्न समितियाँ कार्यरत रहती हैं। निवेदन, शून्यकाल, गैर-सरकारी संकल्प और ध्यानाकर्षण की सूचना से सम्बन्धित, जो भी उत्तर सरकार से प्राप्त होते हैं, उन सभी की समीक्षा सम्बन्धित समितियों द्वारा एक तय समय सीमा के भीतर हो और सभा के आने वाले सत्रों में उनका प्रतिवेदन यदि उपस्थापित हो तो सभा में व्यवधान के बावजूद विधायी संस्थान का कार्यक्रम सफल सिद्ध हो सकेगा।

सभा के इस सत्र की शुरुआत क्रिसमस के पवित्र पर्व के आगाज़ के साथ हुई थी और समापन ऐसे समय में हो रहा है, जब आने वाला नववर्ष 2019 वक्त के दरवाजे पर अपनी दस्तक दे रहा है। मैं सभा के माध्यम से सभा के माननीय सदस्यों के साथ-साथ राज्य की सवा तीन करोड़ जनता को आने वाले नववर्ष की शुभकामनाएँ देता हूँ और यह कामना करता हूँ कि आगामी नववर्ष उनके लिए सुखद और मंगलमयी हो। जहाँ तक जनप्रतिनिधियों की बात है, चाहे वे सरकार से जुड़े हों या प्रतिपक्ष में हों, दलगत सीमाओं से परे हटकर सभी का एक मात्र उद्‌देश्य यह होता है कि वे अपने क्षेत्र की जनता के सुख-दुःख के सहभागी बनें, उनकी पीड़ा को समझें और इस प्रकार समाज, राज्य और देश में समृद्धि का वातावरण बनाने के लिए निरन्तर प्रयासरत हों। मेरी ईश्वर से कामना है कि हमारे सभी जनप्रतिनिधि जो इस सभा में माननीय विधायक के रूप में मौजूद हैं, वे जनता के हित में अपने इस उद्‌देश्य को पाने में सफल हों और झारखण्ड में सुख और समृद्धि का नया वातावरण तैयार हो। हर व्यक्ति के चेहरे पर मुस्कान हो, सभी को शिक्षा, स्वास्थ्य जैसी मूलभूत शर्तों की पूर्ति के लिए किसी का मुँह देखना नहीं पड़े। सभी लोग स्वावलंबी हों, मेरी यही कामना है। मैं आज के अवसर पर उन समस्त पत्रकार बन्धुओं को भी नववर्ष की शुभकामना देते हुए धन्यवाद ज्ञापित करता हूँ, जिन्होंने सभा की कार्यवाही के विषय में समाचार और सूचनाएँ प्रसारित और प्रकाशित कर जन-जन तक पहुँचाने का काम किया है। मैं राज्य सरकार के अधिकारियों और पुलिस कर्मियों को धन्यवाद देता हूँ,

जिन्होंने सत्र काल में कानून-व्यवस्था बनाये रखने के लिए मुस्तैदी से काम किया है। मैं विधानसभा सचिवालय के पदाधिकारियों, कर्मचारियों को भी उनके कार्यों के लिए धन्यवाद देते हुए आगामी 'नववर्ष' की शुभकामनाएँ देता हूँ।

इसी के साथ मैं सभा की कार्यवाही अनिश्चितकाल के लिए स्थगित करने की घोषणा करता हूँ।

धन्यवाद!

17 जनवरी, 2019

माननीय अध्यक्ष का प्रारम्भिक वक्तव्य

अध्यक्ष–माननीय सदस्यगण,

चतुर्थ झारखण्ड विधानसभा के पंचदश और इस कैलेंडर वर्ष के प्रथम सत्र में आप सभी का हार्दिक अभिनन्दन और इसी के साथ नव-वर्ष की हार्दिक शुभकामनाएँ। कुल पन्द्रह कार्यदिवसों वाले इस सत्र में माननीया राज्यपाल महोदया भारत के संविधान के अनुच्छेद-176 में निहित प्रावधानों के अधीन अपना अभिभाषण देंगी। इसी सत्र के दौरान वित्तीय वर्ष–2019-20 का बजट भी सरकार द्वारा प्रस्तुत किया जायेगा। सत्र के औपबंधिक कार्यक्रम के अवलोकन से आप इस तथ्य से भी अवगत हो चुके होंगे कि वर्तमान वित्तीय वर्ष का तृतीय अनुपूरक बजट भी सरकार इस सत्र में प्रस्तुत करने जा रही है। माननीया राज्यपाल महोदया के अभिभाषण पर प्रस्तुत होने वाले धन्यवाद प्रस्ताव के साथ-साथ बजट की अनुदान माँगों के माध्यम से आपको सरकार की नीतियों की समीक्षा के साथ इसकी समालोचना के भी पर्याप्त अवसर प्राप्त होंगे। आप अवगत हैं कि चौथी विधानसभा के कार्यकाल का यह अन्तिम वर्ष है और इस दृष्टिकोण से इस विधानसभा के कार्यकाल का अन्तिम अवसर है–जब माननीया राज्यपाल महोदया हम सबको सम्बोधित करेंगी। साथ ही इस विधानसभा के कार्यकाल का यह अन्तिम बजट-सत्र भी होगा। इस दृष्टि से यह कहा जा सकता है कि यह एक ऐसा अवसर है, जब इस सरकार के सम्पूर्ण कार्यकाल के मूल्यांकन का मौका माननीय सदस्यों को मिलेगा। मैं समझता हूँ कि इस अवसर का सार्थक उपयोग माननीय सदस्यगण करेंगे।

जैसा कि आप सभी को स्मरण होगा, हमारा पिछला सत्र क्रिसमस के पावन पर्व और नये साल के आगाज़ के साथ समाप्त हुआ था, जबकि इस सत्र की शुरुआत

मकर-संक्रांति, टुसू, पोंगल और लोहड़ी के मिठास के साथ हुई है। पर्व-त्योहार हमारे सामाजिक जीवन में न केवल नवीन ऊर्जा का संचार करते हैं, वरन् नूतन पथ पर अग्रसर होने की प्रेरणा भी देते हैं। इनके माध्यम से समाज में सौहार्द, सद्भावना और भाईचारे का सन्देश भी जाता है।

इस प्रकार इन पर्व त्योहारों की व्यापक महत्ता लोक जीवन में है। मैं कामना करता हूँ कि इनके माध्यम से जिस सृजनात्मक ऊर्जा का संचार आपके बीच हुआ है, सृजन की वह भावना सदन में भी बनी रहे, जिससे हम झारखण्ड के समस्त निवासियों के हित में कार्य करने के लिए अपने प्राण-पण से संलग्न रह सकें। वर्तमान वर्ष लोकसभा के साथ-साथ इस विधानसभा के सदस्यों के लिए भी चुनाव का वर्ष होने जा रहा है। ऐसी परिस्थिति में वर्णित ऊर्जा हमारे भीतर यदि संचित बनी रह सकी, तो इस बात में कोई सन्देह नहीं कि हम अपने मतदाताओं की परीक्षा में शत-प्रतिशत खरे उतरेंगे तथा वहाँ से हमें पुनः जीत का जनादेश प्राप्त होगा। विगत 12 जनवरी को युग पुरुष विवेकानन्द जी का जन्मदिवस था। उनका शाश्वत सन्देश हमें सर्वदा याद रखना है कि "उठो, जागो और तब तक आगे बढ़ते रहो, जब तक मंजिल या लक्ष्य प्राप्त न हो जाये।" उनका यह कथन हममें से प्रत्येक के जीवन का प्रेरणा सूत्र बने, मेरी यही कामना है। मैं इसी के साथ गुरु गोविन्द सिंह जी के 352वें प्रकाश पर्व के अवसर पर आयोजित प्रकाश उत्सव के क्रम में भी यह कामना करता हूँ कि भारतीय मनीषा के ऐसे गुरुओं के जीवन से उद्घाटित प्रकाश आपको हमेशा आलोकित करता रहे।

माननीय सदस्यगण, जैसा कि मैंने पहले बताया है, इस वर्ष का यह पहला सत्र है। भारत का संविधान इस बात का प्रावधान करता है कि प्रत्येक आम चुनाव के बाद गठित होने वाली विधानसभा के पहले सत्र के साथ-साथ प्रत्येक कैलेंडर वर्ष के प्रथम सत्र को राज्य के माननीय राज्यपाल द्वारा अपने अभिभाषण के माध्यम से सम्बोधित किया जायेगा। यद्यपि इस अवसर पर माननीय राज्यपाल द्वारा जो अभिभाषण दिया जाता है, उसकी तैयारी में राज्य सरकार की भी सहभागिता रहती है। यह आम धारणा है कि इस तरह के अभिभाषण में राज्य सरकार की नीतियाँ ही परिलक्षित होती हैं, इसलिए यदा-कदा यह भी कहा जाता है कि माननीय राज्यपाल द्वारा इस माध्यम से जो कुछ कहा जाता है, उनमें सारे-के-सारे तथ्य राज्य सरकार के होते हैं। मेरी दृष्टि में ऐसा कहा जाना माननीय राज्यपाल के अभिभाषण का एक पक्ष है।

इसके विपरीत दूसरा किन्तु सर्वाधिक महत्त्वपूर्ण पक्ष यह है कि विधानसभा में अभिभाषण देकर माननीय राज्यपाल द्वारा महत्त्वपूर्ण संवैधानिक दायित्व का निर्वहन किया जाता है। यही कारण है कि देश के कई उच्च न्यायालयों सहित राष्ट्रीय विधि आयोग ने इसके महत्त्व को स्वीकार किया है तथा राज्यपाल के अभिभाषण के बिना विधानमण्डल द्वारा की गयी कार्यवाही को अविधिमान्य माना है। वर्णित परिप्रेक्ष्य में, चूँकि माननीया राज्यपाल महोदया का सभा में आगमन, सम्बोधन और अभिभाषण एक पवित्र सांवैधानिक अवसर है, अतएव इस अवसर की गरिमा को बनाये रखना हम सभी का पुनीत कर्तव्य भी है। यह अवसर इस बात की माँग करता है कि हम माननीया राज्यपाल महोदया के अभिभाषण के दौरान शांत, संयत और गम्भीर रहें। हम अनुशासन का परिचय देते हुए उनके अभिभाषण को शालीनतापूर्वक सुनें, किसी प्रकार का व्यवधान पैदा न करें तथा अपने नियत स्थान पर बैठे रहें।

अपने अभिभाषण के निमित्त माननीया राज्यपाल महोदया से जो सन्देश मुझे प्राप्त हुआ है, उसे में आपके समक्ष पढ़कर सुना देना चाहता हूँ–

सन्देश

भारत के संविधान के अनुच्छेद–176 के खण्ड (1) के द्वारा प्रदत्त शक्तियों का प्रयोग करते हुए, मैं द्रौपदी मुर्मू, झारखण्ड की राज्यपाल, इसके द्वारा झारखण्ड विधानसभा को दिनांक–17 जनवरी, 2019 को 11:30 बजे पूर्वाह्न में सम्बोधित करना चाहती हूँ और इस हेतु लेनिन हॉल, एच.ई.सी., राँची स्थित झारखण्ड विधानसभा सदन में माननीय सदस्यों की उपस्थिति चाहती हूँ।

राँची — ह./–द्रौपदी मुर्मू
दिनांक–04 जनवरी, 2019 — झारखण्ड की राज्यपाल

8 फरवरी, 2019

माननीय अध्यक्ष का समापन भाषण

अध्यक्ष–चतुर्थ झारखण्ड विधानसभा का 15वाँ सत्र अब अपने सुखद समापन की ओर अग्रसर है। इस सत्र में संपादित कार्यों के विषय में मैं कुछ चर्चा करूँ इससे पूर्व भारत सरकार के प्रधानमन्त्री माननीय श्री नरेन्द्र मोदी जी सहित देश के सर्वोच्च नागरिक सम्मान के लिए गठित चयन समिति के सदस्यों को साधुवाद देना चाहता हूँ, जिन्होंने राष्ट्र के 70वें गणतंत्र दिवस की पूर्व संध्या पर भारत के पूर्व राष्ट्रपति श्री प्रणव मुखर्जी जी सहित प्रसिद्ध संगीतकार और गायक भूपेन हजारिका तथा

भारतीय जनसंघ के महान नेता देशव्यापी शिक्षण संस्थान सरस्वती शिशु मन्दिर की श्रृंखला के संस्थापक और समाजसेवी नाना जी देशमुख को देश का सर्वोच्च नागरिक सम्मान 'भारत रत्न' के लिए नामित करने का निर्णय लिया। इन तीनों विभूतियों का यद्यपि अपने-अपने क्षेत्र में महत्त्वपूर्ण योगदान रहा है, तथापि समग्रता की दृष्टि से यदि हम देखेंगे तो तीनों ही व्यक्ति सच्चे अर्थों में भारत के राष्ट्र नायक सिद्ध हुए हैं। वर्णित पुरस्कार के लिए गठित चयन समिति ने झारखण्ड की चार महान विभूतियों को भी पद्म सम्मान से सम्मानित करने का निर्णय लिया है। जिनमें लोकसभा के खूँटी निर्वाचन क्षेत्र से निर्वाचित सदस्य तथा लोकसभा के पूर्व अध्यक्ष, श्री कड़िया मुण्डा, प्रसिद्ध चिकित्सक डॉ. श्यामा प्रसाद मुखर्जी, संस्कृतिकर्मी श्री बुलू इमाम और वनों को बचाकर पर्यावरण संरक्षण में महत्त्वपूर्ण भूमिका निभाने वाली लेडी टार्जन के नाम से विख्यात पूर्वी सिंहभूम जिले के चाकुलिया स्थित मतुरखम ग्राम निवासी जमुना टुडु के नाम उल्लेखनीय हैं। मैं इन सभी को आप सबों की ओर से हार्दिक बधाई प्रेषित करता हूँ तथा कामना करता हूँ कि अपने जीवन के शेष काल में भी ये सेवा के क्षेत्र में निरन्तर अग्रसर रहें।

मैं माननीय सदस्यों को यह सुखद सूचना भी देना चाहता हूँ कि माननीय राष्ट्रपति के हाथों 06 फरवरी, 2019 को झारखण्ड की लोकसंगीत को विश्व फलक पर पहचान दिलाने वाले इस धरती के पुत्र श्री मुकुन्द नायक को भी 'संगीत नाटक अकादमी सम्मान' से सम्मानित किया गया। मैं यह कामना करता हूँ कि आने वाले दिनों में इनके यश की कीर्ति और व्यापक रूप से फैले।

माननीय सदस्यगण, चतुर्थ झारखण्ड विधानसभा के 15वें सत्र का अब सुखद समापन होने जा रहा है। 15 कार्यदिवसों के औपबंधिक कार्यक्रम वाला यह सत्र कुल 14 दिनों तक व्यवस्थापूर्वक संचालित हुआ। पक्ष प्रतिपक्ष के बीच कतिपय वैचारिक टकराव और मीठे नोक-झोंक की छिटपुट घटनाओं को यदि हम छोड़ दें, तो यह कहा जा सकता है कि इस विधानसभा के कार्यकाल का यह सर्वाधिक सार्थक सत्र रहा है। चर्चा की विभिन्न विधाओं का सहारा लेकर माननीय सदस्यों ने अनेक विषयों पर इस सत्र के दौरान सारगर्भित वाद-विवाद किये हैं। लोक महत्त्व के अनेक ज्वलन्त मुद्दों का उल्लेखनीय समाधान इस सत्र के दौरान सम्भव हो सका है। इसके लिए इस सभा के प्रत्येक सदस्य और सरकार के समस्त मन्त्रियों को मैं कोटि-कोटि साधुवाद देना चाहता हूँ। इस सत्र के दौरान दो विनियोग विधेयकों के व्यवस्थापन के साथ-साथ तीन अन्य महत्त्वपूर्ण विधेयकों के पारण का भी काम सभा द्वारा किया गया। यद्यपि किसी विधेयक पर औपचारिक रूप से कोई संशोधन प्रस्ताव प्राप्त नहीं

हुए तथापि स्वीकृति और विचार के प्रस्ताव पर चर्चा के क्रम में माननीय सदस्यों ने इनके विभिन्न खण्डों पर बृहद् रूप से विचार किया है और इन्हें जनहित की दृष्टि से ज्यादा उपयोगी बनाने का प्रयास किया। जनजातीय आबादी की बहुलता वाले इस राज्य के गठन के संघर्ष को यदि हम याद करें, तो इस तथ्य से कोई इनकार नहीं कर सकता कि इस राज्य का निर्माण ही जनजातीय संस्कृति और अस्मिता की सुरक्षा की दृष्टि से हुआ था। इस संघर्ष में अनेक लोगों ने अपने प्राणों की आहूति दी। यद्यपि यह संघर्ष लम्बे समय तक चला पर अंततः जीत इस संघर्ष की हुई। राज्य की स्थापना के 18 वर्षों के कालखण्ड में जनजातीय समुदाय के सर्वांगीण विकास के लिए अनेक कार्य हुए हैं। इस समुदाय के हितों की रक्षा के लिए सामाजिक और आर्थिक मोर्चों पर समय-समय पर उल्लेखनीय पहल हुए, जिसके अच्छे परिणाम भी हुए हैं, इन्हें भुलाया नहीं जा सकता। फिर भी अनुसूचित जनजाति के लिए एक पृथक विधिक आयोग का गठन यहाँ के लोगों की वर्षों से माँग थी। मैं धन्यवाद देना चाहता हूँ राज्य की वर्तमान सरकार को, जिसकी सार्थक पहल के कारण इस सभा में अनुसूचित जनजाति के लिए राज्य आयोग विधेयक 06 फरवरी, 2019 को विचार के लिए सभा में लाया गया और लम्बी चर्चा के बाद उपयुक्त संशोधनों के साथ इसे पारित किया गया। सदस्यों द्वारा सुझाये गये संशोधनों को सरकार ने स्वीकार किया है और सभा ने सर्वसम्मति से सहमति इस विधेयक पर दी है। जल्द ही माननीया राज्यपाल महोदया के समक्ष इसे अधिनियम के लिए उपस्थापित किया जायेगा और मैं आशा करता हूँ कि ऐसे अधिनियमन के बाद झारखण्ड में अनुसूचित जनजाति के आयोग के गठन का मार्ग प्रशस्त हो सकेगा, जो यहाँ के आदिवासी हितों को लेकर उठने वाली समस्याओं के समाधान में अपनी सार्थक भूमिका निभा सकेगा।

माननीय सदस्यगण, जहाँ तक चर्चा के अवसरों का सवाल है, 14 कार्यदिवसों वाले इस सत्र के लिए कुल 65 ध्यानाकर्षण की सूचनाएँ स्वीकार की गयीं, जिनमें 60 पर सभा में सरकार का वक्तव्य हुआ। ध्यानाकर्षण की एक सूचना व्यापक परीक्षण और प्रतिवेदन के लिए प्रश्न एवं ध्यानाकर्षण समिति को सौंपी गयी, जिसकी एक बैठक चलते सत्र के दौरान ही सम्पन्न हुई। मैं समझता हूँ कि यह समिति नियत समय में अपना प्रतिवेदन दे देगी। ध्यानाकर्षण की एक सूचना अपृष्ठ हो गयी।

आप सभी इस तथ्य से अवगत हैं कि कार्यमंत्रणा समिति की सिफारिश पर सभा ने यह निर्णय लिया था कि इस सत्र के एक कार्यदिवस की कटौती की जायेगी। उक्त परिप्रेक्ष्य में हमारा 15 कार्यदिवसों का यह सत्र 14 दिनों तक चला, लेकिन एक कार्यदिवस की जो कटौती हुई, उसकी भरपाई हमने सभा के कार्यकाल को बढ़ाकर

पूरा किया है। इसी क्रम में एक दिन सभा की कार्यवाही 10:30 बजे पूर्वाह्न में आरम्भ हुई और एक दिन इसे 10:00 बजे पूर्वाह्न से शुरू किया गया। भोजनावकाश काल के बाद भी सभा के कार्यकाल को विस्तारित कर कार्य निष्पादन हमने किया है। इस अवधि में लंबित प्रश्नों सहित ध्यानाकर्षण प्रस्तावों पर सरकार का वक्तव्य प्राप्त किया गया है। आपको स्मरण होगा कि 06 फरवरी, 2019 को सभा की द्वितीय पाली में कोई कार्य निर्धारित नहीं था। आप सबों की सहमति से इस समय का सदुपयोग भी सम्भव हो सका, इसके लिए आप सभी बधाई के पात्र हैं।

मैं यहाँ यह दुहराना चाहता हूँ कि जनहित से जुड़ी समस्याओं के समाधान की दृष्टि से विधानसभा किसी भी राज्य का सबसे बड़ा प्लेटफॉर्म है। माननीय सदस्यों को यह स्मरण होगा कि सभा के पिछले सत्र में, जो दिसम्बर माह में आयोजित हुआ था, उसमें माननीय सदस्य श्री ढुलु महतो ने धनबाद-चंद्रपुरा बन्द पड़ी रेल लाइन पर रेलगाड़ियों के परिचालन का मुद्दा उठाया था। मैं धन्यवाद देना चाहता हूँ कि इस सरकार के परिवहन मन्त्री श्री चन्द्रेश्वर प्रसाद सिंह को, जिन्होंने इस रेल लाइन पर यातायात व्यवस्था को बहाल करने के लिए भारतीय रेल के पदाधिकारियों के साथ वार्ता का आश्वासन दिया था। इस रेल मार्ग पर यातायात व्यवस्था बहाल करने के लिए उच्च स्तरीय निरीक्षण का कार्य इस सरकार के रेल मन्त्री सहित रेलवे बोर्ड के विधानसभा के चलते सत्र के दौरान सम्पन्न हुआ। आज की तिथि में मालगाड़ियाँ इस रेल खण्ड पर परिचालित हो रही हैं और आगामी 14 फरवरी की रात से यात्री गाड़ियों का परिचालन आरम्भ कर दिये जाने की सम्भावना व्यक्त की जा रही है। यह घटना इस बात का परिचायक है कि सभा के सदस्यों और सरकार के बीच यदि समन्वय की स्थिति रहे, तो राज्य की कोई ऐसी समस्या नहीं है, जिसका समाधान नहीं हो सकेगा।

आपको यह जानकर भी खुशी होगी कि इस सत्र में कुल 3 दिन मुख्यमन्त्री प्रश्नकाल के लिए निर्धारित थे। एक दिन हल्के व्यवधान के कारण यह सम्भव नहीं हो पाया, तथापि दो तिथियों को मुख्यमन्त्री प्रश्नकाल में सदस्यों को राज्य सरकार की नीतियों से सम्बन्धित प्रश्नों को उठाने के अवसर प्राप्त हुए। सभा के इस सत्र में मुख्यमन्त्री प्रश्नकाल में कुल 29 प्रश्न लिये गये, जिनका उत्तर माननीय मुख्यमन्त्री द्वारा सभा में समुचित तरीके से दिया गया। मैं इसके लिए माननीय मुख्यमन्त्री, श्री रघुवर दास जी को भी बधाई देना चाहता हूँ। माननीय सदस्यों को यह बताते हुए भी मुझे खुशी महसूस हो रही है कि इस सत्र के दौरान कुल 304 शून्यकाल की सूचनाएँ ली गयीं। शून्यकाल में दी गयी ये सूचनाएँ भी व्यापक लोक महत्त्व की हैं

और आप जानते हैं कि इसकी महत्ता को ध्यान में रखकर इस तरह की उठायी गयी सूचनाओं को सम्बन्धित विभागों को सम्यक् परीक्षण और प्रतिवेदन के लिए भेज दिया जाता है। इनके उत्तर निकट भविष्य में प्राप्त हो जायेंगे और मैं आशा करता हूँ कि सभा के आगामी सत्र में इन्हें संकलित कर सदन-पटल पर उपस्थापित किया जाना सम्भव हो पायेगा।

माननीय सदस्यगण, सभा के इस सत्र में विभिन्न माननीय सदस्यों से कुल 107 निवेदन की सूचनाएँ प्राप्त हुई हैं, इन्हें भी मैंने सम्बन्धित विभागों को उत्तर और प्रतिवेदन के लिए भेजने का निर्णय लिया है। इस सत्र के दौरान कुल 39 गैर-सरकारी संकल्प की सूचनाएँ भी प्राप्त हुई हैं, जिन पर सभा ने विचार-विमर्श किया है और इस प्रकार कई ज्वलन्त समस्याएँ सुलझाने में मदद मिली है।

इस सत्र के लिए माननीय सदस्यों से कुल 1065 प्रश्नों की सूचनाएँ प्राप्त हुईं, जिनमें से कुल 947 स्वीकृत हुईं। इनमें 154 अल्पसूचित रूप में और 687 तारांकित रूप में स्वीकार की गयीं। कुल 106 सूचनाएँ अतारांकित रूप में स्वीकार की गयीं। इनमें 35 अल्पसूचित प्रश्न और 50 तारांकित प्रश्न सदन में उत्तरित हुए। 827 प्रश्नों में लिखित उत्तर सभा-सचिवालय में प्राप्त हुए। अतारांकित प्रश्नों सहित कुल 120 प्रश्न लिखित उत्तर के लिए लंबित हैं। मुझे यह बताने में खुशी हो रही है कि इस बार कुल 72 प्रतिशत प्रश्नों के उत्तर ऑनलाइन प्राप्त हुए हैं। सभा के समय का अधिकतम सदुपयोग पक्ष-प्रतिपक्ष के सदस्यों के परस्पर समन्वय से ही सम्भव है। मुझे इस बात की खुशी है कि लोकतन्त्र के व्यापक हित में यह वांछित समन्वय सदन में कायम रहा, जिससे सभा ने अपनी कार्यसूची पर अंकित अधिकतम विषयों का निष्पादन सफलतापूर्वक किया है। सभा में सूचीबद्ध प्रश्नों और प्रस्तावों के ससमय लिखित उत्तर हमें प्राप्त हुए और सत्र के दौरान पूरी मुस्तैदी से सरकार के सभी मन्त्रियों ने उत्तर और वक्तव्य दिये हैं। मैं उसके लिए राज्य सरकार के सभी अधिकारियों सहित माननीय मुख्यमन्त्री और उनके मंत्रिमण्डल के सहयोगियों को मैं धन्यवाद देता हूँ। किन्तु इस क्रम में एक कमी मुझे महसूस होती रही है कि विभागों के कई उच्चाधिकारी सभा की कार्यवाही को उतनी गम्भीरता से नहीं लेते जितने की अपेक्षा हमारा संविधान और हमारी संसदीय व्यवस्था करती है। मुझे स्मरण है कि एक माननीय मन्त्री को भी अपने वक्तव्य के दौरान इस तरह की कमी एक अवसर पर खली है और ऐसी ही स्थिति में मुझे यह तल्ख टिप्पणी इस पवित्र आसन से करनी पड़ी कि जिन अधिकारियों के मन में इस सदन के प्रति सम्मान नहीं है। उन्हें इस राज्य को छोड़ अपनी सेवा अन्यत्र देनी चाहिए। मैं आशा करता हूँ कि आने वाले

दिनों में इस राज्य की लोकसेवा से जुड़ी नौकरशाही और उसके शीर्ष अधिकारी मेरे द्वारा आसन से कहे गये शब्दों को गम्भीरता से लेंगे और भविष्य में सदन के लिए अपनी उपलब्धता सुनिश्चित करायेंगे। इस सदन के एक-एक सदस्य के साथ-साथ तमाम माननीय मन्त्रियों और संविधान में वर्णित शासन व्यवस्था के प्रत्येक व्यक्ति को यह समझना होगा कि संविधान उपबन्धित शासन के प्रत्येक अंग पृथक्-पृथक् होते हुए भी नियन्त्रण और सन्तुलन के सिद्धान्त के तहत एक दूसरे से जुड़े हुए हैं। व्यवस्था से अलग होकर अपने अस्तित्व की कल्पना करना बिखराव का अवसर पैदा करता है, जो लोकतन्त्र के हित में नहीं है।

इस सत्र के सफल संचालन में प्रत्येक माननीय सदस्य का अहम योगदान रहा है। इसके लिए सदन के समस्त सदस्यों को मैं एक बार पुनः धन्यवाद देता हूँ और इसी के साथ सभी विधायक दल के नेताओं को, माननीय मन्त्रियों को और दलीय सचेतकों को भी बधाई देना चाहता हूँ। आप सभी के सहयोग के बिना मेरे लिए सभा का सफल संचालन करना सम्भव नहीं हो पाता। इसके लिए मैं आप सभी का हृदय से आभार भी व्यक्त करता हूँ। मैं अपनी हार्दिक शुभकामना इस आसन से प्रेषित करता हूँ, समाचारपत्रों और मीडिया से जुड़े सभी पत्रकार बन्धुओं को, जिन्होंने इस सत्र की कार्यवाही का सन्देश राज्य के जन-जन तक पहुँचाने का काम किया है। मीडिया, जिसने लोकतन्त्र के चौथे स्तम्भ के रूप में अपने अस्तित्व को कायम किया है, के महत्त्वपूर्ण योगदान को मैं आज के अवसर पर मैं अपनी हार्दिक भावनाओं के साथ स्वीकार करता हूँ और भविष्य में भी उनसे इसी प्रकार का साथ एवं सहयोग की अपेक्षा करता हूँ। सभा के सत्र के दौरान विधि व्यवस्था कायम रखने में पुलिस के जवानों और दण्डाधिकारियों ने भी अपनी महती भूमिका का निर्वाह किया है। इसके लिए वे सभी बधाई के पात्र हैं। मैं बधाई देता हूँ, विधानसभा सचिवालय के तमाम अधिकारियों और कर्मियों को भी, जिन्होंने रात-दिन मेहनत करके माननीय विधायकों और सरकार के समस्त विभागों से सूचनाओं का संकलन कर हमें उपलब्ध कराया। उनके इस सहयोग के बिना इस सभा का सफल संचालन सम्भव नहीं था। शीतकाल के समापन के बाद बसन्त का मौसम आ चुका है। बसन्त पंचमी के साथ विद्या और बुद्धि की देवी माँ सरस्वती के पूजन का उत्सव निकट ही है। मैं इस सभा से बसन्त पंचमी की हार्दिक शुभकामनाएँ आप सभी के साथ-साथ राज्य की सवा तीन करोड़ जनता को प्रेषित करता हूँ और इसी के साथ सभा की कार्यवाही के अनिश्चितकाल तक के लिए स्थगन की घोषणा भी करता हूँ। बहुत-बहुत धन्यवाद!

22 जुलाई, 2019

माननीय अध्यक्ष का प्रारम्भिक वक्तव्य

अध्यक्ष–माननीय सदस्यगण,

चतुर्थ झारखण्ड विधानसभा के सोलहवें सत्र में आप सभी का हार्दिक अभिनन्दन। कुल पाँच कार्यदिवसों वाले इस सत्र में राज्य सरकार इस वित्तीय वर्ष का एक अनुपूरक बजट पेश करेगी। इसके साथ ही कई राजकीय विधेयकों के पारण की प्रक्रिया भी पूरी की जायेगी। यद्यपि यह एक छोटा सत्र होगा, फिर भी आप सभी को प्रश्न, ध्यानाकर्षण प्रस्ताव सहित शून्यकाल की सूचनाओं के अधीन अपने-अपने क्षेत्र सहित राज्यव्यापी ज्वलन्त समस्याओं को सरकार के संज्ञान में लाने के पर्याप्त अवसर मिलेंगे। मैं समझता हूँ कि सत्र के दौरान उपलब्ध अवधि के एक-एक पल का सार्थक उपयोग आप करेंगे।

आपको विदित है कि सत्रहवीं लोकसभा के लिए सम्पन्न चुनाव के परिणामों की घोषणा के उपरान्त भारत निर्वाचन आयोग द्वारा एतद् विषयक अधिसूचना 25 मई, 2019 को जारी कर दी गयी। वर्ष 2014 में श्री नरेन्द्र मोदी जी के नेतृत्व में भारत की राष्ट्रीय राजनीति में जो बयार आयी थी, वह 2019 के लोकसभा चुनाव में भी और तीव्र हुई है। उनके नेतृत्व में भारतीय जनता पार्टी ने अकेले 303 सीटें जीतकर देश की राजनीति के सफर में एक नये मील के पत्थर को स्थापित किया है। इसी के साथ इस बात का मैं विशेष रूप में उल्लेख करना चाहता हूँ कि हमारे ही बीच के दो सहयोगी इस लोकसभा के लिए चुन लिये गये हैं। श्री चन्द्रप्रकाश चौधरी और श्रीमती गीता कोड़ा क्रमशः आजसू और कांग्रेस प्रत्याशी के रूप में गिरिडीह और सिंहभूम निर्वाचन क्षेत्रों से निर्वाचित होने में कामयाब हुए हैं। मैं इस सदन के माध्यम से इन दोनों को भी हार्दिक बधाई और शुभकामनाएँ प्रेषित करता हूँ। इसके साथ ही झारखण्ड से शेष 12 नवनिर्वाचित सांसदों को भी मंगलकामना प्रेषित करता हूँ। आज के अवसर पर मैं इस बात का उल्लेख भी करना चाहता हूँ कि लोकसभा चुनाव के साथ-साथ देश के चार राज्य विधानसभाओं के लिए भी आम निर्वाचन सम्पन्न हुए। ये हैं तेलंगाना, सिक्किम, अरुणाचल प्रदेश और ओडिशा। इन राज्यों में क्रमशः तेलंगाना राष्ट्रीय समिति, सिक्किम क्रांतिकारी मोर्चा, वाई.एस.आर. कांग्रेस और बीजू जनता दल ने पूर्ण बहुमत प्राप्त कर अपनी सरकारें गठित की हैं। आप लोगों की ओर से और इस पवित्र सदन के माध्यम से मैं इन सभी राज्य विधानसभा के निर्वाचित विधायकों और सरकारों को हार्दिक बधाई और शुभकामनाएँ देता हूँ।

मैं कामना करता हूँ कि यहाँ के निर्वाचित जनप्रतिनिधि अपने क्षेत्र के मतदाताओं की अपेक्षाओं पर खरे उतरें और अपने राज्यों को बुलंदी के सर्वोच्च शिखर पर ले जाने में कामयाबी हासिल करें।

मैं आप सबों के बीच इस तथ्य का उल्लेख भी करना चाहता हूँ कि इस वर्ष संथाली भाषा में साहित्य रचना के लिए प्रतिष्ठित 'साहित्य अकादमी पुरस्कार' श्री गुहीराम किस्कू और इस भाषा के 'बाल साहित्य पुरस्कार' के लिए श्री लक्ष्मणचन्द्र सोरेन को नामित किया गया है। मैं इन दोनों साहित्यकारों की उपलब्धि के लिए बधाई देता हूँ और यह कामना भी करता हूँ कि उनका साहित्यिक यश और भी ज्यादा प्रखरता से फैले।

सभा का यह मॉनसून-सत्र है। पवित्र सावन मास की फुहारों के बीच बैद्यनाथ धाम की पवित्र काँवड़ यात्रा प्रारम्भ हो चुकी है। देश-विदेश के लाखों श्रद्धालुओं द्वारा बिहार के सुलतानगंज से झारखण्ड के देवघर और बासुकीनाथ की सैकड़ों मील लम्बी तीर्थ-यात्रा के पथिकों के लिए हम जहाँ मंगलकामना करते हैं, वहीं इस बात के लिए माननीय मुख्यमन्त्री जी, श्री रघुवर दास जी को बधाई भी देना चाहते हैं कि बिहार और झारखण्ड, दो राज्यों की इस विश्व प्रसिद्ध तीर्थ-यात्रा को पश्चिम बंगाल के प्रसिद्ध तारापीठ से जोड़कर तीनों राज्यों का एक तीर्थ-यात्रा सर्किट विकसित करने की परिकल्पना इन्होंने प्रस्तुत करके बड़ा ही सराहनीय कार्य किया है। मैं समझता हूँ कि आने वाले दिनों में यह परिकल्पना साकार होगी और इससे न केवल लाखों श्रद्धालुओं को सुविधा मिलेगी, वरन् रोजगार सृजन की दिशा में भी यह एक मील का पत्थर सिद्ध होगा।

मैं एक और बात का उल्लेख यहाँ करना चाहता हूँ कि माननीय श्री रामचन्द्र सहिस जी, जो पहले हम लोगों के बीच में मात्र एक सदस्य की हैसियत से उपस्थित रहते थे, अब इस सभा में राज्य सरकार के मन्त्री के रूप में नियुक्त होकर, हमारे बीच मौजूद हैं। उन्होंने राज्य मन्त्रिमण्डल में श्री चन्द्रप्रकाश चौधरी जी के रिक्त स्थान पर नियुक्ति पायी है। इस प्रकार अब वे एक नयी भूमिका में हैं। इस नयी भूमिका के लिए मैं उन्हें शुभकामना देता हूँ।

मैं आज के अवसर पर माननीय प्रधानमन्त्री श्री नरेन्द्र मोदी जी की एक महत्त्वपूर्ण पहल को भी आप सबों के बीच उद्धृत करना चाहता हूँ। चूँकि यह मॉनसून-सत्र है, इसलिए आज इसकी यहाँ चर्चा प्रासंगिक भी है। वर्षा के मौसम की लगभग आधी अवधि समाप्त हो चुकी है और पूरे झारखण्ड में औसत से कम वर्षा हुई है। कृषि की बात एक ओर राज्य के कई इलाकों को पेयजल की समस्या से

बुरी तरह जूझना पड़ा है। मैं यह नहीं कहता कि यह केवल अपने राज्य की समस्या है। यद्यपि यह समस्या राष्ट्रव्यापी है, तथापि आज के जल संकट को देखते हुए हमें भविष्य के लिए सचेत होने की आवश्यकता है। वस्तुतः 'जल है, तो कल है' की पुरानी कहावत हमें आसन्न खतरे की ओर आगाह कर रही है।

हमें वर्षा जल संरक्षण के लिए गम्भीरता से सोचना होगा। मैं सरकार के साथ तमाम माननीय सदस्यों से इस दिशा में समुचित प्रयास करने का आग्रह करता हूँ। हम राष्ट्रपिता महात्मा गांधी के जन्म के डेढ़ सौवें वर्ष के कालखंड से गुजर रहे हैं। उनके आगामी जन्मदिवस 02 अक्टूबर, 2019 को एक विशिष्ट समारोह के रूप में मनाने की योजना रूपरेखा भारत सरकार के स्तर पर तय की जा रही है। बापू ने लगभग पूरे देश का भ्रमण अपनी पदयात्रा के क्रम में किया था। उसी के स्मरण में माननीय प्रधानमन्त्री जी ने आगामी गांधी जयन्ती से लेकर लौह पुरुष सरदार वल्लभ भाई पटेल के जन्मदिवस की अवधि में डेढ़ सौ किलोमीटर पदयात्रा का अनुरोध सभी संसद सदस्यों से किया है। मैं चाहता हूँ कि ऐसी ही कोई पहल अपने राज्य में भी सरकार के स्तर से की जाये, ताकि जनता से जुड़ने का ज्यादा अवसर माननीय विधानसभा सदस्यों को भी मिले।

यहाँ मैं एक बात का और उल्लेख करना चाहता हूँ, जो संसदीय व्यवस्था के कार्यवरण में इससे जुड़े लोगों की अभिरुचि के क्षरण को दर्शाता है। प्रायः सभा के प्रत्येक सत्र के पहले विधायक दल के नेताओं की बैठक की परम्परा संसद के साथ-साथ विधानसभा में भी रही है। मुझे इस बात का दुःख है कि ऐसी बैठकों में माननीय नेताओं की उपस्थिति लगातार घट रही है। सत्र के पूर्व बुलायी गयी इस तरह की बैठक में मात्र तीन सदस्यों की उपस्थिति गम्भीर चिन्ता का विषय है। विधानसभा के प्रति यह उपेक्षा लोकतन्त्र को कौन सी दिशा देगी, इसे देखना हम सभी का दायित्व है।

माननीय सदस्यगण इस विधानसभा के कार्यकाल की दृष्टि में यदि देखें, तो यह शायद हमारा अन्तिम औपचारिक सत्र होगा। विधानसभा का नया भवन अब लगभग पूर्ण होने की स्थिति में है। मैं समझता हूँ कि अब हम अपने नये भवन और नवीन परिसर में ही मिलेंगे। नयी उम्मीद और नयी आकांक्षा के साथ हम नये परिवेश में चलें। झारखण्ड को नवीन और बेहतर ऊँचाइयों पर नयी ऊर्जा के साथ ले चलें यही हमारी कामना है। मैं एक बार फिर आप लोगों से गुजारिश करता हूँ कि इस सत्र का यदि सार्थक उपयोग हम कर सकें, तो हमारे लिए यह बड़ी उपलब्धि की बात होगी। बहुत-बहुत धन्यवाद!

26 जुलाई, 2019

माननीय अध्यक्ष का समापन भाषण

अध्यक्ष—माननीय सदस्यगण,

चतुर्थ झारखण्ड विधानसभा का हमारा यह 16वाँ सत्र चन्द्रयान के प्रक्षेपण के ऐतिहासिक पल के साथ शुरू हुआ था और आज इसका समापन कारगिल विजय की 20वीं वर्षगाँठ पर हो रहा है। हम लोगों के लिए यह सौभाग्य की बात है कि इन दोनों पलों के हम गवाह रहे हैं। इतिहास की इन दोनों घटनाओं ने हमारे सीने को गर्व से चौड़ा करने का अवसर प्रदान किया है और सर को ऊँचा उठाने का मौका भी उपलब्ध कराया है। चन्द्रमा पर हमारे कदम हमारी खुद की ही कोशिशों से पड़े यह हमारे लिए सपने की बात थी। मुझे आज इस बात की खुशी है कि भारत के अंतरिक्ष वैज्ञानिकों ने विशुद्ध भारतीय तकनीक से चन्द्रयान का निर्माण पूरा किया और विगत 22 जुलाई को इसे चन्द्रमा की ओर भेजने में सफलता प्राप्त की। हमारे लिए यह गौरव की बात है कि एच.ई.सी. के जिस परिसर में हमारी विधानसभा का सत्र आज चल रहा है, उसी एच.ई.सी. के अभियंताओं और कामगारों ने भी इसके निर्माण में बड़ा योगदान दिया है। चन्द्रयान के मिशन को वर्णित तिथि को जो कामयाबी मिली, उसके प्रक्षेपण की टीम में झारखण्ड के युवा भी शामिल रहे हैं।

ये सभी बधाई के पात्र हैं। जैसी कि मैंने चर्चा की है कि आज कारगिल विजय की 20वीं वर्षगाँठ है, राष्ट्रीय सम्मान के इस समर में जिन सैनिकों ने अपनी शहादत दी है, उनमें झारखण्ड के भी बहुत सारे सपूत रहे हैं। आज़ादी की लड़ाई से लेकर राष्ट्र रक्षा के लिए जितने भी युद्ध हुए हैं, झारखण्ड ने अपेक्षा से ज्यादा बलिदान दिया है। हमें अपने इन सपूतों की शहादतों पर गर्व है और आज के अवसर पर हम इन समस्त शहीदों के प्रति इस सदन के माध्यम से अपनी श्रद्धा भी निवेदित करते हैं।

माननीय सदस्यगण, हमारा यह सत्र कुल 5 दिनों तक चला। सत्रों में खट्टे-मीठे पलों का आना-जाना लगा रहता है। इस सत्र के साथ भी कुछ कड़वी यादें जुड़ी रही हैं, लेकिन इन सबके बावजूद हमारा यह सत्र काफी सफल और सार्थक रहा है। सभा में कड़वे वातावरण के क्षण यदि नहीं आते, तो शायद यह सत्र ज्यादा सार्थक रहता। जनता से जुड़े सवाल ज्यादा संख्या में लिए जा पाते। इस कड़वाहट की जिम्मेवारी किसी एक पक्ष की नहीं है। मेरा आरोप किसी व्यक्ति विशेष के लिए भी नहीं है। आने वाले दिनों में सभा का वातावरण यदि सामंजस्यपूर्ण रहेगा तो जनहित के मुद्दों पर ज्यादा चर्चा सम्भव हो सकेगी। मैं आशा करता हूँ कि

सभा के माननीय सदस्यगण इसे अन्यथा न लेंगे और भविष्य में सभा के संचालन में रचनात्मक सहयोग करेंगे। इस सत्र में हमने एक विनियोग विधेयक सहित कुल 6 विधेयकों को पारित किया है। इन विधेयकों के माध्यम से सामान्य जाति के 10 प्रतिशत गरीब लोगों को जहाँ सरकारी नौकरियों में आरक्षण का लाभ दिये जाने का प्रावधान है, वहीं राज्य की सांस्कृतिक राजधानी देवघर में बाबा बैद्यनाथ के नाम पर संस्कृत विश्वविद्यालय की स्थापना का विधेयक पारित करके भी हमने झारखण्ड की संस्कृति में एक नये आयाम को जोड़ने में कामयाबी पायी है। मैं आशा करता हूँ कि यह विश्वविद्यालय संस्कृत के क्षेत्र में अनुसंधान और अध्ययन के नये कीर्तिमान स्थापित करेगा। इस सत्र के संचालन में सदन नेता, नेता प्रतिपक्ष सहित समस्त विधायक दल के नेताओं और माननीय सदस्यों का सहयोग मुझे प्राप्त हुआ। इसके लिए मैं सभी को हृदय से धन्यवाद देता हूँ। मैं धन्यवाद देता हूँ सरकार के सभी माननीय मंत्रियों को भी, जिनके सहयोग से प्रश्नों और प्रस्तावों के उत्तर हमें समय से प्राप्त हुए।

चतुर्थ झारखण्ड विधानसभा की बैठकों का माननीय अध्यक्ष महोदय का प्रारंभिक वक्तव्य और समापन भाषण इस सत्र के लिए कुल 403 प्रश्नों की सूचनाएँ विधानसभा सचिवालय को प्राप्त हुईं। इनमें से 303 प्रश्न स्वीकृत किये गये। इन स्वीकृत प्रश्नों में अल्पसूचित प्रश्नों की संख्या 82 थी, जबकि तारांकित प्रश्नों की संख्या 211 और अतारांकित प्रश्नों की संख्या 37 थी। एक अल्पसूचित प्रश्न और 9 तारांकित प्रश्न सदन में उत्तरित हुए। इसके अतिरिक्त कुल 290 प्रश्नों के लिखित उत्तर विभिन्न विभागों से प्राप्त हुए हैं। शेष 40 प्रश्नों के उत्तर सरकार से आने शेष हैं। मैं समझता हूँ कि ये उत्तर भी शीघ्र ही सभा सचिवालय को प्राप्त हो जायेंगे। इन उत्तरों में 90 प्रतिशत ऑनलाइन प्रणाली से भी प्राप्त हुए हैं। झारखण्ड विधानसभा के इस सत्र के लिए कुल 25 निवेदन की सूचनाएँ स्वीकृत की गयीं। शून्यकाल की 114 सूचनाएँ प्राप्त हुईं और इन्हें सम्बन्धित विभागों को सदन में पढ़े जाने के बाद लिखित उत्तर के लिए प्रेषित किया गया है। इस सत्र के लिए गैर-सरकारी संकल्पों की कुल 31 सूचनाएँ विभिन्न माननीय सदस्यों से प्राप्त हुई हैं, जिनमें 30 पर सभा में चर्चा हुई। इस सत्र के लिए कुल 20 ध्यानाकर्षण की सूचनाएँ भी प्राप्त हुई थी, जिनमें से 16 पर सभा में सरकार के वक्तव्य प्राप्त हुए हैं। ध्यानाकर्षण की एक सूचना को विस्तृत जाँच के लिए इससे सम्बन्धित समिति को सौंपा गया है। वहीं एक पर सभा की विशेष समिति बनाने की घोषणा की गयी है। शीघ्र ही

एतद् विषयक समिति का गठन किया जायेगा। मैं इस सत्र के सफल संचालन के लिए राज्य सरकार के उच्च पदाधिकारियों को भी धन्यवाद देता हूँ। उनके सहयोग के बिना प्रश्नों प्रस्तावों आदि के ससमय उत्तर सभा सचिवालय को प्राप्त नहीं हो पाते। मैं मीडिया के तमाम बन्धुओं के प्रति भी धन्यवाद ज्ञापित करता हूँ, जिन्होंने सभा की कार्यवाही का सार्थक और सटीक प्रसारण कर राज्य की सवा तीन करोड़ जनता को इससे अवगत कराया है। विधि व्यवस्था को बनाये रखने में बड़ी संख्या में पुलिसकर्मियों को तैनात किया गया था। इनकी मुस्तैदी से विधि व्यवस्था बनी रही और किसी भी प्रकार की अप्रिय घटना घटित नहीं हुई। पुलिस के सारे जवान इस हेतु मेरी ओर से धन्यवाद के पात्र हैं। मैं अपने सभा सचिवालय के कर्मियों और पदाधिकारियों को भी बधाई देता हूँ, जिन्होंने सत्र के संचालन में मेरा भरपूर सहयोग किया है। यह सावन का पवित्र महीना है और इसी महीने में रक्षाबन्धन, स्वतंत्रता दिवस एवं बकरीद के पर्व भी आने वाले हैं। मैं इन तमाम पर्व-त्योहारों की अग्रिम बधाई इस सभा के माध्यम से राज्य की समस्त जनता को प्रेषित करता हूँ। इसी के साथ सभा की कार्यवाही को अनिश्चितकाल तक के लिए स्थगित करने की घोषणा भी करता हूँ। बहुत-बहुत धन्यवाद!

13 सितम्बर, 2019

माननीय अध्यक्ष का प्रारम्भिक वक्तव्य

अध्यक्ष–माननीय सदस्यगण,

चतुर्थ झारखण्ड विधानसभा के एकदिवसीय सप्तदश (विशेष) सत्र में आप सभी का हार्दिक अभिनन्दन। लगभग 19 वर्षों की लम्बी प्रतीक्षा के बाद झारखण्ड की सर्वोच्च विधायी संस्था और सबसे बड़ी लोक पंचायत को अपना स्थायी भवन प्राप्त हुआ है। भारत के यशस्वी प्रधानमन्त्री श्री नरेन्द्र मोदी के कर-कमलों से कल हुए उद्घाटन के बाद आज झारखण्ड विधानसभा के इस भव्य भवन में हम लोग उपस्थित हैं। चार वर्षों के अथक परिश्रम के बाद झारखण्ड के लोकप्रिय मुख्यमन्त्री श्री रघुवर दास के सपनों के साकार होने का गौरवशाली क्षण था कल का दिन, जब इस भव्य भवन का उद्घाटन हुआ। आज से चार वर्ष पूर्व इसकी नींव डाली गयी थी। बुनियाद रखे जाने के चार वर्षों के अथक और अनवरत परिश्रम के बाद इस भव्य भवन के निर्माण का सपना साकार हुआ है। इसके लिए मैं माननीय मुख्यमन्त्री जी सहित भवन निर्माण एवं आवास विभाग तथा इससे जुड़े प्राधिकार के समस्त

उच्चाधिकारियों, एक-एक कर्मियों के साथ-साथ उन सभी श्रमिकों के प्रति भी अपना आभार इस सदन के माध्यम से व्यक्त करता हूँ, जिन्होंने रात-दिन एक करके भवन निर्माण के इस सपने को साकार करने का काम किया है। मैं पुन: एक बार माननीय प्रधानमन्त्री जी के प्रति अपना आभार व्यक्त करता हूँ, जिन्होंने अपने व्यस्त समय में से थोड़ा-सा वक्त निकालकर इसके उद्घाटन के कार्य को सम्पन्न किया है।

माननीय सदस्यगण, किसी भी व्यवस्था की भव्यता का पैमाना वहाँ के निर्माणों की भव्यता से नहीं लगाया जाता। यह भव्यता तभी सार्थक होती है, जब हमारा आचार-विचार और व्यवहार इस भव्यता के अनुरूप हो। मैं जानता हूँ कि झारखण्ड विधानसभा के तमाम सदस्यगण विधायी, वित्तीय एवं अन्य कार्यों में अपने आचरण की भव्यता का प्रदर्शन अब तक करते आये हैं। हमारा अब तक का एक-एक पल का प्रयास झारखण्ड के जन-जीवन में नयी ऊर्जा का संचार करने के निमित्त होता आया है। अनेक संकल्पों को हमने अपने शौर्य से साकार करने का काम किया है। फिर भी हमारी उन्नति की यात्रा अभी पूरी नहीं हुई है। झारखण्ड को देश के अनेक अन्य तमाम विकसित राज्यों की श्रेणी में खड़ा करने के लिए हमें और अधिक श्रम करने की आवश्यकता है। हमारे मार्ग में अनगिनत कठिनाइयाँ आयेंगी, फिर भी हम आज के दिन यह संकल्प लें कि आने वाले तमाम निर्मम समय का सामना हम प्राणपन से करेंगे और झारखण्ड को उन्नति के शिखर पर ले जाने में कामयाब होंगे। आपको विदित होगा कि झारखण्ड विधानसभा का पिछला सत्र चन्द्रयान के सफल प्रक्षेपण के साथ शुरू हुआ था और यह सत्र ऐसे समय में हो रहा है जब चाँद से कुछ कदमों की दूरी पर हमार सफर रुक गया है। हमारे तमाम वैज्ञानिक जो भारतीय अन्तरिक्ष अनुसन्धान संस्थान से जुड़े हैं, इसकी सफलता के लिए अभी भी जी-जान से जुटे हुए हैं। उनकी कोशिश है कि हमारा यह मिशन सफल हो। यह सही है कि सफलता और विफलता एक ही सिक्के के दो पहलू हैं और विज्ञान हमेशा प्रयास और प्रयोग के सिद्धान्तों पर आगे बढ़ता है। हमारे प्रयास या प्रयोग की लगातार कोशिशों से भविष्य में निश्चित ही कामयाबी मिलेगी, ऐसी उम्मीद हमें है।

दुनिया चाँद को छूने की बात करती है और भारत का सपना शुरू से चाँद के पार जाने का रहा है। कुछ वर्ष पूर्व हमारा मंगलयान का सफर कामयाब हुआ था, हमारा चाँद का सफर भी कामयाब होगा, क्योंकि हमारा विश्वास है, इस मूलमंत्र में कि प्रयास करने वाले हमेशा कामयाब होते हैं। हम भी एक दिन कामयाब होंगे।

हमारे इस प्रयास को दुनिया भर में सराहा गया है। आज के अवसर पर मैं इस सदन की ओर से भारतीय अन्तरिक्ष अनुसन्धान संस्थान के तमाम वैज्ञानिकों को उनके प्रयास और प्रयोग की इस अभिनव शृंखला के लिए अपनी हार्दिक बधाई प्रेषित करता हूँ। आज देश के अन्य हिस्सों के साथ-साथ झारखण्ड की सवा तीन करोड़ जनता भी उनके साथ खड़ी है।

हमारा यह सत्र रक्षाबंधन, जन्माष्टमी, गणेश पूजा और जनजातीय पर्व करमा को मनाने के बाद शुरू हुआ है। दो दिन पूर्व इस्लाम धर्मावलम्बियों के द्वारा शहादत के पर्व मुहर्रम को भी मनाया गया है। भारत का संस्कार सादगी और समर्पण का रहा है। हम इस संस्कार और परम्परा के प्रति नतशीष होकर अपनी श्रद्धा भी निवेदित करते हैं।

आज के अवसर पर मैं इस तथ्य का भी उल्लेख करना चाहता हूँ कि विगत दिनों स्विटजरलैंड में आयोजित बैडमिंटन के विश्व चैम्पियनशिप में हमारे देश की बेटी पी.वी. सिंधु ने गोल्ड मेडल प्राप्त कर न केवल इस देश का मान बढ़ाया है, वरन् उन्होंने इस क्षेत्र में कीर्तिमान स्थापित करने वाली पहली भारतीय महिला के रूप में भी अपना नाम दर्ज किया है। इसके पूर्व भी सिंधु ने अनेक सम्मान प्राप्त किये हैं। हम उनकी इस अभूतपूर्व सफलता के लिए उन्हें बधाई देते हैं। इसी तरह चेक गणराज्य में आयोजित 300 मीटर दौड़ की प्रतियोगिता में भारत की दूसरी बेटी हिमा दास की स्वर्णिम उपलब्धि भी हमें गौरवान्वित करती है। जमशेदपुर की कोमोलिका ने स्पेन में आयोजित विश्व युवा तिरंदाजी का खिताब जीतकर भी हमारा सम्मान बढ़ाया है। हम अपनी इन तीनों बेटियों की सफलता के लिए उन्हें हार्दिक बधाई देते हैं।

माननीय सदस्यगण, आज का यह विशेष सत्र झारखण्ड की माननीया राज्यपाल महोदया के द्वारा विशेष रूप से आहूत किया गया है। ऐसे अवसर कम आते हैं, जब संविधान के अनुच्छेद 175 (1) के अधीन विधानसभा के सत्रों का आह्वान किया जाये। झारखण्ड विधानसभा के अब तक के इतिहास की यह पहली घटना है, जब संविधान के इस प्रावधान के अधीन इस सत्र का आयोजन किया जा रहा है। इस क्रम में माननीया राज्यपाल महोदया द्वारा जो सन्देश आपके लिए मुझे प्राप्त हुआ है, उसे मैं आप लोगों के बीच में पढ़कर सुना देना चाहता हूँ। उन्होंने इस सत्र के आह्वान के साथ-साथ जो सन्देश दिया है, वह इस प्रकार है।

सन्देश

भारत का संविधान के अनुच्छेद 175 के खण्ड (1) के द्वारा प्रदत्त शक्तियों का प्रयोग करते हुए मैं, द्रौपदी मुर्मू, झारखण्ड की राज्यपाल, इसके द्वारा झारखण्ड विधानसभा को दिनांक–13 सितम्बर, 2019 को 11.30 बजे पूर्वाह्न में सम्बोधित करना चाहती हूँ और इस हेतु झारखण्ड विधानसभा सदन, राँची में सदस्यों की उपस्थिति चाहती हूँ।

राँची,
ह./–द्रौपदी मुर्मू

दिनांक–10 सितम्बर, 2019
झारखण्ड की राज्यपाल।

विदित है कि विधानसभा के भीतर माननीया राज्यपाल की उपस्थिति एक महत्त्वपूर्ण घटना होने के साथ-साथ गौरव का क्षण भी होता है। हमारी संसदीय व्यवस्था में राज्यपाल के पद को प्रतिष्ठा का सूचक माना गया है। इनके प्रति श्रद्धा का प्रदर्शन हमारा दायित्व है। भारत की न्यायिक प्रक्रिया में भी इस संवैधानिक व्यवस्था को स्वीकार किया गया है। इस अवसर पर हम अपने आचरण का ऐसा कीर्तिमान स्थापित करें, जो हमेशा के लिए उदाहरण बने। अपने आचरण में ऐसी कोई कमी हमें नहीं आने देनी चाहिए, जो गलत परम्परा का हिस्सा बने और जिसके लिए हमारी आलोचना हो। माननीया राज्यपाल महोदया अपने अभिभाषण के अवसर पर अपने संवैधानिक दायित्वों को पूरा करती हैं। आप विदित हैं कि हमारा संविधान हमारे पूर्व पुरुषों द्वारा निर्मित है, जिसे देश की तमाम जनता ने अंगीकृत, अधिनियमित और आत्मार्पित किया है। ऐसे में माननीया राज्यपाल महोदया के प्रति प्रदर्शित किया गया हमारा सम्मान हमारे संविधान के प्रति प्रदर्शित सम्मान का प्रतीक है।

थोड़ी देर के बाद माननीया राज्यपाल महोदया आप लोगों के बीच अपने अभिभाषण के लिए उपस्थित होंगी। मैं उनकी आगवानी के लिए थोड़ी देर के लिए इस सदन के बाहर जाऊँगा। सदन से मेरे बाहर रहने और राज्यपाल महोदया के अभिभाषण के बाद उन्हें विदा करने के लिए जब मैं जाऊँ, उस अवधि में भी आप सदन में शालीनता का प्रदर्शन करेंगे और व्यवस्था का अनुपालन करेंगे, ऐसी उम्मीद मैं आप सभी से करता हूँ। राज्यपाल महोदया के आगमन के समय और उनके अभिभाषण के दौरान भी आप के शालीन आचरण की अपेक्षा मैं आप सभी से करता हूँ। उनके अभिभाषण को आप लोग धैर्यपूर्वक सुनेंगे, इसी कामना के साथ मैं आप लोगों से थोड़े समय के लिए विदा ले रहा हूँ। मैं यह भी उल्लेख कर देना चाहता कि माननीया राज्यपाल महोदया के अभिभाषण के बाद मैं सभी विधायक दल के नेताओं को थोड़ी-थोड़ी देर बोलने का अवसर दूँगा। माननीय सदस्यगण अपने भाषण के क्रम में विधानसभा की अब तक की उपलब्धियों पर अपने विचार व्यक्त कर सकते हैं। धन्यवाद!

पंचम झारखण्ड विधानसभा, अध्यक्ष महोदय का प्रारम्भिक वक्तव्य और समापन भाषण

6 जनवरी, 2020

माननीय प्रोटेम अध्यक्ष का सम्बोधन

प्रोटेम अध्यक्ष—पंचम झारखण्ड विधानसभा के सभी नवनिर्वाचित माननीय सदस्यों का हार्दिक अभिनन्दन। सभा के इस सत्र में आज के दिन आप सभी माननीय सदस्यों को शपथ दिलाने अथवा प्रतिज्ञान का दायित्व माननीया राज्यपाल महोदया द्वारा मुझे भारत के संविधान के अनुच्छेद 180 के अधीन सौंपा गया है। सभा सचिव बारी-बारी से इस हेतु माननीय निर्वाचित सदस्यों का नाम उनके क्षेत्र संख्या सहित पुकारेंगे और इसके उपरांत शपथ या प्रतिज्ञान की यह प्रक्रिया संविधान के अनुच्छेद 188 के अधीन निर्वाचित सदस्यों द्वारा पूरी की जायेगी।

8 जनवरी, 2020

माननीय अध्यक्ष का समापन भाषण

माननीय सदस्यगण, हल्के नोक-झोंक से युक्त एक सुखद वातावरण में पाँचवें झारखण्ड विधानसभा के पहले तीन दिवसीय सत्र का समापन अब होने जा रहा है। इस सत्र में माननीया राज्यपाल महोदया का अभिभाषण हम लोगों के बीच हुआ। अपने अभिभाषण के माध्यम से उन्होंने झारखण्ड की वर्तमान सरकार की आने वाले समय की प्राथमिकताओं का उल्लेख करके शासन की दशा और दिशा को दर्शाने का काम किया गया है। इस अभिभाषण पर धन्यवाद प्रस्ताव पारित करके आप सभी ने उनके प्रति कृतज्ञता ज्ञापित की है, इसके लिए मैं आप सभी के प्रति आभार प्रकट करता हूँ। सभा द्वारा पारित धन्यवाद प्रस्ताव की सूचना माननीया राज्यपाल महोदया को प्रेषित कर दी जायेगी। इसी सत्र में वर्तमान वित्तीय वर्ष का द्वितीय अनुपूरक बजट

माननीय रबीन्द्र नाथ महतो

अध्यक्ष, झारखण्ड विधानसभा

कार्यकाल

07-01-2020 से...

विधानसभा क्षेत्र संख्या–08, नाला

जन्म तिथि–12 जनवरी, 1960

जन्म स्थान–ग्राम–मोहजुड़ी (खामार)

पिता का नाम–श्री गोलक बिहारी महतो

माता का नाम–स्व. रूप मजंरी देवी

शैक्षणिक योग्यता–बी.एस.सी., बी.एड.

विधायक के रूप में निर्वाचन–2005, 2014 एवं 2019

प्रस्तुत हुआ और इस पर माननीय सदस्यों ने सार्थक चर्चा की है। चर्चा के दौरान जहाँ कुछ माननीय सदस्यों ने अपने क्षेत्र की समस्याओं का जिक्र किया है, वहीं कुछ वरीय माननीय सदस्यों ने सरकार की प्राथमिकताओं के सम्बन्ध में सारगर्भित सुझाव भी दिये हैं। इस राज्य के सर्वांगीण विकास की दृष्टि से ये सुझाव नि:सन्देह अत्यन्त महत्त्वपूर्ण हैं। मैं सरकार से अपेक्षा करता हूँ कि अपने संशोधन की सीमाओं का आकलन करते हुए आगामी वित्तीय वर्ष के लिए अब वो बजट तैयार करे, तो इस पर अमल करने का प्रयास भी करे। तीन दिनों के इस छोटे-से सत्र में मैंने यह महसूस किया है कि लोकहित से जुड़े ऐसे मसले हैं, जिन पर सत्तापक्ष और प्रतिपक्ष दोनों की भावना एक जैसी है। आने वाले समय में जनता के हित में इसी प्रकार की वैचारिक एकता हमारे बीच कायम रहे, मैं इसकी भी उम्मीद करता हूँ। आने वाले दिनों में मकर संक्रान्ति, सोहराय और बसन्त पंचमी के साथ-साथ लोहड़ी का त्योहार भी हम मनायेंगे। इन त्योहारों का उल्लास और इनकी मिठास झारखण्ड के जनजीवन में अनन्त समय तक कायम रहे, इन्हीं शुभकामनाओं के साथ मैं सभा की कार्यवाही अनिश्चितकाल के लिए स्थगित करने की घोषणा करता हूँ।

28 फरवरी, 2020

माननीय अध्यक्ष का प्रारम्भिक वक्तव्य

अध्यक्ष–माननीय सदस्यगण,

पंचम झारखण्ड विधानसभा के द्वितीय और वर्ष 2020 के प्रथम बजट-सत्र में आप सभी का हार्दिक अभिनन्दन। 28 फरवरी से आरम्भ होकर 28 मार्च, 2020 तक चलने वाले इस सत्र में कुल 18 कार्यदिवस प्रस्तावित हैं, जिसके दरम्यान चालू वित्तीय वर्ष का अनुपूरक बजट पेश करने के साथ-साथ वित्तीय वर्ष 2020-2021 का वार्षिक बजट भी सरकार द्वारा पेश किया जायेगा। हमारी शासन प्रणाली संविधान के जिस प्रावधानों के अनुरूप संचालित होती है, उसी के अन्तर्गत यह व्यवस्था की गयी है कि प्रत्येक वित्तीय वर्ष के आरम्भ में सरकार अपनी वित्तीय विवरणी विधानमण्डल के पटल पर रखेगी।

अध्यक्ष–संविधान के इस प्रावधान में सरकार के ऊपर विधानमण्डलीय जवाबदेही का वित्तीय सिद्धान्त निहित है। माननीय सदस्यगण आप लोग अपने आसन पर बैठिए। यह प्रावधान इस तथ्य को रेखांकित करता है कि सदन की सहमति के बिना न तो एक पैसे का करारोपण किया जा सकता है, न ही सरकार एक पैसे का व्यय कर सकती है। राज्य की संचित निधि के ऊपर विधायिका के

नियन्त्रण का यह सिद्धान्त वस्तुतः लोकतन्त्र की आत्मा है। इस क्रम में संयुक्त राज्य अमेरिका के सन्दर्भ को मैं विशेष रूप से उद्धृत करना चाहता हूँ, जिसे वहाँ के एक पूर्व राष्ट्रपति ने कहा था, "जिसके पास पैसा है, उसी के पास शक्ति है।" भारतीय सन्दर्भ में राष्ट्र और राज्य के धन अथवा सार्वजनिक वित्त पर नियन्त्रण क्रमशः संसद और राज्य विधानमण्डल द्वारा रखा जाता है। वस्तुतः भारतीय संसद अथवा राज्य विधानमण्डल के वित्तीय कृत्यों पर प्रक्रिया में अन्तर्निहित उन्हीं सिद्धान्तों का अनिवार्य रूप से पालन किया जाता है, जिनका पालन इंग्लैंड में हाउस ऑफ कॉमन्स द्वारा किया जाता है। विधानमण्डल का यह वित्तीय नियन्त्रण माननीय सदस्यों द्वारा विनियोग विधेयक के पारण और अनुदान माँगों पर कटौती प्रस्ताव प्रस्तुत करके उनके औचित्य पर चर्चा के माध्यम से सम्पन्न होता है। इन सभी के साथ-साथ सरकार द्वारा सभा से अनुदानित, पारित और अधिनियमित राजस्व के औचित्यपूर्ण व्यय की लोकलेखा और सरकारी उपक्रमों सम्बन्धी समितियों द्वारा की गयी समीक्षा के माध्यम से भी विधायी संस्थान सरकार पर अपना वित्तीय नियन्त्रण सुनिश्चित करते हैं। आप में से कतिपय माननीय सदस्यों के लिए यह गौरव की बात है कि वे झारखण्ड गठन के आरम्भ से लेकर अब तक इस विधानसभा के सदस्य हैं, तथापि हममें से बहुत ऐसे भी हैं, जो इस विधानसभा के लिए पहली बार चुनकर आये हैं। ऐसे में मैं तमाम माननीय सदस्यों से आग्रह करता हूँ कि आप बजट पर भरपूर और सार्थक चर्चा करके सरकार के वित्तीय प्रबन्धन को सुदृढ़ करने का कार्य करें और यह सुनिश्चित करायें कि बजट को पारित करके राज्य की संचित निधि से जिस राशि के व्यय का प्राधिकार हम सरकार को समर्पित कर रहे हैं, उसके एक-एक पैसे का सही और सार्थक उपयोग जनता के व्यापक हित में सुनिश्चित हो।

अध्यक्ष–सब होगा, माननीय सदस्य आप लोग अपने आसन पर जाइए, सब होगा और नियम संगत होगा आप चिंता न करें, आप चिंता न करें आप आसन पर तो जायें।

राजनीतिक कार्यपालिका पर विधानमण्डल के वित्तीय नियन्त्रण के साथ-साथ विधायी नियन्त्रण के अवसर भी इस सत्र में माननीय सदस्यों को प्राप्त होंगे। सभा के इस सत्र से सम्बन्धित औपबंधिक कार्यक्रम का सांगोपांग अवलोकन आप सभी ने किया होगा। इसमें दो कार्यदिवस राजकीय विधेयक के लिए निर्धारित हैं। इन दोनों तिथियों को सरकार कतिपय कानून के मसौदे आपके विचार के लिए लेकर आयेगी। कौन से कानून अथवा कानूनों के कौन से प्रावधान आज के सन्दर्भ में झारखण्ड की सवा तीन करोड़ जनता के हित में आवश्यक हैं, इसे आपसे ज्यादा बेहतर तरीके

से कोई नहीं जानता, यह सम्भव है कि एक विधायक के रूप में आपका कार्यकाल छोटा हो, लेकिन जनता के बीच आपके सम्बन्धों का कार्यकाल निश्चित रूप से काफी बड़ा और लम्बे समय का है। इस क्रम में हमें यह भी याद रखना है कि विधानसभा के लिए।

अध्यक्ष–माननीय सदस्य आसन पर जाइए। निर्वाचित सदस्य होने के पहले हम राष्ट्र और राज्य के एक जिम्मेवार नागरिक हैं। ऐसे में किसी कानून का असर हमारे साथ-साथ आम जनता पर कैसा होगा, इसका मूल्यांकन हम सूक्ष्मता से करें और इसी आलोक में सभा में अपनी राय व्यक्त करें। यह ठीक है कि एक राजनीतिक दल का सदस्य होने के नाते हमारी कतिपय दलीय प्रतिबद्धताएँ हैं, लेकिन हमें जनता के प्रति अपनी प्रतिबद्धताओं को प्राथमिकता देनी होगी और यदि हम ऐसा करने में कामयाब होते हैं, तो निश्चित मानिए कि जनहित के उद्‌देश्य पूरे होंगे और हमारा लोकतन्त्र सफल होगा, आप एक सफल विधायक के रूप में सिद्ध होंगे।

इन सबके अतिरिक्त भी प्रक्रिया तथा कार्य-संचालन के नियम माननीय सदस्यों को जनहित से जुड़ी समस्याओं और मुद्‌दों को सदन में सत्र के दौरान उठाने के अवसर उपलब्ध कराते हैं। प्रश्नकाल, शून्यकाल, ध्यानाकर्षण सूचनाएँ, प्रस्ताव और संकल्पों को ऐसी ही कोटियों में रखा गया है। निर्धारित प्रक्रियाओं का पालन करते हुए सदन का व्यवस्थापूर्वक संचालन यदि माननीय सदस्यगण सुनिश्चित करें तो मुझे विश्वास है कि राज्य की कोई ऐसी समस्या नहीं है, जिसके समाधान के मुकाम तक हम नहीं पहुँचे। अभी कुछ ही दिन पहले सभा-सचिवालय के विधायी एवं शोध सन्दर्भ कोषांग द्वारा एक प्रबोधन-सह-प्रशिक्षण कार्यक्रम का आयोजन प्रोजेक्ट बिल्डिंग में किया गया था, जिसका मुख्य विषय विधायकों की जिम्मेवारी और सदन में जनसरोकार के मुद्‌दे से था। बड़ी संख्या में आप उस कार्यक्रम में सहभागी रहे हैं। अपने क्षेत्र के बड़े विशेषज्ञों ने इसमें अपने विचार रखे थे। उन पर अमल करते हुए हम आगे बढ़ेंगे, यही हमारी कामना है। जनता की अपेक्षाओं पर खरा उतरना आपका दायित्व है। माननीय सदस्य चाहे सत्तापक्ष के हों या प्रतिपक्ष के निर्वाचित प्रतिनिधि हैं, सभी की भूमिकाएँ समान हैं, सभी के दायित्व भी समान ही हैं।

संसदीय लोकतन्त्र में बहुमत के शासन के कारण हो सकते हैं कि सत्तापक्ष के माननीय सदस्यों को सरकार से कुछ सहूलियतें प्राप्त हो जायें और प्रतिपक्ष को जटिल स्थितियों का सामना अपने दायित्व निर्वहन में करना पड़े, लेकिन दूसरी तरफ दलीय प्रतिबद्धताएँ सत्तापक्ष के सदस्यों पर जो सीमाएँ स्थापित करती हैं, प्रतिपक्ष उन सीमाओं से बाहर रहता है। इस प्रकार दोनों पक्षों की स्थिति कमोबेश समान है। इन तथ्यों को स्वीकार करते हुए भी सभा में ऐसे अवसर हैं।

मैं आपकी मुखरता का स्वागत करूँगा। मैं सरकार से इस क्रम में जहाँ उदार होने की अपेक्षा करता हूँ, वहीं प्रतिपक्ष से भी विनम्र आग्रह करता हूँ कि सभा में विरोध मुद्दों पर आधारित हो, न कि राजनीति पर आधारित। अन्त में आप सभी अपने दायित्व निर्वहन में कामयाब हों, इन्हीं कामनाओं के साथ मैं आप सबों को यह स्मरण दिलाना चाहता हूँ कि आज का अवसर ऐतिहासिक है, जब पंचम विधानसभा के प्रथम बजट-सत्र में हम इस भव्य भवन में एकत्रित हुए हैं। इस भवन की भव्यता तभी सार्थक होगी, जब हम अपने विचार और व्यवहार में भव्यता लाकर जनता के व्यापक हित में कार्य करेंगे। सभा के पीठासीन अधिकारी की हैसियत से मैं आप सभी के उज्ज्वल भविष्य की एक बार फिर से कामना करता हूँ। धन्यवाद!

23 मार्च, 2020

माननीय अध्यक्ष का समापन भाषण

अध्यक्ष–इस सत्र के लिए याचिका और गैर-सरकारी संकल्प की प्राप्त सभी सूचनाएँ सम्बन्धित विभागों को लिखित उत्तर के लिए भेज दी जायेगी। जिन स्वीकृत ध्यानाकर्षण-सूचनाओं पर सभा में सरकार का वक्तव्य नहीं हो सका, उन्हें भी लिखित उत्तर के लिए सम्बन्धित विभागों को भेज दिया जायेगा। सभा की कार्यवाही अनिश्चितकाल तक के लिए स्थगित की जाती है।

18 सितम्बर, 2020

माननीय अध्यक्ष का प्रारम्भिक वक्तव्य

अध्यक्ष–माननीय सदस्यगण,

पंचम झारखण्ड विधानसभा के तृतीय और वर्ष 2020 के मानसून-सत्र में आप सभी का हार्दिक स्वागत और अभिनन्दन। कुल तीन कार्यदिवस का यह महत्त्वपूर्ण सत्र एक ऐसे दौर में आहूत किया गया है, जब पूरी दुनिया नोवल कोरोना वायरस कोविड-19 की महामारी से गुजर रही है। दिसम्बर, 2019 में इस संक्रमण का पहला मामला जब सामने आया था, तब यह कल्पना से परे था कि यह विभीषिका इतना विकराल रूप ले लेगी कि जीवन को गतिहीन कर देगी। Lockdown या तालाबंदी स्वास्थ्य विशेषज्ञों द्वारा इस महामारी का एकमात्र तार्किक उपाय बताया गया और मानव सभ्यता के इतिहास में इस महामारी का प्रभाव इतना व्यापक है कि इसे 'कोरोना काल' की संज्ञा दी गयी और जीवन जीने के तरीके में इसके द्वारा जो परिवर्तन लाया गया है, निश्चय ही उसका प्रभाव मानव जीवन के प्रत्येक पहलू पर लंबे समय तक

दृष्टिगोचर होगा। दुनिया के करोड़ों लोग अब तक इस महामारी से संक्रमित हो चुके हैं। इसके कारण लाखों जिन्दगियाँ काल के गाल में समा गयीं। लगभग छह माह का समय बीत चुका है, हमारी आर्थिक, शैक्षणिक सहित अन्य गतिविधियों को थामे हुए। दुनिया, राष्ट्र और राज्य आज बुरे दौर से गुजर रहे हैं। सकल घरेलू उत्पाद में अप्रत्याशित कमी, उपभोक्ता मूल्यों में बेतहाशा वृद्धि और बढ़ती बेरोजगारी हमारे सामने गम्भीर चुनौती और समस्या बन कर खड़ी है। पिछले छह माह से शैक्षणिक संस्थान बन्द हैं, इस शैक्षणिक वर्ष में एक भी दिन स्कूल-कॉलेज नहीं खुला, यद्यपि कुछ विद्यालयों द्वारा छात्रों को ऑन-लाइन पढ़ाने की व्यवस्था की गयी है, परन्तु जो देश पूर्ण रूप से Digital device से ग्रसित हैं एवं जहाँ की विद्यालय व्यवस्था असमान है, वह ऑन-लाइन पढ़ाई विद्यालय का विकल्प कदापि नहीं हो सकता है। इस बीच कोरोना महामारी की विभीषिका के बीच पूरा मानव समाज अपने वैज्ञानिक की ओर देख रहा है, जो दिन-रात कड़ी मेहनत कर इस महामारी का टीका खोजने में लगे हैं। पूरी दुनिया के कई संस्थानों ने इस दिशा में उत्कृष्ट कार्य किया है और हमें गर्व है कि हमारे देश के बहुत सारे संस्थान मानव समाज के सुरक्षा करने की इस मुहिम में पूरी तत्परता से लगे हैं। इस बीच इस महामारी से लड़ने में हमारे कोरोना योद्धा, हमारे डॉक्टर, पूरी मेडिकल स्टॉफ, नर्स, प्रशासन एवं पुलिसकर्मी, सामाजिक संगठन, जो जान की परवाह किये बिना पूरी तन्मयता से लगे हैं। अपनी सेवा भावना से जिस प्रकार इन्होंने मानव जाति की जिजीविषा को परिभाषित किया है, उससे कवि हरिवंशराय बच्चन जी की पंक्तियाँ बरबस याद आ जाती हैं–

एक चिड़ियाँ चोंच में तिनका लिये जो जा रही है,
वह सहज में ही पवन उँचास को नीचा दिखाती!
नाश के दुःख से कभी दबता नहीं निर्माण का सुख,
प्रलय की निस्तब्धता से सृष्टि का नव गान फिर-फिर!
नीड़ का निर्माण फिर-फिर, नेह का आह्वान फिर-फिर!

प्रलय के बाद नयी सृष्टि के निर्माण का वक्त है। हमें समवेत होना होगा, परस्पर सहकार के साथ आगे बढ़ना होगा। हमें यह प्रयास करना होगा कि हमारे जिन नौनिहालों, जिनकी पढ़ाई बाधित हुई है, समय जब अनुकूल हो जाये तो उनके अधूरे शिक्षण कार्य की भरपाई हो सके। हमें रोजगार के नये अवसर तलाशने होंगे और दूसरों पर लोगों की निर्भरता को कम करने के ठोस प्रयास करने होंगे। मानव

सभ्यता के इतिहास में बहुत बार विषम परिस्थितियाँ उत्पन्न हुई हैं लेकिन मनुष्य बार-बार गिर कर फिर से उठ खड़ा हुआ है। हमें भरोसा है आज के नेतृत्व पर और उनकी क्षमता पर निर्माण की नयी दिशा तय करने के लिए हमारा नेतृत्व सामने आया है और हमारा भरोसा है कि सभी का सहयोग दलीय प्रतिबद्धताओं से बाहर आकर इस नेतृत्व को मिलेगा। झारखण्ड की सवा तीन करोड़ जनता की शुभ कामनाएँ और शुभेच्छाएँ जब हमारे साथ होंगी, तब हम निश्चित ही कामयाब होंगे।

मेरे साथ-साथ सदन के प्रत्येक सदस्य को यह ज्ञात है कि विगत 25 मार्च, 2020 की अर्ध रात्रि से देश में जब रेलगाड़ियों के पहिये थम गये थे, हवाई उड़ानों के साथ-साथ आम जनता की सड़क परिवहन प्रणाली अचानक बन्द हो गयी थी, तब देश त्राहिमाम कर उठा था। विभिन्न राज्यों से देश के औद्योगिक और बड़े शहरों में जाकर काम करने वाले लोग फँस गये थे। भविष्य की चिन्ता से ग्रस्त होकर हमारे ही समाज का बड़ा श्रमिक वर्ग किसी तरह अपने घर की ओर लौटने की चिन्ता से ग्रस्त होकर विलाप कर रहे थे, तो हमारे मुख्यमन्त्री श्री हेमन्त सोरेन ने अपने दृढ़ निश्चय का परिचय देते हुए उनकी घर वापसी का कारगर प्रबन्ध किया। यह उन्हीं के सद्प्रयासों का सुपरिणाम था कि देश की पहली श्रमिक रेलगाड़ी झारखण्ड की राजधानी राँची आयी और इसके बाद ही दूसरे राज्यों में भी इनकी वापसी का रास्ता खुला। हम माननीय मुख्यमन्त्री सहित पूरी सरकार को इसके लिए धन्यवाद देते हैं कि श्रमिकों को लेकर झारखण्ड आने वाली रेलगाड़ियों की संख्या लगभग 60 (साठ) रही। इसी तरह झारखण्ड देश का पहला राज्य रहा, जिसने अपने प्रवासी मजदूरों को अपने खर्च पर हर मार्ग से घर वापसी कराने का काम सुनिश्चित किया। इतना ही नहीं जो प्रवासी झारखण्ड आये, कोरेंटाइन अवधि में उनके आवासन, भोजन चिकित्सा के साथ-साथ उनके परिजनों की देखभाल का काम भी सरकार ने किया है। निःसन्देह कोरोना से निपटना एक चुनौती का काम था, लेकिन सरकार ने इस चुनौती को स्वीकार करके इसे आगे बढ़ने के लिए अत्यन्त सराहनीय कार्य किया है।

महामारी के इस दौर में हमारे कई माननीय विधायक भी संक्रमण की चपेट में आये। इनमें सत्तापक्ष के भी थे और प्रतिपक्ष के भी। आज प्रायः सभी लोग स्वस्थ होकर हमारे बीच हैं, इस बात की हमें खुशी है।

कोरोना संक्रमण के आलोक में सुरक्षात्मक उपायों के तहत सभा के इस सत्र में सदन के बाहर और भीतर जो व्यवस्था की गयी है, वह आप सभी माननीय सदस्यों के हिफाजत की दृष्टि से आवश्यक है। यद्यपि इससे आप सभी को थोड़ी

असुविधा तो निश्चित हो रही होगी किन्तु स्वास्थ्य एवं चिकित्सा सम्बन्धी आवश्यक मानकों के पालन के निमित्त यह आवश्यक है। आसन व्यवस्था के निर्धारण के क्रम में आवश्यक शारीरिक दूरी सदस्यों के बीच स्थापित करने का प्रयास किया गया है। अत: माननीय सदस्यों से इस क्रम में मैं अपेक्षित सहयोग की अपेक्षा करता हूँ।

विधानसभा के इस सत्र में सरकार वित्तीय वर्ष 2020-21 का अपना पहला अनुपूरक बजट पेश करेगी। इसी के साथ कुछ महत्त्वपूर्ण विधेयकों के भी लाये जाने की सम्भावना है। माननीय सदस्यों के बहुमूल्य सुझावों के साथ हमारा वित्तीय और विधायन सम्बन्धी कार्य पूरा होगा, ऐसी उम्मीद मुझे है। पिछले सत्र से अब तक की अवधि का जो बड़ा अन्तराल रहा है, उसके बीच बहुत सारी समस्याएँ सामने आयी हैं। उनका समाधान प्रश्न, ध्यानाकर्षण और शून्यकाल जैसी सूचनाओं के माध्यम से हो सकेगा, मुझे यह उम्मीद भी है। यद्यपि यह सत्र छोटा है, तथापि यह सार्थक और सदुपयोगी होगा, यह विश्वास मुझे है। मैं आप सबसे पूर्ण सहयोग की अपेक्षा करता हूँ।

22 सितम्बर, 2020

माननीय अध्यक्ष का समापन भाषण

अध्यक्ष–माननीय सदस्यगण, पंचम झारखण्ड विधानसभा का तृतीय (मॉनसून) सत्र अब समापन की ओर है।

कोविड-19 के संक्रमण काल में आहूत वर्तमान सत्र का हम सबों ने अधिकाधिक सदुपयोग किया है, तथापि मुझे यह कहने में संकोच नहीं है कि हम इसे और ज्यादा बेहतर तरीके से उपयोग कर सकते थे। संसदीय व्यवस्था में विरोध और असहमति का भी सार्थक उपयोग किया जा सकता है। कार्य-संचालन के प्रावधानों और संसदीय परम्पराओं के तहत हम सभा में सार्थक चर्चा कर कार्यपालिका को विधायिका के प्रति और ज्यादा उत्तरदायी बनाने में सक्षम हो सकते हैं। हमें यह ध्यान रखना चाहिए कि राज्य की जनता हमें उनकी समस्याओं के समाधान के लिए चुनती है और हमें उनके इस विश्वास पर खरा उतरने का प्रयास करना चाहिए।

तीन दिनों की कार्यावधि के लिए कुल 70 अल्पसूचित प्रश्न, 61 तारांकित प्रश्न एवं 29 अतारांकित प्रश्न स्वीकृत किये गये, जिनमें 02 अल्पसूचित प्रश्नों के उत्तर सभा में दिये गये। शून्यकाल की 46 सूचनाएँ सभा में पढ़ी गयीं। सभा में वक्तव्य हेतु 10 ध्यानाकर्षण सूचनाएँ स्वीकार की गयीं। गैर-सरकारी संकल्प

की कुल 17 सूचनाएँ सभा में ली गयीं। इस छोटे-से सत्र में विनियोग विधेयक सहित कुल 9 विधेयक सभा में पेश किये गये और पारित हुए। महालेखाकार का अंकेक्षण प्रतिवेदन सभा-पटल पर रखा गया और हमें विश्वास है कि लोकलेखा समिति इस अंकेक्षण प्रतिवेदन में निहित कंडिकाओं पर सरकार के उत्तर प्राप्त कर उसका निष्पादन करेगी। इस सत्र में विधानसभा की समितियों ने अपना प्रतिवेदन सभा-पटल पर रखा है। मैं आशा करता हूँ कि इन प्रतिवेदनों में की गयी अनुशंसाओं का क्रियान्वयन सरकार ससमय कर समिति को सूचित करेगी। इस सत्र में कई विभागों ने नियमावली की प्रतियाँ सभा-पटल पर पेश की है जिसकी विधानसभा की प्रत्यायुक्त विधान समिति समीक्षा करेगी और अपना प्रतिवेदन सभा के समक्ष रखेगी, ऐसा मुझे पूर्ण विश्वास है।

माननीय सदस्यगण, इस सत्र में कोविड-19 से उत्पन्न स्थिति पर सभा में विशेष चर्चा भी हुई। झारखण्ड जैसे छोटे राज्य के सामने यह बहुत बड़ी चुनौती है कि हम किसी प्रकार अपने मानव संसाधनों का उपयोग कर उन्हें सामाजिक सुरक्षा प्रदान करें और उनके सम्मानपूर्वक जीवनयापन हेतु मार्ग प्रशस्त करें। इस दिशा में राज्य सरकार के प्रयास सराहनीय है। इस सत्र के सफलतापूर्वक संचालन में राज्य सरकार के विभिन्न विभागों के पदाधिकारियों तथा पुलिस सेवा के पदाधिकारियों एवं स्वास्थ्य विभाग की टीम ने जिस प्रकार सहयोग किया है। इसके लिए वे धन्यवाद के पात्र हैं। कोविड-19 के दिशा-निर्देशों का पालन करते हुए सभा-सचिवालय के पदाधिकारियों/कर्मचारियों से कार्य-संचालन में जो सहयोग प्राप्त हुए हैं, वह सराहनीय है। माननीय सदस्यगण, आने वाला समय त्योहारों का समय है। दुर्गापूजा दीपावली, छठ एवं मिलाद-उन-नबी पर्व का हम स्वागत करने हेतु तत्पर हैं। मैं माननीय सदस्यों के साथ-साथ राज्य की जनता से अनुरोध करना चाहूँगा कि वे कोविड-19 के दिशा-निर्देशों के तहत ही मॉस्क पहन कर घर से बाहर निकलें और सामाजिक दूरी का पालन करें। यही हमारे लिए सुरक्षा कवच है। आने वाले त्योहारों के लिए मैं आप सबों को हार्दिक शुभकामनाएँ प्रकट करता हूँ।

इसके साथ ही, सभा की कार्यवाही अनिश्चितकाल के लिए स्थगित करने की घोषणा करता हूँ।

11 नवम्बर, 2020

माननीय अध्यक्ष का प्रारम्भिक वक्तव्य

माननीय सदस्य, पाँचवीं झारखण्ड विधानसभा के चौथे (विशेष) सत्र में आप सभी माननीय सदस्यों का हार्दिक स्वागत एवं अभिनन्दन।

सभा का पिछले सत्र जो अभी-फिलहाल में ही समाप्त हुआ है और सत्र की छोटी-सी अवधि में देश और विदेश के राजनीतिक पटल पर बहुत सारे परिवर्तन हो चुके हैं। संयुक्त राज्य अमेरिका में हुए राष्ट्रपति चुनाव में जो. वाइडेन की जीत और उनके साथ-साथ भारतीय मूल की श्रीमती कमला हैरिस के उपराष्ट्रपति के रूप में निर्वाचन से अन्तर्राष्ट्रीय राजनैतिक पटल पर नयी उम्मीदें जगी हैं।

बिहार विधानसभा के लिए आम चुनाव सम्पन्न हो गये हैं। इसी के साथ कई अन्य राज्यों में भी उपचुनाव सम्पन्न हुए हैं। कोरोना महामारी के दौर में चुनाव कार्यों का सम्पादन एक दुरूह कार्य था एवं चुनाव आयोग ने जिस प्रकार से इसे सफल कराया है। उसके लिए उसके पदाधिकारी एवं कर्मी बधाई के पात्र हैं। अपने राज्य झारखण्ड में भी दो सीटों के लिए विधानसभा के उपचुनाव हुए। दुमका सीट पर संवैधानिक बाध्यता के कारण माननीय मुख्यमन्त्री द्वारा यह सीट रिक्त किये जाने पर एवं बेरमो सीट पर कांग्रेस पार्टी के वरिष्ठ नेता राजेन्द्र प्रसाद सिंह जी के निधन के कारण उपचुनाव कराया गया। दुमका से श्री बसंत सोरेन एवं बेरमो से श्री कुमार जयमंगल (अनूप सिंह) की जीत के लिए हम उन्हें बधाई देते हैं और उम्मीद करते हैं कि अपने विधायी कार्यकाल के दौरान वे अपने क्षेत्र की जनता के लिए विधायी मंच सहित अन्य स्थानों से भी भरपूर मेहनत करके उनके सर्वांगीण विकास के लिए समर्पित रहेंगे।

माननीय सदस्यगण, अलग राज्य के रूप में झारखण्ड के निर्माण का आन्दोलन यहाँ के अनुसूचित जनजातियों विभिन्न समुदायों की अस्मिता और उनकी पहचान को लेकर भी था। आज से 20 वर्ष पूर्व इसी अस्मिता और पृथक् पहचान को लेकर इस राज्य का निर्माण हुआ। यहाँ के अनुसूचित जनजाति समुदायों के लोगों की वर्षों से यह माँग थी कि दस वर्षों के अन्तराल पर भारत सरकार के देखरेख में जो जनगणना करायी जाती है, उसमें धर्म के कॉलम में उनकी पृथक् पहचान को स्वीकार किया जाय। आपको विदित है कि उन्हें अब तक यह पहचान नहीं मिल पायी है। उनके सोच और भावनाओं को सम्मान देते हुए झारखण्ड के माननीय मुख्यमन्त्री श्री हेमन्त सोरेन के नेतृत्व वाली सरकार ने इस हेतु ठोस पहल करने का प्रयास किया है और इसी आलोक में इस सत्र को आहूत किया गया। आज सरकार के द्वारा इस निमित्त सदन में एक प्रस्ताव प्रस्तुत किया जायेगा एवं अन्य निर्धारित विधायी कार्यक्रम कार्यसूची के अनुरूप होंगे। आपको धन्यवाद देते हुए मैं अब आगे की कार्यवाही को लेता हूँ।

26 फरवरी, 2021

माननीय अध्यक्ष का प्रारम्भिक वक्तव्य

अध्यक्ष–पंचम झारखण्ड विधानसभा के पंचम बजट-सत्र में आप सबों का हार्दिक अभिनन्दन! इस सत्र में माननीया राज्यपाल महोदया, अपने संवैधानिक दायित्वों को पूरा करने के निमित्त आपको सम्बोधित करेंगी। सदियों से स्थापित संसदीय परम्परा के अनुसार सभा में माननीय राज्यपाल के अभिभाषण को अत्यन्त गरिमा एवं प्रतिष्ठा का अवसर माना जाता है। इस अवसर की पवित्रता को देखते हुए सभा के माननीय सदस्यों से अनुशासन एवं शालीनता के सिद्धान्तों के अनुपालन करते हुए सभा में व्यवस्था बनाये रखने की अपेक्षा की जाती है। माननीय सदस्यगण, आप सबों को स्मरण होगा कि पिछले बजट-सत्र के दौरान ही कोरोना महामारी के कारण पूरे देश में लॉकडाउन लागू हो गया, जिसके कारण सदन बीच में ही बाधित हो गया। लॉकडाउन हटने के बाद भी सुरक्षा के दृष्टिकोण से सत्र आवश्यकतानुसार ही चल पाया है। जिसके कारण आप सबों को जनहित के मुद्दे उठाने हेतु समुचित अवसर प्राप्त नहीं हो पाये हैं। विधानसभा की इस बजट-सत्र में कुल 16 बैठकें निर्धारित हैं।

जिसमें सरकार द्वारा वित्तीय वर्ष 2020-21 के अनुपूरक बजट तथा वित्तीय वर्ष 2021-22 के बजट का उपस्थापन किया जायेगा। आप सबों को उपस्थापित होने वाले बजट की अनुदान माँगों पर कटौती प्रस्ताव के माध्यम से सरकार की योजनाओं की समीक्षा करने का अवसर प्राप्त होगा। माननीय राज्यपाल के अभिभाषण पर धन्यवाद प्रस्ताव पर चर्चा के समय भी सार्थक बहस के अवसर प्राप्त होंगे।

बजट प्रस्तावों, अनुदानों की माँगों और कटौती प्रस्ताव पर चर्चा के दौरान सदस्यों के जो उपयोगी और सार्थक सुझाव आते हैं। उन्हें आने वाले वित्तीय वर्षों के बजट या चालू वित्तीय वर्ष के ही अनुपूरक बजटों में समाहित किया जा सकता है। आज के अवसर पर मैं माननीय सदस्यों से अपील करूँगा कि जनहित के वैसे मुद्दों को सदन-पटल पर अवश्य रखें, जिनको पूरा करने के लिए वित्तीय आवंटन की आवश्यकता है।

इसी क्रम में मैं दिनांक–5 फरवरी, 2021 को श्री हफीजुल हसन जो इस सरकार में नये मन्त्री के रूप में शामिल हुए हैं। विधानसभा के इस सत्र में हम उनका स्वागत करते हैं।

माननीया राज्यपाल महोदया से निम्नांकित आशय का सन्देश मुझे प्राप्त हुआ है। यद्यपि इस सन्देश को पूर्व में ही आपको प्रेषित किया जा चुका है, तथापि मैं इसे आपको पढ़कर सुना देना चाहता हूँ।

सन्देश

भारत के संविधान के अनुच्छेद 176 के खण्ड (1) के द्वारा प्रदत्त शक्तियों का प्रयोग करते हुए मैं, द्रौपदी मुर्मू, झारखण्ड की राज्यपाल, एतद् द्वारा झारखण्ड विधानसभा को दिनांक–26 फरवरी, 2021 को 11:30 बजे पूर्वाह्न में सम्बोधित करना चाहती हूँ और इस हेतु झारखण्ड विधानसभा सदन, राँची में सदस्यों की उपस्थिति चाहती हूँ।

राँची ह./–द्रौपदी मुर्मू

दिनांक–05 फरवरी, 2021 झारखण्ड की राज्यपाल

मैं आप सभी से अनुरोध करना चाहता हूँ कि जब माननीया राज्यपाल महोदया, सदन में उपस्थित हों, तब आप सभी अपनी सीट पर विराजमान रहकर अभिभाषण को शालीनता से सुनेंगे तथा पूरे अभिभाषण के दौरान सदन में व्यवस्था बनाये रखेंगे। कोई सदस्य इस दौरान न तो सभा से बाहर जायेंगे और न ही अन्दर प्रवेश करेंगे।

अब मैं माननीया राज्यपाल महोदया की अगवानी के लिए थोड़ी देर के लिए सदन से बाहर जा रहा हूँ। मेरी अनुपस्थिति में उनकी अगवानी से आगमन तथा अभिभाषण के बाद उनकी विदाई के लिए मेरे सदन से बाहर रहने की अवधि में भी आप सदन में अपने स्थान पर बैठे रहकर व्यवस्था बनाये रखने की असीम कृपा करेंगे।

23 मार्च, 2021

माननीय अध्यक्ष का समापन भाषण

अध्यक्ष–माननीय सदस्यगण,

पंचम झारखण्ड विधानसभा का पंचम सत्र अब अपने समापन की ओर है। प्रत्येक वर्ष की भाँति इस बार भी बजट-सत्र का आयोजन किया गया एवं इसकी शुरुआत संवैधानिक प्रावधानों के अनुरूप माननीया राज्यपाल महोदया के अभिभाषण से हुई। राज्यपाल महोदया ने 'विकास मूलमंत्र और आधार लोकतन्त्र' की उद्घोषणा के साथ वर्तमान सरकार की नीतियों एवं कार्यक्रम के सम्बन्ध में इस पवित्र सदन को सरकार का लेखा-जोखा प्रस्तुत किया। वैसे तो सरकार की बहुत सारी जनहित की प्राथमिकताएँ राज्यपाल महोदया के अभिभाषण में इंगित की गयीं पर आज मैं इस समापन भाषण के माध्यम से राज्यपाल महोदया के भाषण के दौरान उद्धृत दो सरकारी योजनाओं की चर्चा करना चाहूँगा। राज्य सरकार द्वारा राज्यभर के 80 उत्कृष्ट विद्यालयों तथा 325 प्रखण्ड स्तरीय लीडर स्कूल के साथ-साथ 4091 ग्राम पंचायत

स्तरीय आदर्श विद्यालयों की परिकल्पना की बात की गयी, जिसमें प्रथम चरण में 27 उत्कृष्ट विद्यालयों अथवा School of Excellence का चयन किया गया है।

राज्य सरकार के द्वारा शिक्षा की गुणवत्ता की दिशा में उठाया गया यह एक अत्यन्त ही महत्त्वपूर्ण कदम है, जो हमारे भविष्य निर्माण की दिशा में मील का पत्थर साबित होगा। साथ ही 'मरङ गोमके जयपाल सिंह मुण्डा पारदेशीय छात्रवृत्ति योजना', 2020 एक ऐसी योजना है, जो हमारे राज्य के छात्रों के लिए दुनिया के दरवाजे खोलने का काम करेगी, ताकि वे अपने अध्ययन क्षेत्र में विश्वस्तरीय ज्ञान अर्जन कर सकें एवं केवल अपने राज्य ही नहीं वरन् समस्त मानव जाति के लिए महत्त्वपूर्ण योगदान दे सकें। इस बजट-सत्र में कुल 16 बैठकें निर्धारित थीं। सरकार ने वित्तीय वर्ष 2021 के द्वितीय अनुपूरक बजट एवं वित्तीय वर्ष 2021-22 के बजट का उपस्थापन किया जिस पर अनुदान माँगों पर चर्चा के क्रम में पक्ष एवं विपक्ष के माननीय सदस्यों ने सार्थक विचार व्यक्त कर, इसे पारित करने में अपनी गम्भीर भूमिका का निर्वहण किया है। बैठक के लिए प्रारम्भ में हमने कुल 62 घंटे निर्धारित किये थे, परंतु वास्तव में लगभग 65 घंटे सदन की कार्यवाही चली। इस प्रकार केवल समय के उपयोग के आधार पर देखा जाये तो हमारी सफलता 105 प्रतिशत है। इस सत्र में कुल 141 निवेदन प्राप्त हुए हैं, जिनमें से 134 निवेदन स्वीकृत हुए। इन सभी स्वीकृत निवेदनों को सम्बन्धित विभाग को भेजने का आसन से निदेश दिया गया है।

इस सत्र में कुल 1131 प्रश्न स्वीकृत हुए, जिनमें अल्पसूचित प्रश्न 302, तारांकित प्रश्न 754 तथा 125 प्रश्न अतारांकित कोटि के थे। जिनमें से 38 अल्पसूचित प्रश्न एवं 53 तारांकित प्रश्न सदन में उत्तरित हुए। कुल 1016 प्रश्नों के उत्तर विभाग से प्राप्त हुए एवं शेष 165 प्रश्नों के उत्तर विभिन्न विभागों से प्राप्त किया जाना है। ऑनलाइन प्रश्नोत्तर सूचना प्रणाली के माध्यम से विभागों द्वारा कुल 70.38 प्रतिशत उत्तर प्राप्त कराये गये। इस सत्र में कुल 426 शून्यकाल प्राप्त हुए, जिनमें से 349 शून्यकाल स्वीकृत हुए, 44 गैर-सरकारी संकल्प भी प्राप्त हुए एवं 75 ध्यानाकर्षण सूचनाएँ स्वीकृत की गयीं, जिनमें से 43 ध्यानाकर्षण सूचनाएँ सदन में उत्तरित हुए।

इस सत्र में दो विनियोग विधेयक सहित कुल–10 सरकारी विधेयक सदन में विचार के लिए आये। सभा ने सार्थक चर्चा कर 09 विधेयकों पर अपनी स्वीकृति की मुहर लगायी है एवं एक विधेयक प्रवर समिति को सौंपा गया।

सभा-पटल पर सरकार द्वारा 2020-21 का आर्थिक सर्वेक्षण रखा गया। सर्वेक्षण की रिपोर्ट पढ़ने से यह ज्ञात होता है कि देश के बाकी हिस्सों की तरह Covid-19 ने झारखण्ड की अर्थव्यवस्था को भी बुरी तरह प्रभावित किया है।

चालू वित्तीय वर्ष (2020-21) में राज्य के सकल राज्य घरेलू उत्पाद (GSDP), स्थिर मूल्य (Real GSDP) में 6.9 प्रतिशत और प्रचलित मूल्य (Nominal GSDP) में 3.2 प्रतिशत तक संकुचन की सम्भावना है। मेरी आशा है कि राज्य सरकार के प्रयासों से राज्य की अर्थव्यवस्था में उत्तरोत्तर सुधार होगा और मेरी यह आशा और भी बलवती इसलिए हो जाती है क्योंकि राज्य सरकार ने कोविड संक्रमण के कठिन समय में राज्यवासियों का भरपूर खयाल रखा है, जिसकी प्रशंसा हर ओर से की गयी है।

इस सत्र में झारखण्ड विधानसभा की पाँच समितियों द्वारा अपना प्रतिवेदन सभा-पटल पर रखा। आशा करता हूँ कि सभी समितियाँ सुचारु रूप से अपना काम करेंगे। जब सत्र नहीं चल रहा होता है, तो इन्हीं समितियों के माध्यम से जनता की समस्याओं का निदान होता है।

मैं इस सत्र के सफलतापूर्वक संचालन के लिए पक्ष और विशेष करके विपक्ष के तमाम सदस्यों, माननीय सदन नेता, माननीय मंत्रिगण, सरकार के तमाम विभागाध्यक्षों, कर्मचारियों/पदाधिकारियों, जिन्होंने दिन-रात मेहनत करके प्रश्नों का उत्तर सही समय पर देकर हमारे काम को आसान किया, सबको धन्यवाद देता हूँ। पुलिस प्रशासन के अधिकारी और एक-एक जवान इस सत्र के सफल संचालन के लिए बधाई के पात्र हैं, जिन्होंने कठिन मेहनत करके सभा के कार्यों को शान्तिपूर्वक सम्पन्न करने में अपना महत्त्वपूर्ण योगदान दिया है। अपने कार्यों के लिए मैं सबों को अपने तरफ से तहेदिल से धन्यवाद देता हूँ। मैं शुक्रगुजार हूँ, इलेक्ट्रॉनिक और प्रिंट मीडिया के तमाम साथियों का, जिन्होंने विधानसभा की कार्यवाही का अच्छी तरह से प्रकाशन और प्रसारण करके हमारे प्रयासों को जन-जन से अवगत कराया। मैं सभा-सचिवालय के कर्मचारियों/पदाधिकारियों को भी धन्यवाद देना चाहता हूँ, जिन्होंने दिन-रात एक करके सत्र संचालन में आसन को भरपूर सहयोग किया है। सदन में पक्ष और विपक्ष के बीच वाद-विवाद से ही जनआकांक्षाओं का फलीभूत होना सम्भव हो पाता है। कई बार वाद-विवाद की उष्मा से सदन में व्यवधान भी आते हैं। परन्तु मैं जानता हूँ कि पक्ष और विपक्ष के समेकित सहयोग से हम विधायिका के रूप में अपने उद्‌देश्यों को पूरा करने में सफल रहे हैं।

आज झारखण्ड विधानसभा के लिए और एक गौरव का दिन है कि पूरे देश के अन्दर में राजस्थान विधानसभा के बाद हम देश की दूसरी विधानसभा हैं, जिसने सोशल मीडिया प्लेटफॉर्म के माध्यम से सदन की कार्यवाही को स्वायत्त रूप से

प्रकाशित करने का निर्णय लिया है। मुझे आशा है कि ऐसा कर हम जनहित के मुद्दों पर प्रभावी ढंग से कार्य कर पायेंगे। इसमें आप सभी माननीय सदस्यों का सुझाव एवं सहयोग प्रार्थित है।

सत्र-समापन के बाद आने वाले रंगों के त्योहार होली, ईसा के बलिदान का पर्व गुड फ्राइडे, प्रकृति का पर्व सरहुल, पोइला बैशाख, रामनवमी एवं ईद-उल-फितर की शुभकामनाएँ देते हुए मैं सभा की कार्यवाही अनिश्चितकाल के लिए स्थगित करता हूँ। बहुत-बहुत धन्यवाद!

3 सितम्बर, 2021

माननीय अध्यक्ष का प्रारम्भिक वक्तव्य

अध्यक्ष–माननीय सदस्यगण।

पंचम् झारखण्ड विधानसभा के षष्टम् (मानसून) सत्र में आप सभी का हार्दिक स्वागत और अभिनन्दन। 03 सितम्बर से प्रारम्भ होकर 09 सितम्बर, 2021 तक आहूत सत्र में कुल 05 (पाँच) कार्यदिवस प्रस्तावित हैं। जिनमें विधानसभा के सत्र में नहीं रहने की अवधि में माननीया राज्यपाल द्वारा प्रख्यापित अध्यादेशों की प्रमाणीकृत प्रतियों को सभा-पटल में रखने के साथ ही वित्तीय वर्ष 2021-22 के प्रथम अनुपूरक व्यय विवरणी का उपस्थापन किया जायेगा। इसके अतिरिक्त प्रक्रिया तथा कार्य-संचालन के नियमों के अधीन माननीय सदस्यों को जन-सरोकर से जुड़े विषयों और समस्याओं पर सत्र के दौरान प्रश्न-काल, शून्यकाल, ध्यानाकर्षण सूचनाएँ, प्रस्तावों और संकल्पों को उठाने के अवसर भी प्राप्त होंगे।

माननीय सदस्यगण कोरोना महामारी की दूसरी लहर के बाद आज पहली बार हम एकत्र हो रहे हैं और इस विभीषिका में हम में से हर किसी-न-किसी ने अपने को खोया है। इस महामारी का भय अब तक खत्म नहीं हुआ है, परन्तु अपने दायित्वों के निर्वहन के लिए हम सब यहाँ एकत्र हुए हैं।

हमारा 'भारत अगस्त क्रांति' दिवस की 79वीं वर्षगाँठ मना रहा है। जिसे भारत छोड़ो आन्दोलन के रूप में भी जाना जाता है। यह दिवस हमारे देश के स्वतन्त्रता संग्राम के इतिहास का एक मील का पत्थर माना जाता है, क्योंकि 08 अगस्त, 1942 को हमारे राष्ट्रपिता महात्मा गांधी ने ब्रिटिश शासन की बेड़ियों को तोड़ने और 'करो या मरो' (Do or die) का आह्वान किया था। यह दिवस हमें महात्मा गांधी के आदर्शों एवं भारत की आजादी में बलिदान देने वाले वीर स्वतन्त्रता सेनानियों के

शौर्य गाथा को मान देने का है। हम सभी को सदन में स्थापित लोकतान्त्रिक मूल्यों, संसदीय परम्पराओं को मान देना होगा। झारखण्ड की जनता ने जिस उम्मीद और आकांक्षाओं की पूर्ति हेतु हमें सदन में भेजा है, उनके उम्मीदों और विश्वास पर हम सभी को खरा उतरना होगा।

माननीय सदस्यगण, अभी-अभी खेलों का महाकुंभ टोक्यो ओलंपिक समाप्त हुआ है, किसी भी खिलाड़ी के लिए ओलंपिक में हिस्सा लेना ही बहुत बड़ी उपलब्धि होती है और पदक हासिल करना किसी सपने के साकार होने जैसा होता है। भारत ने टोक्यो ओलंपिक में भारोत्तोलक मीराबाई चानू के रजत पदक से शुरुआत की और देश के अभियान का स्वर्णिम सुखांत नीरज चोपड़ा के स्वर्ण पदक के साथ हुआ। भारत 1980 के पश्चात् शीर्ष 50 में स्थान बनाने में सफल हुआ, ट्रैक एवं फील्ड स्पर्धा में भारत को 13 साल बाद पहला पदक प्राप्त हुआ। हॉकी में 41 वर्षों से चला आ रहा पदक का इंतजार भी समाप्त हुआ। भारोत्तोलन में पहले रजत पदक और मुक्केबाजी में 09 वर्षों के बाद पहला पदक प्राप्त हुआ। पी.वी. सिन्धु बैडमिंटन में पदक जीतकर 02 ओलंपिक पदक जीतने वाली पहली महिला खिलाड़ी भी बनी। भारतीय महिला हॉकी टीम में जिस जज्बे के साथ अपने प्रतिद्वन्द्वी टीम का मुकाबला किया, वह सराहनीय है। इस टीम में हमारी झारखण्ड की दो बेटियाँ सुश्री निक्की प्रधान, सुश्री सलीमा टेटे भी शामिल थीं। भारतीय महिला टीम में पदक की उम्मीद करोड़ों भारतीय जनमानस के मन में जाग्रत किया, यह किसी पदक से कम नहीं है। मैं टोक्यो पैरालिंपिक खेलों में भाग लेने वाले देश के समस्त खिलाड़ियों का भी अभिनन्दन करता हूँ, जिन्होंने अपनी विपरीत परिस्थितियों में ऊँची उड़ान भरने के जज्बे को दिखाया है और हमारे पास भी पंख है कि थीम की सार्थकता को सिद्ध किया है।

हाल में हमने आजादी के 75वें वर्ष में कदम रखा है। यह दिवस हमारे देश और राज्य के समस्त वीर स्वतन्त्रता सेनानियों के त्याग, तपस्या और बलिदान को सम्मान देने का है, जिनकी वजह से आज हम पराधीनता की बेड़ियों से मुक्त होकर आजादी की हवा में साँस ले रहे हैं।

माननीय सदस्यगण प्रजातन्त्र में संसदीय प्रणाली को सर्वोत्तम स्थान प्राप्त है। इसकी आत्मा विधायिका में ही निहित होती है। विधायिका के माध्यम से जनता अपनी प्रतिनिधियों के माध्यम से सरकार की नीतियों और उसके कार्यक्रमों में अपनी सहभागिता को भी निभाती है। वर्तमान में कोरोना संकट के दरम्यान यद्यपि

अपने राज्य को विकासोन्मुखी बनाने के लिए कुछ चुनौतियाँ भी हैं, जिसका सामना हम सबको मिल-जुलकर दलगत भावना से ऊपर उठकर करना होगा। झारखण्ड की जनता ने हमें सदन के अन्दर सत्ता और विपक्ष दोनों को एक सार्थक भूमिका निभाने हेतु अवसर प्रदान किया है। विधायी संस्था की सबलता भी इसी में निहित है कि जब पक्ष और विपक्ष आपस में एकजुट होकर सदन को चलाने में अपनी सहभागिता निभायें। मुझे पूर्ण विश्वास है कि यह सहयोग राज्यहित में मुझे आप सभी से प्राप्त होगा।

इसी शुभकामनाओं सहित विश्वास के साथ आप सभी का पुन: अभिनन्दन।

9 सितम्बर, 2021

माननीय अध्यक्ष का समापन भाषण

अध्यक्ष–माननीय सदस्यगण,

पंचम झारखण्ड विधानसभा के षष्टम् (मॉनसून-सत्र), जो दिनांक–03 सितम्बर, 2021 से प्रारम्भ होकर आज दिनांक–09 सितम्बर, 2021 को समाप्त हो रहा है। इस सत्र में कुल 05 बैठकें हुईं। दिनांक–03 सितम्बर, 2021 को माननीय राज्यपाल महोदया द्वारा प्राख्यापित एक अध्यादेश की प्रति सभा-पटल पर रखी गयी, विगत सत्रों में उद्भूत एवं सभा में पारित विधेयकों की विवरणी सभा-पटल पर रखी गयी जिस पर माननीया राज्यपाल महोदया ने अपनी अनुमति प्रदान की। पंचम झारखण्ड विधानसभा के पंचम (बजट) सत्र में विभिन्न विषयों पर सरकार द्वारा दिये गये आश्वासनों से सम्बन्धित कृत कार्रवाई प्रतिवेदन की प्रति सभा-पटल पर रखी गयी।

इस छोटे-से सत्र में 103 अल्पसूचित, 203 तारांकित एवं 82 अतारांकित प्रश्न सहित कुल 388 प्रश्न स्वीकृत हुए। इनमें से 07 अल्पसूचित, 02 तारांकित प्रश्न सदन में उत्तरित हुए। कुल तीन सौ प्रश्नों के उत्तर विभाग से प्राप्त हुए। सरकार के 14 विभागों ने अपने शत-प्रतिशत उत्तर ऑनलाइन के माध्यम से दिये। इस सत्र में कुल 20 ध्यानाकर्षण सूचनाएँ वक्तव्य हेतु स्वीकृत किये गये। साथ ही कुल 44 निवेदन प्राप्त हुए, जिसमें से 27 निवेदनों को स्वीकृत किया गया। शून्यकाल के माध्यम से 89 सूचनाएँ स्वीकृत की गयीं।

इस सत्र में विनियोग विधेयक सहित कुल आठ विधेयक भी पारित हुए, जिनमें से प्रवर समिति द्वारा यथा प्रतिवेदित झारखण्ड राज्य के निजी क्षेत्र में स्थानीय उम्मीदवारों का नियोजन विधेयक 2021, झारखण्ड खुला विश्वविद्यालय विधेयक 2021 प्रमुख हैं। इसके साथ ही नियन्त्रक एवं महालेखा परीक्षक, राष्ट्रीय खाद्य सुरक्षा अधिनियम, झारखण्ड शिक्षा, परियोजना परिषद् (समग्र शिक्षा) के प्रतिवेदनों का भी उपस्थापन किया गया।

मैं सभा के कार्य-संचालन में सभा-सचिवालय के पदाधिकारियों एवं कर्मचारियों, झारखण्ड सरकार के पदाधिकारियों/कर्मचारियों, प्रेस प्रतिनिधियों, समाचार एजेंसी, प्रेस और इलेक्ट्रॉनिक मीडिया सहित आरक्षी बल के जवानों को हृदय से धन्यवाद देता हूँ, जिन्होंने लगन, निष्ठा के साथ अपने कर्तव्यों का निर्वहन किया है।

माननीय सदस्यगण, संसदीय लोकतन्त्र में विधायिका का स्थान अत्यन्त ही महत्त्वपूर्ण है। यह पवित्र स्थल अन्तिम सम्प्रभु झारखण्ड के साढ़े तीन करोड़ लोगों के प्रति पूरी सरकारी मशीनरी को उत्तरदायी एवं संवेदनशील बनाने का सबसे महत्त्वपूर्ण माध्यम है। पूरे वर्ष में सीमित समय के लिए हम यहाँ बैठते हैं और आपके प्रश्नों एवं सूचनाओं के माध्यम से सरकारी व्यवस्थाओं को अपने कर्तव्यों के प्रति संवेदनशील बनाने में अपनी भूमिका निभाते हैं, परन्तु सदन में अनावश्यक व्यवधान से इस पुनीत कर्तव्य का पालन होता मुझे नहीं दिखता। माननीय सदस्यगण, पक्ष और विपक्ष सदन में अपनी-अपनी भूमिका निभाते हैं। लोकतन्त्र में शासन पक्ष के द्वारा चलाया जाता है, लेकिन विपक्ष को अपनी बात रखने का अधिकार है। वाद-विवाद, विरोध प्रतिरोध लोकतन्त्र के अलंकार हैं, परन्तु व्यवधान की उष्मा से जनहित के मुद्दे दिशाहीन हो जाते हैं।

मुझे आशा ही नहीं पूर्ण विश्वास है कि झारखण्ड विधानसभा के आगामी सत्रों में आप सभी माननीय सदस्यगण अपनी सक्रिय और सकारात्मक भागीदारी निभायेंगे और पक्ष एवं विपक्ष दोनों का सहयोग मुझे प्राप्त होगा।

माननीय सदस्यगण, आप सभी को पुनः मैं धन्यवाद देता हूँ तथा आने वाले पर्व त्योहारों–गणेश चतुर्थी, करमा तथा शारदीय नवरात्र की अग्रिम बधाई देता हूँ।

अब सभा की बैठक अनिश्चितकाल के लिए स्थगित की जाती है। धन्यवाद! नमस्कार, जोहार।

16 दिसम्बर, 2021

माननीय अध्यक्ष का प्रारम्भिक वक्तव्य

अध्यक्ष–माननीय सदस्यगण,

पंचम् झारखण्ड विधानसभा के सप्तम् (शीतकालीन सत्र) के शुभारंभ पर मैं आप सभी माननीय सदस्यों का हार्दिक अभिनन्दन करता हूँ। वर्तमान सत्र के दौरान कुल पाँच बैठकें निर्धारित हैं। वर्ष 2021-22 में द्वितीय अनुपूरक व्यय विवरण के व्यवस्थापन के लिए एक दिन, राजकीय विधेयक के लिए दो दिन एवं गैर-सरकारी संकल्प के लिए एक दिन निर्धारित है। इसके अतिरिक्त प्रक्रिया तथा कार्य-संचालन के नियमों के अधीन माननीय सदस्यों को जन-सरोकार से जुड़े विषयों और समस्याओं पर सत्र के दौरान प्रश्नकाल, शून्यकाल, ध्यानाकर्षण सूचनाएँ, प्रस्तावों और संकल्पों को उठाने के अवसर भी प्राप्त होंगे।

माननीय सदस्यगण, धरती आबा बिरसा मुण्डा, वीर सिद्धू-कान्हू, अमर सेनानी बुद्धू भगत, स्वतन्त्रता समर के अप्रतिम नायक शेख बिहारी, जतरा टाना भगत और अमर शहीद गणपत राय की यह भूमि झारखण्ड अपने 21 वर्षों की चीर यौवन अवस्था को पूर्ण कर चुका है।

यह वर्ष हम सभी के लिए राज्य के उन सभी वीर सपूतों को नमन करने का भी है, जिन्होंने पृथक राज्य के लिए लंबी लड़ाई, लोगों के अधिकार एवं जल, जंगल, जमीन की क्रांतिकारी भावना को आत्मसात् कर संघर्ष किया था। 21 वर्षों के इस सफर में झारखण्ड विधानसभा ने जनसमस्याओं के निराकरण और राज्य की जनता की उम्मीदों को पूरा करने का प्रयास किया है, उस प्रयास की कड़ी को पूरी सजगता, संवेदनशीलता और निष्ठा से हम सभी को एकजुट होकर आगे बढ़ाना है।

साल 1971 में आज ही के दिन भारतीय सेना के शौर्य और पराक्रम ने पाकिस्तान को घुटनों पर ला दिया था। विजय दिवस पर देश के उन सभी वीर जवानों को मैं नमन करता हूँ, जिनकी वीरता और बहादुरी हमें गौरवान्वित करती है।

यह साल इसलिए भी महत्त्वपूर्ण है कि संसदीय परम्पराओं के उत्तरोत्तर विकास के सौ साल भी इस वर्ष पूरे हुए हैं। सितम्बर, 1921 में आज से लगभग सौ साल पहले पीठासीन पदाधिकारियों की पहली बैठक का आयोजन शिमला में किया गया था, जो उस समय देश की ग्रीष्मकालीन राजधानी थी। यही नहीं, मांटेग्यू चेम्सफोर्ड सुधारों के बाद केन्द्रीय विधानमण्डल के द्विसदनात्मक हो जाने एवं सदस्यों की संख्या में वृद्धि होने से सभा संचालन हेतु नये संसद भवन की आधारशीला भी

12 फरवरी, 1921 को रखी गयी थी। यह संसद भवन छह साल बाद 18 फरवरी, 1927 को बनकर तैयार हुआ और तब से अब तक लोकतान्त्रिक घटनाक्रमों के क्रमिक विकास का साक्षी रहा है।

माननीय सदस्यगण, हम सब सौभाग्यशाली हैं कि इस गरिमामयी ऐतिहासिक संस्था का अंग बनने का सौभाग्य हम सबको प्राप्त हुआ है। जो संस्था आजादी के पूर्व गोपाल कृष्ण गोखले, विट्ठल भाई पटेल, देशबन्धु चितरंजन दास जैसे महान विधायकों से एवं आजादी के बाद पण्डित जवाहरलाल नेहरू, सरदार वल्लभ भाई पटेल, लाल बहादुर शास्त्री एवं अनेकों महान जनप्रतिनिधियों से सुशोभित हुई, जिन्होंने पिछले 100 वर्षों में लोकतान्त्रिक परम्पराओं के जो मानदण्ड स्थापित किये हैं वे हमें भविष्य में आगे बढ़ने की राह दिखाते हैं।

माननीय सदस्यगण, इस वर्ष के ऐतिहासिक महत्त्व को देखते हुए सभा-सचिवालय द्वारा युवाओं को संसदीय व्यवस्था के प्रति जागरूक करने के उद्देश्य से झारखण्ड के छात्र-छात्राओं को सदन की कार्यवाही संचालित करने का अवसर प्रदान किया गया था। इससे मुझे प्रसन्नता है कि इस अभिनव प्रयोग को राज्य में और राज्य के बाहर राष्ट्रीय स्तर पर भी सराहा गया।

अभी कुछ समय पहले तक कोरोना वायरस से जूझने के बाद आमजन जीवन पटरी पर लौटने लगी थी। पर कोराना वायरस के नये रूप ओमिक्रोम के आने से पुनः एक बार हमें सचेत होकर विकास की गतिविधियों को आगे बढ़ाने का संकल्प लेने का है। इसके लिए हम सभी को एकजुटता से कार्य करना होगा।

माननीय सदस्यगण, सत्र के सफल संचालन में आपकी सक्रिय भागीदारी आवश्यक ही नहीं, बल्कि अति आवश्यक है, क्योंकि सदनरूपी जीवन्त मंच से राज्य की समस्याओं का निराकरण हो पाता है।

यह सब आप सभी के सदन में होने से सार्थक विचार-विमर्श और संसदीय मर्यादाओं और परम्पराओं के पालन से ही सम्भव हो पायेगा।

माननीय सदस्यगण, सदन में सत्ता और विपक्ष की अपनी-अपनी सार्थक भूमिका है, जो प्रजातन्त्र रूपी सरिता में निरन्तर प्रवाहमान रहते हैं। सदन में जनप्रतिनिधि होने के नाते सभी मिलकर राज्य के विषय में चिंतन-मंथन करते हैं। सदन प्रजातन्त्र का आधार स्तंभ है, जिसके द्वारा जनता विधानसभा में होने वाली कार्यवाहियों के माध्यम से सदन में अपने द्वारा चुने गये जनप्रतिनिधियों के आचरण और कार्यवाही में भागीदारी का आकलन करती है। हम सभी का यह दायित्व है कि अपने आचरण और व्यवहार को मर्यादित रूप में प्रस्तुत कर सदन के समय का

सदुपयोग करने में अपनी सार्थक भूमिका निभायें, जिससे जनोपयोगी जन सरोकार से सम्बन्धित विभिन्न प्रश्नों को उठाने का अवसर मिल सके। मुझे पूर्ण विश्वास है कि आप सभी का सकारात्मक सहयोग राज्यहित में निश्चित रूप से प्राप्त होगा।

इन्हीं शुभकामनाओं के विश्वास के साथ आप सभी का पुनः अभिनन्दन।

22 दिसम्बर, 2021

माननीय अध्यक्ष का समापन भाषण

अध्यक्ष–माननीय सदस्यगण,

पंचम झारखण्ड विधानसभा के सप्तम (शीतकालीन सत्र जो दिनांक–16 दिसम्बर से प्रारम्भ होकर आज दिनांक–22 दिसम्बर, 2021 को समाप्त हो रहा है। इस सत्र में कुल पाँच बैठकें हुईं। विगत सत्रों में उद्भूत एवं सभा में पारित विधेयकों की विवरणी सभा-पटल पर रखी गयी, जिस पर माननीया राज्यपाल महोदया ने अपनी अनुमति प्रदान की पंचम झारखण्ड विधानसभा के पंचम (बजट) सत्र में विभिन्न विषयों पर सरकार द्वारा दिये गये आश्वासनों से सम्बन्धित कृत कार्रवाई प्रतिवेदन की प्रति सभा-पटल पर रखी गयी। इस छोटे-से सत्र में 105 अल्पसूचित, 152 तारांकित एवं 36 अतारांकित प्रश्न सहित कुल 293 प्रश्न स्वीकृत हुए। इनमें से 13 अल्पसूचित, 10 तारांकित प्रश्न सदन में उत्तरित हुए। कुल 251 प्रश्नों के उत्तर विभाग से प्राप्त हुए। कुल 92 प्रतिशत ऑनलाइन सरकार के द्वारा भेजा गया। सरकार के 20 विभागों ने अपने शत-प्रतिशत उत्तर ऑनलाइन प्रश्नोत्तर व्यवस्था के माध्यम से दिये। इस सत्र में कुल 88 शून्यकाल की सूचनाएँ स्वीकृत हुए। इस सत्र में कुल 20 ध्यानाकर्षण सूचनाएँ वक्तव्य हेतु स्वीकृत किये गये, जिसमें 07 उत्तरित एवं 01 अपृष्ठ हुए। शेष स्वीकृत लंबित ध्यानाकर्षण सूचनाओं को जाँच एवं प्रतिवेदन हेतु प्रश्न एवं ध्यानाकर्षण समिति को सुपूर्द किया जाता है। साथ ही कुल 31 निवेदन स्वीकृत हुए।

इस सत्र में विनियोग विधेयक सहित कुल 5 (पाँच) विधेयक भी पारित हुए, जिनमें से झारखण्ड (भीड़ हिंसा एवं भीड़ लिंचिंग निवारण) विधेयक, 2021, पंडित रघुनाथ मुर्मू जनजातीय विश्वविद्यालय विधेयक, 2021 प्रमुख हैं। सरकार द्वारा झारखण्ड राज्य आवास बोर्ड (संशोधन) विधेयक, 2019 वापस लिया गया। इसके साथ ही भारत के नियन्त्रक महालेखा परीक्षक की झारखण्ड राज्य के लेखा परीक्षक प्रतिवेदन वित्त लेखे भाग–I, II एवं विनियोग लेखे का प्रतिवेदन उपस्थापित किया गया।

मैं सभा के कार्य-संचालन में सभा-सचिवालय के पदाधिकारियों एवं कर्मचारियों,

झारखण्ड सरकार के पदाधिकारियों/कर्मचारियों, प्रेस प्रतिनिधियों, समाचार एजेंसी, और इलेक्ट्रॉनिक मीडिया सहित आरक्षी बल के जवानों को धन्यवाद देता हूँ जिन्होंने लगन, निष्ठा के साथ अपने कर्तव्यों का निर्वहन किया है।

माननीय सदस्यगण, संसदीय लोकतन्त्र में विधायिका का स्थान अत्यन्त ही महत्त्वपूर्ण है। यह पवित्र स्थल अन्तिम संप्रभु झारखण्ड के साढ़े तीन करोड़ लोगों के प्रति पूरी सरकारी मशीनरी को उत्तरदायी एवं संवेदनशील बनाने का सबसे महत्त्वपूर्ण माध्यम है। पूरे वर्ष में सीमित समय के लिए हम यहाँ बैठते हैं और आपके प्रश्नों एवं सूचनाओं के माध्यम से सरकारी व्यवस्था को अपने कर्तव्यों के प्रति संवेदनशील बनाने में अपनी भूमिका निभाते हैं। माननीय सदस्यगण, पक्ष और विपक्ष सदन में अपनी-अपनी भूमिका निभाते हैं। लोकतन्त्र में शासन पक्ष के द्वारा चलाया जाता है लेकिन विपक्ष को अपनी बात रखने का अधिकार है। वाद-विवाद विरोध प्रतिरोध लोकतन्त्र के अलंकार हैं परन्तु व्यवधान की उष्मा से जनहित के मुद्दे दिशाहीन हो जाते हैं।

मैं यहाँ लोकसभा के प्रथम अध्यक्ष मावलंकर जी की बात उद्धृत करना चाहूँगा।

"A Parliamentary Government is described as government by discussion. Every Member has the fullest liberty to express his own views, remembering that every other Member has the same liberty. It becomes necessary, therefore, to exercise restraint on the contents and the extent, as also on the language of the discussion. An atmosphere of sportsmanship, mutual goodwill and respect is an essential condition for the debates being useful, helpful and ffeective, this, in turn, will mean a disciplined mind, which will respect, not only rules and regulation, but also the innumerable conventions of parliamentary debates, everyone of which cannot obviously be the subject of a rule or regulation. To the extent to which persons holding dffierent points of view, or ideologies exhibit the qualities of tolerance, 'give and take,' and make an ffeort to understand the differing points of view, to that extent only, the parliamentary Government stands the chance of being successful. It is not so much the laws or the regulations that will bring the desired results as the spirit in which the persons charged with responsibility act towards each other."

माननीय सदस्यगण, लाखों महिलाओं और पुरुषों के त्याग और बलिदान

के बाद हमें आजादी मिली थी और अपने राष्ट्र निर्माताओं के लगन और मेहनत से हमने इन संस्थाओं का निर्माण किया है। हम सब सौभाग्यशाली हैं कि हमें इन महान संस्थाओं का अंग बनने का सौभाग्य प्राप्त हुआ है। इसके साथ ही हमारा यह उत्तरदायित्व भी है कि इन संस्थाओं के महान परम्पराओं को हम जीवित रखें और अपने सक्रिय योगदान से इन्हें और प्रभावी बनायें। मैं आप सभी माननीय सदस्यों की लोकतान्त्रिक प्रक्रिया में आपके उच्चतम विश्वास और भागीदारी के लिए साधुवाद देता हूँ। सदन के पटल पर लाये गये विधेयकों पर आपके द्वारा लाये गये संशोधन और उत्कृष्ट चर्चा, लोकतान्त्रिक व्यवस्था में आप सबके सक्रिय सहभागिता को प्रतिबिम्बित करती है।

माननीय सदस्यगण, आप सभी को पुनः मैं धन्यवाद देता हूँ तथा आने वाले पर्व क्रिसमस, नववर्ष, सोहराय एवं मकर संक्राति की अग्रिम बधाई देता हूँ।

मुझे आशा ही नहीं, पूर्ण विश्वास है कि झारखण्ड विधानसभा के आगामी सत्रों में आप सभी माननीय सदस्यगण अपनी सक्रिय और सकारात्मक भागीदारी निभायेंगे और पक्ष एवं विपक्ष दोनों का सहयोग मुझे प्राप्त होगा।

अब सभा की बैठक अनिश्चितकाल के लिए स्थगित की जाती है। धन्यवाद!

25 फरवरी, 2022

माननीय अध्यक्ष का प्रारम्भिक वक्तव्य

अध्यक्ष–माननीय सदस्यगण, पंचम् झारखण्ड विधानसभा के अष्टम् बजट-सत्र में आप सभी का हार्दिक अभिनन्दन।

राष्ट्र निर्माण के 75 वर्ष पूरे हो चुके हैं और हम अपने गणतंत्र के 73वें वर्ष में प्रवेश कर चुके हैं। हमारा युवा राज्य अपने निर्माण के 22वें वर्ष में पहुँच कर विकास की नयी ऊँचाइयों पर चढ़ने को आतुर है। राज्य निर्माण के लम्बे चले आन्दोलन के बीच हमने जिन संकल्पों को अंगीकार किया था यह समय उन संकल्पों को मूर्त रूप प्रदान करने का है। पिछले दो वर्षों के दौरान कोविड महामारी ने पूरे मानवता के अस्तित्व पर गहरा संकट पैदा कर दिया था। हमारी जीवन पद्धति में आमूल-चूल परिवर्तन इस महामारी के कारण आ गये। यह सन्तोष की बात है कि सरकार की सजगता और टीकाकरण में लायी गयी तेजी के कारण यह महामारी तत्काल ढलान की ओर है, ऐसे में जन-जीवन एवं आर्थिक गतिविधियों के सामान्य होने की भी सम्भावनाएँ बढ़ी हैं।

राज्य सरकार के इस तीसरे बजट-सत्र में हम सबों के साथ राज्य की साढ़े

तीन करोड़ जनता की आकांक्षाएँ जुड़ी हैं।

मुझे पूरी उम्मीद है कि इस बजट-सत्र से हम राज्य में विकास की गति को और तेज कर पायेंगे और राज्य की साढ़े तीन करोड़ जनता के जीवन को और खुशहाल बना सकेंगे।

माननीय सदस्यगण, कोरोना महामारी के संभावित पटाक्षेप के बीच अन्तर्राष्ट्रीय परिदृश्य में रूस और यूक्रेन के बीच गहराते संघर्ष की छाया का विकास की हमारी आकांक्षाओं पर पड़ने की सम्भावना से भी इनकार नहीं किया जा सकता। ऐसे में अन्तर्राष्ट्रीय बाजार के प्रभावित होने से लोगों के जन-जीवन पर जो प्रभाव संभावित हैं, उसके निराकरण की जिम्मेवारी भी हम सब पर है।

माननीय सदस्यगण, सत्र के सफल संचालन में आपकी सक्रिय भागीदारी आवश्यक ही नहीं, बल्कि अति आवश्यक है, क्योंकि सदन रूपी जीवन्त मंच से राज्य की समस्याओं का निराकरण हो पाता है। यह सब सार्थक विचार-विमर्श और संसदीय मर्यादाओं और परम्पराओं के पालन से ही सम्भव हो पायेगा।

माननीय सदस्यगण, सदन में सत्ता और विपक्ष की अपनी-अपनी सार्थक भूमिका है, जो प्रजातन्त्र रूपी सरिता में निरन्तर प्रवाहमान रहते हैं। सदन में जनप्रतिनिधि होने के नाते सभी मिलकर राज्य के विकास के विषय में चिंतन-मंथन करते हैं। सदन प्रजातन्त्र का आधार स्तंभ है, जिसके द्वारा जनता विधानसभा में होने वाली कार्यवाहियों से सदन में अपने द्वारा चुने गये जनप्रतिनिधियों के आचरण और कार्यवाही में भागीदारी का आकलन करती है। हम सभी का यह दायित्व है कि अपने आचरण और व्यवहार को मर्यादित रूप में प्रस्तुत कर सदन के समय का सदुपयोग करने में अपनी सार्थक भूमिका निभाएँ, जिससे जनोपयोगी जनसरोकार से सम्बन्धित विभिन्न प्रश्नों को उठाने का अवसर मिल सके। मुझे पूर्ण विश्वास है, आप सभी का सकारात्मक सहयोग राज्य हित में निश्चित रूप से प्राप्त होगा।

माननीय सदस्यगण, विधानसभा के इस बजट-सत्र में कुल 17 बैठकें निर्धारित हैं, जिनमें सरकार द्वारा वित्तीय वर्ष 2021-22 के तृतीय अनुपूरक व्यय विवरणी तथा वित्तीय वर्ष 2022-23 का आय-व्ययक का उपस्थापन किया जायेगा। आप सभी माननीय सदस्यों को सदन में उपस्थापित होने वाले बजट की अनुदान माँगों पर कटौती प्रस्ताव के माध्यम से सरकार की योजनाओं की समीक्षा एवं राज्यपाल के अभिभाषण पर धन्यवाद प्रस्ताव पर चर्चा के अवसर प्राप्त होंगे।

बजट प्रस्ताव, अनुदान की माँगों और कटौती प्रस्ताव पर चर्चा के दौरान

माननीय सदस्यों के कई जनोपयोगी और सार्थक सुझाव आते हैं, जिसे आने वाले वित्तीय वर्ष के बजट या चालू वित्तीय वर्ष के अनुपूरक बजट में समाविष्ट किया जा सकता है।

माननीय सदस्यगण, इस सत्र में माननीय राज्यपाल महोदय अपने संवैधानिक दायित्वों को पूरा करने के निमित्त आप सभी को सम्बोधित करेंगे। सदियों से स्थापित संसदीय परम्परा के अनुसार सभा में 'माननीय राज्यपाल के अभिभाषण' को अत्यन्त गरिमा और प्रतिष्ठा का अवसर माना जाता है। इस अवसर की पवित्रता और महत्ता को देखते हुए सभा के माननीय सदस्यों से अनुशासन एवं शालीनता के सिद्धान्तों का अनुपालन करते हुए सभा में व्यवस्था बनाये रखने की अपेक्षा की जाती है।

माननीय राज्यपाल महोदय से निम्नांकित आशय का सन्देश मुझे प्राप्त हुआ है। यद्यपि इस सन्देश को पूर्व में ही आपको प्रेषित किया जा चुका, तथापि मैं इसे पढ़कर आपको सुना देना चाहता हूँ।

सन्देश

भारत के संविधान के अनुच्छेद–176 के खण्ड (1) के द्वारा प्रदत्त शक्तियों का प्रयोग करते हुए मैं, रमेश बैस, झारखण्ड का राज्यपाल, एतद् द्वारा झारखण्ड विधानसभा को दिनांक–25 फरवरी, 2022 को 11:30 पूर्वाह्न में सम्बोधित करना चाहता हूँ और इस हेतु झारखण्ड विधानसभा सदन, राँची में सभी सदस्यों की उपस्थिति चाहता हूँ।

राँची — ह./–रमेश बैस

दिनांक–28 जनवरी, 2022 — झारखण्ड के राज्यपाल

25 मार्च, 2022

माननीय अध्यक्ष का समापन भाषण

अध्यक्ष–माननीय सदस्यगण, दिनांक–25 फरवरी, 2022 से प्रारम्भ होकर, आज दिनांक–25 मार्च, 2022 एक महीने तक कुल 17 कार्यदिवसों के बाद आज पंचम् झारखण्ड विधानसभा का अष्टम् (बजट) सत्र अपनी समाप्ति पर पहुँच चुका है। यह बजट-सत्र कई मायनों में अद्वितीय था। एक लम्बे अन्तराल के बाद हम सब ने मिलकर सदन के समय का जो सदुपयोग किया है, वह अभूतपूर्व है। इस सत्र में माननीय राज्यपाल महोदय द्वारा जो औपबंधिक कार्यक्रम भेजा गया था, उसमें कुल 17 कार्यदिवसों में मात्र 68 घंटे की कार्यवाही निर्धारित थी, परन्तु आप सब

के सहयोग और जन आकांक्षाओं के प्रति आपके समर्पण के कारण हमने इस पूरे सत्र के दौरान लगभग कुल 80 घंटे का उपयोग किया, जो कि निर्धारित अवधि का लगभग 120 प्रतिशत है।

इस सत्र में कुल 1070 प्रश्न स्वीकृत हुए, जिनमें स्वीकृत अल्पसूचित प्रश्नों की संख्या–236 एवं तारांकित प्रश्नों की संख्या–759 है। इनमें से 62 अल्पसूचित प्रश्न एवं 50 तारांकित प्रश्न सदन में उत्तरित हुए। विभागों से 973 प्रश्नों के उत्तर प्राप्त हुए तथा शेष 97 प्रश्नों का उत्तर विभाग के पास लंबित है। ऑनलाइन प्रश्नोत्तर सूचना प्रणाली के माध्यम से कुल 86.44 प्रतिशत उत्तर प्राप्त हुए हैं। 373 शून्यकाल स्वीकृत हुए, 80 ध्यानाकर्षण सूचनाओं में 46 सूचनाएँ उत्तरित हुई तथा 34 लंबित ध्यानाकर्षण सूचनाओं को प्रश्न एवं ध्यानाकर्षण समिति को सुपूर्द किया जाता है। 114 निवेदन स्वीकृत विभागों को भेज दिया जाये।

आज इस लम्बे सत्र की थकान हम सब अपने शरीर पर महसूस कर रहे हैं। मेरे सभा-सचिवालय के कर्मी जो रात-रात भर जगकर इस सभा को सफल बनाने के लिए परिश्रम करते रहे हैं। राज्य सरकार के कर्मी जो इन प्रश्नों के उत्तर तथ्यात्मक बनाने के लिए सचिवालय स्तर से लेकर प्रखण्ड स्तर तक पूरी तत्परता से प्रयासरत रहते हैं। विधि व्यवस्था के संधारण के लिए जिम्मेदार कर्मी, चिकित्सक और प्रेस मीडिया के साथीगण हरेक व्यक्ति ने इस सत्र के दौरान अपना शत-प्रतिशत योगदान दिया है और आज सत्र के अन्तिम दिन इस थका देने वाली मेहनत के बीच हम सब के मन में कहीं-न-कहीं इस बात की संतुष्टि है कि हमने इस सत्र को सफलतापूर्वक संचालित कर अपने राज्य और पूरे देश में लोकतन्त्र को और अधिक मजबूती प्रदान तो की ही है, राज्य की साढ़े तीन करोड़ जनता ने जिस विश्वास के साथ हमें इस सदन में भेजा है, उन उद्देश्यों को पूरा करने की ओर हम सब ने एक मजबूत कदम बढ़ाया है।

इस सत्र की शुरुआत माननीय राज्यपाल महोदय के अभिभाषण से हुई थी। पिछले दो वर्षों से कोरोना महामारी की विभीषिका ने जिस प्रकार विकास की गतिविधियों को अवरुद्ध कर रखा है, राज्य सरकार की सृजनात्मकता और माननीय मुख्यमन्त्री श्री हेमन्त सोरेन जी का दूरदर्शी नेतृत्व हमें सम्बल प्रदान करता है।

वर्तमान सरकार का यह तीसरा बजट है। पिछले दो वर्षों से कोरोना महामारी की विभीषिका ने जन-जीवन को इस तरह प्रभावित किया है कि समस्त आर्थिक गतिविधियाँ और जीवनयापन बुरी तरह प्रभावित रहा। ऐसे कठिन समय में राज्य सरकार के प्रयासों और राज्य के ऊर्जावान युवा मुख्यमन्त्री श्री हेमन्त सोरेन के

प्रभावशाली नेतृत्व ने न केवल लोगों की जान बचायी, बल्कि अलग-अलग राज्यों में काम कर रहे लोगों को सुरक्षित लाकर उनके रोजगार की भी व्यवस्था राज्य सरकार द्वारा की गयी। राज्य सरकार के इस प्रयास का प्रभाव इस साल किये गये आर्थिक सर्वेक्षण में भी दिखता है, जिसमें देश के अन्य हिस्सों के मुकाबले हमारे राज्य के विकास की गति बेहतर नजर आती है। इस बार राज्य सरकार द्वारा 20 वर्षों में पहली बार बजट का आकार एक लाख करोड़ किया गया है। यह बजट केवल आकार में ही बड़ा नहीं है, बल्कि जनकल्याण को ध्यान में रखते हुए इस बजट का निर्माण किया गया है।

राज्य सरकार पहली बार जनवितरण के अन्तर्गत प्रतिमाह एक किलो दाल योग्य पात्रों को देने का प्रस्ताव कर रही है। शिक्षा के क्षेत्र में राज्य के सकल घरेलू उत्पाद का 6.5 प्रतिशत खर्च बढ़ाने का प्रस्ताव किया गया है एवं स्वास्थ्य के क्षेत्र में 26 प्रतिशत खर्च बढ़ाने का प्रस्ताव भी किया गया है। शिक्षा के क्षेत्र में 'मरांग गोमके जयपाल सिंह मुण्डा पारदेशीय छात्रवृत्ति योजना' का मैं विशेष रूप से चर्चा करना चाहूँगा, जिससे देश में पहली बार किसी राज्य सरकार द्वारा साधनहीन मेधावी छात्रों को विदेश जाकर ख्याति प्राप्त संस्थानों में पढ़ने का अवसर सरकारी खर्च पर प्राप्त हो पा रहा है। पिछले साल राज्य सरकार द्वारा सात छात्रों को इस योजना के अन्तर्गत दुनिया के अलग-अलग संस्थानों में भेजा गया। राज्य सरकार ने इस योजना का दायरा बढ़ाकर अब अनुसूचित जाति, पिछड़ी जाति एवं अल्पसंख्यक समुदाय के बच्चों को भी इस योजना से लाभान्वित करने का प्रस्ताव किया है। इसके अलावा प्रत्येक जिले में पुस्तकालय की योजना, एक ऐसी काबिल-ए-तारीफ योजना है जिसका प्रभाव आने वाले समय में दिखेगा।

मैंने भी अपने विधानसभा क्षेत्र की प्रत्येक पंचायत में बेकार पड़े सार्वजनिक भवनों में ऐसे पुस्तकालय और वाचनालय जिला प्रशासन की मदद से खुलवाने का प्रयास किया है, जिससे बड़ी संख्या में युवा लाभान्वित हो रहे हैं। दो वर्षों के अपने अध्यक्ष के कार्यकाल में मैंने हमेशा इस मूलमंत्र को अपने साथ रखा है कि राज्य बहुमत की राह चलेगा पर विपक्ष की भी सुनेगा। पक्ष और विपक्ष के समन्वय और सहयोग से मैंने सभा संचालन की सार्थकता को बनाये रखने का निरन्तर प्रयास किया, ताकि जनता के मुद्दे सदन में उठ सकें और इसका निराकरण सरकारी तंत्र के द्वारा सम्भव हो सके।

सभा-सचिवालय के एक अभिनव प्रयोग के विषय की चर्चा करना चाहूँगा।

इस बार एक नयी परम्परा की शुरुआत की गयी है। झारखण्ड विधानसभा टी.वी. पर पहली बार छह भाषाओं में सदन समाचार का प्रसारण किया गया। हिन्दी भाषा के अलावा संथाली मुंडारी, कुडुख और खोरठा भाषा में सदन समाचार की प्रस्तुति सभा-सचिवालय के कर्मियों द्वारा की गयी। भविष्य में हम अन्य स्थानीय भाषाओं में भी सदन समाचार की प्रस्तुति का प्रयास करेंगे।

मैं विधायिका को अंग्रेजी भाषा के पाँच वॉवेल्स (VOWELS) A, E, I, O और U के माध्यम से विकसित करने के अपने विचार को आपसे साझा करना चाहता हूँ।

A से Accessible for citizen in both online and offline mode

E से Efficient institution spearheading the process of lawmaking

I से inclusive towards all series of society

O से Open free fair and transparent in its functioning

U से united with the citizen in the quest for a strong India.

अंत में मैं लोकसभा के प्रथम अध्यक्ष मावलंकर जी के पीठासीन पदाधिकारियों की ग्वालियर में आयोजित बैठक में दिनांक–24 अक्टूबर, 1953 को दिये गये कालजयी भाषण की कुछ पंक्तियाँ उद्धृत करना चाहूँगा।

मावलंकर जी ने कहा था कि "The Legislatures are intended in a sense for ffeecting a peaceful and gradual evolution or if you so like to call it a revolution in the society and in the Government. The aim is to avoid all violent struggles as used to be the case in former times. For real democracy, one has therefore, to look not merely in the provisions of the Constitution, or the rules and regulations made for the conduct of business in the Legislatures, but one has to foster a real democratic spirit in those who form the Legislature."

माननीय सदस्यगण, आप सभी को पुनः जनहित के कठोर परिश्रम के लिए धन्यवाद देता हूँ तथा आने वाले पर्व त्योहारों सरहुल, महावीर जयन्ती, गुड फ्राइडे तथा ईद-उल-फितर की अग्रिम बधाई देता हूँ।

सभा की कार्यवाही अनिश्चितकाल तक के लिए स्थगित की जाती है।

29 जुलाई, 2022

माननीय अध्यक्ष का प्रारम्भिक वक्तव्य

माननीय सदस्यगण, पंचम् झारखण्ड विधानसभा के नवम् (मॉनसून) सत्र के शुभारंभ पर मैं आप सभी माननीय सदस्यों का हार्दिक अभिनन्दन करता हूँ।

देश के पन्द्रहवें राष्ट्रपति के रूप में चुने जाने के लिए महामहिम श्रीमती द्रौपदी मुर्मू को सदन के माध्यम से मैं बधाई देता हूँ। श्रीमती मुर्मू के राष्ट्रपति बनने से इस सर्वोच्च संवैधानिक पद की गरिमा को नया कीर्तिमान प्राप्त होगा। जनजातीय समुदाय की पहली महिला प्रतिनिधि और देश के शीर्ष संवैधानिक पद पर पहुँचने वाली श्रीमती मुर्मू झारखण्ड की पहली महिला राज्यपाल भी रही हैं। उनका कार्यकाल 18 मई, 2015 से 12 जुलाई, 2021 तक रहा। मेरा विश्वास है कि राष्ट्रपति के रूप में श्रीमती मुर्मू भारतीय सांस्कृतिक मूल्यों की संरक्षक और जनजातीय उत्थान की प्रणेता बनेंगी। नि:सन्देह उनके राष्ट्रपति चुने जाने से आमजनों के साथ-साथ विशेष रूप से जनजातीय और महिला समाज के सशक्तीकरण को संबल मिलेगा जो देश के जनजातीय समुदाय और भारतीय लोकतन्त्र के लिए सार्थक सिद्ध होगा। देश की संवैधानिक प्रमुख के रूप में उनकी मौजूदगी हर भारतवासी के लिए एक स्वस्थ, आदर्श एवं जागरूक लोकतन्त्र का प्रमाण है, जिसमें कोई भी व्यक्ति अन्तिम पंक्ति से देश के प्रथम नागरिक तक बन सकता है।

मांडर विधानसभा क्षेत्र के लिए हुए उपचुनाव में कांग्रेस की प्रत्याशी श्रीमती शिल्पी नेहा तिर्की ने निर्वाचित होने में सफलता प्राप्त की है। विधानसभा सदस्य के रूप में उन्हें सदस्यता की शपथ 04 जुलाई, 2022 को मेरे कार्यालय कक्ष में दिलायी गयी। विधानसभा में हम उनका स्वागत करते हैं। मुझे उम्मीद है कि श्रीमती तिर्की मांडर एवं इस राज्य की जनता की आशाओं और विश्वास पर खरी उतर कर सदन में एक आदर्श जनप्रतिनिधि के रूप में वे स्वयं को प्रस्तुत करेंगी।

माननीय सदस्यगण, 65वाँ राष्ट्रमण्डलीय संसदीय संघ का इस वर्ष का अन्तर्राष्ट्रीय सम्मेलन हेलीफैक्स, कनाडा में 20 से 26 अगस्त, 2022 तक आयोजित होने जा रहा है, जिसमें मेरे साथ माननीय सदस्य, श्री निरल पूर्ति एवं डॉ. लम्बोदर महतो पर्यवेक्षक के रूप में भाग लेंगे।

लोकतान्त्रिक प्रणाली के इस सफर में झारखण्ड विधानसभा ने आमजनमानस की समस्याओं का निराकरण और राज्य की जनता की उम्मीदों को पूर्ण करने का प्रयास किया है। उसी प्रयास की कड़ी को जिम्मेदारीपूर्वक पूरी सजगता, संवेदनशीलता और निष्ठापूर्वक हम सभी को एकजुट होकर आगे बढ़ना है।

सदस्यगण, हमें वर्तमान समय में समान, समावेशी और विविधता के वैश्विक दर्शन एवं बहुसंस्कृतिवाद के मूल्य और समझ के साथ आगे बढ़ना होगा, जिसके लिए हम सभी को राष्ट्रीय लोकाचार, सामाजिक समरसता एवं समान सांस्कृतिक मूल्यों की बेहतर समझ विकसित करने की जरूरत है। राज्य के नागरिकों को सचेत रखकर राष्ट्र-धर्म को सर्वोपरि मानते हुए संवैधानिक मूल्यों को उच्च पायदान पर स्थापित करना होगा, ताकि धारणाओं में सकारात्मक बदलाव हो सके इसमें आप सभी का सहयोग आवश्यक है।

संसदीय कार्य प्रणाली में समिति व्यवस्था अत्यन्त महत्त्वपूर्ण मानी जाती है, जिसकी महत्ता को नकारा नहीं जा सकता। ये समितियाँ विधानसभा का एक लघु रूप हैं, जो गम्भीर विषयों पर तार्किक चर्चा के लिए विधानसभा को एक अत्यन्त ही प्रभावी माध्यम का एक मंच प्रदान करती है। इसी उपादेयता को महसूस करते हुए मेरे द्वारा वर्ष 2022-2023 के लिए कुल 24 संसदीय समितियों का सृजन किया गया है। मुझे आशा और विश्वास है कि इन समितियों के माध्यम से झारखण्ड के अन्तिम पंक्ति में खड़े प्रत्येक व्यक्ति के सर्वांगीण विकास एवं सम्पूर्ण कल्याण के लिए प्रतिबद्ध होकर हम अपनी विधायी शक्तियों का अधिकतम उपयोग कर पायेंगे।

दिनांक–28 जुलाई से 08 अगस्त तक इंग्लैंड के बर्मिंघम में आयोजित होने वाले कॉमनवेल्थ गेम–2022 के लिए भारतीय लॉन बॉल टीम में झारखण्ड के पाँच खिलाड़ियों का चयन होना हमारे राज्य के गौरव का पल है, इसके लिए वे सभी बधाई के पात्र हैं।

माननीय सदस्यगण, आज जब हम इस मॉनसून-सत्र की शुरुआत कर रहे हैं, तब हमें इस बात को भी अपने मन और मस्तिष्क में रखना है कि इस मॉनसून में हमारे राज्य में करीब 40 प्रतिशत कम वर्षा अब तक हुई है एवं 24 में से 12 जिलों में बारिश सामान्य से कम हुई है। आज जब हम राज्य की इस सबसे बड़ी पंचायत में बैठकर राज्य के अलग-अलग विषयों पर चर्चा करेंगे तब हमें अपनी चर्चाओं में अपने किसान भाइयों के दर्द को भी शामिल करना होगा, ताकि उनके दु:खों का सार्थक हल इस सदन के माध्यम से निकाला जा सके।

माननीय सदस्यगण, वर्तमान सत्र के दौरान कुल छह बैठकें निर्धारित हैं। वर्ष 2022-23 के प्रथम अनुपूरक व्यय विवरणी के व्यवस्थापन के लिए एक दिन, राजकीय विधेयक के लिए तीन दिन एवं गैर-सरकारी संकल्प के लिए एक दिन निर्धारित है। इसके अतिरिक्त प्रक्रिया तथा कार्य-संचालन के नियमों के अधीन माननीय सदस्यों को जन-सरोकार से जुड़े विषयों और समस्याओं पर सत्र के दौरान

प्रश्नकाल, शून्यकाल, ध्यानाकर्षण सूचनाएँ प्रस्तावों और संकल्पों को उठाने के अवसर भी प्राप्त होंगे।

सदस्यगण, लोकतन्त्र में सहमति और असहमति साथ-साथ चलते हैं। विविधताओं से भरे हमारे देश की लोकतान्त्रिक व्यवस्था में असहमति का होना भी स्वीकार्य है, जो लोकतन्त्र की सुदृढ़ीकरण के लिए आवश्यक है। मुझे उम्मीद है कि राज्यहित में वर्तमान सत्र के संचालन में पक्ष-विपक्ष का रचनात्मक सहयोग प्राप्त होगा। छह दिवसीय यह मॉनसून-सत्र भले ही छोटा है, परन्तु गुणात्मक रूप से इसका व्यापक महत्त्व है।

अतः हम सभी को मिलकर इस सत्र के समय का सकारात्मक सदुपयोग करते हुए जनमानस की आकांक्षाओं की पूर्ति की उम्मीदों की दिशा में आगे बढ़ना है।

इन्हीं शुभकामनाओं के साथ आप सभी का पुनः अभिनन्दन।

4 अगस्त, 2022

माननीय अध्यक्ष का समापन भाषण

अध्यक्ष–माननीय सदस्यगण, बहुत ही दुःख के साथ कहना पड़ रहा है कि सदन लोकतन्त्र का मन्दिर है। राज्य की साढ़े तीन करोड़ जनता आकांक्षाओं और उम्मीदों को मूर्त रूप प्रदान करने के लिए हम सब विधानसभा सत्र के दौरान एकत्रित होते हैं, परन्तु लगातार आ रहे व्यवधानों के कारण उन उद्देश्यों की पूर्ति नहीं हो रही है।

अतः मैं सदन में आ रहे व्यवधानों के कारण सत्र की कार्यवाही पर विचार करते हुए और अनावश्यक व्यवधान और विधानसभा की जो गरिमा है, इसको बनाये रखने के लिए विधानसभा सत्र की कार्यवाही को अनिश्चितकाल के लिए स्थगित करता हूँ।

5 सितम्बर, 2022

माननीय अध्यक्ष का प्रारम्भिक वक्तव्य

अध्यक्ष–माननीय सदस्यगण,

झारखण्ड विधानसभा का नवम् (मॉनसून) सत्र दिनांक–04.08.2022 की कार्यवाही के उपरांत अनिश्चितकाल के लिए स्थगित किया गया था। आज की कार्यवाही झारखण्ड विधानसभा की प्रक्रिया तथा कार्य-संचालन के नियम-15 के तृतीय परंतुक के अनुसरण में बुलाई गयी है। इस बैठक के लिए माननीय मुख्यमन्त्री

द्वारा एक प्रस्ताव प्राप्त हुआ है। माननीय सदस्यगण, इस प्रस्ताव पर चर्चा के लिए मैं एक घंटे का समय निर्धारित करता हूँ। मैं प्रस्तावक को 10 मिनट एवं सरकार के उत्तर के लिए 10 मिनट का समय निर्धारित करते हुए शेष 40 मिनट का समय राजनीतिक दलों की सदस्य संख्या के आधार पर निम्न प्रकार आवंटित करता हूँ–

11 नवम्बर, 2022

माननीय अध्यक्ष का प्रारम्भिक वक्तव्य

माननीय सदस्यगण, पंचम झारखण्ड विधानसभा के नवम् सत्र की आज की बैठक में आप सभी माननीय सदस्यों को स्वागत् है। माननीय सदस्यगण विधि का निर्माण विधायिका का सर्वाधिक महत्त्वपूर्ण कार्य है। सभा में विभिन्न विचारधारा के प्रतिनिधि निर्वाचित होकर आते हैं और उनके बीच मत-मतांतर होना कोई अस्वाभाविक बात नहीं है। सदन की सार्थकता उन मतांतर और विचारधारा से सर्वमान्य निष्कर्ष निकालने से ही सिद्ध होती है। इस मतांतर और मत भिन्नता के बीच एक ऐसी डोर होती है, जिससे हम सब जनप्रतिनिधि बँधे होते हैं और वह डोर होती है, जनकल्याण की डोर।

हम सब जनप्रतिनिधि, चाहें वे किसी भी दल से सम्बद्ध हों, किसी भी विचारधारा से जुड़े हों, राज्य के आमजनों के कल्याण के लिए हम सब प्रतिबद्ध होते हैं। माननीय सदस्यगण, यह एक ऐतिहासिक अवसर है, जब हम जिन दो विधेयकों के विचारण के लिए आज यहाँ एकत्रित हुए हैं, वह न केवल हमारी अस्मिता से जुड़ा है, बल्कि राज्य गठन के महत्त्वपूर्ण उद्देश्यों में से एक है।

मुझे आशा है कि अपने सकारात्मक योगदान से हम सब इस राज्य के साढ़े तीन करोड़ जनता के उज्ज्वल भविष्य की नींव स्थापित करने में सफल होंगे।

अध्यक्ष–माननीय सदस्यगण, लॉबी में सारे लोगों की खाने की व्यवस्था है, आप सादर आमंत्रित हैं। माननीय सदस्यगण, आज का दिन अत्यन्त ही ऐतिहासिक रहा। आज सभा गहन विचार-विमर्श के उपरांत दो ऐसे विधेयकों को पारित किया है, जो राज्य को नयी दिशा प्रदान करेगी। इसके लिए माननीय मुख्यमन्त्री सहित सभी सम्मानित सदस्यगण धन्यवाद के पात्र हैं। संघीय ढाँचे में राज्य सरकार और केन्द्र सरकार की प्रतिबद्धता, जनाकांक्षाओं और जनकल्याण के उद्देश्यों के प्रति समान होती है।

मुझे आशा है कि आज इस सभा से राज्य की साढ़े तीन करोड़ जनता का जो यह उद्गार उद्भाषित हुआ है, इसे केन्द्र का समर्थन अवश्य प्राप्त होगा और केन्द्र के इस समर्थन से हम राज्य गठन के उद्देश्यों की पूर्णता को प्राप्त कर पायेंगे।

जय हिन्द! जय झारखण्ड!! जय भारत!!!

सभा की कार्यवाही अनिश्चितकाल तक के लिए स्थगित की जाती है।

19 दिसम्बर, 2022

माननीय अध्यक्ष का प्रारम्भिक वक्तव्य

अध्यक्ष–माननीय सदस्यगण, पंचम् झारखण्ड विधानसभा के दशम (शीतकालीन सत्र) के शुभारंभ पर मैं, आप सभी माननीय सदस्यों का हार्दिक अभिनन्दन और जोहार करता हूँ। हाल में संपन्न हिमाचल प्रदेश एवं गुजरात के चुनाव में विजयी सत्तारूढ़ दलों को सदन के माध्यम से शुभकामनाएँ प्रेषित करता हूँ।

सदस्यगण, वर्तमान सत्र के दौरान कुल पाँच बैठकें निर्धारित हैं। वर्ष 2022-23 के द्वितीय अनुपूरक व्यय विवरणी के व्यवस्थापन के लिए एक दिन, राजकीय विधेयक के लिए दो दिन एवं गैर-सरकारी सदस्यों के कार्यों के लिए एक दिन निर्धारित है।

इसके अतिरिक्त प्रक्रिया तथा कार्य-संचालन के नियमों के अधीन माननीय सदस्यों को जनसरोकार से जुड़े विषयों और समस्याओं पर सत्र के दौरान प्रश्नकाल, शून्यकाल, ध्यानाकर्षण-सूचनाएँ उठाने एवं प्रस्तावों और संकल्पनों को प्रस्तुत करने के अवसर भी प्राप्त होंगे।

राज्य के सभी छात्र-छात्राओं को संवैधानिक व्यवस्था की मूल संरचना के बारे में प्रायोगिक रूप से अवगत कराने और भविष्य की नयी राह तैयार करने के लिए मेरे द्वारा द्वितीय छात्र संसद एवं केन्द्र-राज्य सम्बन्धों के विषयों पर एक कार्यशाला का आयोजन किया गया, जिसका फला-फल निश्चित रूप से लोकतान्त्रिक व्यवस्था के सुदृढ़ीकरण के लिए लाभदायक सिद्ध होगा।

माननीय सदस्यगण, यह सदन राज्य की समस्त जनता के सर्वांगीण शक्ति के प्रतिबिम्ब का द्योतक है। जनता की आशा और आकांक्षाएँ आपके सफल व्यक्तित्व में समाहित है, जिसके निष्ठापूर्वक प्रयोग से संसदीय लोकतन्त्र की सफलता निर्भर करती है। यद्यपि यह सत्र छोटा है, लेकिन कई मायनों में यह अति महत्त्वपूर्ण भी है।

हम जनप्रतिनिधि संसदीय लोकतन्त्र के अभिरक्षक हैं, राज्य की जनता ने विश्वास के साथ हमें अपनी ताकत दी है। हमें जनता द्वारा दिये गये उसी शक्ति का उपयोग उनके प्रति दायित्वों के निर्वहन पूरी ईमानदारी से करते हुए राज्य एवं राष्ट्र की उन्नति के हित में करना होगा!

जनकल्याण के लिए सतत् प्रयत्नशील रहते हुए सदन में आपकी भूमिका यदि सकारात्मक होगी तो इस जीवन्त मंच के माध्यम से झारखण्ड की सवा तीन करोड़ जनता के लोकहित की समस्याओं पर विचार-विमर्श कर उनके निदान निकाल सकेंगे।

मुझे विश्वास है कि राज्यहित में सदन के संचालन में आप सभी का पूर्ण सार्थक सहयोग मुझे सदैव प्राप्त होगा।

माननीय सदस्यगण, संविधान के प्रावधानों के अनुसार सदन का जीवन 5 वर्षों यानी 60 महीने अथवा 1825 दिनों का होता है। पंचम झारखण्ड विधानसभा की करीब तीन वर्ष की अवधि पूरी हो चुकी है, तो अगर हम दिनों में इस संख्या की गणना करें तो करीब 731 दिन की आयु इस विधानसभा की और शेष है। तमाम वैचारिक विविधताओं के बावजूद पक्ष और विपक्ष के सभी माननीय सदस्यगण के लिए क्षेत्र की जनता के कल्याण का विषय सबसे महत्त्वपूर्ण होता है, क्योंकि आमजनों में अन्तिम सम्प्रभुता के वास हैं और इस सदन में हमारी उपस्थिति उनके प्रतिनिधि के रूप में है।

अतः मुझे आशा है कि आप सभी सदस्यगण इस सत्र का ज्यादा-ज्यादा उपयोग अपने-अपने क्षेत्र की जनता के कल्याण के लिए करेंगे।

इन्हीं शुभकामनाओं सहित प्रबल विश्वास के साथ आपका पुनः अभिनन्दन।

23 दिसम्बर, 2022

माननीय अध्यक्ष का समापन भाषण

अध्यक्ष–माननीय सदस्यगण, दिनांक–19 दिसम्बर, 2022 से प्रारम्भ होकर आज दिनांक–23 दिसम्बर, 2022 को कुल पाँच कार्यदिवसों का पंचम् झारखण्ड विधानसभा का दशम् (शीतकालीन) सत्र समाप्त हो रहा है। यद्यपि यह सत्र समयावधि के हिसाब से एक छोटा सत्र था, परन्तु विधायी कार्यों की उपयोगिता के लिहाज से यह अत्यन्त ही महत्त्वपूर्ण था। कुल पाँच कार्यदिवसों में निर्धारित 15 घंटों से 17 घंटों तक सदन की कार्यवाही चली जो कि निर्धारित अवधि का 100 प्रतिशत से भी अधिक है। इस

सत्र में विनियोग विधेयक को छोड़ कर कुल 9 विधेयक सरकार के द्वारा लाये गये, जिसमें से 8 विधेयकों को सभा के द्वारा पारित कर माननीय राज्यपाल महोदय की सहमति के लिए भेजा जा रहा है।

इस सत्र में माननीय सदस्यों का कुल 326 प्रश्न प्राप्त हुआ, जिनमें से 230 प्रश्नों को स्वीकृत किया गया। इनमें से 174 प्रश्न अल्पसूचित हैं एवं 56 प्रश्न तारांकित हैं। इन 230 प्रश्नों में से 192 प्रश्नों का उत्तर ऑनलाइन प्रश्नोत्तर प्रणाली से प्राप्त हुआ। इस प्रकार ऑनलाइन प्रश्नोत्तर प्रणाली के माध्यम से उत्तर प्राप्ति का प्रतिशत 83.48 प्रतिशत रहा। यहाँ यह उल्लेख किया जाना आवश्यक है कि यह प्रतिशत पिछले मानसून सत्र के दौरान 86.44 प्रतिशत था।

अत: विभागों को ऑनलाइन प्रश्नोत्तर प्रणाली के प्रति ज्यादा सजग रहने की आवश्यकता है, ताकि इस अच्छे कार्य प्रणाली को हम और अधिक आगे ले जा सकें। इस सत्र के दौरान 20 स्वीकृत ध्यानाकर्षण की सूचनाओं में 07 ध्यानाकर्षण की सूचना उत्तरित हुए तथा 13 लम्बित ध्यानाकर्षण सूचनाओं को प्रश्न एवं ध्यानाकर्षण समिति को सुपुर्द किया जाता है। 27 निवेदन स्वीकृत हुए। कुल 117 शून्यकाल की सूचनाएँ प्राप्त हुईं, जिनमें से सौ शून्यकाल की सूचनाएँ स्वीकृत की गयीं।

सत्र के दौरान अनागत प्रश्न क्रियान्वयन समिति, सरकारी आश्वासन समिति, प्रत्यायुक्त विधान समिति एवं सरकारी उपक्रमों सम्बन्धी समिति द्वारा प्रतिवेदन सभा-पटल पर रखा गया। भारत के नियन्त्रक महालेखापरीक्षक का झारखण्ड सरकार से सम्बन्धित वित्त लेखे I, II एवं विनियोग लेखे प्रतिवेदन उपस्थापित किया गया है। सत्र के प्रारम्भिक दिनों को छोड़ दिया जाये तो यह सत्र बड़े ही सकारात्मक रूप से सत्तापक्ष और विपक्ष के माननीय सदस्यों के सहयोग से चला है। इसके लिए आप सभी माननीय सदस्य बधाई के पात्र हैं। लोकतन्त्र के इस मन्दिर में वाद-विवाद के माध्यम से ही जनसमस्याओं के समाधान सम्भव हैं। परन्तु विवाद की उष्मा में जन-कल्याण के उद्देश्य खत्म न हो जाये, इसका ध्यान हम सब को रखना है। आने वाले त्योहारों क्रिसमस, सोहराय एवं मकर संक्रांति के साथ ही नववर्ष की मंगल कामनाओं के साथ सभा की कार्यवाही अनिश्चितकाल के लिए स्थगित की जाती है।

27 फरवरी, 2023

माननीय अध्यक्ष का प्रारम्भिक वक्तव्य

माननीय सदस्यगण, पंचम् झारखण्ड विधानसभा के एकादश (बजट) सत्र में आप सबों का स्वागत, अभिनन्दन और जोहार।

पंचम् झारखण्ड विधानसभा का यह चौथा बजट सत्र है और राज्य की साढ़े तीन करोड़ जनता की आशाएँ और उम्मीदें इस बजट सत्र से जुड़ी है और मुझे उम्मीद है कि राज्य सरकार ने अपने प्रथम बजट सत्र में 'सिर्फ संरचना निर्माण का नहीं, बल्कि मानव संसाधन विकास' का जो संकल्प लिया था, उस संकल्प को इस बजट सत्र में और अधिक बल मिलेगा तथा समावेशी विकास की जो यात्रा इस सरकार ने शुरू की है, उसको और अधिक गति मिलेगी।

माननीय सदस्यगण, संसदीय व्यवस्था में वाद-विवाद और प्रश्नोत्तर के श्रम से ही विकास के अमृत का निर्माण होता है। पक्ष और विपक्ष अपने विचारों और विचारधाराओं के बीच राज्य की साढ़े तीन करोड़ जनता के कल्याण को जब मूल में रखेंगे तब मुझे पूरा विश्वास है कि यह बजट सत्र पूरी तरह से सफल होगा। मुझे आशा है कि इस लम्बे सत्र के संचालन में आप सबों का सकारात्मक सहयोग मुझे प्राप्त होता रहेगा।

माननीय सदस्यगण, इस वर्ष 10 से 12 जनवरी तक जयपुर में आयोजित 83वें अखिल भारतीय पीठासीन पदाधिकारियों के सम्मेलन में भाग लेने का अवसर एवं झारखण्ड विधानसभा का प्रतिनिधित्व करने का अवसर मुझे प्राप्त हुआ। इस सम्मेलन में संविधान की भावनाओं के अनुरूप विधयिका और न्यायपालिका के बीच सामंजस्यपूर्ण सम्बन्ध बनाये रखने की आवश्यकता तथा संसद एवं विधानमण्डलों को और प्रभावी उत्तरदायित्व एवं उत्पादकतायुक्त बनाने के विषय पर भारत संघ के उप राष्ट्रपति महोदय, लोकसभा के अध्यक्ष, राज्यसभा के उपाध्यक्ष की उपस्थिति में देश भर के विधान मण्डलों के पीठासीन पदाधिकारियों द्वारा विचार-विमर्श किया गया। इस सम्मेलन में शक्तियों के पृथक्करण के सिद्धान्त में आस्था, अमर्यादित तथा संसदीय आचरण में प्रभावी नियन्त्रण हेतु नियम एवं प्रक्रिया में सदस्यों के लिए आचार संहिता को शामिल करने, प्रश्न काल के दौरान व्यवधान न उत्पन्न करने, समिति प्रणाली को और अधिक सशक्त बनाने, विधायी निकायों को और अधिक दक्ष बनाने के लिए राष्ट्रीय डिजिटल ग्रिड के निर्माण, वार्षिक आधार पर एक उत्कृष्ट विधायिका पुरस्कार की शुरुआत करने एवं समाज के सभी वर्गों विशेषकर महिलाओं

और युवाओं को संवैधानिक प्रावधानों एवं विधायी नियम और प्रक्रिया की जानकारी देने सम्बन्धी संकल्प को पारित किया गया।

माननीय सदस्यगण, सभा के इस बजट सत्र में कुल 17 बैठके निर्धारित है, जिसमें सरकार द्वारा वित्तीय वर्ष 2022-23 के तृतीय अनुपूरक व्यय विवरणी तथा वित्तीय वर्ष 2023-24 के आय-व्ययक का उपस्थापन किया जायेगा। इस दौरान आप सभी माननीय सदस्यों को सदन में उपस्थापित होने वाले बजट के अनुदान माँगों पर कटौती प्रस्ताव के माध्यम से सरकार की योजनाओं की समीक्षा एवं राज्यपाल के अभिभाषण पर धन्यवाद प्रस्ताव पर चर्चा के दौरान सार्थक बहस के अवसर प्राप्त होंगे। बजट प्रस्ताव, अनुदान कीं माँगों और कटौती प्रस्ताव पर चर्चा के दौरान माननीय सदस्यों के कई जनोपयोगी और सार्थक सुझाव आते हैं, जिसे आने वाले वित्तीय वर्ष के बजट या चालू वित्तीय वर्ष के अनुपूरक बजट में समाविष्ट किया जा सकता है।

माननीय राज्यपाल महोदय से निम्नांकित आशय का सन्देश मुझे प्राप्त हुआ है यद्यपि इस सन्देश को पूर्व में ही आपको प्रेषित किया जा चुका है तथापि मैं इसे पढ़कर आपको सुना देना चाहता हूँ। माननीय सदस्यगण, इस सत्र में माननीय राज्यपाल महोदय अपने संवैधानिक दायित्वों को पूरा करने के निमित्त आप सभी को सम्बोधित करेंगे। सदियों से स्थापित संसदीय परम्परा के अनुसार सभा में माननीय राज्यपाल के अभिभाषण को अत्यन्त गरिमा और प्रतिष्ठा का अवसर माना जाता है। इस अवसर की पवित्रता और महत्ता को देखते हुए सभा के माननीय सदस्यों से अनुशासन एवं शालीनता के सिद्धान्तों का अनुपालन करते हुए सभा में व्यवस्था बनाये रखने की अपेक्षा की जाती है।

''भारत के संविधान के अनुच्छेद—176 के खण्ड (1) के द्वारा प्रदत्त शक्तियों का प्रयोग करते हुए, उनके शब्दों में मैं, सी.पी. राधाकृष्णन, झारखण्ड का राज्यपाल, एतद् द्वारा झारखण्ड विधानसभा को दिनांक 27 फरवरी, 2023 को 11.30 बजे पूर्वाहन में सम्बोधित करना चाहता हूँ और इस हेतु झारखण्ड विधानसभा के सभा वेश्म, राँची में सदस्यों की उपस्थित चाहता हूँ।''

मैं आप सभी से अनुरोध करना चाहता हूँ कि जब माननीय राज्यपाल महोदय सदन में उपस्थित हों तो आप सभी अपनी सीट पर विराजमान रह कर अभिभाषण को शालीनता के साथ सुनेंगे और पूरे अभिभाषण के दौरान सदन में व्यवस्था बनाये रखेंगे। कोई सदस्य इस दौरान न तो सभा से बाहर जाएंगे और न ही अन्दर प्रवेश करेंगे।

अब मैं माननीय राज्यपाल महोदय की आगवानी के लिए थोड़ी देर के लिए

सदन से बाहर जा रहा हूँ। मेरी अनुपस्थिति में उनके आगमन और अभिभाषण के बाद उनकी विदाई तक के लिए मेरे सदन से बाहर रहने की अवधि में भी आप सभी माननीय सदस्य सदन में अपने-अपने स्थान पर बैठ कर व्यवस्था बनाये रखने की असीम कृपा करेंगे।

23 मार्च, 2023

माननीय अध्यक्ष का समापन भाषण

दिनांक—27 फरवरी, 2023 से प्रारम्भ होकर, आज दिनांक—23 मार्च, 2023 तक कुल 16 कार्यदिवसों के बाद आज पंचम् झारखण्ड विधानसभा का एकादश (बजट) सत्र अपनी समाप्ति पर पहुँच चुका है। यह बजट सत्र कई मायनों में अद्वितीय था। एक लम्बे अन्तराल के बाद हम सब ने मिलकर सदन के समय का जिस प्रकार सदुपयोग किया है, वह आप सबके सहयोग के बिना सम्भव नहीं था। इस सत्र में कुल 1125 प्रश्न स्वीकृत हुए, जिनमें से स्वीकृत अल्पसूचित प्रश्नों की संख्या 283 एवं तारांकित प्रश्नों की संख्या 736 है। इनमें से 51 अल्पसूचित प्रश्न एवं 22 तारांकित प्रश्न सदन में उत्तरित हुए। विभागों से 930 प्रश्नों के उत्तर प्राप्त हुए तथा शेष 195 प्रश्नों का उत्तर विभाग के पास लम्बित हैं। 352 शून्यकाल स्वीकृत हुए। 75 स्वीकृत ध्यानाकर्षण सूचनाओं में से 34 ध्यानाकर्षण सूचनाएँ उत्तरित हुई तथा 38 लम्बित ध्यानाकर्षण सूचनाओं को प्रश्न एवं ध्यानाकर्षण समिति को सुपूर्द किया जाता है। विनियोग विधेयक सहित कुल 6 विधेयक सभा में पुनर्स्थापित हुआ, जिनमें से 5 विधेयक पारित हुए और एक विधेयक सभा में विचारोपरान्त प्रवर समिति को भेजा गया। 104 निवेदन स्वीकृत हुए उन्हें सम्बन्धित विभागों को भेज दिया जाये।

आज इस लम्बे सत्र की थकान हम सब अपने शरीर और मन पर महसूस कर रहे हैं। मेरे सभा सचिवालय के कर्मी जो रात-रात भर जाग कर इस सभा को सफल बनाने के लिए परिश्रम करते रहे हैं। राज्य सरकार के कर्मी जो इन प्रश्नों के उत्तर तथ्यात्मक बनाने के लिए सचिवालय स्तर से लेकर प्रखण्ड स्तर तक पूरी तत्परता से प्रयासरत रहते हैं। विधि व्यवस्था के संधारण के लिए ज़िम्मेदार कर्मी, चिकित्सक और प्रेस मीडिया के साथीगण हरेक व्यक्ति ने इस सत्र के दौरान अपना शत-प्रतिशत योगदान दिया है और आज सत्र के अन्तिम दिन इस थका देने वाली मेहनत के बीच हम सब के मन में कहीं-न-कहीं इस बात की सन्तुष्टि है कि हमने इस सत्र को सफलतापूर्वक संचालित कर अपने राज्य और पूरे देश में लोकतन्त्र को और अधिक मजबूती प्रदान तो की ही है, राज्य की साढ़े तीन करोड़ जनता ने जिस

विश्वास के साथ हमें इस सदन में भेजा है, उन उद्देश्यों को पूरा करने की ओर हम सब ने एक मजबूत कदम बढ़ाया है।

सत्र की शुरुआत माननीय राज्यपाल महोदय के अभिभाषण से हुई थी। माननीय राज्यपाल महोदय ने अपने अभिभाषण में कहा कि यह सरकार जनसेवा की सरकार है। गरीबों, वंचितों, शोषितों, आदिवासियों, दलितों, पिछड़ों, अल्पसंख्यकों, बुजुर्गों, युवाओं, महिलाओं, मजदूरों और किसानों को उनका हक और अधिकार मिले। इनका सार्वांगीण विकास हो यह राज्य सरकार की प्राथमिकता रही है। झारखण्ड की अस्मिता, संस्कृति, भाषा और सभ्यता को बढ़ावा देते हुए विकास के लिए सरकार संकल्पबद्ध है। वर्तमान सरकार का यह चौथा बजट है। माननीय वित्त मन्त्री के द्वारा विकासोन्मुखी 1 लाख 16 हजार 418 करोड़ रुपये का वित्तीय वर्ष 2023-24 का बजट इस सदन में प्रस्तुत किया गया, जिस पर सदन ने अपनी सहमति प्रदान की है।

माननीय राज्यपाल महोदय ने अपने अभिभाषण में जिस जनसेवा का जिक्र किया है, सरकार की योजनाओं में वह परिलक्षित होती है। सर्वजन पेंशन योजना, मुख्यमन्त्री रोजगार सृजन योजना, झारखण्ड कृषि माफी योजना, मुख्यमन्त्री सुखाड़ राहत योजना, किसान क्रेडिट कार्ड योजना, मुख्यमन्त्री पशुधन विकास योजना, आजीविका सशक्तीकरण हुनर अभियान, महिला किसान सशक्तीकरण परियोजना, बिरसा हरित ग्राम योजना, वीर शहीद पोटो हो खेल विकास योजना, प्री-मैट्रिक और पोस्ट-मैट्रिक छात्रवृत्ति योजना, झारखण्ड राज्य खाद्य सुरक्षा योजना, सावित्रीबाई फुले किशोरी समृद्धि योजना, मुख्यमन्त्री मेधा छात्रवृत्ति योजना, मरड, गोमके जयपाल सिंह मुण्डा पारदेशीय छात्रवृत्ति योजना, मुख्यमन्त्री धोती-साड़ी-लुंगी योजना सहित अनेक योजनाएँ सरकार के इस उद्देश्य को परिलक्षित करती हैं। बजट भाषण की एक और महत्त्वपूर्ण बात यह थी कि सरकार के स्थापना व्यय में लगातार कमी आई है और योजना व्यय में लगातार वृद्धि हो रही है। वर्ष 2019-20 में जहाँ स्थापना व्यय और योजना व्यय 47:53 था वहीं वर्ष 2023-24 में 39:61 प्रस्तावित किया गया है। पूँजीगत परिव्यय में हो रही लगातार वृद्धि, विकास को लेकर सरकार के दृढ़ संकल्प को परिलक्षित करती है।

माननीय सदस्यगण, अध्यक्ष के रूप में मेरे कार्यकाल का यह चौथा वर्ष है इस कालावधि में मैंने हमेशा इस बात का ध्यान रखा है कि माननीय सदस्यगण सदन के माध्यम से देश के अन्तिम सम्प्रभु, देश के आम लोगों की भावनाओं को व्यक्त करते हैं। ऐसे में उनकी अभिव्यक्ति की स्वतन्त्रता अक्षुण्ण रखना आसन का उत्तरदायित्व है। इसी कारण सदन के संचालन में माननीय सदस्यगणों को अपनी अभिव्यक्ति के

लिए पूर्ण संरक्षण प्रदान करने का सतत् प्रयास मेरे द्वारा किया गया है।

माननीय सदस्यगण, इन चार वर्षों की कालावधि में विधायी व्यवस्थाओं में आवश्यक सुधार लाने के लिए मेरे द्वारा प्रयास किये जाते हैं। प्रश्नकाल की उपयोगिता और समय को किस प्रकार सुरक्षित रखा जाये इस निमित्त लगातार प्रयास मेरे द्वारा किया जाता रहा है। इसी क्रम में कार्यस्थगन की सूचनाओं को प्रश्नकाल के बाद लिये जाने का नियमन मेरे द्वारा दिया गया।

झारखण्ड विधानसभा के कार्य संचालन नियमावली में आवश्यकता के अनुरूप कुछ एक परिवर्तन संसदीय व्यवस्था को और अधिक धारदार बनाने के उद्देश्य से मेरे द्वारा किया गया। अभिव्यक्ति की स्वतन्त्रता को अक्षुण्ण रखने के साथ-साथ सदन की गरिमा को किस प्रकार सुरक्षित रखा जाये, इस बात का भी मेरे द्वारा प्रयास किया गया। कई बार आसन के द्वारा कई कड़े फैसले लोकतन्त्र के इस मन्दिर के मर्यादा को सुरक्षित रखने के उद्देश्य से लिया गया।

उत्तर सामग्री को लेकर माननीय सदस्यों का जो क्षोभ है उसे आसन ने भी महसूस किया है और इसको ध्यान में रखते हुए आसन के द्वारा पदाधिकारियों को कड़े निर्देश दिये गये कि माननीय सदस्यों द्वारा उठाये गये प्रश्नों के तार्किक और सही उत्तर विभागों के द्वारा सदन के पटल पर रखा जाये, साथ ही सदन के पटल पर माननीय मन्त्री द्वारा दिये गये आश्वासनों को गम्भीरता से लागू कराया जाये। माननीय सदस्यगण, हमारा राज्य एक युवा राज्य है। प्रकृति ने संसाधनों की जो बहुलता हमें प्रदान की है, उसके अनुरूप विकास हम आज तक नहीं कर सके हैं। इस युवा राज्य के युवा नेतृत्व के हौसले बुलन्द हैं और निश्चय ही हम इन सपनों को साकार करने में सफल होंगे, जो सपने इस राज्य के निर्माण करने वाले महापुरुषों ने देखे थे और अन्त में मैं विकास के लिए लगातार प्रयासरत अपनी मातृभूमि के लिए यही कहना चाहूँगा कि—

मुट्ठी में कुछ सपने लेकर, भरकर जेबों में आशाएं।
दिल में है अरमान यही, कुछ कर जाएँ... कुछ कर जाएँ...।।

मैं उस माटी का वृक्ष नहीं, जिसको नदियों ने सींचा है...
बंजर माटी में पलकर मैंने...मृत्यु से जीवन खींचा है...।।

मैं पत्थर पर लिखी इबारत हूँ...शीशे से कब तक तोड़ोगे...
मिटने वाला मैं नाम नहीं...
तुम मुझको कब तक रोकोगे...

तुम मुझको कब तक रोकोगे...।।

इसके साथ ही आने वाले त्योहारों सरहुल, रामनवमी, महावीर जयन्ती, ईस्टर, ईद-उल-फितर की शुभकामनाओं के साथ सभा की कार्यवाही अनिश्चित काल के लिए स्थगित की जाती है। धन्यवाद।

28 जुलाई, 2023

माननीय अध्यक्ष का प्रारम्भिक वक्तव्य

माननीय सदस्यगण, पंचम झारखण्ड विधानसभा द्वादश (मानसून) सत्र के शुभआरम्भ पर आप सभी माननीय सदस्यों का हार्दिक अभिनन्दन और जोहार।

सदन के माध्यम से मैं झारखण्ड राज्य की नवनियुक्त उत्पाद एवं मद्य निषेध मन्त्री श्रीमती बेबी देवी को हार्दिक बधाई और शुभकामनाएँ प्रेषित करता हूँ।

माननीय सदस्यगण, इस वर्ष राष्ट्रमण्डल संसदीय संघ का 66वाँ सम्मेलन 30 सितम्बर से 06 अक्टूबर तक अफ्रीका महादेश के घाना के अकरा में निर्धारित है। राष्ट्रमण्डल संसदीय संघ जैसे बड़े संगठन में हम अपनी उपस्थिति दर्ज करने तक सीमित न रहकर ऐसे सम्मेलन से राष्ट्र की तरक्की में हम अपनी भागीदारी किस तरह निभा पायें, इस पर भी हमें सोचना होगा। समिति व्यवस्था को सुदृढ़ करने के उद्देश्य से वर्ष 2023-24 के लिए समितियों के सभापतियों एवं उनके सदस्यों का मनोनयन किया गया है। सभापतियों में अधिकतर युवा हैं जिनकी ऊर्जा से निश्चय ही झारखण्ड राज्य के नवनिर्माण और आमजनों का कल्याण होगा। संसदीय लोकतन्त्र में कार्यपालिका और विधायिक का पारस्परिक सम्बन्ध है। कार्यपालिका का सामूहिक दायित्व विधायिका के प्रति होता है। इस विषय 'विधि निर्माण की प्रक्रिया तथा कार्यपालिका का दायित्व' पर पहल करते हुए एक कार्यशाला का आयोजन किया गया, जिसका फलाफल निश्चित रूप से लोकतान्त्रिक व्यवस्था के लिए भविष्य में लाभदायक सिद्ध होगा।

माननीय सदस्यगण, वर्तमान सत्र के दौरान कुल छः बैठकें निर्धारित हैं। वर्ष 2023-24 के प्रथम अनुपूरक व्यय विवरणी के व्यवस्थापन के लिए एक दिन, राजकीय विधेयक के लिए तीन दिन तथा गैर-सरकारी संकल्प सभा के अन्तिम कार्य दिवस के लिए निर्धारित हैं। इसके अतिरिक्त प्रक्रिया तथा कार्य-संचालन के नियमों के अधीन माननीय सदस्यों को जन-सरोकार से जुड़े विषयों और समस्याओं पर

सत्र के दौरान प्रश्नकाल, शून्यकाल, ध्यानाकर्षण-सूचनाएँ उठाने एवं प्रस्तावों और संकल्पों को प्रस्तुत करने की अवसर भी प्राप्त होंगे।

यद्यपि यह सत्र छोटा है, परन्तु अत्यन्त महत्त्वपूर्ण है। इसमें आप सभी की भागीदारी आवश्यक है, क्योंकि राज्य की जनता की समस्याओं का निवारण करने के लिए सदन में सार्थक विमर्श होना जरूरी है और यह विमर्श आप सभी के सदन में उपस्थिति से ही सम्भव हो पायेगा। मुझे विश्वास है कि राज्यहित में सदन के संचालन में आप सभी का पूर्ण सहयोग मुझे सदैव प्राप्त होगा।

माननीय सदस्यगण, लोकतन्त्र में पक्ष-विपक्ष उसके अंलकार होते हैं। वैचारिक मतभिन्नताओं के वावजूद पक्ष और विपक्ष के सभी माननीय सदस्यगण के लिए क्षेत्र की जनता के कल्याण का विषय अत्यन्त महत्त्वपूर्ण होता है, क्योंकि आम जनमानस में ही अन्तिम सम्प्रभुता निवासित होती है और इस सदन में हम सभी की उपस्थिति उनके प्रतिनिधि के रूप में प्रतिबिम्बित होती है। मुझे आशा है कि आप सभी माननीय सदस्यगण इस सत्र का ज्यादा-से-ज्यादा उपयोग अपने-अपने क्षेत्र की जनता के कल्याण के लिए करेंगे।

इन्हीं शुभकामनाओं और प्रबल विश्वास के साथ आपका पुनः अभिनन्दन और जोहार।

04 अगस्त, 2023

माननीय अध्यक्ष का समापन भाषण

माननीय सदस्यगण, पंचम् झारखण्ड विधानसभा का द्वादश (मानसून) सत्र दिनांक 28 जुलाई, 2023 से प्रारम्भ होकर आज दिनांक 04 अगस्त, 2023 को समाप्त हो रहा है। इस सत्र में कुल छह बैठकें हुई। इस सत्र में कुल 131 अल्पसूचित प्रश्न एवं 223 तारांकित प्रश्न स्वीकृत हुए। इनमें से 09 अल्पसूचित प्रश्न सदन में उत्तरित हुए। विभागों से 125 अल्पसूचित प्रश्नों के उत्तर तथा 218 तारांकित प्रश्नों के उत्तर प्राप्त हुए एवं 06 अल्पसूचित प्रश्नों के उत्तर तथा 05 तारांकित प्रश्नों के उत्तर विभागों के पास लम्बित हैं। 113 शून्यकाल स्वीकृत हुए। 25 स्वीकृत ध्यानाकर्षण सूचनाओं में से 05 ध्यानाकर्षण सूचनाएँ उत्तरित हुए, शेष लम्बित ध्यानाकर्षण सूचनाओं को प्रश्न एवं ध्यानाकर्षण समिति को सुपुर्द किया जाता है। कुल 39 निवेदन स्वीकृत हुए। इस सत्र में विनियोग विधेयक सहित कुल 08 विधेयक सदन द्वारा पारित किये गये। 04 अधिनियमों की नियमावली सदन के पटल

पर रखी गयी। भारत के संविधान के अनुच्छेद 151 (2) के अनुसरण में भारत के नियन्त्रक एवं महालेखा परीक्षक का 31 मार्च 2021 को समाप्त हुए वर्ष के लिए लेखा परीक्षा प्रतिवेदन सदन के पटल पर रखा गया। तीन प्रतिवेदन विधानसभा की समितियों के द्वारा उपस्थापित किया गया। इस परिप्रेक्ष्य में विधानसभा समिति एवं राज्य सरकार के समवेत प्रयास का एक महत्त्वपूर्ण उदाहरण सभा के समक्ष में प्रस्तुत करना चाहूँगा। झारखण्ड विधानसभा के प्रत्यायुक्त विधान समिति के सतत् प्रयास से राज्य सरकार द्वारा अपने कर्मियों के लिए स्वास्थ्य बीमा योजना को मूर्त रूप प्रदान किया गया है। यह विधानसभा समिति की एक महत्त्वपूर्ण उपलब्धि है एवं राज्य सरकार की सकारात्मक सोच एवं अपने कर्मियों के प्रति संवेदनशीलता को भी प्रदर्शित करता है। मैं इसके लिए समिति के सभापति महोदय एवं राज्य सरकार को बधाई देता हूँ। इस प्रकार विधायिका और कार्यपालिका के संयुक्त प्रयास से झारखण्ड राज्य को हम लोग नयी दिशा प्रदान कर सकेंगे। माननीय सदस्यगण, संसदीय लोकतन्त्र में विधायिका का अत्यन्त ही महत्त्वपूर्ण स्थान है। संविधान निर्माताओं ने जब यह तय किया था कि हमारा देश संसदीय लोकतन्त्र के रूप में संचालित होगा और किसी दूसरे रूप में नहीं होगा, तब निश्चित रूप से यह बड़ा ही क्रान्तिकारी विचार था। एक ऐसा देश जिसकी एक बहुत बड़ी आबादी अशिक्षित हो, उस देश की बागडोर जनता द्वारा चुने गये जनप्रतिनिधियों के हाथों में छोड़ कर राष्ट्र निर्माताओं ने हम सब पर बहुत बड़ी जिम्मेदारी सौंपी है। हमारा लोकतन्त्र एक व्यक्ति, एक वोट पर आधारित है और देश का प्रत्येक नागरिक चाहे वह धनी हो, गरीब हो, शिक्षित हो, अशिक्षित हो, किसी जाति, धर्म, समुदाय, लिंग अथवा कहीं का रहने वाला हो, उसके मत का मूल्य बराबर है। हम सब जन-प्रतिनिधियों को अपने संविधान निर्माताओं की इन भावनाओं को समझना होगा और उनके विश्वास पर खरा उतरने के लिए सतत् प्रयास करना होगा।

लोकतन्त्र के इस मन्दिर में हमारा एक-एक पल कीमती है और मात्र राजनैतिक उद्देश्यों के लिए सदन की कार्यवाही को बार-बार बाधित किया जाना उचित नहीं है। संविधान निर्माताओं और राज्य की जनता के प्रति सम्मान, हमारे आचरण में प्रतिबिम्बित होना चाहिए। लोकतन्त्र में अलग-अलग विचारधाराओं का फुलना-फुलना और अपनी भावनाओं को तर्क और भाषा के बल पर प्रस्तुत करने का प्रयास करना चाहिए, ताकि बृहत् जनकल्याण की दिशा में अलग-अलग विचारधाराओं और मान्यताओं के होते हुए भी राष्ट्रनिर्माण की ओर हम एक साथ

बढ़ सकें। विरोध मात्र विरोध के लिए किया जाना कहीं से भी उचित नहीं है और व्यवस्था बनाये रखने के लिए निर्धारित कार्यक्रमों के अनुरूप समय-सारणी का पालन किया जाना आवश्यक है।

माननीय सदस्यगण, यह एक छोटा सत्र था और इस छोटे सत्र में आप लोगों के सहयोग से कई महत्त्वपूर्ण कार्य किये जा सके, परन्तु आपसी समझ और पारस्परिक सौहार्द से हम इस छोटे सत्र को और अधिक उपयोगी बना सकते थे। मुझे आशा ही नहीं, वरन पूर्ण विश्वास है कि आगामी सत्रों में आप सभी माननीय सदस्यगणों का सक्रिय एवं सकारात्मक सहयोग मुझे प्राप्त होता रहेगा। आने वाला माह त्योहारों का है। हम आप सभी माननीय सदस्यगणों एवं राज्य की समस्त जनता को विश्व आदिवासी दिवस, स्वतन्त्रता दिवस, रक्षा बन्धन, जन्माष्टमी, गणेश चतुर्थी, मिलाद-उल-नवी, गांधी जयन्ती, दशहरा, दीपावली एवं छठ की मंगल कामनाओं के साथ और विशेषकर के इस सत्र को संचालन करने के लिए हमारे विधानसभा के पदाधिकारी, कर्मचारी और राज्य सरकार के तमाम पदाधिकारी और कर्मचारी और विशेष कर इलेक्ट्रॉनिक्स और प्रिंट मीडिया के तमाम साथियों को मैं धन्यवाद देता हूँ कि सदन की कार्यवाही को साढ़े तीन करोड़ जनता तक हू-ब-हू पहुँचाने का काम किये हैं और इसी धन्यवाद के साथ सभा की कार्यवाही अनिश्चित काल के लिए स्थगित की जाती है। धन्यवाद।

15 दिसम्बर, 2023

माननीय अध्यक्ष का प्रारम्भिक वक्तव्य

माननीय सदस्यगण, पंचम झारखण्ड विधानसभा के त्रयोदश (शीतकालीन) सत्र के शुभ अवसर पर मैं आप सभी का हार्दिक अभिनन्दन और जोहार करता हूँ।

मानसून सत्र के लगभग चार माह के बाद हम पुनः मिल रहे हैं। वर्तमान सत्र वर्ष 2023 की विदाई तथा नूतन वर्ष 2024 के आगमन का दस्तक दे रहा। पिछले दिनों पाँच राज्यों मध्य प्रदेश, छत्तीसगढ़, राजस्थान, तेलंगाना और मिजोरम में लोकतन्त्र का महापर्व सम्पन्न हुआ है, इसमें चुनी गयी सरकारों को जन-आकांक्षाओं के अनुरूप जनकल्याण हेतु अपनी सुभेक्षा प्रेषित करता हूँ। चन्दनक्यारी विधानसभा क्षेत्र से माननीय विधायक श्री अमर कुमार बाउरी झारखण्ड विधानसभा में नेता प्रतिपक्ष तथा माण्डू विधानसभा क्षेत्र के विधायक श्री जयप्रकाश भाई पटेल विरोधी दल के सचेतक बनाये गये हैं, आप दोनों को बधाई देता हूँ। सदन के संचालन में पक्ष और प्रतिपक्ष का महत्त्व एक समान होता है। मुझे उम्मीद है कि सदन के अन्दर

व्यवस्था तथा सदन के संचालन में आप दोनों महानुभावों का सहयोग मुझे प्राप्त होगा। झारखण्ड के डुमरी में हुए उपचुनाव में विजय हासिल करने वाली राज्य की माननीय मन्त्री श्रीमती बेबी देवी को बधाई देता हूँ।

माननीय सदस्यगण, विगत राष्ट्रमण्डलीय संसदीय संघ अक्रा (घाना) सम्मेलन में झारखण्ड विधानसभा ने सार्थक शिरकत की है। उसमें भाग लेने के लिए मेरे साथ माननीय सदस्य श्री चन्द्रेश्वर प्रसाद सिंह तथा माननीय सदस्य श्री निरल पुरती शामिल थे। संसदीय संघ में 'संसद में महिलाओं के लिए आरक्षण', 'पर्यावरण और ऊर्जा निर्धनता' तथा 'ई संसद के माध्यम से संसदीय प्रक्रिया को और कारगर बनाये जाने' पर आपके प्रतिनिधि के विचारों को काफी गम्भीरता से सुना गया है। 22 नवम्बर 2023 को विधानसभा के 23वें स्थापना दिवस को काफी गर्मजोशी के साथ मनाया गया। विधायी जीवन में उत्कृष्टता के उच्च मापदण्डों की स्थापना की दिशा में सतत प्रयत्नशील इस विधानसभा के माननीय सदस्य श्री रामचन्द्र सिंह को इस वर्ष के बिरसा मुण्डा उत्कृष्ट विधायक सम्मान से विभूषित किया गया है तथा छह विधानसभा कर्मी भी उत्कृष्ट कार्यों के लिए सम्मानित किये गये हैं। हमें गर्व है कि विश्व कप क्रिकेट में भारत ने उत्कृष्ट प्रदर्शन किया है, वहीं झारखण्ड में आयोजित भारतीय महिला हॉकी टीम ने सात वर्षों के पश्चात महिला एशियाई चैंपियंस ट्रॉफी 2023 का खिताब जीत कर इतिहास रचा जिसमें हमारे राज्य की तीन खिलाड़ियों निक्की प्रधान, सलीमा टेटे और संगीता कुमारी ने झारखण्ड को गौरव प्रदान किया है। इसके साथ ही गोवा में आयोजित 37वें राष्ट्रीय खेल में भाग लेने वाले एवं पदक जीतने वाले झारखण्ड के खिलाड़ियों का हम अभिनन्दन करते हैं।

वर्तमान सत्र के दौरान कुल पाँच बैठकें निर्धारित हैं। वर्ष 2023-2024 के द्वितीय अनुपूरक व्यय विवरणी के व्यवस्थापन के लिए एक दिन, राजकीय विधेयक के लिए दो दिन एवं गैर-सरकारी सदस्यों के कार्यों के लिए एक दिन निर्धारित है।

इसके अतिरिक्त प्रक्रिया तथा कार्य-संचालन के नियमों के अधीन माननीय सदस्यों को जनसरोकार से जुड़े विषयों और समस्याओं पर सत्र के दौरान प्रश्नकाल, शून्यकाल, ध्यानाकर्षण-सूचनाएँ उठाने एवं प्रस्तावों और संकल्पों को प्रस्तुत करने के अवसर भी प्राप्त होंगे।

माननीय सदस्यगण, लोकतान्त्रिक प्रणाली के सफर में विगत चार वर्षों में झारखण्ड विधानसभा ने आम जनमानस की समस्याओं के निराकरण करने और राज्य की साढ़े तीन करोड़ जनता की उम्मीदों को पूर्ण करने का समन्वित प्रयास किया है। जन-कल्याण से जुड़े विधेयकों का पारण तथा जन प्रतिनिधियों द्वारा जनसमस्याओं

को सदन पटल पर रखा गया है। उसी प्रयास की कड़ी को जिम्मेदारीपूर्वक पूरी सजगता, संवेदनशीलता और निष्ठापूर्वक हम सभी को एकजुट होकर आगे बढ़ाना है। झारखण्ड की जनता ने सदन के अन्दर सत्ता और विपक्ष दोनों को सार्थक भूमिका निभाने का अवसर प्रदान किया है जो इस जीवन्त मंच के माध्यम से सम्भव है। मुझे पूर्ण विश्वास है कि राज्यहित में पक्ष और विपक्ष आपस में एकजुट होकर सदन को चलाने में अपनी सहभागिता निभायेंगे। मुझे विश्वास है कि सदन को सुचारु रूप से चलाने में आप सभी का सार्थक सहयोग आसन को प्राप्त होगा।

इन्हीं शुभकामनाओं सहित आप सभी का पुनः अभिनन्दन, जोहार।

21 दिसम्बर, 2023

माननीय अध्यक्ष का समापन भाषण

माननीय सदस्यगण, पंचम झारखण्ड विधानसभा का त्रयोदश शीतकालीन सत्र समापन की ओर अग्रसर है। यह सत्र पंचम झारखण्ड विधानसभा के समापन वर्ष की ओर हम सबको लेकर जा रहा है। दिनांक 15.12.2023 से प्रारंभ होकर आज दिनांक 21.12.2023 तक कुल पाँच कार्य दिवसों के बाद पंचम झारखण्ड विधानसभा का त्रयोदश शीतकालीन सत्र समाप्ति तक पहुँच चुका है। मानसून सत्र के पश्चात् लम्बे समय के बाद पुनः सदन आउट हुआ। यह सत्र छोटा था परन्तु विधयी कार्यों की दृष्टिकोण से महत्त्वपूर्ण रहा। हम सब ने निहित समय का सदुपयोग किया। सदन को कुछ अन्तरालों के लिए स्थगित भी करना पड़ा। इस सत्र में कुछ 247 प्रश्न स्वीकृत हुए। ये सभी अल्पसूचित प्रश्न हैं। इस सत्र में समय अभाव के कारण तारांकित प्रश्न नहीं लिये जा सके। इनमें से पाँच प्रश्न उत्तरित हुए और 241 प्रश्नों के उत्तर विभागों से प्राप्त हुए तथा शेष 06 प्रश्न विभागों के पास उत्तर के लिए लम्बित हैं। 78 शून्यकाल स्वीकृत हुए, 20 स्वीकृत ध्यानाकर्षण सूचनाओं में एक ध्यानाकर्षण सूचना उत्तरित हुई तथा शेष लम्बित ध्यानाकर्षण सूचनाओं को प्रश्न एवं ध्यानाकर्षण समिति को सुपुर्द किया गया है। 19 निवेदन स्वीकृत हुए, उनको सम्बन्धित विभागों को भेज दिया गया। विनियोग विधेयक सहित कुल पाँच विधेयक सभा में पुनर्स्थापन हुए। इन सभी पाँचों विधेयकों को सभा द्वारा पारित किया गया। विभागों से ऑनलाइन प्राप्त उत्तर के दृष्टिकोण से इस सत्र में 90.69 प्रतिशत उत्तर प्राप्त हुए। विनियोग विधेयक सहित कुल 5 विधेयक सभा में पुनर्स्थापित हुए, सभी पाँचों विधेयकों को सभा द्वारा पारित किया गया। विभागों से ऑनलाइन प्राप्त उत्तर के दृष्टिकोण से इस सत्र में 90.69 प्रतिशत उत्तर प्राप्त हुए।

इस सत्र में सदन द्वारा झारखण्ड पदों एवं सेवाओं की रिक्तियों में आरक्षण (संशोधन) विधेयक, 2023 के माध्यम से झारखण्ड आन्दोलनकारियों या उनके आश्रितों को नौकरियों में आरक्षण प्रदान करने का काम किया गया है।

यह सत्र निश्चित रूप से एक छोटा सत्र था पर कई मायनों में इस सत्र के दौरान किये गये निर्णय ऐतिहासिक थे। खतियान आधारित स्थानीयता, जो राज्य गठन के मूलभूत उद्देश्यों में से एक है और राज्य की अस्मिता से जुड़ा हुआ प्रश्न है उसे लागू करने के लिए राज्य सरकार ने पिछले सत्र 11 नवम्बर को 'झारखण्ड स्थानीय व्यक्तियों की परिभाषा और परिणामी, सामाजिक, सांस्कृतिक और अन्य लाभों को ऐसे स्थानीय व्यक्तियों तक विस्तारित करने के लिए विधेयक 2022' को आप सभी माननीय सदस्यों के सहयोग से ध्वनिमत से पास किया था। लम्बे अन्तराल के बाद माननीय राज्यपाल का सन्देश हमें प्राप्त हुआ है और पुनः इस सभा ने सर्वसम्मति से इस विधेयक को पास किया है। मैं इस पवित्र आसन से आप सभी माननीय सदस्यों से यह आग्रह करना चाहूँगा कि खतियान आधारित स्थानीयता का प्रश्न हम सब के राजनैतिक उद्देश्यों से बड़ा है। यह प्रश्न राज्य गठन के उद्देश्यों से जुड़ा है।

अतः हम सब केवल संख्यात्मक समर्थन इसे प्रदान न करें बल्कि कानून के रूप में इसे स्थापित करने के लिए सक्रिय भूमिका निभायें। हमें अपने राजनैतिक उद्देश्यों से ऊपर उठ कर एक झारखण्डी के रूप में इस विषय को अपने दिल से लगाना होगा। विश्व में लोकतन्त्र के सबसे बड़े ध्वजावाहकों में से एक अमेरिकी राष्ट्रपति अब्राहम लिंकन ने अमेरिका में दास प्रथा के उन्मूलन के पक्ष में अभियान चलाते हुए अपने कालजयी भाषा में कहा था कि A House divided against itself cannot stand. झारखण्ड दशकों से उपनिवेशवाद का शिकार रहा है। राज्य के गठन के लाभांशों को हम राज्य के अन्तिम व्यक्ति तक तब तक नहीं पहुँचा पायेंगे जब तक यह खतियान आधारित स्थानीयता कानून का रूप नहीं ले लेती है।

माननीय सदस्यगण, आज जब हम पंचम् झारखण्ड विधानसभा के कार्यकाल के अन्तिम वर्ष में प्रवेश कर रहे हैं, तब अध्यक्ष के रूप में नहीं बल्कि एक आम सदस्य के रूप में मैं आप सबों से बड़ी विनम्रता से यह कहना चाहूँगा कि वर्तमान संवैधानिक व्यवस्था में सदन की कार्यवाही कम समय के लिए निर्धारित की जाती है और हम सभी माननीय सदस्यों के समक्ष जनकांक्षाओं का अम्बार इतना विशाल होता है कि सदन की कार्यवाही के सीमित समय में उन्हें पूरा किया जाना कठिन है। इसके बावजूद राजनैतिक उद्देश्यों से बार-बार सदन की कार्यवाही बाधित की जाती है। मेरा मानना है कि सदन की कार्यवाही इस प्रकार बाधित किये जाने से आमजनों

को बड़ी हानि होती है एवं अफसरशाही को स्वेच्छाचारी बनने का अवसर मिल जाता है। लोकतान्त्रिक प्रक्रिया में अगर कार्यपालिका को जवाबदेह बनाना है और जनकल्याण के अपने इस पवित्र कर्तव्य का निर्वहन करना है तो हम सभी सदस्यों को पार्टी हित से ऊपर उठ कर सदन की कार्यवाही सुचारु रूप से चलाने का प्रयास करना चाहिए। पूर्व राष्ट्रपति डॉ. के.आर. नारायणन ने राज्यसभा के सभापति के रूप में एक बड़ी महत्त्वपूर्ण बात कही थी—

"In most cases, disorders in the House arise out of a sense of frustration felt by members due to lack of opportunities to make his point, or clear his chest of grievances of the people that move him or out of the heat of the moment. They are perhaps easier to deal with. What is more difficult to tackle is planned parliamentary offences and deliberate disturbances for publicity or for political motives."

लोकतन्त्र यानी डेमोक्रेसी को तीन D पर आधारित रखा जाना चाहिए। ये तीन D हैं, Debate and discussion यानी वाद-विवाद Dissent यानी असहमति और अंत में Decision यानी निर्णय लोकतन्त्र यानी डेमोक्रेसी में चौथे डी यानी Disruption का कोई स्थान नहीं होना चाहिए।

लोकतन्त्र के इस मन्दिर में वाद-विवाद के माध्यम से ही जन-समस्याओं के समाधान सम्भव है। परन्तु विवाद की ऊष्मा में जन-कल्याण के उद्देश्य खत्म न हो जायें इसका ध्यान हम सब को रखना है। आने वाले त्योहारों क्रिसमस, सोहराय एवं मकर संक्रान्ति के साथ-साथ नववर्ष की मंगल कामनाओं के साथ सभा के संचालन में सफल और सार्थक साथ देने के लिए सभा सचिवालय के पदाधिकारी और कर्मचारी, राज्य सरकार के पदाधिकारी/कर्मचारी, पुलिस प्रशासन के कर्मचारी और पदाधिकारी, प्रेस मीडिया के तमाम कर्मियों सभी को शुभकामना और धन्यवाद के साथ सभा की कार्यवाही अनिश्चित काल के लिए स्थगित की जाती है। धन्यवाद। जोहार आप सबों को।

❑❑❑